陈振宇

显性否定

陈振宇　李双剑　主编

上海教育出版社
SHANGHAI EDUCATIONAL
PUBLISHING HOUSE

　　本论文集是国家社会科学基金重点项目"现代汉语及方言中的否定问题研究"（12AYY001）的成果。本论文集的出版得到上海市高峰学科建设项目资助。

目　录

前　言 …………………………………………………………… i

否定表达与否定常数 ………………………………（戴耀晶）1

汉语否定的性质、特征与类别

　　——兼论委婉式降格否定的作用与效果 …………（张谊生）12

汉语句子否定的类型学性质 …………………（陈振宇　陈振宁）31

上古汉语否定词系统研究综述 ………………………（董建交）83

是质的否定还是量的否定

　　——"什么、怎么"在汉语否定句中的功能 …………（戴耀晶）99

否定句的语义学性质

　　——虚指、数的一致性、信息价值和否定测试

　　………………………………………（陈振宇　陈振宁）118

试论否定和焦点的关系问题 …………………………（祁　峰）151

否定、疑问与动词重叠 ………………………………（李宇凤）164

信息的确定性对否定表达的制约 ……………（张汶静　陈振宇）182

否定句的信息特征 …………………………（孔英民　朱庆祥）201

元语否定的两个层次 …………………………………（钱　鹏）214

对"副词＋VP/AP"结构的句法否定研究 ………（李红叶　陈振宇）239

允准否定词在"把/被"之后的动因

　　——记一种特殊的否定式"把"字句和"被"字句

　　···（李双剑　陈振宇）259

副词"没"的非常规搭配 ·················（李红叶　陈振宇）277

汉语否定提升研究 ·············（李双剑　陈振宇　范轶赟）298

汉语否定词移动的句法语义效应及其解释 ·····················（尹洪波）321

儒道释经典中否定方式差异性比较及其文化意蕴 ···········（霍四通）335

从否定小句到话语标记

　　——否定功能元语化与羡余化的动因探讨 ············（张谊生）351

中国手语否定标记的类型学特征 ·······················（倪　兰）371

前　　言

"汉语句法语义理论研究"系列学术论文集,由复旦大学中国语言文学系有关专家学者主编。每一本论文集选取 15—20 篇复旦师生以及参加相关研究活动的外校研究者撰写的论文,就某一汉语语法的专题进行深入讨论。论文集主要关注重大的理论问题,但也可以展示系统性的描写,并以前沿性和创新性为导向,尤其欢迎具有挑战性的研究成果。

戴耀晶教授主持的国家社会科学基金重点项目"现代汉语及方言中的否定问题研究"(12AYY001),自 2012 年立项到 2017 年结项,经历了许多困难。2014 年 8 月戴耀晶教授因病去世,项目的研究工作受到很大影响。2015 年获批变更陈振宇为负责人后,项目最终于 2017 年达到预定目标。立项以来,项目负责人分别于 2012 年 12 月、2013 年 12 月、2014 年 9 月和 2015 年 11 月,在复旦大学共举办了四次关于"否定"专题的学术研讨会。研讨会后有大量的文章发表,既有本项目研究者的,也有与会学者的。

不论是在汉语语法现象的研究中,还是在西方语言学理论中,对"否定"范畴的描写与解释都非常多,新理论、新方法、新材料层出不穷,热点与难点问题比比皆是。汉语否定研究,在早期(1990 年以前)是作为汉语语法框架建构的一个必不可少的方面被引入的,以否定词与否定句式的描写为主;20 世纪 90 年代开始转热,引入认知语义功能解释,并重视"否定"的篇章与语用地位;2000 年后呈现爆炸性增长态势,论文与研究者的数量有了极大的增长,汉语方言和汉语史中的否定研究、汉外对比研究全面展开,采用新的理论视角和思路的研究增长得特别快。不过,正因为如此,上述研究各自为战,不但缺乏共同的研究基础,而且缺乏对汉语否定系统的整体把握。否定与肯定(强调)、疑问、情态、语气、焦点等范畴都有相互交融的关系,而这方面的规律与机制是已有研究中的薄弱环节。

我们认为,否定的实质是一种人类认知与言语活动的行为,是具体语言中所表达的否定信息的类型,以及表达这些不同种类的否定信息所采用的语言手段和方式。"否定"系统在语义和句法上都可分为不同的层次,可从形式与功能两个层面具体划分为:词汇否定、句子否定、语义否定、语用否定、篇章否定,以及词项否定、命题否定、焦点否定、言语否定、人际否定等子系统。它们既各自独立地起作用,也常常共现在同一语句中,相互影响;它们之间有显著的配置关系,是由一系列功能和认知原则柔性控制着的系统,不但受到逻辑语义和句法结构的制约,而且语用与社会文化概念的影响也不可忽视。我们不应单独研究单个的否定形式,而必须在否定系统各部分之间的制约关系中去定义一个具体形式的功能。

我们力求从实际语言(汉语共同语、汉语方言等)的描写分析入手,分两步进行调查:一是拟定调查表,组织课题组成员进行专项调查;二是连续召开学术会议,邀请其他专家共同交流。通过大量的语料调查,我们得出了汉语否定的各种表达方式、类型学特点和历史演变的实际情况,也发掘出很多以前没有充分认识到的现象与规律。

在共同语(普通话)方面,许多前人没有充分关注的,或予以关注但一直难以解决的问题,都是本课题的重点内容,包括:汉语句子否定的主要形式和基本性质、汉语小句的结构特点以及句子否定的类型学地位、元语否定的两个方面(对比与非对比)、双部式的逻辑演算、蕴涵的完备性操作、语义否定的各项目(全称量化、限定、总括和必要条件等)、限制否定操作的各种条件、对状位副词和介词与否定的浮动关系的全面考察与解释、主观性允准的非常规使用否定词的情况、极性词问题、否定的信息价值以及对语句完句性的限制,等等。

在汉语方言方面,本课题重点调查了各方言使用句子否定词的情况,包括构造否定陈述句、构造正反疑问句和句尾否定词疑问句,还有否定性答语等方面。本课题第一次明确划分出汉语"存在否定循环"的历史层次与五种类型,并在此基础上重新探讨了"不"类否定词与"没"类否定词的本质区别,提出了存在否定具有个体化与强化否定两方面作用,而这正是发生演化的动因与机制;还发现了某些方言中否定句句子结构的特殊变动,以及否定词的特殊脱落现象等。

在语篇及语言应用方面,本课题讨论了对疑问代词的否定、否定提升、否定常数、肯定否定迁移("从强否定到弱否定""从能力可能否定到祈愿"的语用迁移)、否定的礼貌取效及习惯使用、冗余否定、方言中祈使否定的分化等。

在否定与其他语法范畴的关系方面,我们重点围绕"意外三角"理论,对感叹、疑问和否定的相互迁移机制与规律进行了讨论,特别是对那些没有否定形式但表示否定功能的隐形否定现象包括反问的机制等进行了研究。

在充分调查的基础上,本课题以认知语言学、功能语法、逻辑语义分析以及语用分析为理论基础,以语言类型学作为各种理论的最终统摄,从语法化过程和动态语言应用中去发掘事实,系统地建构起了一个汉语"否定"范畴的整体模型,这在汉语研究史上还是第一次。它几乎覆盖了汉语否定研究的各个主要方面(当然,仍有部分局部性的研究尚未纳入)。

本课题极为重视规律的发现与运用,本书对推导性的追求体现在若干重要的规则或原则的表述上,其中属本课题首次提出的有:汉语是隐形核心小句语言,汉语句子否定词的副词性规则,汉语存在否定的五种类型,存在否定的个体化功能及对"没"类否定的影响,完备性操作以及它所产生的否定梯级,双部逻辑式及其焦点否定操作,"意外三角"理论的六条规则,否定的信息确定性限制,否定的主观性限制,对主观性的"否定测试",外部主观性的特殊允准,否定句信息价值的计算公式,"什么"的不定回指功能及其对否定的影响,"反预期"造成的迁移,汉语否定常数,等等。

上述研究不但揭示了汉语否定范畴的完整系统,以及否定在整个汉语语法系统中的地位与价值,而且明确了"否定"在言语交际与社会文化中的实践功能,不仅具有较高的理论价值,也具有广泛的实践意义。

需要说明的是,由于原项目总负责人去世,部分研究内容做了调整,研究进度也受到较大影响,因此我们在调整总负责人的同时申请了延期结项。又由于课题设计庞大,致使部分局部性研究内容未能完全开展。其中最大的遗憾是中古汉语否定词的历史演变未有体现;其次是在词汇否定研究方面,范围与深度均有一定的不足。除此之外,原来申报时,有些研究并未包括在本课题中,但现在发现它们对整体而言十分重要,因此很有必要加以补充,包括手语否定研究、儿童习得否定词与否定句的研究等。手语的否定大量使用了伴随性成分,儿童习得否定词(句)的顺序反映了系统的深度,对它们的研究可以揭示语法化早期阶段否定系统的组织原则。

我们把历年参加"否定"专题学术研讨会的有关论文汇编为三本论文集:

(1)《汉语方言否定范畴研究》,已于 2020 年由中西书局出版,主要是描写汉语各种方言的否定系统,并且请刘丹青教授做了概括与总结。(2)《显性否定》,也就是本论文集。(3)《隐性否定》(待出版)。后两本论文集属"汉语句法语义理论研究"系列学术论文集,是关于汉语否定问题的理论研究,研究材料以普通话为主,还涉及方言和中国手语。其中,《显性否定》是对汉语共同语中否定词的类型、性质和使用条件的研究;即将出版的《隐性否定》,是对汉语通过词汇语义内容和语用机制造成的否定命题的研究。

《显性否定》论文集收入论文 19 篇。希望读者能通过本书把握当前汉语否定范畴研究的前沿方向,理解各种观点的异同并产生深刻的反思,最终给出自己的答案。

编者
2020 年 10 月 1 日

否定表达与否定常数[*]

戴耀晶

提 要 语言中的否定表达具有负确定性质,并且容易产生歧义。根据否定标记的实际使用情况,有构词否定、短语否定、句子否定三个层级。文章提出"否定常数"(NT)这一概念,它是句子否定在文本小句中的百分比。对小说《红楼梦》的统计揭示出汉语中的否定常数为 15% 左右。文章还就否定表达的消极语言态度做了一些文本分析。

关键词 句子否定 负确定 否定常数 消极态度

先看几条出现否定表达的报道:

(1) 中国广播网北京 2013 年 3 月 3 日消息(记者季苏平)据中国之声《新闻纵横》报道,"两会"刚刚开始,"新风"似乎已经成了关键词。媒体把摄像机对准了那些与以往不同的细节,如"警车不开道、迎接没横幅,会场没鲜花"。

(2) 据俄通社报道,正在俄罗斯访问的欧盟委员会主席巴罗佐 22 日在莫斯科说,欧盟没有忌妒中俄之间的经济关系发展。巴罗佐何出此言呢?(成珞、王珏深《俄罗斯对中国"偏心"?》,《解放日报》2013 年 3 月 24 日第四版)

(3) 日本首相安倍晋三 2 月 22 日访美期间,在华盛顿美国战略和国

---

* 本文的研究工作受到国家社科基金重点课题项目"现代汉语及方言中的否定问题研究"(批准号:12AYY001)以及复旦大学 985 三期整体推进人文学科项目"关于汉语否定与否定的应用研究"的资助。

际问题研究中心发表演讲《日本回来了》。安倍晋三在演讲中说：<u>"日本永远不会是一个二流国家"</u>，"我将带回一个强大的日本，强大到能为改善世界做更多的事。"（本报记者《奥巴马晤安倍不公开提钓鱼岛》，《解放日报》2013 年 2 月 24 日第三版）

(4) 我曾提出一个"社会共生论"的观点。如何"共生"？我有三句话：<u>第一，穷人不能再穷；第二，富人不能出走；第三，中产不能受挤压</u>。（常修泽《改革需要"自己砍自己的手"》，《社会科学报》2013 年 3 月 28 日第二版）

以上上文章中的否定句表达什么样的语义呢？可以看到，它们往往是从消极角度表达，句子包含预设（预设的语义是：应该 S，但是非 S），说了"不要"什么，可推论出的"要"什么，但确定性较低。下面就否定表达的语义特点和汉语的否定常数，谈三个问题：

1. 语义确定性：正确定、负确定、不确定。
2. 否定常数和否定标记。
3. 文本实例分析。

1. 语义确定性：正确定、负确定、不确定

近年来，在语法研究中引入语义分析已经成为一种趋势，研究汉语语义的论文和著作日渐增多。否定句和相应肯定句的关系是句子语义分析的一项重要内容。通行的观点是，每个思想都有一个与之相矛盾的思想（弗雷格 1994），从语言直觉上说，每个肯定句都能通过加上否定标记而形成一个相应的否定句。但是在汉语的实际语料中，肯定句和相应的否定句形式上和语义上都存在不平行的现象。例如：

(5) a. 刘经理已经到了香港。   ("已经"可出现)
    b. *刘经理已经没到香港。   ("已经"不能出现)

(6) a. *李江涛从来看了《红楼梦》。("从来"与"了"语义矛盾)
    b. 李江涛从来没看《红楼梦》。   ("从来"与"没"语义不矛盾)

(7) a. 张教授还参观了图书馆。   ("还"表示频度)
    b. 张教授还没参观图书馆。   ("还"表示保持)

在例(5)中，肯定句成立，否定句不成立，这与副词"已经"的语义有

关。在例(6)中,肯定句不成立,否定句成立,这与副词"从来"的语义有
关。在例(7)中,肯定句成立,否定句也成立,但是,副词"还"在肯定句中
表示的语义是〖频度〗,在否定句中表示的语义是〖保持〗。上述句子中:动
词"到、看、参观"都是动作动词,句子结构和句中其他词语都相同,所不同
的是 a 类是肯定句,b 类是否定句,相应的句子在能否成立(正—误)和含
义是否相同(同—异)方面表现出了差异。

霍恩(Horn 1989)概括了肯定与否定语义研究中的各种观点,指出了
肯定表达与否定表达在九个方面的意义不对称(同时也指出,这些观点在
学术界仍存在争议)。即:

　　1) 从逻辑上说,肯定在先(prior),否定在后(secondary);

　　2) 从本体上说,肯定在先,否定在后;　　　　　　　　　(发生)

　　3) 从认识上说,肯定在先,否定在后;　　　　　　　　　(认知)

　　4) 从心理上说,肯定在先,否定在后;　　　　　　　　　(心理)

　　5) 肯定是基本的、简单的,否定是复合的;　　　　　　　(结构)

　　6) 肯定是本质性的,否定是排除性的;　　　　　　　　　(性质)

　　7) 肯定是客观的,否定是主观的;　　　　　　　　　　　(主客观)

　　8) 肯定句描写与世界相关的事实,否定句描写与肯定相关的事实;

　　　　　　　　　　　　　　　　　　　　　　　　　　　　(指称)

　　9) 肯定句的信息价值较大,否定句的信息价值较小。　　(信息)

如果从第 9 点肯定表达与否定表达的信息价值角度展开讨论,着眼
于语义的确定性,可以提出〖正确定〗、〖负确定〗、〖不确定〗三个概念,并将
这三个概念对应于汉语的三类句子:肯定句、否定句、疑问句,得到如下的
语义确定性关系表:

下面以词语的语义特征为例来说明否定句和肯定句在确定性方面的
差异(另参见:戴耀晶 2004)。词语往往有多项语义特征,在词典释义时,

词语的多项语义特征表现为共存性,例如"父亲"在《现代汉语词典》中的释义是"有子女的男子,是子女的父亲"。假定将"父亲"的语义进行分解,至少得到四项(当然可以更多)语义特征［人、男性、成年、有孩子］,在带有"父亲"的肯定句里,这四项语义特征共存,即都是正确定。但是,在否定句里,这四项语义特征则表现得较为复杂,有些是正确定,有些负确定。试比较:

(8)　　　肯　定　　　　　　　　　否　定

　　　a. 他是父亲　　　　　　　　b. 他不是父亲

　　　a1. 他是人　　(不是牛)　　　b1. ? 他不是人　　(是牛)

　　　a2. 他是男性 (不是女性)　　　b2. ? 他不是男性　(是女性)

　　　a3. 他是成年 (不是男孩)　　　b3. ? 他不是成年　(是男孩)

　　　a4. 他是有孩子的(不是无孩子的) b4. 他不是有孩子的(是无孩子的)

　　　肯定句 a 在语义上同时蕴涵 a1、a2、a3、a4,这说明肯定"父亲",就肯定了父亲所具有的四项语义特征的内容。比较否定句 b,在语义上并不必然同时蕴涵 b1、b2、b3、b4,这说明否定"父亲",并不能否定父亲所具有的四项语义特征的内容,在自然语言中,通常只是否定其中某项语义特征的内容,如 b4,或者说,存在优势理解(我们曾经在复旦大学同学中口头询问 b 句的含义是哪一项,在瞬间反应时回答 b4 的最多)。这项内容可以认为是该词语的基本语义特征,也可以称作无标记语义特征(unmarked semantic feature)。当然,如果在实际话语中提供更多的语境信息,否定句 b 可以包含 b1、b2、b3 的语义,例如在对比句中:

(9) a. 那不是父亲,那是一头牛。

　　b. 那不是父亲,那是一个女人。

　　c. 那不是父亲,那是一个男孩。

　　　这说明,在对词语进行语义特征分析时,肯定句和否定句在语义确定性方面的表现并不相同,二者表现出不平行性。肯定句中,词语的各项语义特征表现为共存性;否定句中,词语的各项语义特征表现为层次性,有些语义特征的确定对语境没有要求(中性语境),有些语义特征的确定对语境有较明显的要求(偏性语境,如对比句)。

　　　实际上,如果将"父亲"的四项语义特征符号化为大写的［A, B, C,

D〗,则肯定句只有一种含义,即所有语义特征都为正确定。但否定句的含义还不仅仅是上述四种,排列组合后有 15 种,如例(10)所列都有表达上的可能。虽然人们在实际交际过程中,直觉上并不认为否定句"他不是父亲"会有如此复杂多样的含义:

(10) a. 〖−A, B, C, D〗　　　　　　　　b. 〖A, −B, C, D〗

　　　c. 〖A, B, −C, D〗　　　　　　　　d. 〖A, B, C, −D〗

　　　　　(以上 4 种含义:其中一项语义特征为负确定)

　　　e. 〖−A, −B, C, D〗　　　　　　　f. 〖−A, B, −C, D〗

　　　g. 〖−A, B, C, −D〗　　　　　　　h. 〖A, −B, −C, D〗

　　　i. 〖A, −B, C, −D〗　　　　　　　j. 〖A, B, −C, −D〗

　　　　　(以上 6 种含义:其中两项语义特征为负确定)

　　　k. 〖−A, −B, −C, D〗　　　　　　l. 〖−A, −B, C, −D〗

　　　m. 〖−A, B, −C, −D〗　　　　　　n. 〖A, −B, −C, −D〗

　　　　　(以上 4 种含义:其中三项语义特征为负确定)

　　　o. 〖−A, −B, −C, −D〗

　　　　　(以上 1 种含义:四项语义特征均为负确定)

　　词语的语义特征越多,否定句的歧义指数就越大,理解句子的困难度也越大。

2. 否定常数和否定标记

　　否定研究要从小处着手来开展具体研究。如一个否定标记、一个否定结构、一项语义特征的语料调查,并运用分布描写、历时演变、语义提取、类型比较等。

　　下面是从小处着手进行的一项具体研究,即对汉语否定标记的调查和对否定句判定的具体做法和调查数据分析。目前完成了《红楼梦》120 回的否定标记和否定句的调查,得出了若干数据,但还需要做进一步的验证和深入分析。

　　根据否定标记的实际使用情况,我们区分出构词否定、短语否定、句子否定三个层级,调查了《红楼梦》120 回中的否定句和肯定句的数目,列表逐句判断,初步得出了一些数据。

2.1　构词否定、短语否定、句子否定

否定是一个句法语义范畴,有形式和意义两方面的要求。形式上要求有否定标记,意义上要求有否定的语义。语料调查从否定形式出发,汉语表示否定语义的形式标记有:不、没、别、无、未、非、莫,等等。

在以真实文本为对象搜集语料开展汉语实际研究工作时,我们发现如何分析汉语的否定、如何确定汉语的否定句方面会碰到一些需要具体解决的问题。我们认为,从结构上来看,否定大致可分为构词的否定、成分的否定、句子的否定等。

构词的否定,否定标记是一个构词成分,否定语义不延伸到句子层面。例如下面句子中的"不然、不但"等连词,否定标记"不"作为构词要素,帮助形成固定的词语语义,不延伸到全句。

(11) a. 但林姑娘也得给他说了人家儿才好,<u>不然</u>女孩儿家长大了,那个没有心事?(《红楼梦》,下同)

　　　b. <u>不但</u>这个,就像前年那些人喝酒耍钱,都不是事。

短语的否定,否定标记是短语的组成成分,否定语义限制在担任句内成分的短语中,不扩展到句子层面。例如下面句子中的"没道理的话""不避嫌疑"等。"没道理的话"是做定语的动宾短语,而"不避嫌疑"是做主语的动宾短语,否定标记"没"和"不"的否定语义分别限制在定语、主语之内,不延伸到全句。

(12) a. 姑娘丢了东西,你们就该问哪,怎么说出这些<u>没道理</u>的话来。

　　　b. 林姑娘是个有心计儿的。至于宝玉,呆头呆脑,<u>不避嫌疑</u>是有的,却还都是个小孩儿形象。

句子的否定,否定标记出现在谓语层面,否定语义通过谓语扩展到句子,表达一个否定事件。例如:

(13) a. 天气寒,也<u>不必</u>拘这些个礼。

　　　b. 明儿二爷<u>再别</u>说这些话,叫人听着怪不好意思的。

　　　c. 再者,你聘下的媳妇儿,家道<u>不比</u>往时了。

我们认为,构词否定和短语否定中否定标记的语义不延伸到整个句子,句子不属于否定句。句子否定中的否定标记的语义延伸到整个句子,句子属于否定句。

2.2　单句、复句、小句

如何确定句子数目呢？句子(sentence)在书面上表现为一个句号(或者一个问号、感叹号、省略号)，但是书面文献上一个句号内部的结构情况很不相同。例如：

(14)　①此开卷第一回也。②作者自云：③因曾历过一番梦幻之后，④故将真事隐去，⑤而借"通灵"之说，撰此《石头记》一书也。

这里有两个句号，是两个句子。第一个句子是简单句(单句)，第二个句子是复杂句(复句)。如果都作为"一个句子"来统计，得出的结果比较难以反映语言中否定句的实际使用情况。我们的做法是，以小句(clause)作为一个句子的统计单位。单句是一个小句，复句由多个小句组成，分别统计。上述例(14)分析为5个小句，如例所示，这5个小句都是肯定句。下面一段中包含5个小句，其中一个否定句，4个肯定句：

(15)　①先是说些云山雾海神仙玄幻之事，②后便说到红尘中荣华富贵；③此石听了，④不觉打动凡心，⑤也想要到人间去享一享这荣华富贵。

根据上述原则确定了否定句、句子的定义，经过复杂的实际操作，我们得出了"《红楼梦》的句子长度和肯定句、否定句统计表"和"《红楼梦》否定标记使用情况统计表"，表格较长较复杂，下面列出统计表的部分内容，并作简要分析。

表1　《红楼梦》的句子长度和肯定句、否定句统计表(部分)

回　　数	字数	句数	句长	肯定句	频率(%)	否定句	频率(%)
第2回	5 970	733	8.14	613	83.63	120	16.37
第3回	8 835	874	9.58	756	86.5	118	13.5
第4回	5 799	661	8.74	575	86.99	86	13.01
第5回	7 418	872	8.51	756	86.70	116	13.30
第6回	6 216	829	7.50	695	83.84	134	16.16
平均值			8.49		85.53		14.47

表1反映的是句子长度和否定句/肯定句的百分比。根据调查统计，《红楼梦》中句子的平均句长约为8.49，肯定句约占句子总数的85.53%，

否定句约占句子总数的 14.47%。

表 2 《红楼梦》否定标记使用情况统计表（部分）

标记	不	没	别	无	非	未	莫	共计
03 回	82	7	2	8	1	2	1	103
	69.5	5.93	1.69	6.78	0.8	1.69	0.8	
10 回	90	13	9	12	2	2	1	129
	71.43	10.31	7.14	9.52	1.59	1.59	0.79	
83 回	119	18	8	9	1	9		164
	72.6	10.9	4.8	5.5	0.61	5.5		
91 回	100	22	6	8	3	5	1	145
	68.97	15.17	4.14	5.51	2.07	3.45	0.69	
合计	391	60	25	37	7	18	3	541
频率(%)	72.27	11.09	4.62	6.83	1.29	3.32	0.55	100

表 2 反映汉语否定标记的出现频率。按出现频度多少排列分别为："不(72.27%)、没(11.09%)、无(6.83%)、别(4.62%)、未(3.32%)、非(1.29%)、莫(0.55%)。"居于前 4 位的是"不、没、无、别"。

由上面的两个表可知,汉语否定句的否定常数约为 15,使用频度最高的否定标记为"不"。

3. 文本实例分析

有一句俗语叫"态度决定一切",说的是人们对事物的态度决定了他的言语表达方式和行为方式,而他的言语表达方式和行为方式决定了他所能达到的个体成就和造成的社会效果。如何判断人们的态度,可以通过语言分析和行为分析得出,可称之为语言态度和行为态度。语言态度的分析是一件较为复杂的工作,涉及语言文本的词语、句子、篇章、语境、背景信息、言内语义的社团规约、言外之意的提取,等等。下面选择几个文本,从否定句和肯定句的使用这一个角度,来简要分析一下言语主体的语言态度。

一是中国作协 2012 年对莫言获得诺贝尔文学奖的表态。

2012 年 10 月 11 日,从瑞典文学院传来消息,2012 年度诺贝尔文学奖获得者是中国作家莫言。消息迅速传遍全世界,这是一个划时代的消息:中国作家首次获得诺贝尔文学奖! 国内各大媒体纷纷发布消息,播放刊载各种与莫言有关的新闻和旧闻,网上更是一片沸腾。记者们使出浑身解数采访莫言以及与莫言有关的一切消息,被作家们抱怨受到冷落的中国当代小说一时间受到追捧,各大书店的莫言小说销售一空。这股热潮至今仍在沸腾,莫言领奖时穿的衣服、发表的获奖感言引起无数相关和不相关的人们热烈议论。

中国作家协会在第一时间对莫言荣获诺贝尔文学奖发表贺词,全文如下:

(16)欣闻莫言先生荣获2012年诺贝尔文学奖,我们表示热烈祝贺!

(分析:1个句子/ 2个小句)

在几十年文学创作道路上,莫言对祖国怀有真挚情感,与人民大众保持紧密联系,潜心于艺术创新,取得了卓越成就。自上世纪80年代以来,莫言一直身处中国文学探索和创造的前沿,作品深深扎根于乡土,从生活中汲取艺术灵感,从中华民族百年来的命运和奋斗中汲取思想力量,以奔放独特的民族风格,有力地拓展了中国文学的想象空间、思想深度和艺术境界。莫言的作品深受国内外广大读者喜爱,在中国当代文学史上占有重要地位。

(分析:3个句子/ 11个小句)

莫言的获奖,表明国际文坛对中国当代文学及作家的深切关注,表明中国文学所具有的世界意义。希望中国作家继续勤奋笔耕,奉献更多精品力作,为人类的文化发展作出新的贡献!

(分析:2个句子/ 5个小句)

语言分析:

贺辞共6个句子,18个小句,均为肯定句。

二是有关2000年诺贝尔文学奖的媒体采访。

瑞典文学院将2000年度诺贝尔文学奖授予法籍华人作家高行健。中国作家协会有关负责人在接受新华社记者采访时说:

(17)中国有许多举世瞩目的优秀文学作品和文学家,诺贝尔文学奖评委会对此并不了解。看来,诺贝尔文学奖此举不是从文学角度评选,而是有其政治标准。这表明,诺贝尔文学奖实质上已被用于政治目的,失去了权威性。

语言分析:

例(17)共 3 个句子,6 个小句。3 个句子(复句)中,2 个否定句、1 个肯定句;6 个小句中,2 个否定句(33.33%)、4 个肯定句(66.67%)。4 个肯定句中还有 1 个含消极词"失去"。

归纳上述分析,得出语言态度比较表:

表 3　中国作协对获诺贝尔文学奖的语言态度比较表

对象	时间	小句	否定句(比例)	肯定句(比例)	结论
莫言	2012 年	18	0(0)	18(100%)	积极
高行健	2000 年	6	2(33.33%)	4(66.67%)	消极

从表上来看,中国作协对莫言、高行健的语言态度存在差异:前者否定句的使用为 0,后者否定句的使用为 33.33%,都不到全部小句的一半,从理论上分析,应该说一个为[积极],一个为[比较积极]。但为什么实际上后者的表态有较强的否定语义色彩,态度十分消极呢?

这就要引入上一节得出的"否定常数"概念了。我们得到汉语的否定常数约为 15,中国作协对莫言的态度,否定句为 0,低于否定常数 15 个百分点(0~15),所以是相当积极的;对高行健的态度否定句为 33.33%,高于否定常数 18.33 个百分点(33.33~15),高出一倍多,所以是消极的。

三是上海文明城市建设的市民行为规范,即"七不"规范。

上海市政府倡导建设文明城市,提出市民行为规范,其中家喻户晓的是"七不":

(18) 不随地吐痰,不乱扔垃圾,不损坏公物,不破坏绿化,不乱穿马路,不在公共场所吸烟,不说粗话脏话。

"七不"是从否定角度提出七个方面的文明行为要求,每一条的现实针对性都很强,都是在大量调查研究之后做出的概括。"七不"的提倡对上海的城市文明建设起到了良好的作用。但是,从语言态度的角度来分析,"七不"却是消极的。为什么这么说呢? 以下为讨论分析:

否定句确定性低于肯定句。"不乱扔垃圾",扔哪里呢?"不乱穿马路",怎么穿呢?

否定句语义预设消极。"不随地吐痰",预设听话人会"随地吐痰";"不说粗话脏话",预设听话人会"说粗话脏话"。

百分之百全部是否定句,远大于否定常数。有位外国留学生刚到上海,看到四处张挂的"七不"标语,问"这里发生了什么事? 为什么有这么多禁令性的'不'?"

4. 结语

语言中的肯定表达和否定表达都是普遍现象,但是肯定表达和否定表达的语义不平行,肯定句的语义确定性较高,否定句的语义确定性较低。使用的频度也不平行,肯定表达正确定,否定表达负确定,肯定句的使用频度大大高于否定句,根据《红楼梦》的分析统计得出汉语否定句的使用频度约为 15%,我们可以把它作为"否定常数",并根据否定常数来分析人们的语言态度、语言心理、性格特征等。这一领域的研究有待继续深入。

参考文献

戴耀晶　2004　《汉语否定句的语义确定性》,《世界汉语教学》第 2 期。

弗雷格　1994　《弗雷格哲学论著选辑》,王路(译),商务印书馆。

Horn,L.(霍恩)　1989　*A Natural History of Negation*. Chicago:The University of Chicago Press.

按:戴耀晶先生于 2014 年去世。

原载《语言研究集刊》第十一辑,本书收录时略有改动。

汉语否定的性质、特征与类别[*]
——兼论委婉式降格否定的作用与效果

张谊生

提　要　从性质与类别、载体与层面、方式与功用、作用与效果四个角度观察,汉语的否定现象存在多种不同的样式与单位、特征与效用。其中的委婉降格否定可以分为黏着式与自由式两种类型,两种降格否定在搭配的习语性、惯用化,表达的主观性、委婉度以及语体色彩、使用频率等方面,都存在一定的差异。

关键词　否定　性质　特征　类别　降格　委婉

1. 前言

　　迄今为止,有关汉语的否定现象、否定范畴的研究成果,真可谓层出不穷,尤其是进入新时期以来,学者们依据不同的语言理论,从形式与作用、共时与历时等多个角度对汉语否定现象进行多方面的研究,取得了不同程度的创获。综观以往的研究成果,我们觉得,有相当一些与汉语否定现象有关的最为基本的问题,仍然需要进一步探讨与辨析。

　　本文准备先从宏观的角度对汉语的否定现象,阐释我们的认识与观点——依次从四个不同角度,通过剖析特征、举例比较和分析说明,对各

　　* 本文是教育部规范基金项目(13YJA740079)"介词演化的规律、机制及其句法后果研究"和上海市哲学社会科学规划课题(2012BYY002)"当代汉语流行构式研究"的专题性成果之一,并获得上海高校一流学科(B类)建设计划规划项目的资助。对于各项帮助与资助,笔者表示由衷的谢意。

类否定现象作出力所能及的辨析与证明,以期对汉语否定现象的功能与效果,提出一个互有关联的、富有条理的多层面系统。然后选择目前还较少被关注的委婉式降格否定作为进一步研究的切入口,以这一个案分析为样本,通过对相关的类别、方式与作用的分析,进一步揭示汉语否定的某些特殊性质。

前人有关委婉否定的研究,涉及较多的主要是三种方式:

a. 直接使用委婉态否定副词"未尝、未必、未始、未免、难免"等;

b. 前加委婉性评注性副词"恐怕、也许、似乎、大概"等,以降低否定词语的强度;

c. 采用"不大、不太、不很、不十分"等委婉的程度否定形式。本文准备换一个研究思路,着重考察与探讨带有委婉情态的降格否定形式。

除了前言与结语,本文分为两个部分,先从四个不同的角度界定并揭示汉语否定现象不同的性质与类别、载体与层面、方式与功用、作用与效果。然后对降格否定的方式与作用,惯用法与词汇化,主观性与委婉度、语体与频率等,进行多方面的探讨。本文例句除了少数引自北大语料库之外,主要来自各种网站的报道,为节省篇幅,一律不标出处。

2. 汉语否定的多维考察

2.1　否定的性质与类别

从类别和性质看,必须要先区分语义否定与语用否定。例如:

(1) 林先生盛情邀约,我<u>不敢</u>(≈岂敢)不答应啊,只是容我稍微再详细考虑一下。

(2) 尽管悠悠韶华如流水,晨钟暮鼓敲黄昏,可你若不来,我<u>岂敢</u>(≈不敢)老去啊。

看上去"不敢"和"岂敢"都是对陈述性谓语加以否定,其实,性质完全不同[1]。请比较:

(3) 一朝被蛇咬,十年怕井绳,自从那次被骗之后,我一直处在内疚和自责当中。从此,寂寞的我就再也<u>不敢</u>(＊岂敢)触碰爱情了。

(4) 留在心底的爱才是最让人牵肠挂肚的爱,<u>不敢</u>(＊岂敢)说的话才是最想说的话。

可见"不敢"是语义否定,而"岂敢"只是语用否定,不能进入句法—语义层面。再比如:

(5) 民警拍打车窗及车前盖,命令车主马上停车。<u>不料(≈讵料)</u>,那辆宝马车速不减反增,司机反而脚踩油门,车子紧贴着民警强行冲关。

(6) 24 日晚深夜 11 时 40 分,学校 60 岁吴姓保安员察觉一名青年不住徘徊,形迹可疑,遂上前查问,<u>讵料(≈不料)</u>对方突然狂性大发将他殴打,伤人后竟逃遁无踪影。

(7) 据警方介绍,42 岁的男子何某,是自贡市某单位干部,他于 12 月 7 日上午到隆昌出差,当天下午并未返回,当晚入住隆昌某宾馆 11 楼房间,却<u>不料(﹡讵料)</u>坠亡。

"讵料"的"讵"是个副素,"讵料"多用于表示反问,可以在句子层面表示否定,"讵料"和"不料"都可以用作插入语,相当于"没想到"。但"不料"还可以用在静态的句法层面,而"讵料"一般不行。因为"不料"含有否定语素"不",本来就是由句法层面扩展到语用篇章层面的,而"讵"的否定是通过反问积淀的,现在还只能用于语用情态的否定。

语义否定可以分为命题否定、概念否定、真值否定、逻辑否定。比如命题与概念否定:

(8) 僵持了一会儿,武警叫来了省委保卫处的人,让我写个东西拿去汇报,我<u>当然不同意</u>,耗了四五个小时,竟然就让我进了省委书记的办公室。

(9) 在表决的 50 个议题中,涉及用地性质、容量指标、道路及其他修改申请共 88 项,其中表决同意进入修改程序的申请 67 项,<u>(﹡当然)不同意</u>的 21 项。

都是"不同意",前句是命题否定,后句是概念否定,所以,后句不能前附主观评注性。再比如:

(10) 老夫妇俩是痛痛快快地去了,但是儿女们可不痛快了!原因是这老夫妇俩走得太急,没把身后的事交代清楚,留下了一栋房子,但是没说把这房子给谁。

(11) "哦。"薛文狄应了一声,干活去了,提着酒罐出来,说道,"头儿,您闲着也没事,干嘛在这喝闷酒,您也不缺那点银子,找个地儿喝喝花酒<u>可不痛快</u>!"

前句是真值的否定,后句的"可不"已由表反问的双重语用否定转化为表示肯定与强调。

语用否定包括隐含否定和预设否定。比如下面两段对话中的答句,都属于隐含否定:

(12) 问:"按照你的说法,大部分娱乐圈里的新人走红都要遵守所谓的'潜规则'了,有没有例外啊?"答:"<u>如果你是良家女子,不愿意遵守,那就别在这圈里混了呗。</u>"

(13) 问:"你有女朋友了吗?"答:"<u>我倒一直想找个女朋友,可是我父母让我别急着找,让我这两年多花一些心思在学习上。</u>"

预设否定可以分为语义预设否定与语用预设否定两个大类[2]。请比较下面两句:

(14) 天下竟会有这样的人!看他文文雅雅的,他的书都<u>白念</u>了。

(15) 龚晓明:"明天下午你回去时替我带一件外套回家,可以吗?"何杰:"<u>我没说明天下午要回去啊,你听谁说的?</u>"

前句是语义预设否定,预设是"念书人都应懂道理";后句是语用预设,预设是"听话人明天下午要回去"。语用否定还包括元语否定与羡余否定。比如下面后句的"没有"是羡余的:

(16) 我们<u>不能排除会有</u>一些办案人员会把时间、精力相对集中到一些奖金高的案子上,而那些奖励少的案子,甚至没有奖励的普通案子就会出现没有人去接手的尴尬局面。

(17) 打国家电网服务热线,说要我们自己排除有无别人偷接,这是一个很好的借口,我们<u>不能排除没有</u>发生过别人搭线偷电。

"不能排除会有"与"不能排除没有"所表达的语义基本一致,表明"没有"的否定功能是羡余性的。再比如,"避免再次发生"与"避免不再发生"的表达功能也没有差异:

(18) 泰国和柬埔寨在 5 日晚些时候举行和谈,柬方释放 4 名被俘泰国士兵,会谈后双方表示,已就<u>避免再次发生</u>武装冲突达成了一致。

(19) 目前日本与中国刚刚恢复缓和亲善关系，在这个时候，安保部门应该按照安培首相阁下的意图，<u>避免不再发生</u>新的对华关系冲突。

"不再"与"再次"，从否定功效来看并没有实质性的区别，"不"也是羡余性的。再请看：

(20) 针对网友举报的渡轮上赌博诈骗现象，镇海轮渡公司工作人员表示，渡轮上已贴了小心被设局者骗的警示牌，但还是不能<u>阻止有人上当</u>，而至于其他有效的治理手段，他们暂时还没有。

(21) 看看上面那个让人冷汗直冒的故事，看看这个社会某一部分的真实，我们需要很多个鲁迅，<u>阻止不再有人用人血馒头做药引子，阻止不再有同胞被砍头还有人指点欢笑，阻止迎面而来的黑暗与风暴</u>。

这两个"不再"也是羡余性的，第三个"阻止"因为后接"NP"，就不能再加"不再"了。

2.2　否定的载体与层面

从层面与成分来看，可以分为词内否定与词外否定。词内否定包括义素否定与语素否定。义素否定主要指否定性谓词，比如"排除、排斥、防止、阻止、避免、免除、抵赖、狡辩、拒绝、反对、回绝、丧失、失去"以及"难、乏、少"等[3]；而语素否定指那些包含了否定性语素"不、没、无、否、未、非、零"的单词。例如：

(22) 不少网友直呼这是翻版的"彭宇案"。法院判决理由称"<u>不能确定小客车与王老太身体有接触</u>，也<u>不能排除没有接触</u>"。

(23) 我们<u>不能否认</u>，艺术的东西有些可能要比生活的真实更完美一些，但当真实地接触白公馆、渣滓洞革命先烈斗争史实材料时，<u>不能不承认没有夸大的真实</u>很多时候要比加工过的艺术更具冲击力量。

"排除"是含有否定义素的动词，"否认"是含有否定语素的动词，两者都是词内否定；"不能确定"是词外的单重否定，语义当然也是否定的；"不能排除"是词外否定与词内否定的双重否定形式，而"不能不承认"则是双重的词外否定，所以，两者的语义都是肯定的。

　　语素否定有词缀式与词根式之分,比如"非/零 X"是词缀式的,"不/无 X"是词根式的:

(24) <u>非婚</u>生子女的抚养问题一直是<u>未婚</u>妈妈十分痛苦的事。一方面她们要承受世俗眼光给她们的道德压力,另一方面,她们还需要承担巨大的经济压力。

(25) 针对家属质疑医院拒绝调解的态度,该院继续发布态度强硬的新闻通稿,重申医院对医疗暴力事件坚决<u>零容忍</u>,对暴力行为绝不容忍和姑息。

(26) 大家都知道动物是人类的朋友,野生动物更是大自然的精华,国家也颁布了保护野生动物的法律,可有些<u>不法</u>分子还是大量捕杀野生动物。

(27) 必须承认律师管理制度存在问题,律师队伍良莠不齐,有些律师恶意炒作,违背职业伦理道德,对此必须依法治理;一方面改革现行律师管理制度,另一方面要坚决惩治<u>无良</u>律师。

　　词外否定,除了单词否定外,还有短语层面与句子层面的否定。先比较词与短语的否定:

(28) 向来我有一个爱好,我也知道<u>不太光彩</u>,每回干了我都狠狠骂自个:真是个畜生!

(29) 真是太霸道的,咱们不要轻易放过去;<u>不太霸道</u>的,像曹狗子,咱们给他一条活路。

例(28)的"不"先否定副词"太",偏正短语"不太"表示委婉的否定,然后再修饰"光彩";例(29)的"太"先修饰"霸道","不"是用来否定偏正短语"太霸道"的。再看词与句的否定:

(30) 当我看到事情正如预期那样发展,便开始越来越确信:<u>这不一样</u>。

(31) 你们这样处理,<u>这不一样</u>会有激活码被炒作的风险吗?难道你们一点都没有想到?

例(30)是单词层面的,否定的是"一样",例(31)是句子层面的,"不"与反问相配合。再比如:

(32) 钮先生说道:<u>你没有看见</u>,看见了一定会出于你的意料之外。

（33）<u>你没有看见</u>，他们的眼睛都是在欣赏你赞美你吗，谁叫你如花似玉娇媚动人呢？

例(32)"没有"否定"看见"，是语义否定，例(33)"没有"已经由配合反问转化为强调肯定了，而且"你没看见"已经向话语标记转化了。

单词否定可以分为副词否定、动词否定、形容词否定、代词否定、连词否定等。试比较：

（34）故君使其臣，得志则慎虑而从之，<u>否则</u>孰虑而从之。（《礼记·表记》）

（35）记者算了一下，如果工薪族选择"满额加班"，最少能拿到3 648元加班费。不过，根据国家劳动法的规定，每月加班时间不得超过 36 小时，<u>否则</u>用人单位就涉嫌违法。

例(34)"否则"的"否"是个否定代词，后面要有停顿，替代谓词性短语"不得志"，"则"是承接连词；例(35)"否则"已经词汇化，已经转化为一个表示否定性假设的否定连词了。

2.3　否定的方式与功用

从方式与功用来看，可以分为单一否定与双重否定、多重否定，客观否定与主观否定、间接否定与直接否定等多个方面。请比较下面四句：

（36）人生在世，<u>谁也不能避免错误</u>，不管是人的本性有恶的一面也好，还是人们面临着充满诱惑的环境也好，我这样说全无为自己开脱之意。

（37）事实上，我们<u>谁能避免犯错误呢</u>？伟大的人物未必比芸芸众生犯的错误更少，聪明的人更加未必比普通人更少犯错误。

"避免"是义素否定，反问是句子层面否定；所以，两句都是双重否定表示肯定。再比如：

（38）毛病是有一些，但战斗中有极大的偶然性，<u>谁也不能避免不犯错误</u>。潜力还真有，而且非常大，但听老大方才的话，我这时候还就不想说了。

（39）每个人的身边都有值得自己珍惜的人，但是有多少人能真真切切的去感受他的存在，只有等到失去，后才知道后悔可是已经追悔莫及，但是<u>谁能避免不犯这种错误呢</u>？

从形式上看,例(38)和例(39)都含有三重否定,但副词否定是直接的,客观性强,反问否定是间接的,主观性强。从否定效果看,"不犯"的"不"其实都是羡余的,所以,两句都是表肯定的。

总体而言,否定的客观与主观是相对的:语用与语义相比,语用否定主观性强;词内与外词相比,词内否定的主观性强;推测与判断相比,推测否定的主观性强。试比较:

(40)"关于华卫公司配送中心的问题,<u>我们拒绝接受采访</u>,网上的文章是错误的。"办公室郑干仟说。

(41)"经请示领导,这是全市的统一部署,<u>我们不能接受采访</u>,你们得找市城管局。"这名女工作人员说。

(42)王志现在分管西区文化创意园的工作,而且他一向很低调的,我估计,<u>他应该不会接受采访的</u>。

(43)我觉得,就<u>应该不接受采访</u>,娜姐法网夺冠后,还不是拒绝了法网官方的跟拍,这是私人时间。

"拒绝接受"与"不能接受"相比,主观意愿性、能动性自然更强些;例(42)"应该不 X"是推测,属认知情态,例(43)"应该不 X"是评判,属道义情态,前句的主观性当然要强于后句。

2.4　否定的作用与效果

从作用与效果看,可以分为完全否定与局部否定,陈述性的否定、修饰性否定与指称性的否定,以及降格否定与委婉否定等。先比较完全与局部的否定:

(44)社区纪检委员王博文说,他对李海涛的具体情况<u>不了解</u>,而且对他也<u>不信任</u>,但也不能说完全一无所知吧,前段时间曾经听别人说起过他,目前尚待进一步调查与核实。

(45)不过中国装备制造企业到海外拓展,仍不时遇到困难,中国制造业组联席领导人董伟龙说,海外出售方对中国企业的<u>不了解</u>或<u>不信任</u>是最大障碍。

同样是"不了解"与"不信任",例(44)是命题的否定,陈述性否定,例(45)是现象的否定,指称性否定。所以,前句是完全否定,后句是局部否定。而命题否定也有语义与语用之分。例如:

(46) 我预测 2010 年将会发展得更加迅速,不过,我认为<u>这不很好</u>,有时候欲速反而不达。

(47) 你们看,<u>这不很好</u>? 你们不了解情况,就别管我了,我没有事的。

例(46)是命题内的语义否定,例(47)是命题外的反问否定,所以,前句是否定的,后句是肯定的。

从否定的作用和效果看,又可以分为精确的否定与模糊的否定。例如:

(48) 你看那些记者多老练啊,等的就是这个。见我不搭理,<u>没过三天</u>,网上独家爆料的组图就出来了,被拍到的那位女士真是我爱人。

(49) 那破沙发里的德国弹簧,<u>没过几天</u>,一坐下去,就再也不肯恢复原状了。

(50) 等了<u>不到一个小时</u>,已经到 30 号了,坐在椅子上想着马上就能领证了,也不觉得时间很慢了。

(51) 等了<u>不一会儿</u>,出站口提示屏显示,儿子坐的那趟车到站了,大家都有点依依不舍。

从表面上看,例(48)、例(50)的否定相对精确,例(49)、例(51)的否定比较模糊,从否定的效果看,例(48)、例(50)是真值否定,否定时段的量值;例(49)、例(51)是羡余否定,表示评价态度,主观上认为"弹簧""不肯恢复原状"的情况发生得太快了,"出站口提示屏显示"也比预计的时间短[4]。

至于委婉否定与降格否定,委婉重在否定的效果,指功能上的不完全否定;而降格重在否定的构造,指结构上不自由的否定。由于降格否定大多同时带有一定的委婉情态,所以,本文统称为委婉式降格否定。比如下面的"缺乏"重在委婉,而"鲜"同时又是黏着的:

(52) 及时不是一个简单的"快"字,当然有快的含义,但在许多情况下,如果没有把握好时机、如果<u>没有必要的准备</u>,而贪快求速度,可能适得其反。

(53) 因为<u>缺乏必要的准备</u>,有人对国外风俗习惯不够了解、尊重,有人带去了一些不好习惯,造成不良影响,需要引起注意。

(54) <u>没有人知道</u>李海元从 5 层楼上跳下时,心里究竟在想什么,但可以肯定的是,这个 44 岁的男人对他身处的这个世界一定充满了失望。

(55) 在张艺谋耀人的光环下,<u>鲜有人知道</u>他的离奇身世和神秘家族史。其实张艺谋原名张诒谋,他是黄埔军官的后裔……让我们来看张艺谋的自传揭秘。

同样是"必要的准备"没有到位,"没有"比"缺乏"更明确;都是对情况不了解,"没有"比"鲜有"更彻底。这两组否定的差异,除了否定强度和方式之外,还在于主观情态的不同,"没有"的客观性强,更加直截了当,"缺乏"和"鲜有"主观性强,有点委婉且含蓄[5]。

综上所述,可以将汉语否定范畴与否定现象的整个系统大致归纳如下:

否定
- 性质与类别
  - **语义否定**:命题否定与概念否定、真值否定与逻辑否定;
  - **语用否定**:隐含否定与预设否定、元语否定与羡余否定;
- 载体与层面
  - **词内否定**:义素否定——动词、形容词,语素否定——词缀式、词根式;
  - **词外否定**:句子层面、短语层面、单词层面——副词、动词、代词、连词;
- 方式与功用
  - **否定项数**:单一否定与双重否定;三重否定与多重否定;
  - **否定情态**:语义否定与语用否定;客观否定与主观否定;
  - **否定方式**:有标否定与无标否定;间接否定与直接否定;
- 作用与效果
  - **否定作用**:单纯否定与复合否定;完全否定与局部否定;
  - **否定功能**:陈述否定与指称否定;限制否定与修饰否定;
  - **否定效果**:精确否定与模糊否定;委婉否定与降格否定。

3. 降格否定的委婉功效

3.1　降格否定的相应表达方式

从否定成分的功能是自由还是黏着来看,委婉式降格否定可以分为两大类,黏着的否定语素和自由的否定词语。所谓黏着的否定语素,大多是由古代的单词演化为当今的语素。比如"遑、罔、鲜、毋",作为否定语素,现在还保留在一些书面色彩较强的"遑论、罔顾、鲜见、毋忘"等文言单词当中,表降格否定。例如:

(56) 这几年两岸正是坚持"九二共识",才使两岸关系破冰回暖。苏贞昌和一些民进党人连大陆现状也不了解,<u>遑论</u>制订切实可行的两岸政策了。

(57) <u>漠视</u>生命、<u>罔顾</u>法纪的林某因无证、醉酒驾车肇事,涉嫌危险驾驶罪,被依法刑事拘留。

(58) 在一些已经曝光的事件里,正、副职官员之间相互揭发、谩骂、打斗乃至凶杀的情节并不<u>鲜</u>见。

(59) 尊重自主选择,<u>毋</u>忘社会责任。一些社会学家和青年学者认为,应该给这些敢于突破的"裸辞"一族更多宽容。相信年轻一代的自我诊断、修复能力,相信他们的理性选择。

另一类委婉式降格否定,除了用副词"未尝、未必、未始、未免、难免"外,动词"缺、欠、缺少、丧失"和形容词"难、乏、少"等,也可以表示各种否定功能不完全的降格否定。试比较:

(60) 临近年末,拿到了年终奖以及平时的积累,有一定积蓄的购房者会想着提前把房贷还掉,以减轻每月的房贷压力,但提前还款<u>未必</u>划算。

(61) 然而,充分竞争的同时,兴起仅十多年的行业却又一次充分暴露出行业创新能力<u>贫乏</u>、开放性下降、竞争手段单一甚至恶劣乃至裁判机制缺失等问题。

(62) 再次,要正视年轻干部虽然学历高、视野宽、干劲足,但<u>缺少</u>基层历练、经验<u>匮</u>乏的现状,用其所长,补其所短,真正为年轻干部铺出一条成长的"阳光大道"。

(63) 建立科学的干部"考德"体系,加强对干部权力的外部监督,坚决惩治那些<u>少</u>廉寡耻的害群之马,让各级党政领导干部真正成为践行社会主义核心价值观的"引领者"与实践者!

比较而言,委婉式降格否定当中,文言遗留的表达式要更多一些。除了"遑、罔、鲜、毋"之外,其他如"弗、匪、漫(慢)、寡、爽"等都是,只是用频略有差异而已。例如:

(64) 事实上,他们在片中也真心服老了,自叹腿脚<u>弗</u>如年轻的利亚姆面前,片尾还自嘲和老旧的飞机一样,能进博物馆了。

(65) 随着两岸经济、文化的不断交流,两岸学生也在不断交往,两岸民众受益<u>匪浅</u>。

(66) 不要奖金并不等于不要利益,<u>漫说</u>这只是一纸空头支票,即便名誉一项,同样可以换来丰厚的收益。这一点,从眼下莫言获奖而产生的后续效应即可明了。

(67) 约定的每晚平安电话,他<u>爽约了</u>;约好的重温蜜月之旅,此生再也不能成行;约定的关于即将大学毕业的女儿未来之路的探讨,他已无法兑现承诺了。

当然,这两种降格否定形式,由于否定方式的差异,在否定的情态尤其是否定的委婉度方面还是存在着一些差异的。比如下面各句都讲"效果",在委婉功效方面无疑各有特点:

(68) 又睡了很久,完全不困,恐怕退烧针<u>未必有效</u>。章东远关了灯过来,上床躺下就睡,杜雪看着他,心想,有一个老公好像还是有些用处的,至少生病了他还在身边,不用一个人一直扛下去。

(69) 美国应该进一步在外交上孤立朝鲜、收紧安理会的制裁决议,加强在该地区的军事演习,而不是试图接触朝鲜。尽管对朝"遏制政策"似乎<u>鲜有效果</u>,但在目前,"遏制政策"仍是唯一的选项。

(70) 在以往学院每天下午安排的文体活动时间里,各学员队只是组织大家跑跑步、打打球。时间久了,学员们普遍感觉单调乏味,锻炼流于形式,<u>缺乏效果</u>。

(71) 汪精卫 1944 年赴日本接受治疗,同年 11 月 10 日死在日本名古屋帝国大学医学院。当时有两种说法,一说是因子弹陷入体内,无法取出,铅毒逐渐扩散,终至<u>药石罔效</u>。

3.2　降格否定的固化表达倾向

正因为降格否定在很大程度上都是一些黏着性语素的否定,而且绝大多数都是历史上遗留下来的,所以,通过一系列文言格式和习惯用语的演化,这类降格否定语素在现代汉语中基本上都保留在一系列成语当中,比如"寡廉鲜耻、置如罔闻、自愧/叹弗如、靡日不思、乏善可陈、毋庸置疑、毋庸讳言、匪夷所思"等。例如:

(72) 如果一个个官员都<u>寡廉鲜耻</u>,贪污无度,胡作非为,而国家还没有办法治理他们,那么,天下一定大乱,老百姓一定当李自成造反！

(73) 从"禁飞区"到"大轰炸"，美国的关键作用<u>毋庸置疑</u>，扳倒了强人卡扎菲，美国却掉头就走开，完全不顾他们临时拼凑的反对派内部矛盾如何尖锐。

(74) 广州的蔡彬更是神奇，一个处级干部，坐拥 20 多套房产，价值数千万，恐怕以精明自傲的温州炒房族，也不免<u>自愧弗如</u>。

(75) 想当年全国盛行的"欧陆风"，多少建筑行业专家在各种场合都提出反对意见，可是多数媒体却<u>置若罔闻</u>，一再鼓吹，使它"泛滥"多年。

除外，在一些已基本定型的四字固化短语中，也经常出现这类黏着的否定语素，比如"鲜为人知、获益匪浅、考虑欠周、闲人免进、缺医少药"的"鲜、匪、欠、缺"。例如：

(76) 美国总统奥巴马本周二拒绝了此前共和党方面所提出的财政危机解决方案，称该方案在利益平衡方面仍然<u>考虑欠周</u>。

(77) 日前，记者联系了西北大学陕西近代史研究者张恒、中条山抗战历史学者张君祥等人，探究了这个<u>鲜为人知</u>的传奇故事背后的真实历史。

(78) 总统府作为国家最高行政权力机构所在地，往往壁垒森严，<u>闲人免进</u>。不过，巴西总统府却对公众免费开放，不需要任何证件，也不需要事先预约，任何人都可以参观。

(79) 以往，平沙村的卫生室总是处于<u>缺医少药</u>的状态，群众就医很不方便，尤其是行动不便的老、弱、残、孕人群。

毫无疑问，这一类表达方式随着时间的推移、使用日趋定型，也都可能逐渐转化为成语。

不但黏着否定语素的习语化已占据了一定的优势，即使一些非黏着的降格否定成分也正在形成一系列惯用语，比如"少废话、缺心眼、欠考虑、很难说"等。例如：

(80) 当我做否定表示时，他竟然说："你<u>少废话</u>！不是说到省政府下车的吗？你说的市政府离这儿还有好几站路呢！"

(81) 在《亲》剧中，陈佩斯出演的是个有点冒"傻气"的保安满意，这个角色看上去有点缺心眼，爱认死理，经常被别人戏弄、闹出笑话，但是他内心单纯透明，充满阳光。

(82) 话说回来，这位小姑娘说话确实<u>欠考虑</u>，在人际沟通中，遣词用句还是需要一点点斟酌的。

(83) 实际上，如同李安电影少年所讲的两个故事一样，<u>很难说</u>，哪一个世界是真实的，哪一个世界是虚拟的。

由此可见，降格否定表达方式在结构上的一个重要特点就是逐渐地凝固化与习语化。

从另一角度看，降格否定即使没有固化为成语的，其搭配的自由度也是有限的。就以"罔X"为例，在搜集到的语料中"罔顾"占到90％以上，尽管还有如下的一些用法：

(84) 违规别墅高调拆除后复建的大气候是秦岭的"别墅之殇"，在其南麓和北麓，别墅开发项目<u>罔视</u>国家和地方有关禁令纷纷上马。

(85) 国家明令禁止，不允许未成年人到网吧上网。可是网吧不仅置若<u>罔闻</u>，还针对学生实行包夜优惠，会员优惠等方法鼓励学生上网，鼓励学生包夜。这种情况近几年尤为严重。

(86) 长安汽车党委书记、副总裁朱华荣日前表示，自主品牌车企之间已经到了非联合不可的地步，否则平台开发费用、供应商的投入都很分散，更<u>罔论</u>什么规模经济。

(87) 文祥又引用李棠阶而结欢恭亲王奕？故同治初年之政<u>罔有</u>缺失。慈安崩后数年始更变大臣，又二年始兴园工。

再以"遑X"为例，"遑论"最为常用，已占到80％以上，除此之外，还搜集到"遑言、遑谈、遑提、遑称"等，"遑"后"X"都是一些含有［＋言说］语义特征的动素或动词。例如：

(88) 而真正从文学上给郭沫若带来声誉的《女神》等作品，根本就没有读过的迹象，鲁、郭两人尚且如此，更<u>遑言</u>别的作家了。

(89) 此事发生的时候我并不知道，一直到徐恩曾来南京见我的时候才知道弄到我的头上来，其实我当时连李拓天都不认识，更<u>遑谈</u>授意了。

(90) 帝王之子尚且重视"有功提拔"，更<u>遑提</u>普通百姓家庭出身者了，这也是历代百姓对干部提拔的重要标准之一,也是唯一被广泛认可的公平提拔方式。

(91) 相形之下,我国知识分子对"全球化"的跨国资本主义本质仍缺乏足够的认识,更遑称警惕。

就表达功能而言,这些"遑 X"除了具有相似的语义特征外,在表达功能上也基本一致,一般也都必用在递进复句的后分句,前面大多还有关联副词"更"。

3.3 降格否定的委婉情态效果

那么,降格否定与一般的否定在表达效果方面的差异究竟体现在哪里呢? 我们认为,主要就是结构上的习语化、表达上的委婉态。请比较:

(92) 也就是说,现在的商业开发没有平等协商,拆迁补偿多数都是开发商说了算,这样没有合理公平补偿的拆迁,自然就有愧于老百姓。

(93) 如果动迁的基层干部以权压法、以权压人,缺少平等协商,即使其动迁的成绩再显著,也是没资格受到表彰奖励的。

(94) 虽然南希在邻居眼中是一个友爱的人,但为南希上门装饰圣诞树的园林公司老板丹·福尔摩斯透露了一个不为人知的细节,南希似乎也是一个枪支爱好者。

(95) 在追悼会现场,英雄的妻子赵彦青眼含热泪,哽咽着讲述了许多鲜为人知的细节。

同样是"平等协商","没有"重在"质",客观性强、语气确定,而"缺乏"重在"量",主观性强,语气舒缓。同样是不知道的"细节","鲜为人知"不但是个成语,而且要比"不为人知"在表达上更留有余地,在情态上更委婉一些。再比如,"不如"与"弗如"都已词汇化,除了搭配自由度、语体性色彩有较大区别外,表达效果与主观情态也略有不同:

(96) "百菜不如白菜",中医认为白菜微寒味甘,有养胃生津,除烦解渴、清热解毒的功效,还有丰富的维生素 E、C,多吃可以起到很好的护肤和养颜的功效。

(97) 同时,与民共苦,不仅是要吃得百姓苦,还需吃得百姓吃不了的苦,"同乐"弗如"共苦",相信这样的干部更能得民意、暖民心。

进一步分析,下面四句的"问题",都是解决起来有困难,但情态的委婉度是逐渐增强的:

> (98) 现在有很多人喜欢把现实社会中<u>不能解决的问题</u>、碰到的一些困难反映到网上,所以,我们的政府应该善于从网上的留言、帖子里面了解民生、查看民情。

> (99) 因此,一旦遇到<u>不好解决的问题</u>,马上打退堂鼓,缩在别人的后面不敢出头,把烫手的山芋塞到别人手里,赶紧把自己从求人的怯着中解脱出来。

> (100) 每当我们遇到<u>难以解决的问题</u>去找罗阳时,他总是仔细地了解我们的意见,然后调查研究,并很快地提出解决问题的方案,使难题一个又一个地得到解决。

> (101) 关于收入的税费改革问题,也是<u>较难解决的问题</u>,特别是个人所得税几次调高后,部分地区已经出现了地方税收大量减少的情况。

甚至同样是关联化用法,"遑论、漫说"在功能上也没有"不论、别说"那样直接、显豁:

> (102) 事实上,执行秘密任务的美国空天飞机已完成多次太空飞行,而中国的"神龙"尚处于研发的初步阶段,更<u>遑论</u>有什么军事用途。

> (103) 无论外面的世界多么现代化,更<u>不论</u>有多少钞票在诱惑,从亚马逊热带雨林和潘帕斯草原走出来淘金的人们,大都像被系了一根勾魂索一样,无时无刻不想着回到那边故土。

> (104) 最要命的是,她不买上边的账,<u>漫说</u>贿赂几串铜钱一匹绢,就是浅浅的笑脸,也不肯给一个。

> (105) 我们也了解他们口中嫌疑人的家庭状况,老家在农村,名下就一间房子,也是很穷。<u>别说</u>现在找不到他,就是抓到了,能起诉他,他家也无法拿出这么多钱来赔。

当然,降格否定的委婉性是就总体情况而言的,有些情况下,其差异并不明显。请比较:

> (106) 旁人提醒他,他却猛地回应道:"<u>别废话</u>!"刘国梁起身不仅抢了

他的手机,还扇了他一记耳光。

(107) 杨翻译官冷笑着,"<u>少废话</u>,现在你干脆回答:你要孩子还是要工厂? 嗯?"

(108) 做工赚钱、经商谋利,付出劳动,得到报酬,这个逻辑浅显易懂,<u>无须多言</u>,按照我们当今所倡导的价值观念,工作只有分工不同没有贵贱之分。

(109) 从力量、速度、灵敏等身体素质角度来说,耐力是基本素质;从健康方面来说,心肺机能的重要性,<u>毋庸多言</u>,这些正是可以通过长跑锻炼来提高的。

在这类的特定语境中,"少"与"别"、"毋庸"与"无须",表达效果并没有明显的区别。

4. 结论与余论

综上所述,归纳如下:一、汉语的否定现象与否定范畴存在多种不同的个性特征,处在多个不同的语言层面,涉及多个不同的相关因素,具有多种不同的表达功效,值得深入探讨。二、委婉式降格否定分为黏着与自由两种,前者是词内否定,后者是词语否定,在搭配的习语性、词汇化、表达的明确性、委婉度以及语体特征、使用频率上都存在一定的差异。

否定现象在任何语言中都有,就汉语而言,迄今为止在下列是 12 个方面,都还存在认识模糊、界限难定的问题: 1)否定范畴与否定范围;2)否定辖域与否定对象;3)否定命题与否定句子;4)否定性质与否定特征;5)否定单位与否定载体;6)否定效果与否定实质;7)否定预设与否定预期;8)否定成分与否定指向;9)否定重点与否定焦点;10)否定形式与否定方式;11)否定条件与否定前提;12)否定倾向与否定影响。这一系列与否定有关的概念,其性质与特征、内涵与外延、规律与功用,都还有待进一步研究。就此而言,本文第二节所归纳的否定图示,也只是一家之言,相关的问题都还需要进一步研究。

至于委婉否定,需要指出的是,有关委婉式降格否定的性质与范围,目前也还没有明确的界定。比如"原则上可以扩招"≈"基本上不能扩招"、"理论上还有希望"≈"实际上没有希望",那么"原则上、理论上"算不

算降格否定呢？再比如"慎言、慎用"的"慎"与"惜售、惜贷"的"惜"算不算
黏着否定性语素呢？而"难以言表"和"无以言表"中的"无以"和"难以"都
可以认为是否定副词吗[6]？这些问题也都有待进一步展开研究。

附　注

　　[1] 赵元任著、吕叔湘译的《汉语口语语法》第八章认为"岂有此理"和"岂敢"的
"岂"是否定副词，显然是混淆了语义否定和语用否定两种不同的否定功能。

　　[2] 语义预设否定，请参看张谊生（1996）。

　　[3] "责备、责怪、后悔、懊悔"等动词，也可以认为是含有否定义素的动词，只是否
定方式不同。

　　[4] 相关研究，请参看张谊生（2006）。

　　[5] 这类表达方式，在一定程度上，往往涉及发话人的立场、态度和情感等。

　　[6] 相关的研究，可以参看张谊生（2015）。

参考文献

戴耀晶　2000　《试论现代汉语的否定范畴》，《语言教学与研究》第 3 期。

戴耀晶　2004a　《汉语否定句的语义确定性》，《世界汉语教学》第 1 期。

戴耀晶　2004b　《试说"冗余否定"》，《修辞学习》第 2 期。

惠秀梅　2010　《否定意义的主观性》，《外语学刊》第 6 期。

蒋　华　2011　《"没有 NP"与"缺乏 NP"》，《汉语学报》第 4 期。

江蓝生　2008　《概念叠加与构式整合——肯定否定不对称的解释》，《中国语文》第 6 期。

吕叔湘　1986　《关于否定的否定》，《中国语文》第 1 期。

刘华丽　2012　《浅析副词"不大"》，《汉字文化》第 2 期。

马清华　1986　《现代汉语的委婉否定格式》，《中国语文》第 6 期。

沈家煊　1993　《"语用否定"考察》，《中国语文》第 5 期。

袁毓林　2000　《论否定句的焦点、预设和辖域歧义》，《中国语文》第 2 期。

袁毓林　2012　《动词内隐性否定的语义层次与溢出条件》，《中国语文》第 2 期。

张伯江　1996　《否定的强化》，《汉语学习》第 1 期。

张谊生　1996　《现代汉语预设否定副词的表义特征》，《世界汉语教学》第 2 期。

张谊生   2005   《羡余否定的类别、成因与功用》，北京大学中国语言学研究中心《语言学论丛》编委会编《语言学论丛》第 31 辑，商务印书馆。

张谊生   2006   《试论主观量标记"没、不、好"》，《中国语文》第 2 期。

张谊生   2015   《从介词悬空到方式否定——兼论"无以"与"难以"的共现与中和》，《语言教学与研究》第 4 期。

周小兵   1992   《"不太 A"析》，《世界汉语教学》第 2 期。

张谊生：yingshen@shnu.edu.cn

原载《汉语学习》2015 年第 1 期，本书收录时略有改动。

汉语句子否定的类型学性质

陈振宇　陈振宁

提　要　我们今天研究的不仅仅是汉语本身,而且是在世界语言类型学背景中的汉语。世界语言中用于句子否定的有否定词缀、否定语缀、否定助词、否定动词,但汉语的"不、没(有)₂、别"则是特殊的否定副词。除此以外,汉语还有外围否定形式"不是、并非"等。汉语的句子否定不遵循"定式策略"的定位性和唯一性,"不、没(有)₂、别"可以在 TMA 成分、VP 中附加成分、核心谓词和能性补语前浮动,这些成分的共同性质是,它们都是谓词性的,而修饰谓词性成分的是副词。"不是、并非"不能进入能性补语位置,但可以在句首和其他所有成分前浮动。这都是因为汉语小句是隐性核心小句,是"多层套叠主从结构",这也导致汉语历史上没有"叶氏柏森循环"。一般语言中的显性核心小句,可以很方便地进行真值否定,但成分否定比较困难,需要进行移位、分裂句、特别重音等操作。汉语的浮动性使小句很容易进行大多数的成分否定,但是真值否定上有一定的困难。汉语小句中的否定词严格地遵循逻辑顺序,不能否定其句法辖域之外的成分,所以排斥"左向否定",句子否定词之间也不允许冗余否定。汉语句子否定词的焦点结构也受到一定的限制。

关键词　句子否定　否定副词　定式策略　多层套叠主从结构　成分否定　类型学

从类型学角度讲,语言的一个重要的共性是,每种语言都会发展出两种句子否定形式,即句子否定与对比否定。这两种否定之间有重要的联系:对比否定是在句子否定的基础上发展出来的,最初不过是一个肯定句与一个否定句的并列对比，后来可能发生某种程度上的"融合"，从而最终成为一个特殊的句式，它们的区别在于这些形式的语法化程度。

本文着重讨论"句子否定"这一问题，对比否定则暂不涉及，此外还涉及与句子否定有关的成分否定的研究。

1. 用于句子否定的语言形式

1.1　句子否定的形式种类

研究者们已提出世界上各种语言用于句子否定的语言形式，有"词缀、小品词、助动词"三种，参见达尔（Dahl 1979:81—86）。如果再加上否定性实词，则有四种，如下：

第一，否定词缀，即否定形式作为一个语素加在小句核心成分（如：动词）上，又称为"语素否定"（morpholodical neg）、"综合性否定"（synthetic neg）。语素有前缀（prefixation）、后缀（suffixation）、中缀（infixation）、词干修饰成分（stem modification）、重叠（reduplication）、韵律修饰成分（prosodic modification）、零形式（zero modification）等。否定一般只用词缀性成分，且基本上是前缀和后缀。个别语言使用重叠的手段，如 Tabasaran 语。在一些非洲语言中，使用韵律修饰成分。另外，前、后缀方面，从统计上看，否定更倾向于使用前缀。如 Zazaki 语的否定前缀'ne，它可以加在动词词干上：

（1）引自玛丽（Marie 1994:130）

ɛz　　　　　　　　'ne-zonon.

我｜直接格　　　　否定-知道　　　　（我不知道）

由于这一类与汉语关系不大，所以这里不多介绍。但需要指出的是，中国境内的手语和汉语属于不同的性质，以上海手语为例，它以 SOV 为基本语序，并且有丰富的否定词缀，这是否定句的主要构造方式之一，与日语类似，属于句子否定，而不能视为词汇否定。

第二，否定语缀（negative clitics），又称为"否定词句子否定"，以及"分析性否定"（analytic neg），这一类下，包括否定小品词（negative particles）等。

否定小品词在否定句中形式几乎不变，仅仅是黏附在某一句法成分上或独立使用,如英语 not。这一类将是本文讨论的重点。

　　小品词和附缀是两个术语。小品词指没有屈折形式变化的词项,它们的形式通常是短小的,数量也是很少的,无法归入已有的主要词类之中。如:古希腊语的 ge,在"keînós ge"(那个男人)中,它是个后附缀,表示定指义。附缀虽然在句法上独立,但依附在某一成分上,并与该成分形成一个韵律单位。附缀与词缀的差异是程度上的,英语的 not 是附缀,但语音弱化形式"n′t"则可被视为词缀。(请参看 2000 年上海外语教育出版社出版的《牛津语言学词典》,见该书第 56 页、267 页)。本文采纳这一定义。

　　由此可见,小品词一般都有附缀的功能,汉语的助词和语气词基本上都是如此。但叶斯伯森(Jespersen)等研究者曾用"小品词"来指英语中的介词、连词和叹词,以及主要的副词(不包括形容词副词化的产物),受其影响,一些汉语研究者也用它指各种形式短小的虚词。在这一解释中,小品词显然远不只是附缀。本文不采纳这一定义。

　　第三,否定助词(negative auxiliaries),它独立使用,并且像其他助词一样,一旦使用,就吸引了句子的语法项如时、体、态、人称等到自己的身上,成为句子的核心。这样动词反倒采用光杆形式,成为附着在它之上的东西,如 Finnish 语:

　　(2) 引自达尔(Dahl 1979:84—85)

　　　Luen　(我读书)　　　　　En lue　(我不读书)
　　　Luet　(你读书)　　　　　Et lue　(你不读书)

　　例中,否定 e 带有人称词缀,构成 en 和 et;动词 lue 反倒失去人称词缀。不过,独立否定形式往往是不充分的,如 Finnish 语中时态是加在动词上而不是否定助词上的。否定助词也是一种十分鲜见的语言现象。

　　再如鄂温克语中,放在动词前的否定助词,它有很多种语音形式,由词干的最后一个音素来决定:

　　(3) 引自伊戈尔(Igor 1994:6—7)

　　　ra/re/ro　　当词干以元音结尾时
　　　ta/te/to　　当词干以 k、s、t、p 结尾时
　　　la/le/lo　　当词干以 l 结尾时
　　　na/ne/no　　当词干以 ŋ、m 结尾时

a/e/o　　　　当词干以 n 结尾时

肯定句：

Nuŋartin　　　d'u-va　　　is-ta-ø

他们　　　　　家-宾格　　　到达-非未来-第三人称复数

（他们到家了）

否定句：

Nuŋartin　d'u-va　　　e-che-tin　　　　　　　is-ta

他们　　　　家-宾格　　否定-过去-第三人称复数　到达-非未来

（他们没到家）

　　当有否定助词时，该助词带有时态与一致性标记，而动词则失去这两种标记。

　　这一类还包括英语等的傀儡助词（dummy auxiliaries）现象。

　　第四，否定实词/否定动词（negative verbs），如汉语动词"无、没（有）$_1$、非"等，它自身就是小句的核心谓词。如对存在的否定往往是用一个单独的否定性存在词或语素，称为"存在否定词"（existential negator），如例（4a）中豪撒语（Hausa）的 babu、例（4b）中马拉雅拉姆语（Malayalam，分布于印度）的 illa：

　　（4）引自保罗和蒂莫西（Paul & Timothy 2007：56）、马修（Matthew 2007a：246）：

　　　a　Babu　　　littafi　a　　kan　　　tebur

　　　　存在否定　书　　　在　…的顶上　桌子　　　（桌上没有书）

　　　b　ivite　　　kooleej　　　illa

　　　　这儿　　　学校　　　　存在否定　　（这儿没有学校）

　　之所以称为"否定实词"，是因为在有的语言中有否定名词，它是一个独立的名词，但表示英语 nothing、noboby 的意义，而且由于词汇存在否定一定会投射到句子层面，所以也勉强算是一种句子否定。

　　不过否定实词一般是表示存在否定、判断否定、祈使否定等特殊意义的词，没有一般性的句子否定功能。否定名词如古汉语的代词"莫"，英语"nothing、nobody"等，否定动词如汉语"没（有）$_1$、无、非"等。否定动词带名词性宾语，而否定助动词支配的则是一个谓词性短语（虽然它可能有某种名物化)。

1.2　汉语句子否定副词"不、没(有)₂、别"是一种独立的类型

"不、没(有)₂、别"这三个汉语中最常用的句子否定词是上述各类中的哪一种？由于它们与词缀、助词、动词和名词存在显著的差异,因此西方学者或深受西方语法理论影响的学者一般把它归入小品词,认为它与英语的 not 是同一类。如石毓智(2010:204—205)认为,把"不、没"归入什么词类是无关紧要的,也认为可以把"不"和"没"看作逻辑小品词。但英语的 not 是附缀,所以如果该研究者的"小品词"包括副词,那倒没什么;如果不包括副词,则是否意味着这些汉语否定词也是附缀?

汉语语法研究者一般把"不、没(有)₂、别"视为副词。马建忠(1898/2009:238—241)就已把"不、未、勿、毋、弗"归入状字中的"决不然者"。黎锦熙(1924/1992:142—143)也把"不、没有、莫"组成"否定副词"。赵元任(Chao 1979/2011:785—786)也把它们归入副词。王力(1943、1944/2014:153)认为"不、未、别、没有"都是否定性副词。

然而,研究者们大多对"否定副词"未给予充分的论证。例如,英语的"hardly(几乎不)、rarely(很少)、seldom(很少)、scarcely(极少)、never(从不)"等,它们与汉语的否定副词是不是一回事?

我们认为,这些语言的"否定副词"都不是句子否定形式,而是一种词汇否定形式,即含有否定意义或否定语素的词,它们并不用于句子动词之上,而是处于 VP 的外围,且大多专指某一方面的特殊意义,如上述英语词都表示数量少(不一定为零);它们并不是该语言普遍使用的、对命题意义进行否定的手段。

与之不同,汉语"不、没(有)₂、别"在功能上是与英语 not 一样的基础否定形式。所以虽然从句法上看这都是"修饰谓词或谓词性短语"的副词,但在否定范畴中则具有完全不同的地位。

那么,"不、没(有)₂、别"是不是其他语言中的否定小品词呢?

的确有研究者这么认为,如黄正德(Huang, C. -T. James 1988)、恩斯特(Ernst 1995)等就认为,"不"是"黏着成分"(clitic-like element),其证据之一是下面的例子:"我不吃木瓜","不"附缀于"吃","不吃"成为一个

未发生的事件,所以不能再用"了"或表方式的修饰语,如不能说"*他不吃了木瓜、*他不跑得快"等。

有学者把其他语言中的否定词也称为"副词",如沈家煊(2010)把英语的 not 和法语的 ne 都称为"副词"。

一些研究者则试图把"不"与附缀区分开,如李宝伦、潘海华(1999)认为,"不"不是黏合成分,其中最为重要的理由是:"不",可否定非邻接成分、可直接否定动词并给出合法句、在特殊情况下(如条件句前件)可与"了"及方式修饰语共现等三条,如可以说"要是他不跑得那么快,就会误了火车"。但是李、潘(1999)的结论是"不"是焦点敏感算子,但焦点敏感算子是什么?应该看到,形式语义学中的焦点敏感算子是多种形态的,而英语量化词 only 与汉语量化副词"只"有着很大的不同,如可以说"He read only this book"而不能说"*他读了只这本书",但它们都是焦点敏感算子。

我们的观点是,汉语研究界百年来的反复推敲,得到的是正确的结果,"不、没(有)₂、别"是汉语中起句子否定功能(基础否定功能)的副词性词项,因此有必要在世界语言中的基础句子否定形式中专门设一类"否定副词",并与"否定附缀"或"否定小品词"分别开来。"否定副词"既不像否定动词、否定助动词那样完全独立占据小句核心的位置,也不像否定词缀、否定附缀那样完全依附于小句核心成分,它处于"半独立半依附"的地位。

后面我们会谈到,"不、没(有)₂、别"既不像大多数语言的否定动词、助动词、附缀、词缀那样,只能处于一个固定的句法位置上,也不像俄语的 не 那样,可以自由地依附在几乎所有成分上,而是受到一定的限制,这种"半浮动性"也是由其副词性质所决定的,与类型学中一般所讲的类型不同。

那么,"不、没(有)₂、别"的这一性质是不是偶然的?我们认为,这不是偶然的,而是由汉语特殊的小句结构类型"多重套叠主从结构"、汉语的"隐性核心小句语言"的地位以及汉语核心成分的"谓词性"所决定的;作为一种历史必然的结果,它深刻地影响了汉语句子否定的各个方面,所以绝不是"无足轻重"的。

下面具体论证。

2. 句子否定的句法位置及汉语句子否定的类型性质

世界上大多数语言的句子否定,可以概括为两大性质:[定位性]和[唯一性]。它们都是语言"定式策略"的结果。

关于句子否定形式在小句中的位置,叶斯柏森(Jespersen 1917:5)的论述曾为学界广泛引用,主要有两条原则:否定形式趋向于放在句子前面;否定形式趋向于放在动词之前。这里提出了两个位置:句子位置与动词位置,但实际的情况远比他所说的要复杂得多,需要从多个维度仔细考察。

2.1　常规位置与非常规位置

句子否定的常规位置,指一种语言中所普遍使用的那个插入否定形式的句法位置。它又分为:

第一,否定小句,这种句子否定形式称为"全句否定形式",它位于整个小句的外围,又分为首操作(位于句首)和尾操作(位于句尾),以及其他固定的句法位置。

现代汉语中,从古代汉语继承下来的"非、并非"就有首操作功能,如:"并非任何人都可以做这件事""并非有人喜欢她"。再如据调查,不少地方的手语,在使用独立的否定词时,都采用尾操作的方式,如"我打妹妹没"的语序,参见李然辉(2011)。藏缅语中,在历史上本来是否定标记与句尾判断动词或存在动词结合,后来它们经过合音,形成了一个新的后置否定标记,见吴铮(2007),这也是尾操作。

第二,否定小句核心,这种否定形式称为"核心否定形式",它或者担任小句的核心成分,或者依附在小句的核心成分之上。又分为以下三种:

1) 独立否定形式,也就是否定助词或否定动词,即以一个独立的否定词插入小句中的核心位置上,承担小句核心的功能;如果该语言的小句有时、数、人称、一致性等要求的话,也由该否定词担任,动词反倒用光杆形式,如 Finnish 语,但独立否定形式往往是不充分的,如 Finnish 语中时态并不是加在否定词上,而仍然是加在动词上,说明否定词的小句核心地位并不完整,可能是处于独立否定形式与核心谓词否定形式的中间地带:

(5) En lukenut　(我没读书)

2) 非独立否定形式,即自身不能充当小句的核心成分,而是作为依附成分,依附在小句的核心成分之上,并与被依附的成分一起形成一个"neg-X"或"X-neg"整体,共同担任否定性小句的核心成分。这是一种十分普遍的语言形式,根据小句的核心成分的不同,又分为:核心谓词否定形式,即小句的核心成分是句中的核心谓词,否定形式依附在这一谓词上,如法语等大多数语言;TMA 成分否定形式,即小句的核心成分是句中表示时、语气、体的 TMA 成分,否定形式依附在这一成分上,如英语 not 就是依附在助动词 do、be、may、must、have 等上面。

英语还有所谓傀儡助词的现象,为了否定,有时用一个助动词 do,而在肯定句中它并不存在。英语傀儡助词也用于疑问句和强调句:

(6) John smokes.(约翰抽烟)

　　John does not smoke.　否定句(约翰不抽烟)

　　Does John smoke?　疑问句(约翰抽烟吗?)

　　John does smoke.　强调句(约翰是抽烟的)

需要说明的是,傀儡助词并不是否定助词,因为句中真正的否定词是 not,只不过在英语中所谓"小句层面的句法操作"(syntactic operation of clause)——包括否定、疑问(一般疑问)、强调——都必须在助动词上进行,而不能在动词上进行罢了。因为英语小句的核心是助动词而不是动词。

英语的情况是历史发展的结果,今天英式英语中仍有一些特殊的历史形式的遗留,当动词"have"表领属关系时,可以直接带否定词,如"I have-n't(any) stamps"。在疑问句时也有相同的用法,如"Have you (any) stamps?"这是因为英语早期也属于核心谓词否定形式。

句子否定的非常规位置,指一种语言在常规位置以外,往往还会有些特殊的位置,在特殊的情况下可以进行否定操作。通常采用小句核心否定形式的语言,如英语,它往往会有一个次要的、特殊的非常规策略,即采用句首否定形式。这又分为三种:

第一,出于否定句首成分的需要,如下例中的句首 not:

(7) Not anybody can do this.(不是任何人都可以做这件事)

第二,出于对否定意义的强调,将句中否定词移到句首,如例(8)的 not 本在"can"的后面,现在移到了句首:

(8) 引自叶斯柏森(Jespersen 1924/2010:508)

Not all the water in the rough rude sea Can wash the balme from an anoynted king.

(即使是咆哮大海中全部的水也不能洗去一位愤怒的国王身上的香脂)

英语中 never 等否定词的前置也是如此:

(9) Never did she see him angry.(她从未看见他发怒)

第三,对事件整体的外围否定形式,如下例中的句首 not that:

(10) Not that scientists have all the answers.(并不是科学家能解答所有的问题)

它是一种"残缺"的主从结构,即"It is not the case that scientists have all the answers"。不过已经语法化为一种全句否定形式,只不过在英语中并不普遍罢了。

现代汉语的复杂性,体现在汉语实际上有三套句子否定形式:

第一套是核心否定形式,即句中加在动词、形容词、情态词等前面的"不、未、没(有)$_2$、别、勿"等;

第二套是外围的全句否定形式,即可以加在句首或 VP 前面的"并非、不是"等;

第三套是独立的否定动词,如"无、没(有)$_1$、非"等,不过与 Finnish 语不同,这时句中没有其他同一句法层次的谓词。

第三套暂时不论。第一套比第二套更为本源,它是常规的也没有问题,但是,第二套句子否定形式是否只是非常规的呢?

我们来看一下第二套的功能,至少有以下两种:

第一,出于否定句首成分的需要,如例(11)的句首"不是":

(11) 不是任何人都可以做这件事。

第二,对事件整体的否定,如例(12)的句首"不是":

(12) 不是小王不喜欢小张(,是小张喜欢小王)。

小王不是喜欢小张(,是忌妒小张的妻子)。

但它与英语不同,如下:

首先,这不是"残缺"的主从结构,而是汉语本来就是一种主从结构,被否定的小句或 VP 是"是"的宾语从句,"是"具有(言者主观)判断动词的功能,具有情态性。

其次,它还可以"下降"到 VP 之前,甚至可以一直"下降"到介词、动词等 VP 内成分之前,几乎可以出现在汉语核心否定形式所出现的所有位置上(但"能性补语"处不可进入)如:

(13) 小王不是喜欢小张(,是不喜欢)。

小王不是喜欢小张(,而是喜欢小李)。

小王不是昨天来的(,是前天来的)。

小王昨天不是对小张有意见(,是对小张说的话有意见)。

小王不是在教室里读书(,是在宿舍读书)。

小王在教室里不是读书(,而是为了陪女朋友)。

小王对他不是爱(,只是喜欢而已)。

而这一点是其他语言的非常规句子否定所不具有的。

再次,由于相对自由得多,它的使用频率也不低。

综上所述,即使是像现代韩语那样拥有两套句子否定形式——一套核心否定形式和一套全句否定形式——的语言(韩语分别称为"短式否定"和"长式否定"),也没有这样的浮动性,可见汉语的"不是"更加接近"常规的否定形式"。

2.2 定式策略及句子否定唯一律

下面继续考察小句核心否定式。有所谓"定式策略"(strategy for choosing a finite element,简称 finite strategy),由达尔(Dahl 1979:86—87)提出:优势策略是,句子否定形式或者自身充当定式成分即小句核心(独立否定形式),或者依附在定式成分即小句核心之上(非独立否定形式)。

法语中句子否定形式 ne ... pas 依附在动词上,英语中句子否定形式 not 依附在助动词上,否定时也一定要有助动词,如:

(14) He works in the shop.（他在店里工作）

He does not work in the shop.（他没在店里工作）

不过，在莎士比亚时代，英语的助动词还未广泛使用，所以 not 常依附在动词之后，有时甚至在代词宾语之后，参看韦钰婷（2010）。

"定式策略"的影响是很明显的：

首先，该语言的小句只有一个核心，于是核心否定形式只能够加在这一成分上，所以它具有"定位性"。

其次，由于该语言的小句只有一个核心，所以核心否定形式具有"唯一性"。一个小句只表示一个命题（主从、并列、主次等结构都是由两个或两个以上小句所构成，所以表示多个命题），而对一个命题的否定只能有一次，故有"句子否定唯一律"：一个小句有且只能有一次句子否定操作。斯托克韦尔等（Stockwell et al 1968:27）称为，一个简单句一个否定词。

关于唯一性，需要注意以下几点并不是它的例外：

第一，一个语言可以有多个句子否定形式，它们分别对不同小句进行否定，只是不能同时对同一层次的小句进行否定。如汉语"他不看书"和"他没看书"，"不、没"不在同一层次共现所以不违反唯一性。

第二，一个句子可以同时有多个句子否定形式共现，只是这时句子或分为不同的主从、主次层次，每个层次一个简单小句，或分为几个并列结构，每个结构一个简单小句，而这些句子否定形式是分别否定不同的小句。如英语"I do not think that he is not your friend"（我不认为他不是你的朋友）中两个 not 分别在主句和从句中。

第三，一个简单小句可以同时有多个句子否定形式共现，只是这些句子否定形式是联合在一起共同起作用的，它们相当于一个框式结构的整体，在逻辑上只相当于一个否定词的功能，称为"双重否定词"（double negative particles）现象。（请注意，真正意义上的"双重否定"（double negative），如斯多葛学派所说的那样，每个否定词在逻辑上必须各自独立地起作用；这两个术语有本质的区别）如法语否定词"ne＋V＋pas"组成一个框式结构，其中 ne 为原来的否定形式，pas 则为"否定强化词"：

(15) je ne connais pas cet homme

  我 否定 知道   否定 这 男人

（我不知道这个男人）

再如壮语由于处在从句末全句否定形式向核心谓词否定形式的转变过程中，所以出现了同时使用两个句子否定形式、但在逻辑上只相当于一个否定词功能的现象：

(16) 引自覃凤余、黄阳、陈芳（2010）

kou¹	na:u⁵	ma i⁴	kɯn¹	ɔm⁴	lu¹	na:u⁵
我	不	爱	吃	粥	剩	不
	核心否					全句否

（我不爱吃剩饭）

ɕiao³tɕaŋ⁵	ʔbou³	ɤo⁴	ŋon²	jak⁷	loŋ²	na:u⁵
	nai⁴					nai¹
小张	不	知道	今天	将	下雪	不
	核心否					全句否

（小张不知道今天要下雪）

第四，一个简单小句可以同时有多个否定形式共现，只是其中只能有一个是真正意义上的句子否定，其他的都是各种词汇否定，如：

(17) I am not   unhappy

　　　句否 词否　　（我不是不幸福）

Nobody of the class didn't see the boy

词否　　　　　　　句否　（班上没有人没看见那个男孩）

在非规范的英语中有与汉语相似的现象：

(18) It is what you cannot not(to)do(这是你不得不做的事)

　　　He doesn't consent not to go(他不肯不去)

其中"not(to)do""not to go"在这里已不再是一种句子否定形式。其中"not to V"结构渐渐词汇化，成为一个用来表示与 V 相反意义的动词原型，这样一来，它就可以用在其他一些动词原型可用的句法位置。

2.3　汉语核心否定的特点——浮动与双重否定

显然，汉语最基本的句子否定采用的主要是核心否定形式，即否定副词"不、没(有)₂、别"等。但汉语在时和一致性等所谓的小句功能上语法化程度不高，没有发展出这些小句功能的标记，或者虽然发展出了部分小句功能标记,但它们远不是强制性的,也不够纯粹,所以一个小句的核心成分就不够明确。这一类型我们称为"隐性核心语言",以区别于具有显性核心标记的那些语言。

隐性核心语言这一性质极大地影响了汉语核心否定的面貌。

第一,浮动(floating)。汉语的句子否定形式可以较为自由地在核心谓词、VP 中附加成分、TMA 成分,以及能性补语上浮动(如图 1 所示)。

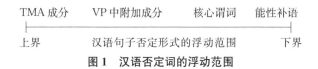

图 1 汉语否定词的浮动范围

(19) 她不喜欢张三。   核心谓词

他不在家里睡觉。   VP 中附加成分

她不应该喜欢张三。   TMA 成分

他打不过张三。   能性补语

注意,汉语中并不是所有句子成分,都可以进行句子否定。对此现象的一种解释是,由于汉语定式项(核心标记)语法化不成熟,所以没有为小句确定一个唯一性的核心,上述各种成分都可以充当核心,故从理论上讲,它们都可以进行句子否定操作(虽然在实际上会受到其他句法、语用规律的限制)。这一解释很有道理,但引出了更为复杂的问题,例如 VP 中的附加成分,在世界上大多数语言中根本不可能成为定式成分,不可能担任小句核心,不可能成为句子否定形式所依附的对象;但在汉语中却可以是句子否定的操作位置。例如汉语"把、被"句,正常的否定词是加在"把"或"被"之上,反而不能加在谓词上。

(20) 他没被人偷走东西——*他被人没偷走东西

他没把作业做完——*他把作业没做完

陈振宇(2016:210—213)说,汉语中介词几乎都是从动词语法化而来,并有两个语法化方向:如果还保持为动词——介词中间状态,则是连动式,理论上介词和小句谓词都可以分别加上否定词,如"他不在教室看书——他在教室不看书";如果已经语法化为主题标记,则一般而言该介词不能加上否定词,否定词必须加在谓词上,如"他在这件事上没有提出什么意见——??他没有在这件事上提出什么意见(表示主题焦点或对比主题时可以说)";如果已经语法化为狭义的介词,则否定词一般必须加在介词上,谓词前反而不能加。除了上面的"把、被"外,还有:

(21) 引自陈振宇(2016:211)

> 我不给日本人磕头请安！——＊我给日本人不磕头请安
>
> 不让他抓住把柄。——＊让他不抓住把柄
>
> 既然你不再是党员,那我就<u>不以一个老党员的身份跟你说话了</u>。——＊以一个老党员的身份不跟你说话了
>
> 这事不由我定。——＊这事由我不定
>
> 及至他能出去活动活动了,总绕着走,<u>不由福隆的火场经过</u>。——＊由福隆的火场不/没经过
>
> 你不向党内错误思想开火,却把矛头指向某某某首长。——??你向党内错误思想不开火
>
> 小坡顶着筐子,<u>不用手扶</u>,专凭脖子的微动,保持筐子的平稳。——＊用手不扶
>
> 他的性情不比你温和。——＊他的性情比你不温和
>
> 我<u>不按定价卖东西</u>！我是奸商！——＊我按定价不卖东西
>
> 他故意不按原话翻译。——＊他故意按原话不翻译
>
> 他没有照章纳税。——＊他照章没有纳税
>
> 他不拿保证当抵押。——??他拿保证不当抵押
>
> 他不同姥爷去。——??他同姥爷不去
>
> 他轻易不和人吵架。——??他轻易和人不吵架
>
> 我不跟你走。——＊我跟你不走
>
> <u>父亲的货不从果客手中买</u>,他直接地包山。——＊父亲的货从果客手中不买
>
> 他们没从北京过。——＊他们从北京没过

再如,汉语的能性补语与其他补语也有极大的不同,前者可以直接加"不"否定。

第二,双重否定(double negation)。一个简单的小句只表示一个命题

（主从、并列、主次等结构都是由两个或两个以上小句构成的,这样才能表示多个命题）,而对一个命题的否定只能有一次。但与前述语言现象不同的是,汉语中存在"一个小句同时带有多个句子否定形式共现"的现象,而且这些句子否定形式是相互独立的,并非法语、状语那样的框式结构,这构成了对"句子否定唯一性"条件的冲击。汉语双重否定是符合逻辑上"否定之否定等于肯定"这一规则的,并没有冗余的成分,如下面"不应该不喜欢"就是"应该喜欢":

（22）她不应该不喜欢张三。It is not possible that she does not love Zhang San.

[她$_i$不应该[e$_i$不喜欢张三]]

将它翻译成英语就可对照看到汉语采用的不同策略:英语用了一个显性的主从结构,分别在主从句各加一个 not,而汉语在一个小句上加了两个"不",但实际上,这一汉语小句在结构上也相当于是一个主从结构,内部有两层,如例（22）所示。邓守信（1975:187）分析说,这种双重否定句并不违背唯一性原则,因为它们不是简单句,而是由一个主轴句与一个成分句所构成。但是,在小句中这么分析,就意味着汉语的小句与英语的小句具有本质性的差异。

从理论上讲,汉语并没有限制这一层次的多少,虽然层次越多,受到的语义和语用的限制会越多,句子越难以成立:

（23）他不和她分手。

他不敢不和她分手。

他不可能不敢不和她分手。

? 他不一定不可能不敢不和她分手。

2.4　隐性核心小句语言的句子否定

汉语的句子否定现象表面看来杂乱无章,但实际上并不那么复杂。我们面临的实际上是一个理论选择:

选择一:坚持认为汉语小句结构与显性核心小句语言一样,而承认汉语核心否定操作遵循与后者不同的规则,即它既是浮动的,又不是唯一的。但这样一来,汉语核心否定现象仍然有待解释。

选择二:既坚持汉语小句结构与显性核心小句语言一样,又坚持汉语否定句操作遵循与后者一样的规则，即它既不是浮动的，又不能不是唯一的。这一选择颇有难度，其中一种策略是，将汉语的"不＋情态词"（如"不会/不应该/不可能/不能/不想"等）全都解释为英语"impossible、unhappy"那样的词汇否定，这样一来它们就不必受到定式策略的限制了。但这一解释的毛病更大，首先，汉语没有真正意义上的词汇否定形式，而是通过短语词汇化这一路径实现，所以在本质上"不可能"与英语的 impossible 不同；其次，这一解释对其他浮动现象，如介词、能性补语没有解释力，总不能认为"不在、不对、不和、没把、没破"等"否定词＋介词"的结构也是词汇化。

选择三：坚持认为汉语句子否定范畴与显性核心小句语言一样，也遵循"唯一律"和"核心律"（句子否定加在核心成分上），但承认汉语小句结构与后者不一样，即汉语中的助动词、谓前介词等结构实际上仍保留为某种意义上的动词，带有谓词的性质，各自构成各自的论元结构，从而使整个结构不再是一个简单的小句，而是呈现出陈振宇（2016：273）所提出的"多层套叠主从结构"（multy-layer construction，简称 MLC）的面貌，或如邓守信（1975：187）分析的那样。这样一来，TMA 成分和前置介词前就可以加自己的句子否定形式。

我们认同"选择三"。为了说明它，还必须解释汉语前置介词、能性补语以及数量补语的句法地位。

我们认为，近代汉语与现代汉语时期的谓词之前的介词结构，与古代汉语（包括现代英语）的谓词之后的介词结构不是一回事。陈振宇（2003）提出，前者是主导性的"高阶谓词"，后者是补充性的"附加成分"。如：

（24）他在桌上放了一本书

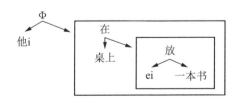

主结构是"在桌上做什么",从结构是"放了一本书",从结构占据的是"做什么"的位置,即:[话题他 i说明[在[桌上][ei 放了一本书]]]。主结构、从结构分别有自己的核心"在"和"放",故可以说"他没在桌上放一本书",也可以说"他在桌上没放一本书"。

(25) I put a book on the table.(我放了一本书在桌上。)

主要动词是 put,次要动词是 on,次要动词失去了时、一致性等小句性质,不能担任小句核心,而是必须辅助主要动词,从而演化成(典型的)介词。因此只能说"I didn't put a book on the table"。当然,英语在特殊情况下也可以说"I putted a book not on the table but on the shelf",但这是句子否定中的另外一种"对比否定"句式,与本文讨论的句子否定不一样。

而"能性述补结构",我们认为其中所谓的"补语"才是主要谓词,它更像是一个"状中结构",如"吃不了、看不到、说不清楚"。对于"补语"的句子核心地位,还有一个佐证:在西宁方言中,由于发生了类型学上的巨大变化,否定形式变成定位的,只能依附于句尾的句子核心词,如句尾的动词、形容词、情态词等,但当出现所谓的"能性述补结构"时,居于句尾核心位置的是"补语"而不是动词,这说明"能性补语"才是真正的句子核心:

(26) 引自王双成(2016):

安乃近吃不**得**的不是,就是多吃不**得**啊!(安乃近不是不能吃,是不能多吃。)

这个剪子甚用不**成**,你用那个。(这个剪子不能很好地用,可能可以稍微用。)

我以前傢哈甚认不**得**。(我以前不能很好地认识他,可能有一点认识。)

所谓"数量补语"也是如此,其实它更像是一个"主谓结构",如下例都可以变换成"有"字句。这一点邓守信(1975)提过,不过这里有一点改变:

(27) 说了没几句　　说了有几句了

　　　　走了没三天　　　走了有三天了

因为它们与下面的结构是一样的：

（28）走了不（到）三天

2.5　无显性核心标记导致了句子否定词的副词性

基本原理：汉语母语者在复杂的线性与立体结构中，必须依赖"动词性"（在汉语形容词发展起来之后，更准确地讲，应称为"谓词性"）作为句法操作的抓手。这一点决定了汉语小句层次的各种核心操作——时间、否定、疑问和情态——的共同性质，即它们都必须是对谓词性的核心进行操作，而很难施之于其他成分，参看陈振宇（2016：275—277）。

正是因为汉语句子的结构核心具有谓词性，所以修饰它的否定词"不、没（有）$_2$、别"，以及"可能、应该、也许"等情态词必须都是副词性的。

汉语句子否定词副词性的证明：

第一，名词性 NP 不能充当其中的一个层次，也不能充当层次的核心，故汉语句子否定形式"不、没（有）$_2$"等不能直接修饰它。

有的语言，会发展出对 NP 的否定，如英语中可以直接用句子否定形式 not 否定主语或宾语。但相同的意义，汉语如果要否定 NP，一定要添加一个情态动词（一般是判断动词），或使用否定动词"没（有）$_1$、无、非"等，才可以构成合法的结构，这正是以下句子的本质不同：

（29）Not many of us wanted the war.

　　　　*我们中不/没有大多数人都想要战争。

　　　　我们中不是/并非大多数人都想要战争。

第二，汉语中存在主、宾语的不对称现象，宾语一般无法插入动词性成分，因而也无法把否定词插入到宾语上去。对汉语副词而言，存在"V-O 内禁区"，即：动词和动词的宾语的关系是最紧密的，副词远不及它，所以副词不能插入 V-O 之间，除非加一个情态动词（一般是判断动词），或使用否定动词。

（30）The king wanted not everyone but John.

　　　　*国王要约翰（来）而不每个人（来）

　　　　国王要约翰（来）而不是/非每个人（来）

汉语中只有以下一种方式可自由插入否定词，如：

(31) a. 他看了(有)十页——他看了没(有)十页/他看了不到十页/他
看了尚不够十页

　　b. 他看了(有)一会儿——他看了没(有)一会儿/他看了不到一
会儿——他看了不一会儿

其中"不一会儿"是词汇化允准的附缀化,且这一用法不能类推,是一
个"不"直接否定名词性成分的特例,参见张斌(2013)。

第三,一些研究者认为,汉语中 NP 有时可以作谓语,但即使是这种
NP,在肯定时可以这么做,可以加时间副词;但在否定和疑问时一般却不
行,不能直接加句子否定形式,而必须添加一个动词(判断动词等),或使
用否定动词。

(32) 他今年三十岁——＊他今年不三十岁——他今年不是/没到/没
有三十岁(自拟)

今天已经 10 月 20 号了——＊今天没(有)10 月 20 号 ——今天
不是/没到 10 月 20 号

小陈四川人——＊小陈不四川人——小陈不是四川人/小陈非
四川人

门外一声枪响——＊门外不一声枪响——门外不是一声枪响/
门外没传来一声枪响

第四,在汉语中,VP 有时可以作主宾语,但即使是这种 VP,很多时候
也可以进行句子否定。

(33) 甲:抽烟有害健康!　　　乙(一位烟民):不! 不抽烟有害健康!

(34) a. 这本书的出版标志着中国修辞学正式建立。

　　b. 这本书的不(能)出版,说明我们的学术管理部门还不懂得什
么是学术。

　　c. 这本书的没有/没能出版,说明学术研究中仍然存在着巨大的
风险。

(35) a. 他们的凶狠的逼抢,让对手举步维艰。

　　b. 他们的凶狠的不逼抢,让对手喜出望外,如鱼得水。(此句是
对某个装腔作势但并未真正卖力的足球队的讽刺)

(36) 某地墙上刷有标语"严禁随地倒垃圾",过不几天,有淘气的小孩

添了一个"不"字,成了"不严禁随地倒垃圾";管理部门刚把"不"字涂掉没几天,又有小孩去添了一个,这次成了"严禁不随地倒垃圾";果不其然,在管理部门把这个"不"字涂掉后没几天,又小孩去添了一个字,这次就成了"严禁随地不倒垃圾"。(选自网络新闻)

请注意,(32)到(34)都是学术界讨论了很多的例子,争论集中在"抽烟、出版、逼抢"在作句子成分(如主语)时,是否已名词化或名物化了,"的"是不是一个名词化的标记?朱德熙(1982)说,汉语的动词、形容词本身可以作主宾语,因此反对"零形式名词化"的观点。但是,为什么大多数语言不允许谓词直接作主宾语,而汉语却允许呢?研究者们并未真正阐明理由,因此未能服众。

实际上,所谓的"其他语言"指的是核心小句语言,它有一个基本要求,即严格区分独立小句与非独立小句,因此,对作从句的非独立小句或作句子成分的谓词,必须施行某种操作,以取消其独立性。其中名词化或名物化是最常见的手段,英语等印欧语言是这样,其他语言也是如此。如韩语在使用长式否定时,前面的动词必须加上一个表示名物化的词缀"ci",才能表明它受长式否定词支配,相当于后者的宾语:

(37) na- nun   ku sayngkak- ul   coaha- ci (nun)   an- ha- yo
　　 我 话题标记 那个想法   宾 喜欢   名物化标记 否定 作 陈述句尾
　　　　　　　　　　　　　　　　　　　　　　　　　　　　　 (焦点标记)

　　(我不是喜欢那个想法)

再如汉语西宁方言发生了语言类型上的根本转化,成为 OV 语序的核心小句语言。若句末核心为情态动词(如下例的"不要、不是"),则前面的动词性短语(如下例的"再卖、那么大"),多需要加一个表示名物化的"的、的个",才能表明自己受情态动词支配。详细讨论见王双成(2016)。

(38) 引自王双成(2016):

　　再买的不要(不用再买)

　　质量那么好的个不是(质量不是那么好)

这样,就给我们造成了一种错觉,好像谓词或谓词性短语进入主宾语,必须要经历名词化和名物化,其实这仅是这些语言要求显性地标记小句的非独立性的结果。而且这还并非唯一的结果,因为还可以采用其他手段,如分词形式、不定式,或加从句标记,总之,只要取消其独立性就是。

对于非核心小句语言汉语而言,既然非独立小句不一定需要显性标记,则一般不需要采取手段取消其独立性,因此名词化和名物化的要求也就根本无从谈起,这才像朱先生说的那样,汉语的动词、形容词可以直接作主宾语。"多层套叠主从结构"中,上层的枢纽可认直接支配下层的枢纽,这和"多阶谓词逻辑"的结构是相同的。

当然,汉语虽不需要但也并不排斥对非独立小句进行显性的操作,如(34)和(35)中的"的",就是起到取消独立性的功能,只不过也就仅仅如此,它并未改变"这本书的出版、凶狠的逼抢"依然是动词性短语的事实,因此其谓词可以继续加否定副词,且只是表明这一结构整体不能充当独立小句,只能受其他谓词的支配。

现代汉语中也开始出现真正意义上的名词化操作(这也是取消独立性的一种操作),只不过这种情况目前还非常少,如加上形式动词"进行"后,下面的"研究"就不能进行句子否定,也不能在后面带宾语,这时它完全失去了动词性,被降级为NP。

（39）他们进行了研究　　　*他们进行不/没研究

　　　*他们进行了研究语法　他们进行了语法研究(定中结构是允许的)

第五,否定词天生在韵律上居于"弱化"地位,因为它通常担任焦点敏感算子,以其焦点成分为重音所在,而它自身弱化;仅在刻意强调否定意义时,它才会被重读。因此,不管它来源如何,作为否定词,它一般都会经历结构的缩减、语音的弱化、韵律的融合以及最终与其修饰单位合并或自行脱落这四个阶段,这是世界语言的共性。但汉语的个性在于,在"韵律融合"和"合并/脱落"阶段有着自己的特点。

"韵律融合"指在语流中,由于一个词或附缀的语音弱化了,所以它往往与其邻接的成分发生"连读"(包括变调等现象),从而构成韵律词。然而独立的词(副词)与附缀在汉语的连读模式上的词却存在区别:

独立的词在语法结构上相对独立,即使它依附在邻接的某一成分上,它也不一定在韵律上从属于它,如下面的"很"就有两种读法:

(40) a. 我很|天真!

　　　　我|很天真!

　　b. ? 妹妹很|天真!

　　　　妹妹|很天真!

"很"在结构上修饰"天真",但由于"我"是单音节,所以默认的韵律划分是第一句,而第二句却有标记,一般是用于强调"我"时。但如果前面是多音节时,就会倒过来,如例(40b)第二句为默认的韵律划分。

但附缀就不同了,它强烈地依附在宿主之上,所以不能脱离其掌握,在韵律上也必须从属于宿主。如下面的"了₁"和 not 就只有一种读法,即第一句:

(41) 看了|书。阅读了|书籍。

　　　*看|了书。*阅读|了书籍。

(42) I can't finish my work.(我无法完成工作)

　　　*I can notfinish my work.

可以看到汉语的"不、没(有)₂、别"都可以有两读,并在下列情况下以第一句为默认,这证明它们是独立的词而非附缀:

(43) a. 我不|喜欢她!

　　　　我|不喜欢她!

　　b. 他没|说你!

　　　　他|没说你!

　　c. 你别|自以为是!

　　　　你|别自以为是!

同样,如果前面是非单音节,"不、没(有)₂、别"也以下面的第二句为默认:

(44) a. ? 老师不|喜欢她!

　　　　老师|不喜欢她!

　　b. ? 老师没|说你!

　　　　老师|没说你!

　　c. ? 老师别|去!

　　　　老师|别去!

汉语其他核心操作也是如此,单音节时间词、情态词由于也是焦点敏感算子,所以也容易在语音上弱化并发生韵律融合,这时也与其他副词一样,有两种方式,下面以第一句为默认,不过对"已"而言,第二句的合格度也比较高:

(45) a. 我已|历经沧桑!

　　　 我|已历经沧桑!

　　 b. 他该|早点去看你!

　　　 他|该早点去看你!

下面则以第二句为默认:

(46) a. ？老师已|去过北京!

　　　 老师|已去过北京!

　　 b. ？我们大伙该|早点去看你!

　　　 我们大伙|该早点去看你!

第六,到了演化的下一阶段,核心小句语言有著名的"叶氏柏森循环"(Jespersen cycle),参看叶氏柏森(Jespersen 1924),即原来的否定词弱化以致完全脱落,因此不得不重新加上一个新的否定词,或将原来的"否定强化词"(negative intensifier)"转正"为句子否定词(如法语的 pas)。

但到了汉语,情况则完全不同。虽然据盛益民、陶寰、金春华(2015)报道,在绍兴方言中存在否定词脱落的现象,但这对绝大多数汉语母语者来说,简直是"海内奇闻",或不代表汉语的典型特征。汉语中真正常见的是"合音",即句子否定词与它修饰的成分合并为一个音节,从而成为一个新词,如"别、甭"等。合音现象有以下几个特征:

一是能与否定词合并的,几乎都是表示 TMA(tense-mood-aspect,即时-情态-体)意义的助动词或副词,如"要、用、曾、会、得……"等。徐宇航(2012)列举的潮州话与"唔"合音的成分,也都是"唔爱(不要)、唔解(不会)、唔畏(不怕)、唔是、唔好"等。当然也有其他成分,如古汉语"不之"到"弗"的合音(丁声树 1933)。而"叶氏柏森循环"中,否定词是在与一般动词共现时出现脱落的,这与合音现象完全不同。

二是合音之后,新词是一个特殊的否定词,而不是像"叶氏柏森循环"那样脱落否定意义。新词经过一段时间的使用后,渐渐淡化的不是否定意义,而是另一个词的意义,所以使用者又加上一个新的 TMA 成分或其他成分,如"弗之、别要"等。

与附缀脱落不同,汉语合音的实质是否定词在语义上把它所修饰的对象吞并了,在语音上,否定词的原有语音也有很大程度上的保留。

这是因为"不"与其他具有述谓性的副词(如情态副词、量化副词)一样,具有"高阶谓词"的地位。正因为如此,它虽然也会经历语音弱化与韵律融合,但却不会走向脱落。我们尚未找到汉语中"叶氏柏森循环"的证据,因为相对其他语言而言,汉语否定系统高度稳定,迄今"不"仍占据统治地位,它及其变种"弗"等,依然是汉语绝大多数方言中的最无标记的否定词,虽然功能上总有些扩大或缩小。

汉语中也有否定强化词,如下例中的"一点儿、一丝、毫",但它们都无法取代原有的否定词(因为后者不肯让位),最多只能与之"词汇化"(如"毫无"):

(47) 他不看一点儿书

　　　不能(有)一丝懈怠

　　　毫无经验

第七,在汉语合音中,还会产生"动词短语→副词"的句法性质转变现象,如"不要、不用、无得_方言"都既可以跟 NP,也可以跟 VP,但合音后就只能跟 VP 了:

(48) 不要去——不要书　　　别去——＊别书

　　　不用去——不用他去　　甭去——＊甭他去

　　　没去——无得书

方言的例子,还有:西安话的"[piau/pau]"、常熟话的"勿会"等。这是因为不论原来的结构如何,一旦成为句子否定词,就必须受汉语特定的句法结构性质的制约,所以倾向变为副词性的了。当然,各方言的情况不同,也有方言在合音后仍保持动词用法的。

第八,句子否定词还能与它临近的成分,通过"短语词汇化"而构成新词,董秀芳(2003)称之为"粘合"。不过,在这一过程中,汉语"不"系词存在大量的"跨层组合"现象,这是指无直接支配关系的不同层次的两个成分,仅仅因为它们在线性序列中紧邻并经常性构成一个韵律单位,就逐步演化为了一个词,如"不失、不免、不禁、不常、不任、毫不、毫无"等,详见刘红妮(2010)。

我们发现,汉语"跨层组合"的特征是:两个组合成分都必须是实词,或副词、介词、连词一类的较为独立的虚词,附缀是不能用于其中的。所以这也为"不"不是附缀提供了旁证。另外,在核心小句语言中,一般来讲,否定词如是附缀,则在构词时也是一个词缀,必须依附在它所修饰的成分(词干)上,如英语 unhappy、indefinite 等,所以词汇否定鲜见"跨层组合"。

2.6 副词性的强度以及它与独用性的关系

我们已经考察了汉语中的多个核心操作,归纳起来:

第一,句子否定与正反问对谓词性核心的依赖性最强,必须要有谓词性核心才行,所以"不、没(有)₂、别"的副词性最强。

第二,时间与情态词对谓词性核心的依赖性较强,但并不是非要不可,在少数情况下可以直接修饰名词性成分,所以副词性虽然也很强,但比否定词弱。这很可能是因为时间与情态词本身来自动词,所保留的动词性更多,因此它们自身具有动词性,所以可以充当谓词性核心直接带宾语。

但下面的对答测试却提出了另一种情况:

(49) a. 甲:他已经来了吗?

　　　乙:来了。/已经来了。/＊已经。

　　b. 甲:他可能生病了吗?

　　　乙:可能病了。/??? 可能。

　　c. 甲:他不来吗?

　　　乙:不来。/不啊。/不。

　　d. 甲:他来了吗?

　　　乙:没(有)来。/没(有)啊。/? 没(有)。

　　e. 甲:我想来!

　　　乙:别来。/别啊。/? 别。/别,别!

时间词一般都不可以直接独立使用,必须加上谓语核心,如:动词"来";情态词一般也是这样,但独立使用"可能"也是有可能的;几个句子否定词中,"不"最容易独立使用,"别"和"没(有)₂"次之。按此情况,似乎否定词的独立性比时间词、情态词都强。

　　我们认为,副词性与独立性不一定是一回事,副词性的"不、没(有)₂、别"必须与谓词性成分共现,但它们与后者保持一定的独立性,所以比较容易独用;而时间、情态则是因为语义的原因,无法独立使用。

　　最后,同样是句子否定,"不、没(有)₂、别"容易独用,而英语 not 则不行。这也说明 not 的附缀性质非常强烈,而"不、没(有)₂、别"则不是。

2.7　"不、没(有)₂、别"与纯粹的"焦点敏感算子"的区别

　　有的研究者根据汉语"不"的"浮动性",把它与某些语言中的自由否定附缀看成是一样的东西。如现代俄语中,否定附缀 не(俄语学界常称之为否定语气词),它在表示否定意义的同时,还兼有标记否定焦点成分的功能,几乎可置于任何成分之前,用于否定该成分。

　　(50)引自叶善贤(2001):

　　　　Он не говорил об этом.(他没说过这事)

　　　　Не он говорил об этом.(这事不是他说的)

　　　　Он говорил не об этом.(他说的不是这件事情)

　　它也可以同时出现两个,以表现"否定之否定"。

　　(51)引自叶善贤(2001):

　　　　Я не могу не согласиться с ним.(我不能不同意他的意见)

　　据叶善贤(2001),在某些口语和成语性结构中,не 已成为构词语素,构成各种"не"系词。如:нето(否则),недело(不值得、不应),нетолькочто(不算、不完全算),нестолько …、сколько …(与其说……不如说……),куданe、куданeтак、куданeтакие(完全不、根本不、太不),недайбог(但愿不要如此、可别)等。从这一点看,似乎也和汉语的"不"很相似。

　　然而正是 не 的超级自由,使它成为了自由附缀,而作为副词的"不"反倒没有那么自由,前者可自由地对任一成分,包括主语、宾语、状语等进行局部否定,不考虑其句法性质,而后者只能选择谓词性成分进行否定。除此之外,俄语中还有一种独特的语言现象,即句子的同一个成分前可以有两个 не,句子表达肯定意义,而这是汉语所不允许的,不能说"他不不喜欢她"以表示"他喜欢她",汉语必须在中间插入一个谓词性成分,说成"他不能/不得/不会不喜欢她",这也是副词性成分加在汉语否定词上的限制。俄语的 не 是"全浮动",汉语的"不、没(有)₂、别"是"半浮动"。

当然，汉语也允许以下例子：

（52）他没有不喜欢她　　你别不去啊！

因此更准确地讲，副词性成分不允许同一层次的否定词套用，但在不同层次就无此限制了。

3. 句子否定形式的其他句法性质

3.1　前置与后置

黏附在其他词语之上的词缀/语缀/虚词，对它们来说，有一个重要的性质需要讨论，即否定性黏附形式与所依附的成分之间的语序关系，分为前置否定（否定形式前置于被黏附成分）和后置否定（否定形式后置于被黏附成分）。

先来看语缀层面：英语 not 为后置否定语缀，法语 ne 是前置否定语缀，它有一个否定强化词（negative intensifier）pas 与之共现，但在语法化过程中，当 pas 语缀化（cliticized）和失去重音后，它成为了一个后置否定语缀，而 ne 则脱落了。如下面两例：

（53）a. je- le- sais- pas

　　　我　它　知道　否定　（我不知道它）

　　　b. je- connais- pas　　cet　mec

　　　我　知道　　否定　　这　人　　（我不知道这人）

吉翁（Givón 2001：385）说，在动词领先语言（VSO or VOS）中，一般采用前置否定。如 Bikol 语：

（54）引自吉翁（Givón 2001：385）

　　　肯定句：

nag-　　　　gadan　'ang-　lalake　ning-　　　　kanding

完成/ag.t　杀　　主格　男人　宾格/不定指　羊

（男人杀了一只羊）

　　　否定句：

da'i　nag-　　　gadan　'ang-　lalake　ning-　　　kanding

否定　完成/ag.t　杀　　主格　男人　宾格/不定指　羊

（男人没杀一只羊）

在动词后置语言(SOV)中,一般采用后置否定,如日语:

(55) 引自吉翁(Givón 2001:385)

肯定句:

otoko-	wa	bin-	o	kowasi-	dalo
男人	主题	瓶子	宾格	打碎	未来 (男人将打碎杯子)

否定句:

otoko-	wa	bin-	o	kowasi-	nai-	dalo
男人	主题	瓶子	宾格	打碎	否定	未来

(男人不会打碎杯子)

在动词中置语言(SVO)中,一般也采用前置否定,如 Hebrew 语:

(56) 引自吉翁(Givón 2001:385)

肯定句:

Yoav	axal	et-	ha-	lexem
人名	吃	宾格	定指	面包 (Yoav 吃了面包)

否定句:

Yoav	lo	axal	et-	ha-	lexem
人名	否定	吃	宾格	定指	面包 (Yoav 没吃面包)

达尔(Dahl 1979:91)说,前置否定语缀远比后置否定语缀更为普遍,按统计,为 84 比 20,而且有时与基本语序无关;部分 OV 语言也有前置否定,因为这些语言中必须以 V 为句尾成分,即 V 之后不允许加入其他成分。另外,达尔(Dahl 1979:95—96)说,一些在成人语言中采用后置否定的 OV 语言,在它们的儿童语言中也采用前置否定。

汉语虽然是否定副词,但也合乎有关规律,由 SVO 语言得到前置否定;但英语不合乎这一点,这是因为日耳曼语在很早以前就实现了从否定强化词演变成新的否定词的过程,如现代英语的 not,与原来的否定词位置相反。

再来看词缀层面,在这一层面正好相反,在句子否定中,格林伯格(Greenberg 1963:73)说,否定后缀比否定前缀更为普遍,也许这是因为后缀本来就比前缀占有更大的优势。在关于上海手语的研究中也发现同样的情况,几乎所有否定词缀都是后缀,主要是在词干手势的末尾,加上一个"打开""消散"或"坠落"的手势来完成否定功能。

3.2 单纯形式与复合形式

根据句子否定形式的构成,可分为单纯否定形式(即内部只有一个语素)和复合否定形式(即内部有两个或两个以上语素)。前者如"不",后者如"不曾、不会、不是"等。参看佩恩(Payne 1985)和刘丹青(2005)的论述。

复合否定形式分为两类:否定语素之间的复合,以及否定语素与其他成分(一般是 TMA 成分)的复合。前者如"莫非、莫不是",在汉语中较为罕见,有特别的意义和功能;后者如"不是、不会、不能、不要、不用、不必、不会、不可(以)、不该、不应该、不得"等,这些是常见的复合方式。不但汉语如此,英语也有不少,如"don't、can't、wouldn't"等。

3.3 "双重否定词"(冗余否定)现象

明确的层次性排除了"双重否定词"现象,汉语中一旦出现两个显性的小句否定成分,就一定有各自的作用范围与功能,不会联合在一起。汉语中有的"冗余否定",在上位的那个否定形式都不是一个显性的否定形式,而只能是在词或结构的语义内容中包含了否定意义的隐性否定。例如:

表1　汉语双重否定(冗余否定)现象

	上位隐性否定	下位显性否定(冗余部分)
差点儿没摔着	差点儿	没
没有上学之前	……之前	没有
要避免别再犯错误	避免	别
小心别摔跤	小心	别
拒绝不予理会	拒绝	不
就差没写结语了	差	没
不能否认这话没有意义	否认	没有
防止洪水不要淹没了村庄	防止	不要

4. 句子否定的两种功能——真值否定与成分否定

句子否定主要用来进行真值否定和成分否定,但有时(如全句否定形式)还可以进行预设否定、预期否定、方式否定等。不过,进行后面几种否定,一般都需要有后续阐释句或对比来加以诠释,不能由否定句本身来完成;与之相反,真值否定是句子否定在小句中直接操作就可以得到的,一般不需后续句辅助。简言之,作真值否定时,否定句是一个"独立小句",而作预设否定、预期否定、方式否定时,否定句一定是个"非独立小句"。

成分否定则介于二者之间,如果句中有显性的标记或某种规约,使我们能够明确所否定的具体成分,则它可以是独立的。如果没有,或即使有,也不足够明显,那就必须有后续的对比来诠释,这时就是非独立的了。

4.1　句法辖域和语义作用域

句子否定形式的句法辖域和语义作用域呈现出较复杂的关系,如下:

全句否定形式处在整个小句之外,可能在句首,可能在句尾,也可能插入在小句中某一线性位置上,但不论如何,它们都以整个小句为其句法辖域,而其否定的作用域也往往是整个句子所表达的命题,即在语义上往往是真值否定,这时是等同关系;这类语言很难直接进行成分否定,需要其他手段的辅助,如对比结构、重音、话题(焦点)标记等来确定被否定的那个成分。如韩语的长形否定,参见下例第二句所示,当它进行成分否定时,可能在句中被否定的成分(句中的"喜欢")上加话题(焦点)标记 nun:

(57) 引自赵旻燕(2010):

na-	nun	ku	sayngkak-	ul	an	coahay-	yo
我	话题	那个	想法	宾	neg	喜欢	陈述

(我不喜欢那个想法)

na-	nun	ku	sayngkak-	ul	coahay-	ci(nun)	an-	ha-	yo
我	话题	那个	想法	宾	喜欢	名词化	neg	做	陈述
						(话题)			

(我不是 喜欢 那个想法)

请注意,韩语话题与焦点标记都可以用 nun。另外,本文中,加框并用粗体的部分是句中特别重音所在,如"我不是 喜欢 那个想法"中的"喜欢",下同。

小句核心否定形式,它依附在小句的核心成分之上,因此该否定形式的句法辖域就是该成分,以及该成分所管辖的那些句法区域。但对显性核心小句语言而言,否定形式在句法上虽然只管辖句子的一部分(该否定形式在句法上管辖的那一部分),但在意义上以全句作为其作用域,所以在语义上也往往是真值否定;这类语言也很难直接进行成分否定,需要其他手段的辅助。英语中就是这样。

(58) 引自吉翁(Givón 2001:380—381)

　　a. John didn't kill the goat

　　　　(＞ He did *not kill the goat*)

　　　　(约翰没有杀山羊)　　　真值否定

　　b. **John** didn't kill the goat

　　　　It's not **John** who killed the goat

　　　　John didn't kill the goat, **Bill** did.

　　　　(＞ Someone else killed it, but *not John*)

　　　　(约翰没有杀山羊,别人杀的)　　　成分否定主语

　　c. John didn't kill the **goat**

　　　　It's not the **goat** that John killed

　　　　(＞ He killed something, but *not the goat*)

　　　　(约翰没有杀山羊,而是杀了别的)　　　成分否定宾语

　　d. John didn't **kill** the goat

　　　　(＞ He did something to the goat, but *not kill* it)

　　　　(约翰没有杀山羊,他干了别的)　　　成分否定动词

　　可以看到,无标记时是真值否定,而成分否定需有重音、分裂句式或对比句式等;又,真值否定时否定域不在句法辖域之中;成分否定时,实际上否定域也和句法辖域没有关系,因为成分可以否定主语,而此时主语并不在否定词的句法辖域之内。

4.2　显性核心小句语言进行成分否定的困难

　　显性核心小句语言长于命题否定,而短于成分否定,尤其对 VP 中附加成分进行成分否定时存在一定困难,必须用一些辅助形式,如重音、语

义突显性等：

(59) 引自吉翁(Givón 2001：380—381)

    a. Optional benefactive(受益者)

      She didn't write the book $\boxed{\textit{for her father}}$

      (> She wrote it, but *not for him*)

      (她写了这本书,但不是为了她父亲)

    b. Optional associative(合作者)

      She didn't write the book $\boxed{\textit{with her sister}}$

      (> She wrote it, but *not with her sister*)

      (她写了这本书,但不是和她姐姐一起)

    c. Optional instrumental(工具)

      She didn't shoot him $\boxed{\textit{with the gun}}$

      (> She shot him, but *not with the gun*)

      (她开枪打了他,但不是用那支枪)

    d. Optional purpose Adv(目的)

      She didn't flunk $\boxed{\textit{on purpose}}$

      (> She flunked, but *not on purpose*)

      (她不及格,但不是有意的)

    e. Optional time Adv(时间)

      She didn't come $\boxed{\textit{Saturday}}$

      (> She came, but *not Saturday*)(她来了,但不是星期六)

    f. Optional frequency Adv(频率)

      She doesn't visit $\boxed{\textit{often}}$

      (> She visits, but *not often*)(她来了,但不是经常来)

    g. Optional locative Adv(处所)

      She didn't kick the ball $\boxed{\textit{out of the park}}$

      (> She kicked it, but *not out of the park*)

      (她踢了球,但没踢出公园)

例如下面例句如果在重音上模糊一些的话,将会语义不明:

(60) 引自叶氏柏森(Jespersen 1924/2012:513)

I didn't come because I was afraid.

意义一:我不是因为害怕才来的(成分否定原因从句)

意义二:我因为害怕所以没来(命题否定)

有时,句子的语义内容会帮助我们做出选择:

(61) 引自叶氏柏森(Jespersen 1924/2012:513)

I didn't call because I wanted to see her.(我不是因为想见她而来拜访的)

I didn't call because I wanted to avoid her.(我因为想避开她所以没来拜访)

"想避开她"那么一般就没有来拜访,而"想见她"那么一般就来拜访了。

对于成分否定而言,显性核心小句语言除了通常采用的重音、对比句式外,还会采用一些特殊的句式,如英语的分裂句式。这里再介绍一种特殊的句法手段:移位。将它与非定式语言结合在一起考虑,共分为三种情况:

第一,接近移位。小句否定形式加在小句整体之上,此时否定词位置固定,实施成分否定则有一定的困难。有的语言中有一种语法手段是把要否定的小句成分移位到该否定形式的附近,或与其结合,从而表明所否定的是该成分,而不是整个命题。这种方法颇有"君不就我,我即就君""山不转则水转"的意味。显然,这需要该语言的小句内语序相对的自由,因此采用这种方法的语言不多。

如 Bikol 语的正常语序是 VSO,否定形式是固定在句首的"da'i",其命题否定与肯定句语序相同:

(62) 引自吉翁(Givón 2001:386—387)

肯定句

nag-	gadan	'ang-	lalake	ning-	kanding
完成/agt	杀	主题	男人	宾格/不定	羊

(男人杀了一只羊)

否定命题

da'i	nag-	gadan	'ang-	lalake	ning-	kanding
否定	完成/agt	杀	主题	男人	宾格/不定	羊

（男人没杀羊）

而在成分否定中，它采用的策略是把所否定的成分移到否定形式之后，从而改变了句子的语序：

(63) 引自吉翁（Givón 2001:386—387）

否定主语

da'i	'ang-	lalake	nag-	gadan	ning-	kanding
否定	主题	男人	完成/agt	杀	宾格/不定	羊

（ 那个男人 没杀羊）（＞虽然别人可能杀了）

否定宾语

da'i	'ang-	kanding	g-in-	adan	kang-	lalake
否定	主题	羊	完成/agt	杀	agt	男人

（男人没杀 那只羊 ）（＞虽然他也许杀了其他什么）

第二，换位移位，将要否定的小句成分移位到否定形式的句法辖域之中，如果不需否定该成分，就把它移出去。这是一种局部移位。

莎士比亚时代，英语中还少见副词与"X＋neg"整体的互动，但当代英语中已经可以将副词移入"X＋neg"整体之后，以实现对该副词的成分否定。

(64) 引自韦钰婷（2010）：

a. I don't wholly agree with you.（我并不完全同意你的意见）

I wholly don't agree with you.（我完全不同意你的意见）

＊I don't wholly don't agree with you.（我并不完全不同意你的意见）

b. I don't really know what has happened.（我不是真的知道发生了什么事）

I really don't know what has happened.（我真的不知道发生了什么事）

∗I don't really don't know what has happened.

（我不是真的不知道发生了什么事）

从表面看，这和汉语的情况很相似，但实际上它们是两种完全不同的结构。英语中是副词改变位置，而否定形式不变，因此全句仍然必须只出现一个句子否定形式 not，例(64a)和(64b)的第三句中的英语句子都不合法；而汉语中是副词位置不变，只不过可以在两个不同的层次上分别插入各自的小句否定形式罢了，因此汉语可以有例(64)中文翻译那样的结构，还可以有两个句子否定词。

第三，混合策略，如 Ute 语。其命题否定是直接在句尾动词上加否定词缀。

(65) 引自吉翁（Givón 2001：387）：

肯定句

mamach-	'u	siveetuchi	paxa-	ux-	kwa
女人/主语	定指	羊/宾格	杀	体	完成

（女人杀了羊）

否定命题

mamach-	'u	siveetuchi	ka-	paxa-	na
女人/主语	定指	羊/宾格	否定	杀	完成/否定

（女人没杀羊）

但成分否定时，不但否定形式加上话题标记后要前置于句首，而且要将被否定的成分移到该否定形式的后面。

(66) 引自吉翁（Givón 2001：387）：

否定主语

kac-'ura	mamach-	'u	siveetuchi	paxa-	ux-	kwa
否定 主题	女人/主语	定指	羊/宾格	杀	体	完成

（那个女人没杀羊）（＞虽然别人可能杀了）

否定宾语

kac- 'ura	siveetuchi	mamach-	'u	paxa-	ux-	kwa
否定 主题	羊/宾格	定指 女人/主语	定指	杀	体	完成

（女人没杀 那只羊 ）（＞虽然她可能杀了别的什么）

4.3　汉语的便利与困难

　　对于汉语这样的隐性核心小句语言而言，在成分否定时，其否定域就是否定词在句法上管辖的那一部分或其中一部分；由于汉语句子是多层套叠的主从小句结构，否定词可以插入不同的层次，而所否定的部分也可以发生变化，但始终保持在句法辖域之内。如：

（67）a. 他在家不 **看书**

　　　　他不 **在家** 看书

　　　b. 有人没 **书**

　　　　没 **人** 有书

在不同的主从结构层次插入否定词来体现不同意义的更多例证：

（68）他不为自己写作

　　　他不和她一起写

　　　他不用这把枪打鸟

　　　他没有有意去惹她

　　　他不(是/会)周六来

　　　他不经常来

再如，

（69）引自戴耀晶(2000b)：

　　　刘莺完全明白了这个道理

　　　刘莺 **没完全** 明白这个道理

　　　刘莺完全 **没明白** 这个道理

　　这种现象有的句法理论称为"否定浮动"(negative floating)或"否定移位"(negative moving)，但实际上它只是句子否定形式插入到不同的主从层次上罢了。我们还可以在不同的层次插入多个句子否定形式，它们的否定域在各自的句法辖域之内。如：

（70）你不 **应该** 不 **在家** 看书

　　对这类语言来说，句子否定的句法辖域与语义作用域不是等同关系，

就是包含关系。这一规律使汉语可以很好地进行成分否定,但有利也有弊,这一策略在汉语中也造成了一些困难。如:

第一,汉语句子否定形式所插入的诸多句法位置中,一般存在一个句法位置,在无标记的情况下,否定形式在该位置进行真值否定,即此时的否定域是全句,可称其为"真值否定位置"。如:

(71) 他没<u>睡</u>觉

　　　他<u>不</u>把书还给她

　　　他在学校<u>不</u>好好读书

　　　他没<u>吃</u>完

这种真值否定位置,往往有两个基本性质:

一是不规律性,即对有的句式来说,这一无标记的句法位置可能是动词之前,如例(17)第一句,对另一些句式而言,则可能是其他成分,如介词[例(17)第二句]、方式副词[例(17)第三句]或述结式的前面[例(17)第四句]。目前我们还找不到一个统一的规律来解释,需要具体问题具体分析。这也成了对外汉语教学中的一个难点。

二是模糊性,即使是在命题否定位置,也有可能是在进行成分否定,如上例第三句完全可以只否定"好好",而不是否定读书的事。

总的来说,显性核心小句语言长于命题否定,而短于成分否定;隐性核心小句语言正好相反,长于成分否定,而短于命题否定。

第二,虽然汉语可以很方便地进行成分否定,但有时它依然需要其他符号或语言形式的帮助,因为汉语小句中能插入句子否定形式的位置是不完备的,比如无法插入到谓宾语、谓补语(非"能性补语")之间的位置。在这些不能插入的句法位置上,就仍然需要其他语法手段的帮助,才能进行成分否定。这些手段中最重要的是重音,如:

(72) a. 他不喜欢在教室看书　　(真值否定)

　　　他不喜欢在 教室 看书　　(成分否定)

　　　他不喜欢在教室看 书 　　(成分否定)

　　b. 他不看小说　　(真值否定)

　　　他不看 小说 　　(成分否定)

c. 他没看完　　（真值否定）

他没 看 完　　（成分否定）

汉语的句子否定也依赖一个重要方法,即通过认知语义上的突显来确定无标记时的成分否定,这依赖于一条基本的认知规律"具体化突显规则":两个成分中,若 A 成分为事物的描写提供基本意义框架,B 成分则提供事物的细节性知识,即 A 把 B 包括在自己的框架之内,则 B 成分比 A 成分更为突显。

成分否定的"突显性规则"说:若成分 A 和 B 都在句子否定形式的句法辖域之中,则 A、B 中更为突显的一个,在默认的情况下优先充当该否定形式的否定域。

一般来讲,在动宾关系中,动词为事件框架,宾语为事件提供细节;状中、中补关系中,中心语为事件框架,状语和补语为事件提供细节;有量化成分(动量、时量、物量等数量成分,以及变量的副词等)时,数量成分为事件提供细节;等等。因此,宾语、状语、补语、数量成分等优先成为被否定的成分。如:

(73) 他不**天天**去学校。

　　他不**经常**锻炼身体。

4.4　汉语成分否定中的焦点问题

句子否定形式与焦点范畴有着天然的联系,不少研究者都认为,汉语否定词在成分否定时是焦点敏感算子(focus-sensitive operator),并指出否定的作用域正是被否定的焦点成分;因此,否定词(焦点敏感算子)、否定域(焦点成分)与句子其他部分(预设背景)构成一个"焦点三分结构",参看李宝伦、潘海华(1999)的介绍。陈振宇(2016:337)认为,汉语的句子否定词是句中非独立焦点强迫形式。

否定词和句中其他焦点强迫形式之间有一种融合关系。

(74) 引自祁峰、陈振宇(2013):

他**没**看到**十页**

否定词"没"是非独立的焦点强迫形式,而"十页"是表量词语,是独立的焦点强迫形式;这二者融合在一起,即由"没"来约束"十页",由"十页"充当"没"的焦点作用域,这样就成为了一个整体,句子就和谐了。
再如,

(75) 引自祁峰、陈振宇(2013):

　　他只　　不喜欢小李

"只"与"不"都是非独立的焦点强迫形式,它们都约束"小李",并要求
"小李"成为可能焦点或分,这也是一种成功的融合。再如,

(76) 引自祁峰、陈振宇(2013):

　　你为什么　　不喜欢小李

表原因的"为什么"是疑问焦点算子,一个非独立焦点强迫形式,它可以
是针对命题的某一部分询问其原因。在这里它约束"不",即询问"为什么不
(呢)?"然后"不"再约束"小李",这样就融合成一个"多层焦点套叠结构"。

虽然这种结构比较复杂,但它们毕竟是一个整体,其中最里面的"小
李"以及内层算子"不"等,都可以作为句子重音所在。如下例(77),

(77) 引自祁峰、陈振宇(2013):

　　你为什么　　不喜欢 小李 ?

　　你为什么　　 不 喜欢小李?

多层焦点套叠结构中,句子否定形式也可以在外层。

(78) 引自祁峰、陈振宇(2013):

　　他不　　　　只喜欢看电影

当多个焦点强迫形式没有融合成一个整体时,就出现了共现情况。
竞争规则规定处于较高句法位置的那个占优势。例如:

(79) 是 他 不 看小说。

　　我就 这句话 听不 进去。

每例中有两个非独立焦点强迫形式,对比焦点算子"是"约束"他",而
否定焦点算子"不"约束"小说";限制量化算子"就"约束"这句话",而否定
焦点算子"不"约束"进去"。根据陈振宇(2016:336),这两例中,最终成为

可能焦点成分的是在句法高位的"他"和"这句话"。汉语否定句的焦点为什么有时不在否定词的作用域内,这正是一个重要的原因。

（80）引自祁峰、陈振宇(2013)：

　　是 老王 没来。

对于这一类例子,徐杰、李英哲(1993)认为,否定词"没"否定的是由"是"标记的焦点"老王"(即表示"很多人都来了,但老王没来")。袁毓林(2000)认为这种解说自相矛盾,理由是一方面说"来"没有否定,另一方面又说它的意思是"很多人来了,但老王没来";为了进一步解释"很多人来了,但老王没来"的语感,采用分离的手段,让"很多人来了"由焦点标记词"是"进行解释,"老王没来"由"没"否定"来"进行解释;这样一来,"是老王没来"中的否定词否定的是其后的动词成分"来",而非句子的焦点"老王"。

按照陈振宇(2016:364),去焦点化核查的失败导致了有些共现的句子不能成立。例如表疑问的 wh 词是强焦点强迫形式,它们要求自己或自己约束的某一成分**必须**获得焦点重音,成为句子的焦点成分;它不容许在比它高的句法层次上有其他焦点强迫形式,因为这时句子就不合格。除此之外,还有焦点标记"是"等,如:

（81）＊没 人 看了 什么书?

　　　　??不是 他 是 昨天来的。

其中第一句中,如果"什么"是不定代词用法时,句子成立,表示没人看了一本书的意义。因为不定代词用法的 wh 词要求自己绝对不能成为句子焦点成分,这样一来就不会产生矛盾。

（82）没 人 看了 什么书。

大多数焦点强迫形式,如表量词语、量化词语等都是弱焦点强迫形式,句子否定形式也是如此。

（83）引自祁峰、陈振宇(2013)：

　　是 他 不喜欢 小王

　　是 他 只看了 一页

一般来讲,一是,成为可能句子成分的应该是其所约束的成分,而不能是非独立的焦点强迫形式自身;二是,由于汉语成分否定时,否定的语义作用域一定要在其句法辖域之内,所以更不可能是小句中句子否定词句法辖域之外的某个成分成为可能焦点成分;三是,即使在其句法辖域之内,如果有两个或两个以上成分的话,也应该是更突显的那个成为可能焦点成分,而不是相反。

但在实际情况中,这三条都可能出现逆转,其原因基本上都是因为有更为高位的句中焦点强迫形式和篇章强迫形式的干扰。例如:

(84) 小王没**来**。(独立句)

小王来了吗? 小王**没**来。(问答句)

小王没来,其他人来了。(对比句)

只**小王**没来。(高位"只"压到"没")

(85) 他不**天天**去学校——他不天天去**学校**,他天天去**公园**。(对比句)

他不看**小说**——他不**看**小说,他**听**小说。(对比句)

他不**很**高——他不很**高**,而是很**重**。(对比句)

我没吃**饱**——我没吃饱,我**气**饱了。(对比句)

他没干**一天**——他没**干**一天,足足玩了一天。(对比句)

在成分否定中,也有顺向策略和逆向策略。采用顺向策略不一定需要用某种特殊的语法标记,但采用逆向策略时需要用特殊的语法标记,如汉语普通话,当否定作用域是不突显的成分时,这种成分否定才强制要求加上重音,否则是可加可不加的,上述汉语例句就是如此。从这一点看,汉语的重音强制性比英语低。

下面再看一些篇章强迫形式干扰的例子:

(86) 甲:谁没去过北京?

乙:**张三**没去过北京。(问答句)(自拟)

乙对甲的回答是基于正常的信息传递功能的,因为"没"前的"张三"才是甲所要求的新信息,而"没去过北京"都是旧信息,所以不能再充当句子焦点成分。因此虽然"没"之上没有其他句中焦点强迫形式,但说话者依然不把焦点重音给予"没"的否定域。

再如下面两个例句,它们更清楚地显示出句子焦点成分是怎样确定的。

(87) 引自吕叔湘(1985)：

　　　我 没 说，真的 没说。

　　　我 不 知道，不 知道就是 不 知道。

　　我们认为，第一个例句中的两处"没说"，后面的"没说"已经在前面说过，并有了一个更高句法位置的"真的"，因此"真的"成了句子焦点成分，而"没说"退为背景知识。第二个例句则不同，在"X 就是 X"的构式中，X 才是被突显的成分，并且构式的焦点安排一般不受上下文的影响，相对独立，因此不管"不知道"是否已经在前句出现了，依然由其中的"不"继续获得焦点重音。

4.5　成分否定的"左向联系"问题

　　显性核心小句语言中，无标记时，否定域是否定词之后的成分；但在有标记的情况下，否定域可以落在否定词之前的成分。如英语往往可以通过有标记的形式（如重音的突显）来实现这一点，这又称为"左向联系"。例(88)英语例句中，对主语的成分否定：

(88)　　 Everyone　don't get his money.

　　（不是每个人都得到了，而是有的人得到，有的人没得到）

　　　 John　didn't kill the goat.

　　（某人杀了山羊，但不是 John）

　　显性核心小句语言之所以可以这么做，是因为对它而言，主语是小句中紧密的成分，而且成分否定主语和否定宾语都是采用同样的方式，即重音突显。这也被称为"否定词的左向联系"。

　　现在的问题是，汉语的成分否定是否有相同的情况。一些研究者认为汉语中也有"左向联系"，这又分为两种情况：

　　第一，袁毓林(2000)、胡建华(2007)提出，左向成分上有其他焦点敏感算子，如下例的"也、连、就"等可以"左向联系"。

(89) 引自袁毓林(2000)、胡建华(2007)：

　　　他一天也没有拖延。

　　　她连工本费也不给我。

我<u>就</u>**这句话**听不进去。

　　关于<u>这</u>些句子,我们认为是其他"焦点敏感算子"(如"也、连、就")导致了"一天、工本费、这句话"成了句子的焦点,但它们并不是句子否定词所否定的成分,否定词只否定了"拖延、给我、(听)进去"。这不是真正意义上的"左向联系"。

　　第二,左向成分上只有重音,如:

(90)　他 不喜欢小王(,我们喜欢。)

　　　你 明天 别来(,后天来。)

　　吕叔湘(1985)认为,否定的焦点也可以在"不""没"等之前,但没有区分这是否定句的句子焦点,还是否定词所否定的成分。我们的观点是,即使在这种情况下,即使"他、明天"是句子焦点,它们也不是成分否定的语义作用域,实际上,这不仅仅是加上了重音,而是因为有外在的对比句式的缘故,所以才发生变化,而对比句式是一种篇章焦点强迫形式。

　　相反的意见(我们也是这一观点)认为,汉语中根本不存在"左向联系"。这是因为在多层套叠主从结构中,句子否定形式可以插入到不同的层次中去,所以很方便实现成分否定,因此否定形式的否定域受到限制,它只能在否定形式的句法辖域之内,在汉语中,它就是在否定形式的右侧;至于否定形式左侧的成分,已不在句法辖域之内,不可能成为成分否定的否定域。另参见沈园(2012)、祁峰(2012、2014)、陈振宇(2013)。如例(91)中,无论"所有人、每个人"怎样重读,都没有"不是所有人都来了、不是每个人都有钱"的意思,说明左侧的量化成分无论语义如何突出,都不可能成为否定对象:

(91)　所有人 都没来。

　　　每个人 都没钱。

　　有人认为,这是因为汉语的这两个句子中有"都",所以干扰了语义。的确,汉语的这些句子确实一般都有"都",但我们也可以找到没"都"的句子,它们也没有对左侧量化成分进行否定:

(92)　每天 没有一分空闲。

　　 所有比赛 不超过一个小时。

再看看以下英语例子：

(93) 引自叶氏柏森(Jespersen 1924/2010:507—508)

    a. All that glisters is not gold.（不是所有闪光的都是金子）

    b. All is not lost.（不是所有的都失去了）

    c. For each man kills the thing he loves，Yet each man does not die.

    （不是每个杀死他所心爱的东西人都要为之死去）

上述句子翻译成汉语，必须改变所用的句子否定形式，如用外围否定形式"不是"，使"所有、每个"等在否定词的句法辖域之内。

　　另外，汉语中的限制、程度副词等，在句子否定形式左边时绝对不会被否定，无论如何重读，这与它在右边时就趋向于被否定形成鲜明的对比：

(94) 他们 都 没来——他们没 都 来

他身体 很 不好——他身体不 很 好

他 只 不喜欢她——他不 只 喜欢她（自拟）

4.6　对"左向联系"问题的理论探讨——两种理论的冲突

陈振宇(2017:342—351)对此有较多的阐释。在已往的研究中，至少存在两种成分否定理论：

第一种是"约束说"。如形式语义学提出了"焦点三分结构"理论，即算子(operator)、限定部分(restrictor)和核心部分(nuclear scope)。参看坎普(Kamp 1981)、海姆(Heim 1982)、鲁思(Rooth 1985)等，以及袁毓林(2003)、李宝伦、潘海华(2005)的介绍。他们认为句子否定词也是焦点算子，在语义上指向句中的一个成分，即断言成分(焦点)，句子的其他部分为背景部分；他们认为这一结论不但适用于宾语，也适用于主语、动词。如

(95) 焦点三分结构的分析：

             算子　　　　限定　　　　　　核心

  张三 没买红酒：没　　（X买了红酒）　　（X是张三）

        意为"有人买了红酒，但买红酒的不是张三"。

张三没买 红酒 ：没　　（张三买了 X）　　　（X 是红酒）

意为"张三买了某种事物,但这种事物不是红酒"。

张三没 买 红酒 ：没　　（张三对红酒做了 X）　（X 是买）

意为"张三对红酒做了某事,但这种事不是买"。

第二种是"非约束说"。这种理论认为,在否定句中,即使有焦点重音,否定词也不是直接否定焦点成分,仍然是否定事件整体,说的是事件未发生;至于焦点,则在否定之后再来赋予。这也可以称为"两分结构"理论。

胡建华(2007)提出,他认为否定词"不、没"是 VP 嫁接语,在句法上并不否定焦点,而是否定 VP 或中心语 V0。他认为,这一假设的根据是否定词会对 VP 中事件的表述方式进行限定,比如:正是因为"不、没"的存在,以下句子中的"了、过"等才不能用,这说明"不、没"不仅仅是作用于宾语:

(96) *他没看了书　　　*他不看过书

这一理论的合理之处是,语句中的算子约束关系仅仅是语句意义的一部分,而不是全部;我们在转写语句的逻辑式时,不仅要考虑到焦点成分,而且要考虑到该算子同样是副词,它是且只是对整个 VP 起作用。

(97) 非约束的分析:

张三 没买红酒：(X 没买红酒)(X 是张三)

意为"有人没买红酒,没买红酒的是张三"。

张三没买 红酒 ：(张三没买 X)(X 是红酒)

意为"张三没买某种事物,这种事物是红酒"。

张三没 买 红酒：(张三对红酒没做 X)(X 是买)

意为"张三对红酒没做某事,这种事是买"。

这两种理论的根本区别在于,按"焦点三分结构"理论,否定是焦点意义,因此焦点命题是个否定命题;而按非约束解读,否定仅是背景意义,而焦点命题则是个肯定命题。

这两个逻辑式有相同的一面,即在语义中,约束的解释和非约束的解释有可能中和:当它们都被解读为焦点性极强,因而具有了排他义时,都

会引入一个对比项(如"李四"),以及相反的事件。以主语重读为例,它们都可以允准下面这个对比格式:

(98) 张三 没买红酒,李四买了/不是李四没买。

焦点三分结构的分析:有人买了红酒,但买红酒的不是张三,是李四——所以李四买了红酒。如图2所示("U"为全集,下同):

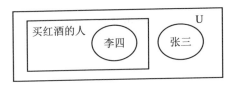

图2　三分结构的对比分析

非约束的分析:有人没买红酒,没买红酒的是张三,不是李四——所以李四买了红酒(如图3所示)。

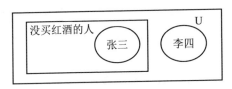

图3　三分结构的对比分析

由于"买红酒的人"与"没买红酒的人"是补集关系,因此上面两个图在逻辑语义上是完全相同的。因此就此例而言,两种理论无分高下。

为了要分清究竟哪种解读更好,需要换一个量化测试来检验。我们采用一个量化词"所有",因为这时三分结构与非约束理论应该得到不同的解读,而不会中和:

(99) 所有人 没买红酒

　　三分结构:没(X买了红酒)(X是所有人)=(X买了红酒)(X是部分人)

　　非约束:(X没买红酒)(X是所有人)

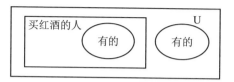

图 4　三分结构对主语全量的对比分析

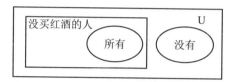

图 5　非约束对主语全量的对比分析

可以看到,图 4 和图 5,只有图 5 才符合汉语句子的意义,这也证明焦点三分理论对汉语主语是不适合的。

下面看看宾语的情况:

(100) 张三没买 **所有的酒**

三分结构:没(张三买了 X)(X 是所有的酒)=(张三买了 X)(X 是部分酒)

非约束:(张三没买 X)(X 是所有的酒)

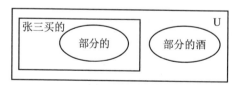

图 6　三分结构对宾语全量的对比分析

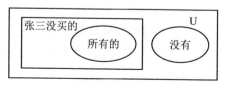

图 7　非约束对宾语全量的对比分析

　　可以看到图6、图7都符合汉语句子的意义。对宾语而言,默认时,三分结构理论更正确一些;但有时也有两种结构解读。如:

　　(101)　我没见到所有的人,只看到了小星。(三分结构解读——部分解)

　　　　　　她不喜欢所有夸夸其谈的男人。(两分结构解读——全部解)

　　上述研究表明,汉语的谓词(或者说"否定词+谓词"结构整体)前后位置遵循完全不同的量化规则。

5. 结语

　　我们今天研究的不是汉语本身,而是在世界语言类型学背景中的汉语。每一个汉语的语法现象,都很有必要与世界上其他语言进行对比,以此确定汉语的定位,据此说明这种语法现象反映的是世界语言的共性还是汉语的个性。

　　1) 就汉语的句子否定而言,反映共性的方面有:

　　汉语和很多语言一样,句子否定词中有否定动词。

　　汉语和韩语等一样,有两套句子否定系统:核心否定的"不、没(有)₂、别"与外围否定的"不是、并非"。

　　汉语和大多数 SVO 语言一样,句子否定词是在所修饰的成分的左边,即前置成分。

　　汉语也有大量的复合否定词,即否定语素与其他成分(一般是 TMA 成分)的复合。

　　2) 不过,我们更多的是看到汉语的个性,反映出汉语是一种隐性核心小句语言。这些特性有:

　　汉语"不、没(有)₂、别"是否定副词的特殊种类。

　　汉语句子否定词不遵循定式限制,可以违反定位性和唯一性。汉语"不、没(有)₂、别"在小句谓词性成分之前的位置上浮动,包括 TMA 成分、VP 中附加成分、核心谓词和能性补语。汉语"不是、并非"除了不进入能性补语位置外,可以在句首和句中各种成分前面浮动。汉语的句子否定词并不是俄语那样的自由的浮动形式,而是受到一定的限制,是半浮动。汉语的一个小句可以有多个句子否定词,并且都能发挥不同层次的否定功能。

　　汉语没有"叶氏柏森循环",句子否定词一般不能弱化脱落,而只能进行历史替换。在合音时,总是否定词把情态词合并进来,形成新的特殊的否定词。

　　汉语相当严格地遵循逻辑顺序。一般不允许句子否定词共现时出现冗余否定现象,仅当上层为隐性否定词,比如"差一点、拒绝、否认"等词时,可以有冗余否定现象。汉语也不允许出现"左向否定",即被否定的成分必须在句子否定词的句法辖域之内。

　　汉语很容易表达成分否定,但缺乏真值否定的固定句法位置。另外,汉语某些位置(如 VO 之间)也难以插入句子否定词,所以仍然需要依靠"突显性规则"来实现成分否定。

　　请注意,这些性质也是其他一些隐性核心小句语言所拥有的。本文还缺乏这方面的比较,例如汉语与泰语、越南语的异同。

　　今天的汉语仍然在发生变化,其中有的方言受 SOV 语言的影响,正在背离上述性质,如西北方言中动词句尾所带来的一系列影响。这是另外一个问题,但值得我们高度重视。

参考文献

　　陈振宇　2003　《枢纽语法》,四川师范大学硕士学位论文。

　　陈振宇　2013　《汉语句子否定的类型性质》,《语言研究集刊》(第十一辑),上海辞书出版社。

　　陈振宇　2016　《汉语的小句与句子》,复旦大学出版社。

　　陈振宇　2017　《汉语的指称与命题:语法中的语义学原理》,上海人民出版社。

　　陈振宇　陈振宁　2015　《为什么"不、没(有)₂、别"是副词而不是附缀——汉语句子结构的类型》,《语言研究集刊》(第十四辑),上海辞书出版社。

　　戴耀晶　2000　《现代汉语否定标记"没"的语义分析》,中国语文杂志社编《语法研究和探索》(十),商务印书馆。

　　邓守信　1975　Negation and Aspect in Chinese. *Journal of Chinese Linguistics* 1.1:14—37。又见邓守信著《汉语语法论文集》,北京语言大学出版社,2012。

　　丁声树　1933　《释否定词"弗""不"》,《庆祝蔡元培先生六十五岁论文集》,北平。

　　董秀芳　2003　《"不"与所修饰的中心词的粘合现象》,《当代语言学》第 1 期。

胡建华　2007　《否定、焦点与辖域》,《中国语文》第 2 期。

李宝伦　潘海华　1999　《焦点与"不"字句之语义解释》,《现代外语》第 2 期。

李然辉　2011　《香港手语的否定式》,《当代语言学》第 2 期。

黎锦熙　1992　《新著国语文法》,商务印书馆。

刘丹青　2005　《汉语否定词形态句法类型的方言比较》,《中国语学》总 252 期。

刘红妮　2010　《"跨层结构"语言学术语的发展和流变》,《术语标准化与信息技术》第 4 期。

吕叔湘　1985　《肯定·否定·疑问》,《中国语文》第 4 期。

马建忠　1898/2009　《马氏文通》,商务印书馆。

祁峰　2012　《焦点概念的本质》,《语言研究集刊》(第九辑),上海辞书出版社。

祁峰　2014　《现代汉语焦点研究》,中西书局。

祁峰　陈振宇　2013　《焦点实现的基本规则——以汉语疑问代词为例》,《汉语学报》第 1 期。

覃凤余　黄阳　陈芳　2010　《也谈壮语否定句的语序》,《民族语文》第 1 期。

沈家煊　2010　《英汉否定词的分合和名动的分合》,《中国语文》第 5 期。

沈园　2012　《否定词与焦点的联系》,2012 语言的描写与解释学术研讨会,复旦大学。

王力　2014　《中国现代语法》,中华书局。

王双成　2016　Negation in the Xining Dialect(西宁方言的否定句),Language& Linguistics 17(3):407—429。

韦钰婷　2010　《莎士比亚悲剧中的否定结构研究》,《柳州师专学报》第 4 期。

吴铮　2007　《藏缅语否定范畴研究》,中央民族大学博士学位论文。

徐杰　李英哲　1993　《焦点与两个非线性句法范畴:"否定""疑问"》,《中国语文》第 2 期。

徐宇航　2012　《潮州方言"唔字结构"合音条件及合音演变》,《南方语言学》(第四辑),暨南大学出版社。

叶善贤　2001　《俄语否定语气词 не 的语言功能》,《华南师范大学学报》第 6 期。

袁毓林　2000　《论否定句的焦点、预设和辖域歧义》,《中国语文》第 2 期。

袁毓林　2003　《句子的焦点结构及其对语义解释的影响》,《当代语言学》第 4 期。

张斌　2013　《试析非真值语义否定词"不"的附缀化倾向》,张谊生主编《汉语副词研究论集》(第一辑),上海三联书店。

赵旻燕　2010　《汉韩"元语言否定标记"研究》,《解放军外国语学院学报》第5 期。

赵元任　2011　《汉语口语语法》,吕叔湘译,商务印书馆。

朱德熙　1982　《语法讲义》,商务印书馆。

Dahl, Osten　1979　Typology of sentence negation, *Linguistics* 17: 79—106.

Ernst, Thomas　1995　Negation in Mandarin Chinese, *Natural Language & Linguistic Theory*, 13(4): 665—707.

Givón, Talmy　2001　*Syntax: An Introduction (Volume Ⅰ)*. Amstrdam/ Philadlphia: John Benjamins Publishing Company.

Greenberg, Joseph H.　1963　Some universals of grammar with particular reference to the order of meaningful elements. In Joseph H., Greenberg (eds.), *Universals of Language*. Cambridge: The M. I. T. Press.

Heim, Irene R.　1982　*The Semantics of Definite and Indefinite Noun Phrases*. PhD dissertation. University of Massachusetts, Amherst.

Huang, C.-T. James　1988　"Wo pao de kuai" and Chinese phrase structure. *Language*, 64 (2): 274—311.

Igor, Nedyalkov　1994　Evenki. In Peter Kahrel & René, Van, Den, Berg (eds.) *Typological Studies in Negation*. Amsterdam/Philadelphia: John Benjamins Publishing Company, 1—34.

Jespersen, Otto　1917　*Negation in English and other languages*. Historisk-filologiske Meddelelser 1.5.

Jespersen, Otto　1924　*The Philosophy of Grammar*. New York: Norton. 又见:叶斯柏森著,《语法哲学》,廖序东主持翻译,商务印书馆,2010 年。

Kamp, Hans　1981　A theory of truth and semantic representation. Reprinted in *Truth, Interpretation and Information*. In J. Groenendijk, T. M. V. Janssen and M. Stokhof (eds.), GRASS 2. Dordrecht: Foris, 1984.

Marie, Sandonato　1994　Zazaki. In Peter Kahrel & René, Van, Den, Berg (eds.) *Typological Studies in Negation*, 125—142. Amsterdam/Philadelphia: John Benjamins Publishing Company.

Matthew, S. Dryer　2007　Clause types. In Timothy Shopen (ed.) *Language Typology and Syntactic Description (2nd edition) Volume Ⅰ: Clause structure*. Cambridge: Cambridge University Press.

Paul, Schachter and Timothy, Shopen　2007　Parts-of-speech Systems. In Timothy Shopen（eds.）*Language Typology and Syntactic Description*（*2nd edition*）*Volume Ⅰ：Clause Structure*，1—60. Cambridge：Cambridge University Press.

Payne，John　1985　Negation，In Timothy Shopen ed. *Language Typology and Syntactic Description*，*Vol. 1：Clause Structure*. Cambridge：Cambridge University Press.

Rooth，Mats　1985　*Association with focus*. Ph. D. diss.，University of Massachusetts，Amherst.

Stockwell，Robert et al.　1968　*Integration Study of Transformational Theories on English Syntax*. Los Angeles：University of California，Los Angeles.

陈振宇：fudan. edu. cn@fudan. edu. cn；

陈振宁：chenzhenning@jhun. edu. cn

本文内容为两篇文章合并而成，并在内容上做了较大的增补和修改。这两篇文章是：1）陈振宇《汉语句子否定的类型性质》，《语言研究集刊》（第十一辑）；2）陈振宇、陈振宁《为什么"不、没（有）$_2$、别"是副词而不是附缀——汉语句子结构的类型》，《语言研究集刊》（第十四辑）。

上古汉语否定词系统研究综述

董建交

提 要 本文着眼于上古汉语否定词系统形态类型的差异及其演变,对以往上古汉语否定词系统的研究进行综述。主要涉及:(1)上古汉语否定词的句法语义特征;(2)否定副词"不""毋"和"弗""勿"的区别;(3)p-/m-两系否定词的功能分化及其演变。

关键词 上古汉语 否定词 形态句法特征

否定词(negatives)是用来构成否定命题的算子,一种语言中往往有不止一个否定词,它们共同形成一个否定词系统(刘丹青 2005)。上古汉语的否定词数量繁多,系统复杂。据太田辰夫(1987)的考察,以《论语》《孟子》为代表的战国鲁方言中常用的否定词就有"無""莫""勿""亡""不""弗""非""否""未""微""盍"等 11 个。其他常见的否定词还有"毋""罔""靡""蔑""末"等。上古汉语否定词数量如此众多,除了历时的原因以外,主要是否定词共时形态和功能差异造成的。一方面是由于合音等因素产生新的否定词,如一般认为"弗""勿"分别是"不之""毋之"的合音,太田辰夫看作否定词的"盍"是疑问代词"何"和否定词"不"的合音等;另一方面,上古汉语的否定词在语义上具有复合性的特点,除了单纯的否定词"不"以外,其他否定词在表示否定意义的同时,往往还有附加的语法意义,有的学者把这类否定词称为"综合性否定词"(王力 1954)。本文着眼于上古汉语否定词形态类型的差异、联系及其演变,对前人的研究进行述评。

1. 上古汉语否定词的形态句法特征

根据前人的研究,可以从意义和功能上把上古汉语的否定词分为以下几类:

1.1 否定副词"不""弗"

否定副词"不""弗"是普通否定词,表示单纯的对动作、行为和状态的否定。先秦时期"不"可以用在动词、形容词和副词前,而"弗"则一般用于及物动词前。据何乐士(1994)统计,《左传》否定副词"弗"只有 2%(7例)用于形容词谓语前,所修饰的形容词都是"久"。而大约 13%的"不"用于形容词谓语前(约 452 例),修饰形容词 152 个;"弗"用在不及物动词前仅 7 例。池昌海(2003)研究了《史记》否定副词"弗"的使用情况,发现与《左传》相比,《史记》"弗"与形容词搭配的类型更加丰富了,"弗"＋形容词共 10 例。但他所提出的例子中,"弗"修饰的形容词或本身可用为及物动词(如"晋弗敬"),或是意动或使动用法[如"大臣弗平""(太尉)主兵权,弗能正"],仍是用为及物动词。上古汉语"弗"修饰形容词和不及物动词受限制,这是甲骨文中就存在的现象(张玉金 2001)。关于先秦否定副词"不""弗"区别的研究见下文详述。

1.2 否定副词"毋"(也写作"無")[1]、"勿"

否定副词"毋""勿"基本用于表示禁阻祈使语气的句子中,相当于现代汉语的"不要"。甲骨文中已出现用作禁阻否定的副词"毋"[2]"勿",但据裘锡圭先生(1979)研究,甲骨文更常用的禁阻否定副词是"弜"和"叀",这二者应该是表示同一个词的不同假借字。裘锡圭(1981)认为卜辞中用作否定词的"弜"和"勿"可能是语言中同一个词的不同假借字,也可能是音义皆近的一对词。据裘锡圭(1979)的研究,"弜"是"發"的初文,上古属帮母祭部入声。"叀"是"祕"的本字,读如"彌"。从语音上看,"弜""叀"是 p-系否定词,"勿"是 m-系否定词,上古汉语 p-系和 m-系否定词是两类不同的系统,所以"弜"和"勿"更有可能代表音义皆近的不同的词,而非同一词的不同写法。

上古汉语"毋"("無")、"勿"还可以用于非禁阻语气的场合。吕叔湘(1942)列举了"毋(無)""勿"的十二类非禁阻祈使的用法,其中有些已经

"不复可以禁止之辞释之"。关于"毋"("無")"勿"的非禁阻用法的研究见下文详述。

1.3 否定副词"未"

否定副词"未"表示已然否定,即在单纯的否定中包含已然的时间概念,指到某个时点之前尚未发生某个动作或事件。邢公畹(1948/2000)认为:"'未'不但含有时间性,而且含有意志成分,它是一个对以往(过去以迄现在)表示否定,对将来却表示可能或愿望的副词。"总之,"未"是主观的已然否定,相当于现代汉语普通话的"还没有(VP)",它不用于对过去客观事实的简单否定[3]。

刘丹青(2008)指出:汉语华南方言根据预设区分客观已然否定和主观已然否定,表示含有预设的主观已然否定多沿用上古汉语的"未"。如广州话"冇"是客观报道事件没有发生,"未"则表示应发生而到说话时尚未发生。如广州话"佢冇去",是客观叙说没有发生他去这一事件,而"佢未去"是说话人预期他要去,而实际没有去,假如在事件结束前这么说,则可表示他尚未去(但可能将要去)。这种区别也见于南部吴语、闽语和客家话中。

1.4 否定动词"无""亡"

否定动词"無""亡"表示存在否定,是单纯否定和"有"的概念的综合。甲骨文中只用"亡"表示存在否定,而不用"無"。到上古后期存在否定主要用"無"或"无"(后者主要出现在《庄子》中),而较少用"亡"。"罔"和"亡"则是完全同音的存在否定词。张敏(2002)指出:和"無"相比,"亡"更像一个与"有"严格相对的存在否定动词,这体现在其一般不与宾语共现的分布特征上。"靡""蔑"可能是"無"的变音形式,"靡"主要出现在《诗经》中,"蔑"主要出现在《左传》中,都用作一般的存在否定。

现代普通话表示客观已然否定的副词"没(有)"和表示存在否定的"没(有)"同形,汉语用"没(有)VP"表示客观已然否定大约始于元明时期(太田辰夫1987)。

1.5 否定副词"非"

上古汉语"非"表示判断否定,对整个命题作出否定判断,用于判断句中。上古汉语的肯定判断不用系词"是",因此,上古汉语用于体词性成分前表示否定判断的"非",虽然在语义上相当于后代的"不是",但仍然属于副词,不是系词(杨剑桥 2010)。如:"子非鱼,安知鱼之乐?"(《庄子·秋水》)这里的"非"不能看作系词。当"非"否定名词性成分作为条件从句出现在主句之前时,则隐含有假设成分。如:"君非姬氏,居不安,食不饱。"(《左传·僖公四年》)、"非其道,则一箪食不可受于人。"(《孟子·滕文公下》)

除此之外,"非"还可以作形容词"是"的否定,表示"不正确""不对"。如《孟子·公孙丑下》:"前日之不受是,则今日之受非也。"

1.6 否定代词"莫"

上古汉语否定词"莫"是表示周遍性的存在否定代词,相当于"无……者"。如:"不患莫己知,求为可知也。"(《论语·里仁》)有时也只相当于"无",构成"莫……者"结构,这种用法应该是前一个用法虚化来的。如:"及平长,可娶妻,富人莫肯与者。"(《史记·陈平世家》)、"京师亲戚冠盖相望,亦古今常道,莫足言者。"(《汉书·游侠传》)

上古后期以来,"莫"逐渐虚化为表示禁阻的祈使否定副词,如:"富贵莫相忘也。"(《吴越春秋》)中古以后"莫"的这个用法大行,在口语中替代了"毋"和"勿",一直保留在现代方言中,而代词性的否定词"莫"逐渐消亡。

1.7 否定副词"否"

上古汉语"否"是包含谓词性成分的否定副词,吕叔湘(1956)指出:"'否'字以否定词而兼含动词或形容词于其内",所以"否"所否定的动词或形容词省略。如:"赴以名,则亦书之;不然,则否。"(《左传·僖公二十三年》)、"二三子用我,今日;否,亦今日。"(《左传·成公十八年》)

由此用法发展出表应对的感叹词的用法,单独用来表示应答否定(太田辰夫 1987),如:"'许子必织布然后衣乎?'曰:'否,许子衣褐。'"(《孟子·滕文公上》)

1.8 否定介词"微"

否定介词"微"用于虚拟条件句的条件分句中,后多跟指人的名词或代词,表示否定的虚拟条件。可以译为虚拟存在否定的"要没有……"或虚拟判断否定的"要不是……",表示庆幸,如:"微管仲,吾其被发左衽矣。"(《论语·宪问》)、"是日,微樊哙奔入营谯让项羽,沛公事几殆。"(《史记·樊郦滕灌列传》);有时要译为"即使没有……",表示纵予,如:"微君言,臣故将谒之。"(《韩非子·难一》)、"微子之言,吾亦疑之。"(《史记·伍子胥列传》)"微"是上古汉语中专用来表示强烈虚拟语气的否定词,到现代汉语各方言中这种独特的否定词都消失了。

上古汉语除了单纯否定词"不""弗"以外,其他否定词除了表示否定意义,还有其他附加的语法意义。现代普通话主要的否定词只有"不""没(有)"两类,它们和其他句法成分结合来表达禁阻否定、判断否定、已然否定等复杂的否定。这也是汉语由"综合性"向"分析性"转变的一个表现。

2. 否定副词"不""毋"和"弗""勿"的区别

关于否定副词"不"与"弗"、"毋"与"勿"的区别,学者已经有很多讨论。归纳起来大致可分两派,一派认为"弗"相当于"不之","勿"相当于"毋之",而"不""毋"则是一般的否定词。丁声树(1933)发现否定副词"弗"只用于省略宾语的他动词之前,而自动词、带有宾语的他动词和带有宾语的介词前,只用"不"不用"弗",状词(即形容词)之上也只用"不"字,而不用"弗"字。据此他提出:"弗"字是一个含有"代名词性的宾语"的否定词,略与"不之"二字相当,"不"字则只是一个单纯的否定词。此说得到了吕叔湘(1942)、周法高(1958)、王力(1989)等学者的支持。吕叔湘(1942)还发现"勿""毋"的区别和"弗""不"的区别平行,大体而言,内动词和带有宾语的外动词前只用"毋"不用"勿",省去宾语的外动词或介词多用"勿"少用"毋"。"毋"略与"勿之""勿是"相等,"毋""勿"的区别与"不""弗"的区别平行。卜弼德(Boodberg 1937、1979)更进一步提出"弗"是"不之"的合音的观点,葛瑞汉(Graham 1952)也提出证据证明"勿"是"毋之"语音的拼合。吕叔湘(1942)、王力(1989)等先生虽然同意"弗"相当于"不之","勿"相当于"毋之",但都没有接受"合音说"。

另一派学者对此观点表示反对,认为"弗""勿"并不等于"不之""毋之"。黄景欣(1958)针对丁声树的观点提出了一些反例,"弗"后动词带宾语的例子,如:

(1) 始吾敬之,今子,鲁囚也,吾弗敬子矣。(《左传·庄公十一年》)

（2）鲍先入晋地，士鲂御之，少秦师而弗设备。（《左传·襄公十
　　　一年》）

（3）虽与之俱学，弗若之矣。（《孟子·告子上》）

（4）故君子顷步而弗敢忘孝也。（《礼记·祭义》）

"弗"后代词宾语前置形成"弗之 V"结构的例子，如：

（5）秦王以公孙郝为党于公而弗之听，甘茂不善于公而弗为公言。
　　　（《战国策·韩策》）

（6）丧三年，以为极亡，则弗之忘矣。（《礼记·檀弓上》）

因此他认为："在汉以前的古籍中，用否定词'弗'加在及物动词之上时，和用'不'字的情况相同，动词都可以带有宾语"，"介词前面加'弗'字时，后面照样可以带有宾语"，他认为在作否定副词方面"弗"和"不"并没有什么区别。同时他还提出"弗"字合音说不适用于《诗经》以前的甲骨文、金文和《尚书》等上古早期文献。

何乐士（1994）研究了《左传》否定副词"不""弗"的所有用例，发现"弗"有 342 例是用在省去宾语的外动词之上的，占全部 362 个用例的94%；"不＋不及物动词"共 547 例，而"弗＋不及物动词"只有 7 例；"不＋及物动词＋宾语"的用例有 1 440 例，而"弗＋及物动词＋宾语"只有 5 例，基本符合丁声树的观察。但何乐士仍然不接受"弗"等于"不之"的结论，而认为"弗"主要用在省略宾语的及物动词上，这是因为作为后续句的"弗"否定句一般都承前省略了宾语。

随着出土简帛的不断发现，学者开始注意这些未经后人改动的文献中"弗""勿"的表现。冯春田（1984）考察了睡虎地秦简，结论是"弗"的用法大多数符合丁声树发现的通则，"勿"则都符合吕叔湘对传世文献的观察，没有例外。但由于甲骨、金文和《尚书》等早期文献中的矛盾，他没有接受合音说。魏德胜（2000）研究睡虎地秦简所得的结论也大体相同，他认为"弗""勿"用在没有宾语的及物动词或介词前这个规律是存在的，不能因为少数例外而否定它。大西克也（1988）指出，马王堆帛书《老子》《战国纵横家书》等文献中，"弗"后及物动词不带宾语的有 116 例，带宾语的只有 10 例，两者差距甚大。即使带宾语的 10 例也有一些是带双宾语的，如"万物归焉而弗为主"（马王堆帛书《老子》乙本）、"显明弗能为名，广大

弗能为刑(形)"(马王堆帛书《原道》)。这里"弗为主""弗能为名""弗能为刑(形)"中的"为"是双宾动词,先秦常见"为之 N"的用法,这里的"弗为主"应当理解为"不为之主",直接宾语"之"提前形成("不之为主">)"弗为主"的用法,并不违反通则。董琨(2001)也指出:郭店楚简《老子》中"不"出现 49 次,"弗"出现 17 次,"弗"后面的动词都不带宾语。

随着研究的深入,学者提出了一些新的语法上的证据来证明丁声树和吕叔湘先生的观点。魏培泉(2001)全面考察了传世先秦古籍和出土简帛中"不""弗"的使用情况,从三个方面提出了拼合说的新证:

(一)从"弗""勿"和前置代词的搭配关系上看,由于上古汉语否定句的代词宾语通常会移到动词之前接在否定词之后,如果"弗"是"不之"的拼合而"勿"是"毋之"的拼合,那么"弗""勿"之后不应再接有任何代词,而"不""毋"之后可接除了"之"以外的其他代词,至于其他否定词,应该可以接"之"及其他代词。如果"弗""勿"不等于"不之""毋之",那么"弗""勿"后可出现的代词当无限制。考察的结果符合前一个预期,"弗之 V"的例子在传世文献中仅 10 个,出土文献中仅 1 个,且完全未见其他代词接在"弗"后的例子;"不之 V"传世文献仅 3 例,出土文献未见,而"不"接"之"以外的其他代词却很常见。在是否搭配其他定指代词上,"弗"和"不"形成互补分布。"勿"和"毋"的情况与"弗"和"不"类似。"弗"和"勿"不搭配定指代词是因为二者已含有代词"之","之"以外的其他定指代词和"不""毋"的搭配不受限制,是因为只有"之"和"不""毋"拼合成"弗""勿",其他定指代词仍保留在"不""毋"之后。他提出"不"和"之"的拼合过程如下:

$$\text{"不之 V"} > \text{"弗之 V"} > \text{"弗 V"}$$
(连音变化) ("之"脱落)

少数"不之 V""弗之 V"和"毋之 V""勿之 V"的存在不是"弗""勿"拼合说的反正,而是"不之"转化为"弗"和"毋之"转化为"勿"的过程中留下的残迹。

(二)"弗""勿"和其他名词性词语存在互斥现象,表现在(1)疑问代词宾语和"弗"互斥。先秦疑问代词宾语可以移到"不"前,如:"以此众战,谁能御之;以此攻城,何城不克。"(《左传·僖公四年》)而"弗"字句中从来没有这种移位。上古汉语中"弗"前的疑问代词只能是状语或主语。这是因为"弗"已含有一个复指的宾语"之",不能同时拥有一个疑问代词宾语;"不"是个单纯的否定副词,因此在搭配疑问代词宾语上不受限制。(2)关系代词"所"和"弗""勿"互斥。几乎没有"所弗 V",而"所不 V"常见,这是因为"所"指代单宾动词的宾语,该动词不能同时又有代词宾语"之",所以和含"之"的"弗""勿"相排斥。(3)焦点宾语和"弗""勿"互斥。先秦汉语中,宾语可以提到"不""毋"之前表示焦点,如:"君亡之不恤,而群臣是忧,惠之至也。"(《左传·僖公十五年》)但未见宾语可以提到"弗""勿"之前的,这是因为"弗""勿"含有代词宾语"之",一个单宾动词不能同时兼有一个名词组宾语和一个代词宾语。

(三)从"弗""勿"和动词搭配的状况看,"弗""勿"和作格动词搭配时,后面的作格动词绝大多数是使动或意动用法,而且隐含的宾语是相当于"之"的。如:"燕、赵破宋肥齐尊齐而为之下者,燕、赵非利之也。弗利而势为之者,何也?以不信秦王也。"(《战国策·燕策一》)这里"利之""弗利"中的"利"都是意动用法,隐含宾语"之"。先秦文献"弗利"出现 6 次,都是意动用法。与此相反,先秦语料中"不"搭配的作格动词多用作不及物动词。如:"所攻者不利,而攻者亦不利,是两不利也。"(《墨子·公孟》)这里"不利"的"利"为不及物动词。另外,"弗""勿"搭配名谓词时,后面的名谓词都用作及物动词,也就是说这个名谓词是可以拿代词"之"作它的宾语的。如:"是故君之所不臣于其臣者二:当其为尸,则弗臣也;当其为师,则弗臣也。"(《礼记·学记》)这里"弗臣"是"不以臣待之";而"不"所搭配的名谓词通常是不及物的,如:"齐景公问政于孔子。孔子对曰:'君君,臣臣,父父,子子。'公曰:'善哉!信如君不君,臣不臣,父不父,子不子,虽有粟,吾得而食诸?'"(《论语·颜渊》)这里的"不臣"是指行为不像个臣子,"臣"用为不及物动词。

魏培泉(2001)还对几类看似违例的情况进行了辨析。如(1)当"弗""勿"搭配的动词是双宾动词时,"弗 V""勿 V"之后出现 NP 不算违例,因为直接宾语"之"移前并入"弗""勿"中之后,动词后仍可以出现间接宾语。(2)当"弗""勿"搭配的动词是兼语动词时,"弗 V""勿 V"之后出现 NP 也不算违例,作兼语的"之"可以前移到动词前,从而和"不""毋"拼合。

经过前人深入的研究,"不""毋"和"弗""勿"的区别已经很清楚。可以说除了极少数的例外,《诗经》以下的先秦文献"弗""勿"后面的及物动词不带宾语已经是"无可争辩的事实"。(王力 1989)目前看来,"弗""勿"本含"之"的观点遇到的最大困难是上古汉语早期的甲骨文、金文及《尚书》的中的反例。违例的情况主要表现在:"弗""勿"+及物动词后可以自由地带宾语,上古早期文献"弗""勿"后动词带宾语是常例。正因如此,很多学者虽然承认上古晚期"弗"等于"不之"、"勿"等于"毋之",但不接受"弗""勿"来源于"不之""毋之"合音的说法,而是从语义和语用角度寻找早期"弗""勿"和"不""毋"的区别。吕叔湘(1942)虽然提出晚周"勿"等于"毋之",但又认为,从来源上讲"勿"和"毋"最初之分别不在于是否含有"之",而在于"辞气之强弱"。"勿"较强,"毋"较弱。后来才有以"勿"代"毋之"的通例。高岛谦一(1973)认为:"不""毋"是状态性/事态性否定词,而"弗""勿"是非状态性/非事态性否定词。何莫邪(1992)认为:"不""弗"的区别在于,"弗"包含一种做某事的失败,而这种失败是由于主观原因而非客观因素,义含"拒绝""没能";"不"则为平常的否定词。杨逢彬(2003)的意见与此略同,他认为:"不"与"弗"相比,可能更具客观性,"毋"带有祈求、劝勉的意味,而"勿"则带有禁止的口气。蒲立本(2006)认为甲骨文时代存在一组以-t为韵尾的小品词,包括"弗""勿""蔑"等,这个-t韵尾涉及"体"的区分,即持续状态或进行着的行为("不")跟潜在特质的实现或状态变化("弗")的区别。到战国时这个-t韵尾可以理解为"之"的声母。这些观点都是需要进一步验证的。

对于上古早期文献的矛盾,坚持拼合说的魏培泉先生(2001)的解释是:甲骨文、金文和《尚书》与其他先秦文献代表的是不同的方言,它们之间可能并非直接的继承关系。甲骨文、金文及《尚书》反映当时演变较剧烈的方言,《诗经》以下的先秦文献大致反映的是保守的方言。因此表面上语言的变化似乎呈现逆反之势,其实只是不同方言成为优势方言的时期不同造成的。这个解释虽然巧妙,但过于笼统,似嫌说服力不够。梅祖麟(1983)提出:甲骨文、金文、《尚书》这些上古早期的文献合音说不适用,是因为上古早期"之"有舌根音复声母,读作 * krjəg,到上古晚期才变成 * tiəg,所以上古早期"之"自然无法和"不""毋"合音构成-t尾的"弗""勿"。这个观点说明了上古早期"之"不具备和"不""毋"拼合成"弗""勿"的语音条件,但仍无法有效解释甲骨、金文中的"弗""勿"的来源及与"不""毋"的区别所在。

　　总之,经过以往的研究可以确认:在《诗经》以下的先秦文献中"弗"等于"不之"、"勿"等于"毋之"。但上古早期"弗""勿"的来源和发展,以及它们和"不""毋"的关系等问题还需要进一步的研究。

3. p-/m-两系否定词的功能分化及其演变

　　前人早已注意到,上古汉语否定词根据声母的读音类型可以分为两类:(a)双唇塞音 p-类:包括否定副词"不""弗"和"非"等;(b)双唇鼻音 m-类:包括否定动词"無"(无)、"亡";否定副词"毋(無)""勿";否定代词"莫";否定介词"微"等。

　　上古汉语为什么有 p-和 m-两套否定词? 它们之间的区别何在? 有无演变关系? 对于这些问题,学者已有深入的探讨。张敏(2002)把以往的观点概括为同源分化说和语言混合说两派。同源分化说的代表人物是高名凯,他在《汉语语法论》(1948)中提出:上古汉语两系否定词"m-、p-都是双唇音,上古汉语既是混用,而藏语又只有 m-,或许最原始的形式是一个复合辅音 mb-(mp-)都说不定"。严学窘、尉迟治平(1985)认为上古汉语的"无"系、"不"系否定词和动词"有"都来源于 ＊ ＊ smbj-。除了以上三位学者外,蒲立本(2006)也明确提出 p-和 m-两系否定词同源,他说:"在广东话或其他一些南方方言中,对动词的单纯否定是一个自成音节的鼻音 [m̩]。因为藏缅语中的否定词通常以 m-为声母,所以北方汉语方言中以 p-为声母的否定词可能是一个后起形式。"但他同时承认:"目前还没有证据说明这些形式是如何从 ＊ m-发展而来的。"桥本万太郎在《语言地理类型学》中提出语言混合说的观点,他注意到粤、闽、客等南方汉语方言中否定词的语音形式一般是成音节的鼻音或鼻音声母,北方方言则一般是塞音声母字。而这个格局和亚洲大陆南北各系语言(北方的阿尔泰语、南方的侗台、藏缅、苗瑶、南岛、南亚语等)里的否定形式的分布格局是一致的。北方各语言的否定词使用闭塞音(k-、g-、q-等),南方语言绝大多数用暗鼻辅音。上古汉语 m-和 p-两系否定词并无明显的功能分化,故可能分别来自不同的语言或方言。

张敏(2002)指出了同源分化说存在的问题,如同源分化说仍然面临解释存在否定形式和一般动词否定形式如何分化的问题。针对桥本万太郎提出的上古汉语 m-、p-两系否定词分别来自北方和南方民族语言的观点,他从两方面进行了反驳。首先,从亚洲大陆各语言里否定词的语音形式看,对汉代以前的北方汉语影响更大的突厥语中否定词反而是以双唇鼻音为主的,兼有双唇塞音的否定词。这说明如果 p-和 m-两系否定词来自异质成分的混合,不一定前者来自北方,后者来自南方。其次,从意义功能的分化上看,上古汉语 m-和 p-两系否定词存在系统的意义功能对立,m-/p-两系否定词的基本分别是"存在否定/非存在否定",并非没有功能分化。这对语言混合说是不利的。

要证明上古 m-/p-两系否定词的基本分别是"存在否定/非存在否定",主要的困难在于 m-系否定词除了表示"存在否定"外,还有其他"非存在否定"的用法。上古汉语 m-/p-两系否定词的意义功能可总结成下表:

表 1　上古汉语两系否定词

存在否定	非存在否定			
	动词否定	已然否定	祈使否定	判断否定
無/亡/罔/微/莫/靡/蔑	不/弗	未	毋/勿	非
m-	p-	m-	m-	p-

上古汉语存在否定一般仅由鼻音系否定词表达,几乎没有由塞音系否定词表达者。需要论证的是已然否定和祈使否定这两种非存在否定形式何以采用 m-系存在否定形式。

张敏(2002)首先指出不少语言里"存在"和"已然"之间都存在某种内在关系,如北方话已然否定一般都来自存在否定形式("没书">"没去");一些南方话的已然肯定形式用的是表存在和领有的"有",如闽语"我有去";在闪语(Semitic)系的 Tigre 语及印欧语系中的罗曼语族(Romance)和日耳曼语族(Germanic)的许多语言里,表过去时及已然体的语法标记其来源往往是表存在及领有的(助)动词 be 和 have,如英语的完成体形式 have written。因此,存在否定形式演变出已然否定功能是十分自然的。

而对于"存在否定"形式演变出祈使否定,张敏(2002)从类型学的角度提出:据拜比等(Bybee et al. 1994)研究,很多语言表示施事取向的情态与表示"存在""领有"的助动词形式相关,拜比和帕柳卡(Bybee & Pagliuca 1985)对此的解释是这类构造原本表示施事领有某个行为动作或涉及某个行为动作,如果这个事件状态中含有情态成分(无论是语境所蕴含的还是助动词所表达的),则可表达"施事取向的情态"意义,而"施事取向的情态"(Agent-oriented modality)可以发展出"说者取向的情态"(Speaker-oriented modality)。上古汉语"毋""勿"用于非祈使语气的例子即属"施事取向的情态",而"说者取向的情态"包括典型的祈使否定。具体到上古汉语,m-系否定词由存在否定演变出祈使否定的过程应该是:

　　存在否定＞施事取向的否定性情态＞说话人取向的否定性情态

这样,"毋""勿"用于非祈使语气的例子便可视为存在否定衍生出祈使否定过程中留下的残迹。此外,他又提出文献和方言证据证明存在否定和祈使否定之间的联系,如原为存在否定的"莫"上古之后直到现代方言里都有变为祈使否定词的;广西玉林话由存在否定形式而来的一般动词否定词"冇"也可充任祈使否定,如"冇溜咁快!"(别跑得那么快!)。这样,上古汉语 m-系否定词表非存在否定就得到了合理的解释。

在此基础上,张敏(2002)提出"存在-否定演化圈"假设,来解释现代南方方言只有一套 m-系否定词的现象。他认为:从古至今,在汉语(或者说汉语的一些变体)中就存在 m-系否定词功能扩大化的发展倾向,即 m-系否定词由存在否定发展出新的"意义-功能",并侵入 p-系的功能领域。

张敏先生此文解决了上古汉语 m-/p-两系否定词意义功能的区别的问题。实际上,吕叔湘(1942)已经注意到存在否定和祈使否定之间的联系,上文提到吕叔湘(1942)已经发现,上古汉语有些"毋(無)""勿"并不尽为禁戒之辞,其中较为典型的几类已经"不复可以禁止之辞释之",他把这种情况细分为"愿欲、假设、庶几、较比、得能"等几类。如:

(7) 公欲無入。(《左传·襄公二十九年》)

(8) 欲予秦,秦城恐不可得,徒见欺;欲勿予,即患秦兵之来。(《史记·廉颇蔺相如列传》)

(9) 苟有礼焉,书也,以無忘旧好。(《左传·文公九年》)

（10）若不幸而过，宁僭無滥。（《左传・襄公二十六年》）

（11）与秦地，何如勿与？（《太平御览・人事部》引《战国策》）

（12）非独贤者有是心也，人皆有之，贤者能勿丧耳。（《孟子・告子上》）

吕叔湘先生指出"毋（無）"的非禁阻祈使使用法从语气上看"多为悬拟之词"，他把"不"和"毋（無）"的区别概括为直陈式（indicative）与非直陈式（non-indicative）之别，用"非直陈式"来统摄"勿""毋（無）"的表禁阻和非禁阻的用法。用祈使否定"毋"之句其动词皆可作名词观，具有名物性质。"禁约之辞，逆而止之于未形，其事固犹未显现，亦指事之类，故亦云'无有如此之事'，亦犹之云'勿为如此之事'"。张敏（2002）则注意到"毋（無）""勿"这类句子含有"欲""愿""能""得"等表情态的助动词或句子本身包含明显的施事取向的情态意味，而施事取向的情态可以发展出祈使否定的用法，从而建立了存在否定到祈使否定之间的演变过程。

下面两个事实可以作为对张敏先生研究的补充：

（1）刘丹青（2002）指出，苏州话表示存在否定的"朆拨"可以用在动词前，表示"没有条件、未被权威方面同意或没有机会去进行某种行为"，如"我朆拨去"表示"不准我去"或"我没有条件去"，"小张朆拨参加"表示"小张不被批准参加"或"小张没有条件参加"之类意义。这种现象也显示存在否定向非存在否定的扩张，但还处在"施事取向的否定性情态"的阶段，还没有发展出祈使否定的用法。

（2）甲骨文中常用的表禁阻的否定词是"弓""弜"，从语音上说，它们都是 p-系否定词。据裘锡圭（1979）研究，否定词"弓"绝大多数见于第一期和第二期前期的卜辞，"弜"则大量见于第二期后期以后的卜辞。同时甲骨文不见 m-系的"未"表示已然否定。这可能说明甲骨文 m-系的"勿""毋"虽已有表示禁阻否定的用例，但它们是后来从表示存在否定的功能演化而来的，早期表示非存在否定的都是 p-系否定词，上古早期 p-/m-两系的区别更为严格。

甲骨文中用"弓""弜"的否定句是表示禁阻的，裘锡圭（1979）指出甲骨文中"弓""弜"是表示意愿的，跟"勿"一样，可以翻译成"不要……"。但由于卜辞语言的特殊性，命辞中的禁阻多施于第一人称或第三人称，如"王弜往于田，其悔"（《合》28605）。站在商王本人角度是施于第一人称，站在贞人角度是施于第三人称,没有明确的施于第二人称的禁阻用法,所以"弜""弗"否定祈使的语气并不明显。吕叔湘先生已经指出"毋之表禁阻,不仅施于第二身,亦可施于第一身与第三身",卜辞中用"弜""弗"的否定句就是施于第一人称或第三人称的禁阻句,实际上也是一种"施事取向的情态"[4]。

附 注

[1] 上古作否定副词的"毋"和"無"用法没有区别,是同一词的不同写法,参见吕叔湘(1942)。

[2] 甲骨文"毋"除了表示禁阻否定外还兼有一般动词否定"不"的功能,比较特别,参见张玉金(2001)。

[3] 杨联陞(2010)指出:文言"昨访未晤为怅"中"未"只表示简单的对过去事实的否定,但这恐怕是很近代的现象。他的这个看法是正确的。"未"的这种用法应该是它所包含的时间概念磨损后才产生的,同样"尚未"这样的用法也应该是"未"的时间性消失以后才出现的。

[4] 龚波(2010)把卜辞中由两个小句构成的命辞都看作假设句,认为用"勿"(弜)、"弗"的否定假设条件句都应该解释为"如果不……"。如"今者王勿比望乘伐下危,弗其受有佑?"(《甲骨文合集》6482)应解释为:"今者,王如果不跟望乘一起去伐下危,就不会受到保佑吗?"不把这里的"勿"(弜)理解为"不要"。实际上龚文的解释是扞格不通的,违反了卜辞正反对贞的一般规则,参见裘锡圭(1988)。

参考文献

池昌海　2003　《〈史记〉中"弗"的功能分析》,《古汉语研究》第 4 期。

丁声树　1933　《释否定词"弗""不"》,《庆祝蔡元培先生六十五岁论文集》,史语所集刊外编第一种。

董　琨　2001　《郭店楚简〈老子〉异文的语法学考察》,《中国语文》第 4 期。

冯春田　1984　《〈睡虎地秦墓竹简〉某些语法现象研究》,《中国语文》第 4 期。

高名凯　1948　《汉语语法论》,开明书店。

龚　波　2010　《从假设句的否定形式看甲骨文中的"勿""弜"与"不""弗"之别》,《中国语文》第 2 期。

何乐士　1994　《〈左传〉否定副词"不"与"弗"的比较》，高思曼主编，《第一届国际先秦汉语语法研讨会论文集》，岳麓书社。又见：何乐士著，《古汉语语法研究论文集》，商务印书馆，2000 年。

黄景欣　1958　《秦汉以前古汉语中的否定词"弗""不"研究》，《语言研究》第3 期。

刘丹青　2002　《上海方言否定词与否定式的文本统计分析》，《语言学论丛》第26 辑，商务印书馆。

刘丹青　2005　《汉语否定词形态句法类型的方言比较》，日本《中国语学》252 号。

吕叔湘　1942　《论"毋"与"勿"》，《华西协和大学中国文化研究所集刊》第 1 卷第4 期。又见：吕叔湘著，《汉语语法论文集》，商务印书馆，1999 年。

吕叔湘　1956　《中国文法要略》，商务印书馆。

梅祖麟　1983　《跟见系字谐声的照三系字》，《中国语言学报》第 1 期。

蒲立本　2006　《古汉语语法纲要》，孙景涛译，语文出版社。

裘锡圭　1979　《说"弜"》，《古文字研究》第一辑，中华书局。

裘锡圭　1988　《关于殷墟卜辞的命辞是否问句的考察》，《中国语文》，第 1 期。

太田辰夫　1987　《中国语历史文法》，蒋绍愚、徐昌华译，北京大学出版社。

王　力　1989　《汉语语法史》，商务印书馆。

魏德胜　2000　《〈睡虎地秦墓竹简〉语法研究》，首都师范大学出版社。

魏培泉　2001　《"弗""勿"拼合说新证》，《史语所集刊》，第七十二本第一分。

邢公畹　1948　《〈论语〉中的否定词系》，《国文月刊》第 66 期。又见：邢公畹著，《邢公畹语言学论文集》，商务印书馆，2000 年。

严学宭　尉迟治平　1985　《说"有""无"》，《中国语言学报》第 2 期，商务印书馆。

杨逢彬　2003　《殷墟甲骨刻辞词类研究》，花城出版社。

杨联陞　2010　《汉语否定词杂谈》，杨联陞著《中国语文札记》，中国人民大学出版社。

张　敏　2002　上古、中古汉语及现代南方方言里的"否定-存在演化圈"，*International Symposium on the Historical Aspect of the Chinese Language：Commemorating the Centennial Birthday of the Late Professor Li Fang-kuei*.（Vol Ⅱ）：571—616.

张玉金　2001　《甲骨文语法学》，学林出版社。

张玉金　2003　《20 世纪甲骨语言学》，学林出版社。

周法高　1959　《中国古代语法·称代篇》，"中研院"历史语言研究所。

朱歧祥　1991　《甲骨文否定词研究》,《说文解字研究论文集》第 2 辑。

Boodberg, Peter A.(卜弼德)　1937　Some proleptical remarks on the evolution of Archaic Chinese, *HJAS*(2): 329—372.

Boodberg, Peter A.　1979　Notes on Chinese morphology and syntax. In Alvin P. Cohen (eds.), *Selected works of Peter A. Boodberg*. Berkeley: University of California Press.

Bybee, Joan L., Revere Perkins & William Pagliuca.　1994　*The Evolution of Grammar: Tense, Aspect, and Modality in the Languages of the World*. Chicago & London: University of Chicago Press.

Bybee, Joan L. & William Pagliuca.　1985　Cross-linguistic comparison and the development of grammatical meaning. In J. Fissiak (ed.). *Historical Semantics and Historical Word Formation*. The Hague: Mouton.

Graham, A.C.(葛瑞汉)　1952　A probable fushion-word: 勿 wuh＝毋 wu＋之 jy, BSOAS 14 (1): 139—148.

大西克也　1988　《上古中國語の否定詞"弗""不"の使い分けについて》,《日本中国学会报》第 4 期。

高岛谦一　1973　Negatives in the King Wu Ting Bone Inscription(《武丁时代甲骨文的否定词研究》). Seattle: University of Washington.

董建交:djianjiao@fudan.edu.cn

原载《语言研究集刊》第十一辑,本书收录时略有改动。

是质的否定还是量的否定 *
——"什么、怎么"在汉语否定句中的功能

戴耀晶

提　要　否定的语义性质分为两种功能：质的否定和量的否定。汉语陈述句中的疑问代词"什么"，在被否定词管辖时表示全量否定，也就是质的否定。但这分为两种用法：如果它是不定代词，则是冗余的成分，只起语气强化词功能；如果它是不定回指代词，则不是冗余的，而是在否定某种类型的典型事物的存在，不过，非典型的或不属于这一类的事物是可以存在的。文章最后还考察了汉语中的疑问代词，把它们分为两类：有不定代词功能的和没有不定代词功能的。文章还讨论了"怎么"被否定时为什么会只表示量的否定。

关键词　质的否定　量的否定　什么　怎么　冗余成分　不定代词
不定回指代词

1. 理论背景——质的否定与量的否定

　　肯定和否定都可以从质和量两方面来分析。质的肯定语义上是肯定"存在"，量的肯定语义上是肯定"数量"。否定也可分为质的否定和量的否定：质的否定是否认事物的存在或事件的发生，语义含义是"无"；量的否定是否认事物或事件在数量上的规定性，语义含义是"少于"。

---

　　*　本研究得到国家社科基金重点项目"现代汉语及方言中的否定问题研究"（批准号：12AYY001）的资助。文章由陈振宇记录整理，初稿曾在"2014 语言的描写与解释国际学术研讨会"上由陈振宇代为宣读，张谊生、彭利贞、唐正大等提出了宝贵的意见。

（1）　　肯定句　　　　　　　否定句　　　　　　否定含义

　　a₁. 林涛去过新疆。　　b₁. 林涛没去过新疆。　否定质：无

　　a₂. 林涛去过三次新疆。b₂. 林涛没去过三次新疆。否定量：少于

汉语疑问词"怎么"在否定句中表示小量否定，这一点一般没什么争议。戴耀晶（2013）用以下几个测试证明了这一点：

分析一：删去"怎么"，语义有什么变化？

（2）　　没/不怎么　　　　　　　　没/不

　　我【没怎么】掉过眼泪——　我【没】掉过眼泪

　　删去"怎么"以后的句子是对事件本身的否定，即"掉眼泪"事件没有发生，不存在，语义上表示质的否定。相应的带了"怎么"的句子则仅是对事件量的否定，即"掉眼泪"事件发生了，存在，都是小量，不是大量，"没怎么、不怎么"的语义量是"很少"。

分析二：移位"怎么"，语义有什么变化？

将"没怎么、不怎么"中的否定标记移位，成为"怎么没、怎么不"格式：

（3）　　没/不怎么　　　　　　　怎么没/不

　　我【没怎么】掉过眼泪——　我【怎么没】掉过眼泪

　　移位前的句子"我【没怎么】掉过眼泪"是表示负确定否定语义的陈述句，移位后的句子"我【怎么没】掉过眼泪"是表示不确定语义的疑问句，移位后句子的功能类型也变化了，疑问代词"怎么"在句子中承担了"疑问"语义，且不再表量，而只表示原因，直接帮助构成了疑问句，是有实际功能的疑问标记。

分析三：删去否定标记"没/不"，语义有什么变化？

（4）　　没/不怎么　　　　　　　怎么

　　我【没怎么】掉过眼泪——　我【怎么】掉过眼泪

　　删去否定标记"没/不"以后，句子变成了表示不确定语义的疑问句，"怎么"承担了句子的疑问信息，且不再表量。不过，删去"没/不"以后，通常要有一些表示语气之类的"足句成分"，句子更自然些，可接受性也更强一些。例如：

（4′）　　删去"没/不"　　　　　加"足句成分"

　　我【怎么】掉过眼泪——　我【怎么】掉眼泪呢？

分析四：与"没/不怎么"相对应的肯定句是什么？

有两个方案，其一是寻找相应的质的肯定句，其二是寻找相应的量的肯定句。试比较：

(5) 否定句：我【没怎么】掉过眼泪

　　a. 相应的质的肯定句：我掉过眼泪

　　b. 相应的量的肯定句：我常掉眼泪

通过比较可知，与"没/不怎么"相应的肯定句，不是表示质肯定的(5)a 式(V)，而是表示量肯定的(5)b 式(常 V)。

结论是，否定句式"没/不怎么 V"是一个表示小量否定的句式，汉语在状语位置上表示肯定大量的词语是"常"，相应否定句可以用否定标记"没/不"加上疑问代词"怎么"来对应表示小量。

2. 问题——"什么"在汉语否定句中表示小量否定还是质的否定？

讨论对象：

(6) a. 他【没】说【什么】。

　　b. 他真的【什么】也/都【没】说。

　　c.【没】人会说他【什么】的。

早期的观点：这里"什么"表全量否定。因为全量否定可以转化为对存在的否定，所以我们也可以说，它们实质上就是对质的否定。但是，这几句在实际使用中存在较为复杂的情况，我们可以看到一个不同的解释。如(6)a、(6)c 在有上下文的情况下似乎还可以表示小量否定。如：

(6′) a. 我没说什么，只不过是表示了一点小小的意见。

　　　c. 没人会说你什么的，不过是一些善意的批评。

"只、不过"表示主观小量，因此可以解释为，这时这一句子表示：说的话不多，或不重要。(刘丹青等在 2010 年左右也表示了相似的看法)[1] 其中(6′)a 比(6)c 更为通顺。请注意，这里的"小量"之小，并不仅仅是可以解释为表示数量少，而且还可以解释为表示重要性低。小量或重要性低，都是不完全地否定，在量级上比全量否定低。但(6)b 似乎一般只有表示全量否定的意义。这是因为句中有表极性意义的"也、都",而"什么"是它语义指向的对象,所以对"什么"的否定只能是表示全量否定。

　　那么,究竟"否定＋什么"结构表示质的否定(全量否定),还是量的否定(小量否定)? 下面,我们从多个侧面来检查这些"什么"否定句。

3. 五个测试——对"什么"句的功能分析

　　分析一:删去"什么",语义有什么变化?

(7)　　　没/不……什么　　　　　　　没/不

　　a. 他【没】说【什么】　　　　——他【没】说

　　b. 他真的【什么】也/都【没】说　——＊他真的也/都【没】说

　　　　　　　　　　　　　　　——他真的一句也/都【没】说

　　c.【没】人会说他【什么】的　　——【没】人会说他的

　　删去"什么"以后,(7)a、(7)c 是对事件本身的否定,语义上表示质的否定。但相比带了"什么"的句子与删去"什么"的句子,(7)c 在语义上很接近,而(7)a 则可能有较大差异。

　　(7)b 则很不同,"什么"删去后,需要用一个新的 NP 来替代它,而且这个 NP 必须是表示极小量的,如"一句、一点儿",否则就不能与"也/都"搭配。[2]

　　分析二:移位"什么",语义有什么变化?

(8)　　　没/不什么　　　　　　　什么没/不

　　a. 他【没】说【什么】　　　　——他什么【没】说

　　b. 他真的【什么】也/都【没】说 ——??他什么真的也/都【没】说

　　　　　　　　　　　　　　　——他什么真的一句也/都【没】说

　　c.【没】人会说他【什么】的　 ——＊【没】人会什么说他的

　　　　　　　　　　　　　　　——??什么【没】人会说他的

　　移位后的(8)a"他什么【没】说"是表示不确定语义的疑问句,移位后句子的功能类型变化了,包括反问句。另外,移位后"什么"仍然是表示指称存在的,询问的是某种话语,而不是话语的数量。(8)b 也是如此,"什么"只能是有实际功能的疑问标记,且"什么"询问的是某种话语,指对哪些话语而言,表"他真的一句也没说"。

分析三：删去否定标记"没/不"，语义有什么变化？

(9)　　　　没/不什么　　　　　　　　什么

　　a. 他【没】说【什么】　　　　——他说了什么

　　b. 他真的【什么】也/都【没】说——他真的【什么】也/都说了

　　　　　　　　　　　　　　——他真的【连不该说的】也/都说了

　　c.【没】人会说他【什么】的　　——有人会说他【什么】的

　　删去否定标记"没/不"以后，(9)a、(9)c仍可以是陈述句，只不过改为表示正确定肯定语义，都是指他说了话，但并不一定说了很多话或说了些重要的话，可以是说了些很一般的或量很少的话。(9)b则相反，"什么"表示极性意义，而且不能用一个新的表示极小量的 NP 来替代它。与(7)对比，可以看到，这里的"什么"只能看成"任意指称"，因为只有"任意指称"，才可以在肯定和否定时都具有全量意义。在梯级上，否定最小一级在语义上等同于否定全量，如(7)b，而肯定最大一级在语义上等同于肯定全量，如(9)b。

　　分析四：与"没/不什么"相对应的肯定句是什么？

(10) a. 否定句：他【没】说【什么】

　　　　A. 相应的质的肯定句：不，他说了话的。

　　　　B. 相应的量的肯定句：不，他说了很多话/他说了一些话/他说了一些重要的话。

　　b. 否定句：他真的【什么】也/都【没】说

　　　　A. 相应的质的肯定句：不，他说了话的。

　　　　B. 相应的量的肯定句：不，他说了很多话/他说了一些话/他说了一些重要的话。

　　c. 否定句：【没】人会说他【什么】的

　　　　A. 相应的质的肯定句：不，有人会说他的。

　　　　B. 相应的量的肯定句：不，有人会说他很多话的/有人会说他一些话的。

　　以上，(10)a、b、c相应的肯定句，都可以指说了话(A)，但并不一定说了很多话，或说了些重要的话，可以是很一般的、少量的话(B)。上例中，A、B两可是上述句式共同的特点。

分析五:与无"没/不什么"的肯定句相对应的否定句是什么?

(11) a. 肯定句:他说了【什么】

    A. 相应的质的否定句:不,他没说。

    B. 相应的量的否定句:* 不,他没说很多话/? 他没说重要的话。

  b. 肯定句:他真的【什么】也/都说了

    A. 相应的质的否定句:不,他没说。

    B. 相应的量的否定句:不,很多话他没说/一些话他没说/一些重要的话他没说。

  c. 肯定句:有人会说他【什么】的

    A. 相应的质的否定句:不,没人会说他的。

    B. 相应的量的否定句:??不,没人会说他很多话/没人会说他什么重要的话。

这与上一测试正好相反,其中(11)a、(11)c 只能是表示质否定的 A 式,而不能是表示量否定的 B 式。但(11)b 则既可以是表示质否定的 A 式,也可以是表示量否定的 B 式,但在量的多少上仍然既可以是多的量,也可以是少的量。

4. 初步结论——两个类型

上述分析表明,这三个涉及"什么"的句子,必须分别予以讨论:

(10)b"他真的【什么】也/都【没】说":因为副词"也/都"的影响,导致"什么"在句中起"任意指称"的作用,所以在肯定中是全量肯定,在否定中是全量否定,如分析一、分析三所示;而其相应的"反义句"否定、肯定则都呈现量的不确定性,如分析四、分析五所示;并且由于"什么"受"也/都"的约束,所以一般不能移位,如分析二所示。

(10)c"【没】人会说他【什么】的":这一句"什么"在肯定时既可以表示有人说他,即 A,也可以表示有人说他一些话或很多话,即 B;但在否定时只可以表示没人说他,即质的否定,而不可以表示没说他一些话或很多话,即量的否定。见分析一、分析三、分析四、分析五。

(10)a 与(10)c 基本相同,但有一点差异。首先,看它们的共性,否定测试发现这两句最为一致。那么,如果一个否定句 X 被否定时(也就是变为相应的肯定句时)可以得到不确定的量,如分析三、四所示,那么是否意味着这个句子 X 也是表量的否定的?答案是否定的。实际上,这正证明了 X 是表质的否定的,因为质的否定就是全量否定,而对全量否定的否定则得到存在量的肯定,存在量既包括小量肯定,也包括大量肯定,也包括全量肯定,所以是不确定的量。

$$\sim(\forall x \sim F(x)) \leftrightarrow \exists x F(x)$$

因此,句子(10)a、(10)b、(10)c 可分为两大类型:(10)b 一类,由"也/都"赋予任意指称。(10)a 与(10)c 可以视为一类,其中"什么"指存在一定的 X,而被否定词"没/不"否定后(无论是否句法否定,只要语义上有否定就行)得到全量否定,即质的否定的意义。

其次,让我们看看(10)a 与(10)c 的差异,主要在"分析一"中,"他没说什么"和"他没说"似乎语感上差异较大,而"没人说他什么的"与"没人说他的",似乎差异很小。这两句的最大区别是"没"的性质不同:

在(10)a 中,"没"是副词,直接作用于"说什么"。而在(10)c 中,"没"是动词,作用于小句主语"人",而不作用于"说他什么"。虽然在世界语言中,从存在否定到事件否定是一个较为普遍的操作,但它毕竟不是直接否定。

因此,在直接否定中,是否用"什么",具有重要的意义,而在间接否定中影响较少。这可能就是不少研究者把(10)a 视为小量否定的原因。但是,这究竟是"什么"的功能,还是某种语义或语用因素所导致的结果?

5. 进一步的解释——冗余成分和不定回指

5.1 冗余规则

从"分析一"可以看出,(10)a、(10)c 中的"什么"与(10)b 中的"什么",在可删除性上不同。前者删除操作相对自由得多,而后者则不自由,只能替换,不能删除。

句中可以删除,且在基本命题上没有太大区别的成分,实际上是句子中的"冗余"成分。"冗余"就意味着存在两个命题意义相同或相似的表达方式,从表达的经济性来看,一个语言完全可以只采取其中形式上较小的一个表达方式就行了,没有必要采用另一个更繁杂的形式。所以在不少语言中,在否定句中都没有"any、任何、什么"之类的形式,而是直接用否定词否定。

但语言中很少存在真正意义上的"冗余"成分,这些"多"出来的形式,即使在句中没有命题作用,也有其他方面的作用,其中一个常见的层面是语气作用。如下,(12)b 比(12)a 在语气上更为强烈:

(12) a. He did not get book.

　　　 b. He did not get any book.

在汉语肯定、否定范畴的研究中,可以发现一个具有一定普遍性的规律:

[规律一]肯定句中冗余成分倾向于表明言者"向小里说"的态度:

(13) a. 他买了书

　　　 b. 他买了【(一)些】书

　　　　 他买了【几本】书

　　　　 他买了【什么】书

　　　　 他买了【(一)些/几本】【什么】书

这里的"(一)些、几本"并不仅是表量,也表示不确定的指称意义,若表示后者,则它们可以用也可以不用,甚至可以与"什么"合用;而功能上,仅仅起"肯定弱化"的作用,而且越是合用,越往小里说。

"什么"用在肯定句中也是"向小里说"的态度,因为这时只能搭配表小量的"(一)些、一点、几本",而一般不能用表大量的"很多、许多"。如:

(14) a. 他买了【(一)些】【什么】

　　　　 他买了【几本】【什么】书

　　　　 他已经吃了【一点儿】【什么】(东西)了

　　　 b. ??他买了【许多/很多】【什么】(书)

[规律二]否定句中冗余成分倾向于表明言者"向大里说"的态度,上文例(12)b 就是如此,它比(12)a 语气强。例(15)中 B 列比 A 列语气强:

(15)　　　　A　　　　　　　　　　　B

　　 a. 他没买书　　　　　——他没买【一点/一本】书

　　 b. 他差点儿摔着　　　——他差点儿【没】摔着

如果一个冗余成分表示"向大里说"的态度,那么它一般就只能用于否定句(包括反问句)。例如:

(16) a. 他【就[只(是)]】喜欢看书——他【就[只(是)]】不喜欢看书

　　　b. 他【就是[辩驳]】这么爱她!——他【就是[辩驳]】不爱她!

　　　c. 他【就】不是好人!(否定)—— *他【就】是好人。

　　　d. 你【就】这么爱她(吗)?!(反问)—— *你【就】这么爱她。

　　　(陈述)

(16)a 的"就"是限制义,不是冗余的,指他只喜欢看书,而不喜欢其他的;(16)b 的"就是"表示辩驳,必须针对对方的反对意见而言,也非冗余;而(16)c、(16)d 中的"就"是语气意义,完全可以删去,是冗余的。因此,它只表示"向大里说"的态度的功能。否定句中的"什么"也是如此:

(17) 他【没】读过【什么】书。

　　a　甲:他读过书吗?

　　　　乙:不,他没读过什么书!

　　　　　　不,他没读过书。

　　b　甲:他读过很多书吗?

　　　　乙:不,他没读过什么书,就读了一部《论语》!

　　　　　　*不,他没读过书,就读了一部《论语》!

　　　　　　不,他没读过多少书,就读了一部《论语》!

只有(17)a 中的"什么"可以删除,并且命题意义基本不变,而(17)a 中,有"什么"比没有"什么"时,在语气上更强。这是符合规律二的。而在(17)b 中,如果把"什么"删除,则乙句的合格度就大大下降了;这时可以用替换法,用以替换的是"多少",表示小量否定。因此,(17)b 不满足规律二的前提,"什么"是不可自由删除的,所以当然也不一定需要满足规律二的结论。

这带来了一个非常重要的问题:既然(14)a 和(17)a 都符合冗余成分的规律,说明"什么"的用法与英语 some、any 相似,那为什么汉语"什么"又多出了(17)b 的用法,从而打破了这一对称的语法化分布呢? 后一用法是英语 some、any 这些不定代词所不具有的,因此仅仅是用西方的不定代词理论来解释是不够的。

5.2　不定代词与不定回指代词

首先要考虑的是,为什么需要在否定句中使用"什么"这样的疑问词?

以往我们多考虑到它的"存在"与"不定"逻辑意义,以及由否定得到的"不存在"与"全量否定"意义,这种功能的实质是语气的弱化与强化。但汉语的"什么"还有其他的功能,这也是 some、any 等不定代词所不具有的。例如:

(18) a. 你喜欢【什么$_1$】,就拿【什么$_2$】。

　　　 b. Take whatever you like.

(18)b 更直接的翻译应该是:"不论你喜欢什么,拿走它"或"拿走任何你喜欢的东西"。不管怎样,(18)a 中后一个"什么$_2$"都不能用"wh-"类词来翻译。"什么$_2$"的功能是:用于回指在前文提到的某个不完全确定的但有一定语义规定的实体。

如果在前文已经提出成为某个完全确定的实体的话,则世界语言普遍采用定指性的代词或反身代词来回指。但"什么$_2$"回指的事物既是不完全确定的,也不是完全无所规定的,如例(18)中,一定是"喜欢的事物",只不过连说话者也不知道,究竟哪个才是你所喜欢的,所以又是不完全确定的。回指是定指功能,而被"什么$_2$"回指的事物又是不确定的,因此不定回指代词实际上是"游移"于定指与不定指之间。

在汉语肯定、否定句中,"什么"的功能有两组,先看肯定句:

一,"不定指称"义或"存在"义,即存在 X,它参与了事件 F,但 X 是尚未确定指称的,因为这里 X 不与任何特定的语境有关,我们只关注它的存在,而非它的性质。又,当我们直接说事件 F 时,就是默认有论元 X 参与 F,所以"存在"义"什么"在命题层面实际上是冗余成分,起到弱化语气的作用。

二,"不定回指"义,这时"什么"不是冗余成分,"看了什么书"与"看了书"存在区别,前者指存在 X,它是语境、上下文或双方心中的某个不完全确定的实体,它参与了事件 F,我们既关注 X 的存在,也关注 X 有怎样的规定性质;而当我们直接说 F 时,就只是默认有 X 参与 F,而对这个 X 的性质并不关心。如:

(19) a. 他看了【什么】书吧。

　　　　他看了【那个】【什么】书吧。

他看了【那个那个那个】……【什么什么】……书吧。

他看了【那个那个】……【什么什么】……

　　b. 他看了书吧。——他看了【那个】书吧。

　　当(19)a 中加上"那个"时,并没有使 NP 定指化;而在(19)b 中则一定会定指化。这是因为"什么"处于定与不定之间的不定回指功能,导致了它无法定指化。另外,真正只表示存在义的不定代词是不能加定指标记的,如英语一般就不能说"＊that some girl"。这也说明例(19)的"什么"不是"不定代词",而是"不定回指代词",因为"回指"使得"什么"可以与定指标记同现。[3]

　　否定句也有两种"什么":

　　一,对"不定指称"义或"存在"义的否定,即不存在 X,它参与了事件 F,这里 X 是不与任何特定的语境有关的,所以指任何可能存在的 X,这正是它起到强化语气的作用的原因。总之,"不定指称"功能的"什么"满足冗余成分的一般规则。

　　二,对"不定回指"义的否定,否定的对象仅仅是"存在",即某一语境、上下文或双方心中的某个不完全确定的实体类,未参与事件 F,我们既关注 X 的不存在,也关注这里的 X 有怎样的规定性质;而当我们直接对 F 进行否定时,就只能得到上文"一"中的解释。如:

　　(20) a. 甲:你真了不起,这一年写了不少文章吧!

　　　　　 乙:我【没】写【什么】文章,也就是那两篇吧。

　　　　b. 甲:你真了不起,这一年写了不少文章吧!

　　　　　 乙:我没写文章。

　　在否定句中,"什么"的不定回指功能,比在肯定句中更为普遍。因为在信息结构中,否定句倾向于不提供新信息,不作为起始语;而是常用于对已有知识的纠正,是用在一个更大的背景信息之上的。[4] 所以,这里用"什么",不再是指纯粹逻辑意义上的"文章"这一概念 X 的集合,而是在特定的语境下、在特定的认识中所指示的具有特定性质的文章,即双方认为重要的那些文章 X^0。如果不用"什么",而直接说(20)b,"文章"就指所有文章的集合,这时是一个很强的否定句,即不是针对对方的焦点意义的否定,而是对对方的预设意义(你写了些文章)的否定。

在(20)a中,处于否定句后的补充句"也就是那两篇吧",它的功能是什么? 这确实是一个"反向补充",但它的实质是说,写了两篇,这两篇仅仅算是 X^0 中的边缘成员,而非典型成员,因此可以说完全没写 X_0,也可以说只写了一点勉强算 X^0 的文章。这一意义反映在以下对比中,我们只能说(21)乙a,而不能说(21)乙b:

(21) 甲:你真了不起,这一年写了不少文章吧!

　　乙:a. 我【没】写【什么】文章,也就是那两篇吧,还勉强算是有点分量/还过得去/勉强可以达到要求。

　　　　*b. 我【没】写【什么】文章,也就是那两篇吧,是很不错的文章/简直是太好了。

有些补充句中补充的并不是 X^0 中的成员,如:

(22) 甲:你真了不起,这一年写了不少文章吧!

　　乙:a. 我【没】写【什么】文章,也就是那两篇吧,算不上什么论文/还有点不够分量呢。

　　　　*b. 我【没】写【什么】文章,也就是那两篇吧,是好文章/完全可以达到要求。

因此我们认为,在不定回指代词"什么"的用法中:

1. 否定句依然是全量否定,即质的否定,它是指在特定的语境下、在特定的认识中所指示的具有特定性质的 X^0 集合中的任何一个 X 都未参与的事件;

2. 后面的补充句实际上是补充非 X^0 中的成员,或 X^0 中的边缘成员,说明一些特殊的情况。认为"什么"在这里有"小量否定"意义,是一种"错觉",它是由非 X^0 中的成员以及 X^0 中边缘成员具有的"非重要性"所导致的。

3. "什么"之所以不能删去,是因为它承载着不定回指的功能,而一旦删去,就很难有回指意义了。因此"什么"不是冗余的。

6. 语法化解释——当不定代词功能不成立时[5]

综上所述,汉语疑问代词至少有三个基本功能:疑问代词(表示询问和反问)、不定代词(表示论元存在)和不定回指代词(表示某种类型的典型事物的存在)。其中,不定代词功能很容易受到信息原则的限制,因为它在命题意义上是冗余的,如果它也不能表示语气等附加功能,就会失去运用的价值。

戴耀晶(2005)总结了汉语疑问代词的语义类型,其中,至少可以看到一条界线把它们分为了两类:

6.1　可以允许不定代词用法的疑问代词

问人的"谁"、问事物的"什么"、问空间的"哪儿、什么地方"、问时间的"什么时候"、问情景的"怎么样"、问行为的"干什么、做什么、怎么(样)〔含不及物与及物两个义项〕"、问目的"为(了)什么"都既有不定代词用法,又有不定回指代词用法。如在肯定句中:

表1

疑问代词	不定代词	不定回指代词
林先生看见了【谁】?	林先生肯定看见了【谁】。	林先生以为他看见了【谁】,其实那不过是个冒充领导的家伙。
林先生买了【什么】?	林先生肯定买了【什么】。	林先生以为宋洁如得了【什么】病,结果一看不过是感冒。
林先生去了【什么地方/哪儿】?	昨晚林先生肯定去了【什么地方/哪儿】,他的鞋上还有泥呢。	林先生以为宋洁如去了【什么地方/哪儿】,结果发现只是去买了支笔。
林先生【什么时候】去的上海?	林先生肯定【什么时候】去过上海。	宋洁如一直担心林先生【什么时候】会发病,好在是在不需要她的时候他才得病。
林先生【怎么样】了?林先生在【做什么】?	听说林先生又【怎么样】了。听说林先生又在【做什么】了。	林先生以为宋洁如【怎么样】了,结果发现只不过是感冒。林先生以为宋洁如在【做什么】,结果发现只不过是在写信。
林先生【怎么(样)】宋洁如了?	听说林先生又【怎么(样)】宋洁如了!	宋洁如以为林先生会【怎么(样)】她,结果发现只不过是口头批评而已。
林先生【为(了)什么】去上海?	林先生本来在老家活得好好的,肯定是【为了什么】他才会去上海的。	宋洁如以为林先生肯定是【为了什么】才急着来找她,结果发现只不过是传一份文件而已。

在否定句中也是如此:

表 2

疑问代词	不定代词	不定回指代词
林先生这次【没】看见【谁】?	林先生【没】看见【谁】,他问"人都到哪儿去了?"	我【没】看见【谁】,就看见一个自以为是的家伙。
那么,林先生【没】买【什么】?	林先生【没】买【什么】,他一点儿不想购物。	宋洁如【没】得【什么】病,只是感冒而已。
林先生【没】去过【什么地方/哪儿】呢?	昨晚林先生肯定【没】去什么地方/哪儿,他的鞋上干干净净的。	林先生【没】去【什么地方/哪儿】,只在巷口转了一圈。
林先生【不在】【什么时候】去上海?	林先生肯定【没】【什么时候】在家。	?宋洁如【没】【什么时候】在家,除了周六下午回来了一下。
??林先生【没】【怎么样】? ?林先生【没】【做什么】?	听说林先生【没】【怎么样】。 听说林先生【没】【做过什么】。	宋洁如【没】【怎么样】,只不过是感冒。 宋洁如【没】【做什么】,她只是劝了他一句。
??林先生【没】【怎么样】她?	听说林先生又【没】【怎么(样)】她!	林先生【没】【怎么(样)】她,只不过是一点批评而已。
*林先生【没】【为(了)什么】要去上海?	林先生来上海根本就【不】【为(了)什么】。	林先生【不】【为什么】来上海,他只不过是想找一份工作而已。

肯定与否定在这里有不对称的地方:肯定句中不定回指代词用法比较受限制,往往需要一个表认识的虚拟语义的主句才能说,而在否定句中则无此限制。又,询问情景、行为的"怎么(样)"与询问目的的"为什么",之所以在否定句中很难见到,是因为一个人不做的事、一个人"不为什么"的目的几乎是无穷的,很难找到一个限定区域,这样的问题无法回答,在语用上是不合适的。[6]

6.2　不允许不定代词用法的疑问代词

与上述疑问代词比较,问原因的"为什么"、问方式的"怎么(样)"、问数目的"多少、几"、问程度的"多"等,都不是必有论元,而且它们的共性都是高度冗余性,[7]即任何一个性状,都一定有某一程度、数量;任何一个活动,都一定有某一方式、原因。没有程度与数量的性状,与没有方式与原因的活动,都是不可能存在的。这种"高度冗余性"根本无法转化为语气功能:

①　当不定代词充当事件的谓词,或是必有论元时,对它的存在性的否定,也就是否定事件的真值。

② 当不定代词充当事件的非必有论元时,对它的存在性的否定,并不否定事件的真值,而只是否定某一方面的内容的存在,如对目的的否定:"他不为什么来上海,他莫名其妙地就来了。"在这一例句中,"他来上海"这一事件为真,只是该事件没有目的罢了。对工具的否定:"他不用什么开这个瓶子,抢起来一扣就开了。""他开瓶子"这一事件为真,只是该事件没用工具。

在表方式时,如果是"什么"类,也常会如此理解,如:"他不按什么节奏跳,他随便跳。""他跳(舞)"为真,只是不按任何特定的节奏跳而已。但"怎么(样)"问的不是特定的方式,而是所有的方式,一个事件可以没有特定的方式,却不能没有方式,所以"他不怎么跳",很难是不定代词用法。

③ 当不定代词充当事件的非必有论元,而且如果事件为真,则该论元总是存在的,不可能不存在,那么就会造成高度冗余性,且不可被否定。于是,这种不定代词用法就不成立。先看肯定句:

表 3

疑问代词	不定代词	不定回指代词
学校的围墙【为什么】会倒塌?		??林先生以为学校的围墙是【为什么】会倒塌的,其实那理由不成立。 林先生以为学校的围墙是【因为什么】而倒塌的,其实那个原因不成立。
学校的围墙【怎么/怎样】倒塌的?		? 林先生以为学校的围墙是【怎样】倒塌的,其实不是那样。
来开会的人有【多少】?		林先生以为来开会的人有【多少】,结果发现少了一群人。
林先生这人【多】高? 林先生这人【怎么】个高法? ＊林先生这人【怎么】高? ??林先生好到【哪儿】去了?		??宋洁如以为林先生这人【多】高,结果他比她想的还高。(你以为他多高,他就【多】高。) ??宋洁如以为林先生这人【怎么个】高法/【怎么】【怎么】高,结果他比她想的还高。(你以为他怎么个高法,他就【怎么个】高法。) ??宋洁如以为林先生这人好到【哪儿】去了,结果他没她想的那么好。

再看否定句:

表 4

疑问代词	不定代词	不定回指代词
*学校的围墙【没】【为什么】而倒塌?		*林先生以为学校的围墙【不】是【为什么】而倒塌的,其实倒真的是因为这个。 林先生以为学校的围墙【不】是【因为什么】而倒塌的,其实倒真的是因为这个。
*学校的围墙【没】【怎么】倒塌的?		??林先生以为学校的围墙【不】是【怎样】倒塌的,其实倒真的是那样。 林先生以为学校的围墙【不】是【按什么样子】倒塌的,其实倒真的是那样。
*来开会的人【没有】【多少】?		来开会的人【没有】【多少】,只有 40多个。
*林先生这人【没】【多】高? *林先生这人【没有】【怎么】个高法? *林先生【没】好到【哪儿】去?		林先生这人【没】【多】高,1 米 65 而已。 林先生这人【不】【怎么】高,1 米 65而已。 林先生这人【没】好到【哪儿】去,还可以吧。

　　表 4 中"疑问代词"一列全部不能说,这是因为不属于一个事件的原因、方式、数量、程度几乎是无穷的,很难找到一个限定区域,所以无法回答,语用上不合适。又,问原因的"为什么"和问方式的"怎么"一样,都不是指特定的原因、方式,而是指所有的原因、方式,因此也没有不定回指代词用法。同样是问原因、方式,"因为什么"和"按什么样子"就可以指特定的原因、方式,因而可以有不定回指代词用法。这正是"什么"在汉语疑问系统中有特殊地位的原因,即"什么"类短语(不包括词汇化的表原因的疑问代词),都是指特定的事物,都倾向于可以有不定回指代词用法。

　　在原因与方式中,问原因的"为什么"比问方式的"怎么"更不易用于表示特定性。在不定回指代词用法中,"多少""多、怎么、哪儿"都是回言者心中或前已提到的某个数量或程度区间,在否定时都是指这一区间的典型值都未达到,后面补充的是非典型的或区间之外的值;由于量往往是从小向大计算的,因此这些值一般都比典型的值低。

再看一下"怎么"。从表中看"怎么"的基本功能是表方式,但在被否定时,不论疑问代词、不定代词还是不定回指代词它都不能充当,所以"被迫"用于表达方式之外的功能;又,在被否定时,它也不能表示原因、目的,所以最终"被迫"用于表达程度,即本文最初所说的"否定+怎么"表示小量否定的功能。

但是,"怎么"在问程度的用法上,其语法化程度并不高,如"??他怎么高?""*他怎么来?"一般是不能问的。在不定回指代词用法中,肯定句一般也不成立,如表 3 所示,只有否定才是自由的,如"他不怎么高""他不怎么来"等,所以"怎么"问程度的用法背后还有构式化的机制在起作用。[8]

附 注

[1] 整理者按:2010 年左右,刘丹青先生曾在戴先生主持的一次讲座中,在谈及"有"的大量意义时,指出"没有+什么"有小量意义,这也正是戴先生本文的缘起。相关论述还可参见刘丹青(2013)。另外,袁毓林、王明华(2011)和吴为善、顾鸣镝(2014)等也提到过有关现象。诸研究中,刘丹青(2013)称之为跨越"少-无"界限的"甚少"量化词,吴为善、顾鸣镝(2014)称之为"有限小量",他们的讨论颇详尽,但可惜这两篇文章,戴先生都未来得及看到。除此之外,上述研究都未对这一现象产生的原因进行充分的解释,而这正是戴先生打算着力研究的地方。

[2] 整理者按:"一点儿"类词语的作用,另见袁毓林、王明华(2011)的讨论。

[3] 整理者按:例(18)、例(19)说明,戴先生的"不定回指"概念,并不仅仅针对"否定+什么"这一个格式,而是为了解释"什么"的多种非疑问用法。可惜未能进一步阐明。

[4] 整理者按:这是因为在语篇中,言者更关心低频事件,而对低频事件的否定,是低信息价值的,因此不能独立成句,需要语境或上下文允准。

[5] 整理者按:本节内容,戴先生只有大致提纲,尚未来得及充分论证。不得已,由整理者稍作补充。

[6] 整理者按:关于否定有时候为什么会造成无价值的疑问,请参看陈振宇(2010:307)关于"疑问基本规则Ⅱ"的论述:询问的语义域在当前语境中,一般应该是

一个有限的集合,这样被询问的一方才有可能通过全面的扫描来获得所有的答案。

　　[7]整理者按:冗余性的程度如何衡量,先生尚未论及。又,问原因目的的"怎么"根本不是正常的询问,而是带有很强的主观性的成分,所以根本不能被否定,本文不予讨论。

　　[8]吴为善、顾鸣镝(2014)认为"有限小量"是一种构式意义,这至少对"多、多少、怎么、哪儿"是正确的。

参考文献

陈振宇　2010　《疑问系统的认知模型与运算》,学林出版社。

戴耀晶　2000　《试论现代汉语的否定范畴》,《语言教学与研究》第3期。

戴耀晶　2005　《汉语疑问句语义分析的几个问题》,《现代中国语研究》第7期。

戴耀晶　2013　《汉语质的否定与量的否定》,《现代中国语研究》第15期。

刘丹青　2011　《"有"字领有句的语义倾向和信息结构》,《中国语文》第2期。

刘丹青　2013　《汉语特色的量化词库:多/少二分与全/有/无三分》,《木村英树还历记念·中国语文法论丛》,(日本)白帝社。

吴为善　顾鸣镝　2014　《"能性否定＋疑问代词"组配的主观小量评述及其理据解析》,《语言科学》第1期。

袁毓林　王明华　2011　《"Neg＋Wh＋VP"和"Wh＋Neg＋VP"意义同异之辨——兼谈全称否定的排他性保留和特称容忍的逻辑机制》,《中国语文》第3期。

　　关于本文:戴先生在《汉语质的否定与量的否定》(2013)中谈到被否定的"什么"的问题,其结论是:这是质的否定。校对稿件之时,正值先生病重,故委托我代为校订。当时不少学者对此结论提出异议,而先生于病中未能给予答复,因此我错误地把该文中的论述改为"质的否定与小量否定"。先生病情稳定之后,在翻阅有关文章时,发现此一错误,因与我详谈数次,进一步阐述他的有关思想,后嘱我代为整理,以补成说,遂成本文。本待先生有暇时再予审查,但不幸竟成永诀。

　　本文为先生遗作,文章未经细致打磨,部分内容尚未详述,参考文献远非完备,甚至最后文稿也未经先生审核。为使文章成为一个整体,我做了部分补充分析,但尽量少做,以避免可能产生对先生原意的误解。然本文确为先生学术思想的最后闪光,立论严谨,颇有独到之处,于有关研究而言,有"拨云见日"之功,故整理发表于先生所钟爱的《语言研究集刊》。文中未竟之处,唯请读者谅解。

学生陈振宇补记

按:戴耀晶先生于 2014 年去世。

原载《语言研究集刊》第十四辑,本书收录时略有改动。

否定句的语义学性质
——虚指、数的一致性、信息价值和否定测试[*]

陈振宇　　陈振宁

提　要　否定句的功能是虚指意义的断言功能,即使原来的肯定句是叙述功能,被否定之后也变为断言功能。一个句子的否定词可以在不同的句法位置上,但是可以通过"数的一致性"规则而间接地对所有的论元进行存在否定,从而得到全称量化意义。否定句的知识信息价值一般低于肯定句,但是有一些特殊的情况使否定句价值大大增加,甚至超过肯定句。否定测试是测试句子焦点意义的重要语义操作之一,分为调查法和互验法两种。

关键词　否定句　　断言　　全句性　　知识信息价值　　否定测试

1. 引言

本文讨论四个在否定句研究中常见的语义学问题:

1) 否定句是断言还是叙述?

2) 为什么一个句子的否定词可以在不同的句法位置上,但都能得到全句性的否定?

3) 否定句的知识信息价值究竟比肯定句高还是低?

4) 否定句被用来测试句子的焦点意义,其原理和操作方法是什么?

这四个方面看起来是各自独立的,其实不然,归根到底,都是从"否

---

*　本文为国家社会科学基金后期资助项目"言语行为的逻辑——汉语语义和语用接口研究"(19FYYB032)的成果之一。

定"这一语言操作的断言属性开始的,"断言"是我们揭开否定句各方面基本性质的一把钥匙,值得认真讨论。

2. 断言与叙述

2.1　断言

"断言"(assertion/assertive),又译为"判断",在逻辑上称为"直言命题"(categorical proposition),包括性质断言、状态断言、归属或等同断言、存在断言、领属断言、事件真假断言,等等。断言指一种由说话者使用特定的语言形式实施的言语行为,其内容是对事物或事物的各种属性、所处状态以及其他内容作出判断;断言在言语活动中默认为语篇的焦点,除非此时有其他更为凸显的焦点成分,所以断言形式往往会发展为焦点标记,如汉语的"是";断言往往需要较高的信息价值,所以具有很强的完句性。

王冬梅(2014)将 assertion 译为"肯定",这容易与"肯定否定"中的肯定混淆(因为否定也是 assertion),因此我们改用"断言"这一术语。

"断言"是和所谓"叙述"(narration/narrative)相对立的。在汉语研究中,"断言——叙述"这一二分性是沈家煊(2012)提出的,但本文与其在具体论述上有较大差异。叙述是将事情的前后经过记载下来或说出来,它的对象是在时间进程中发生变化的事物及其变化过程,说话者使用语言形式将其展示出来。叙述包括时间、地点、主体、事件、原因、结果等各种要素,其中,叙述与事件以及时间关系最为密切,即它总是表现为在时间中展开的事件的过程性,可称为"动态事件"(dynamic event),其中即使有静止的状态,也只是暂时的稳定状态,总归是会发生变化的(如汉语"在"表示的活动持续意义)。而断言正是在这一方面与之对立,断言是说话者对事物的判断,事物本身是可以有过程性的;但判断则是没有过程性的,称为"静态事件"(static event),也就是说,一旦对事物或事件的某一内容加以判断,则在说话者来说,这判断就是稳定的,甚至是不变的,与事件的时间进程无关。

从世界语言看,典型的断言应该分为两类:

1)专门的断言句式,也就是说,句子的语义一开始就是用来进行主观判断的,其中经常提到的有:判断句(如"他是好人")、处所句(如"他在厨房")、存在句(如"教室里有几个人")、领有句(如"他有一个苹果")、比较句(如"我比他高")、数量分配句(如"五个人一组")、动力/道义情态句(如"他能举起这块石头""你应该去")、经历句(如"我去过他家"),等等。

2)本来是表示叙述功能的句子,但是加上了一些广义"情态"(modality)成分后,转为表示断言功能,包括强调句、认识情态句、成分焦点句,等等。例如"小王去了北京"是叙述,但"小王 是 去了北京、小王可能去了北京、小王去了 北京 (而不是上海)"则转为断言事情为真、判断事件真假的程度以及对相关的成分做出对比排他的语义操作。(字体加粗并加框,表示特别重音,下同。)

情态成分的加入(与局部变化)使小句或句子的篇章功能发生了很大的改变:

第一,广义情态句不再能够充当叙事语篇序列事件句(sequential event)中的"前景信息句",只能充当"背景信息句"。叙事语篇研究认为,叙述当前故事主线的语言成分是前景(foreground)信息,前景成分构成语篇脉络主干结构,与之相对的是背景信息,这些广义情态句一般都不构成叙事主线的组成成分。关于前景、背景,参看霍珀(Hopper 1979:213)。

第二,原来不易完句的小句,加上广义情态成分后,一下就具有了充分的完句性。因为叙述更客观,而断言更主观,故叙述需依据事物自身的发展线索,较为完整地呈现一个事件的整体。也就是说,只有当一个独立事件的最后阶段,即结果出现时,才算是尽到了言说者应尽的叙述义务,"结果性"是完句的重要条件;而断言则不需以对象事物的任何条件作为限制,只要言者做出一个判断,他就尽到了自己的义务,所以"断言性"可以充分地完句。关于汉语完句条件,参看叶婧婷、陈振宇(2015)。

第三,现实性的小句加上广义情态成分之后,就转化为非现实性的小句。现实性描写的是已经实现的、已经发生的和正在发生的情况,可以通过直接的感知获知。而非现实性描写的是还在考虑之中的,只有通过想象才能获知的情况。但"现实/非现实"与时间没有必然关系,关键在于现实是"直接的感知"(direct perception),非现实是"想象"(imagination)。
情态功能都是需要想象的,如强调张三是去的学校而不是别的地方,需要
在心中至少对两个场景的信息进行综合处理,而它们本是相互独立的,所
谓的"对比排他"完全是心理过程而非现实过程,是"知域"而非"行域"的
内容。关于"行域"与"知域",参看沈家煊(2003)。

第四,广义情态句在韵律上往往有特殊的焦点配置,与一般叙事句有较
大的差异,其中最突出的一点是摆脱了句尾焦点或辅助成分焦点规则的制
约,上文例句中黑色加框的成分都带有特别的焦点重音,它们都是由该种情
态的自身要求决定的,并不按照新旧事物或新旧信息的传递来排列。

2.2　否定句的本质是虚指的断言句

"否定句"(negative)由"命题"(记为 P)与"否定词(项)"(记为 neg)组
成,后者是对前者进行否定的语言形式。被否定的命题 P,有的是叙述,有
的则是断言;但是不管 P 本来是什么功能,否定之后,整个结构"neg +P"
就表达断言功能,而不再表达叙述。

只有一些特殊的否定形式,如词汇化的"不理、看不起、不好(伤病严
重之义)"等,因为它们已相当于一个动词或形容词了,可以表示一个事
件,这才可能用作叙述。另外,根据陈振宇(2016:266—267),在断言句
上,也可以加上一些语法因素,使之转化为叙述。如"张三不工作"是断
言,但"完成了这一任务,我就退休,不工作了"就是叙述,这里的"了₂"表
示事物状态发生改变。

断言句否定后是断言句,这可以理解。但是叙述句否定后为什么会
转为断言? 这一点需要做出说明。难道是原来那些表示事物变化的时间
因素,如表"时"(tense)和表"体"(aspect)的成分消失了吗? 不是,通常来
说它们依然保留,如"昨天小王去了北京"是过去事件,是完整体意义,而
"小王昨天没有去北京",也是指过去,也是指事件整体。既然如此,究竟
是在什么方面做出了改变?

俗话说:"说有易,说无难。"这是因为简单的肯定叙述句(包括某些对
对象的简单判断句如"屋里是张三"之类)可以是对直接经验的提取,而否
定很难是直接的感受,大多数情况下只能是推理的结果。如我们进入一
个房间,由于它很小,一览无余,如果看见张三在里面,就可以直接说"张

三来了",如果没看见,也可以直接说"张三没来";但现实中这个场景往往更大,如是在一个公司,我看见了张三,可以直接报道"张三来了",但如果说"张三没来",则需要做相当复杂的推理,将较长时间、较大范围内的经验都综合起来,而且这还很难保证它的正确性,不像肯定句那样允许有亲眼所见的直接证据。因此,否定句是非现实情态,这一点并不仅仅因为事件没有发生,而且还因为对事件没发生或不为真的认识都是想象中的认识,需要多方面的推理,而很难是一个直接的体认。

为了证明否定的非现实性,可以看一个著名的哲学命题——"否定悖论"。如果一个人说"上帝存在",这是直接的肯定,说话者是表明他认为上帝为事实存在的。但是否定句呢?长于诡辩的人会有如下推论:当一个人说"上帝不存在"时,他已经知道了"上帝",如果他不知道什么是上帝,那他如何能对它进行判断?既然他知道上帝,那么上帝就是真的(有指称的),一定是存在的;既然上帝是存在的,那么无论他如何否认,也否认不了上帝存在的事实。

否定的非现实性则告诉我们,上述诡辩抹杀了"存在"的前提条件——可能世界及不同可能世界之间的层级性。下面是我们使用否定句时的世界图式,可以看到,否定的心理机制是:先虚拟一个可能世界2,其中有上帝这一对象,它是由若干想象的属性聚集而成的概念;所谓否定"上帝不存在",不是否定它在虚拟世界2中的存在,而是否定它在直陈世界1或现实世界0中的存在,也就是说,说话者只能想象它,而无法把它拿到说话者自己所在的或所认为事实的世界中来。

表 1　否定句的语义结构

	可能世界0(说话者 S 所在的世界)	可能世界1(认识者 S 所在的世界,说话者的意识或话语世界)≠可能世界0	可能世界2(说话者的意识或话语世界)≠可能世界1
否定式	(S 说/认为)	neg(我否认……的存在)	XP(上帝)
意义 1	S 有		知识 XP
意义 2	S 认为	XP 为假	对 S 来说不存在一个可能世界1,XP 可以得到验证
			S 基于自身而不相信 XP

因此,只要被言说,上帝的确就是存在的,但这仅仅保证了它在虚拟世界 2 中的存在,而由于晦暗性,它并不能到达直陈世界 1 或现实世界 0 中。这种反事实性,说明否定完全是想象与推理,也说明否定是一个典型的"虚指"操作。虚指问题的详情参看陈振宇(2017:38—47)。

2.3 "没(有)"

这里特别要考察的是否定副词"没(有)"的性质,因为有的学者认为它是叙述功能的,参看王冬梅(2014)。"没"所否定的主要是动态事件 VP,如果事件本身是静态的,一般不能用它进行否定,而动态性不正是叙述性的基本特征之一吗?但是,我们并不能就此得出"没(有)VP"也是动态的。

"没(有)"本来是表示领属与事物不存在的动词,称为"否定存在词",如"他没有苹果""(前面)没人",而"存在"与"领属"都是典型的断言。"没(有)"类否定词,通过隐喻从事物的不存在转为指事件的不存在,如"他没(有)看书",是大多数汉语方言(包括普通话)普遍采用的事件否定方式。让我们来仔细考察一下"没"在句子中的使用与时间的关系:

戴耀晶(2014)说,"没 VP"与表示时段的"从来、一直"可以自由搭配,但与表示时点的"马上、立刻"一般不能搭配。戴先生的发现说明"没 VP"整体是一个非瞬间的事件,在时轴上占有广阔的区域,是对一类事件的否定,而不是对一个具体事件的否定,由此得出它在认识上的间接性——类的否定无法从直接经验获得;也说明了为什么它无法充当叙事主线成分,因为主线成分需有瞬时性或即时性的要求:

(1) a. 长这么大,我还从来没到公园去玩过。(人民网 2014-02-08)

我一直没放弃与模特公司的联系。(新浪女性 2006-12-13)

b. ??这一下问得玉梅马上没有回答上来。(赵树理《三里湾》)

例(1)b 是来自赵树理的小说,可能方言中有少数例外,但在大多数方言中,应该说"没能马上回答上来"。

"没"与"已经……了₂"可以自由搭配,但一般而言,必须在二者之中加上一个表示时段的时间短语,这说明"没 VP"的时段性质是强制性的,"已经"表示一个量的达到:

(2) a. 中国已经很久没有这种信念了。(姚明《我的世界我的梦》)

　　b. 赛歌会一直持续了两个多小时,内地山友海军唱得第二天上
山没有体力,而黄家全在下山后还在抱怨因为唱歌太兴奋,
<u>他已经三天没有睡好觉了</u>。(新华社 2002-05)

　　在一些方言中,如江淮官话、西南官话中,"没有"与"已经……了₂"有
时可以直接搭配,如:

　　(3)成都话:a. 他都没有上班了。

　　　　　　　　早几年我就没有上班了。

　　　　　　b. 这一晌他已经 没有 再抽烟了。

　　　　　　c. ＊昨天他没有去找你了。

　　例(3)a 的"没有 VP"已经转为表达一个稳定的性质或状态,类似于形
容词的功能,加上"了₂"后表示这种状态的达到;例(3)b 的"没有"则是用
于辩驳的元语否定功能,需要特别的重音,那更是典型的断言。如果只是
针对一次事件而言,在成都话中依然不允许"没有"与"了₂"搭配,如例
(3)c。

　　在特殊情况下,"没 VP"可用于未来,此时或用于特殊句式(如条件句
前件),如下例(4)a,或用于典型的断言句,如下例(4)b 有表示判断的副词
"肯定"或语气词"呢":

　　(4)a. 没有完成,你就别想进屋。(《当代世界文学名著鉴赏辞典》)

　　　　b. 宝贝网页现在新上支持 7 天退货的功能,我店铺 1w 个宝贝,
要编辑的话就要一个一个操作,<u>待我长发都拖地了,肯定还没
有搞定</u>,苦逼啊……(开淘 2014-04-29)

　　上述分析表明,汉语"没(有)"对"事件存在"的否定,与对"事物存在"
的否定(存在系动词)一样,都是断言而非叙述,是对一种性质的判断,而
不是具体描写一个具体事件的发生发展过程。

　　当然,我们需要看到不同语言的共性与个性。如英语的"have not"一
般不与"一直"类副词(如 always、all the time)搭配,而是指对某一个时点
而言,事件未发展到某个特定的阶段,如下例(5)a;与 always、all the time
搭配的主要是 be not 或其他否定断言句,如下例 b:

　　(5)a. I hadn't finished my work by the time.(译文:那时我还没完成
我的工作。)

Conditions for the poor have not improved(译文：穷人的境况[目前]仍未得到改善。)

b. He is not a bussineseman all the time.(译文：他一直不是个商人。)

No one is wise all the time.(译文：没有人一直是聪明的。)

但这虽说明英语 have not 性质与汉语"没（有）"不同，却并不能证明它不是断言而是叙述，因为在叙事主线上它依然不能充当成分；并且它可以与最强通指标记 any 一词自由搭配，而 any 是断言。

2.4 否定句是弱及物性小句

我们来看一下"及物性"（transitivity）的强弱。霍珀和汤普森（Hooper & Thompson 1980）认为"及物"的概念是指一个施事所发出的动作施及受事的属性，并给出了十项特征作为衡量小句及物性高低的标准，其中一项特征就是：肯定是高及物，否定是低及物。按照该理论，小句及物性还有语篇上的表现：及物性的高低直接对应于（叙述语篇的）信息结构中的"前景信息"和"背景信息"。一般情况下，语篇中的核心事件和框架信息会以高及物性的句式进行编码，而外围的、不重要的背景信息则会使用低及物性的小句进行编码。不论汉语英语否定句有什么类型学上的不同，在语篇功能上都是一样的。

孔英民、朱庆祥（2013）对此有详细的讨论，只在表参与者的数量方面，肯定句的及物性＝（表示及物性等于或差不多）否定句的及物性；其他方面都是肯定句的及物性≥表示高于或等于否定句的及物性。孔英民、朱庆祥（2013）指出了以下这些性质，兹录于此：

肯定句可以是强动态句，也可以是静态句，但否定句往往是非动作句、静态句。肯定句可以表达完成体，也可以表达完整体，但否定句一般既不能表达完成体，也不能表达完整体。

肯定句可以表达瞬时性事件，否定句谓语核心"否定词＋动"自身不能表达瞬时事件。

肯定句可以表达意志性行为，也可以表达非意志性行为，否定词"没（有）"主导的否定句大多表示对客观存在的否定，属于无意志事件。

在叙事小说中，肯定句可以表示现实性语态，说明事件在故事情景中真实发生。否定句往往属于非现实的。同等条件下,某些成分强烈标志事件发生及现实性强的,如"说时迟那时快"只能和肯定句搭配,而不能和否定句搭配。同等条件下,否定句可以和非现实标记"任何、什么"自然组合成为陈述句。

肯定句表达发生了的事件,其动力传递过程很明确,主语的施事性得到充分体现;而否定句即使主语是高生命度(high animacy)的人类,也会由于事件没有发生,其施动性大打折扣。

肯定句的宾语可以完全受主语及其行为影响,或可以部分受影响,也可以不受影响。否定句由于一般描述事件没有发生,宾语往往不受影响。

在汉语中,肯定句和否定句的宾语可以具有对应的各种类型,否定句可以和任指、无指这种低及物名词宾语自然组合成为简单陈述句。在肯定句中,宾语的类形式和个体形式是可以区分的,这是高及物性的反映;但是到了对应的否定句,个体化有时被中和,只能统一用类形式,这是低及物性表现,如"吃了一个苹果"和"没吃苹果",前者的"一个苹果"是个体的,后者的"苹果"是类的。

3. 数的一致性原则和否定的全句性

3.1 存在否定的量化性质——全句性

在逻辑上,否定被码化为"互补"关系。但是在讨论语句的逻辑语义时,形式语义学更多地将否定句处理为存在否定。存在否定在逻辑上是用全称量化来刻画的,不管是事物的存在否定还是事件的存在否定。如:

(6) 事物存在"他没有书": $\forall x((x \in 书) \to \sim 有(他, x))$

　　事件存在"他没有看书": $\forall e((e \in 看书) \to \sim \wp(他, e))$

按照事件语义学(event semantics)理论(Davidson 1967：105—148),把表示事件的谓词本身也看作是一个特殊的论元,称为"事件论元"(event argument),简称"e 论元";"$\wp$"是个空谓词,表示事件 e 的发生,因此"$\sim\wp$"指相应的事件 e 未发生。事件所有的论元共同组成一个论元集合,包括事件论元在内。

存在否定有一个句法和语义上的矛盾:语句中的否定词,在世界语言中有许多不同的插入位置,我们可以在谓词上加否定词,也可以加在论元上,而且从理论上讲,可以在任何一个论元那里加。当然,在一个具体语言中,会有各种形式上的分化和限制,例如汉语,在主语(主题)位置加一个"没有"来否定("没有人看见他"),却不能加到宾语和介词宾语等成分上去("＊他看见了没有人"),英语的"no-、nothing"却无此限制("He saw nothing")。

否定词在不同的位置有焦点性上的差异,这一点在俄语中十分显著。如下面各句中否定焦点都是否定词 не 后面的那个成分:(叶善贤 2001)

(7) Он не говорил об этом.(译文:他没说过这事。)

Не он говорил об этом.(译文:这事不是他说的。)

Он говорил не об этом.(译文:他说的不是这件事情。)

同时还可能有语力强度上的差异,如英语存在否定词 no-代表强否定,not 代表一般否定,所以"He got nothing"比"He didn't get anything"语气更强。

这些差异都掩盖不了一个重要的共同特质,即上述例句不论是哪种语言,都能得到全称否定意义,且不是对一个论元,而是对所有论元都适用。

如果说"学生们在家里不帮妈妈做家务""没有学生在家里帮妈妈做家务",那么这些句子都可以推出以下结论:

(8) 所有学生都没有帮妈妈做家务。

在所有学生的家里都没有帮。

所有学生的妈妈都没有得到该学生的家务帮助。

所有的家务都没有学生帮妈妈做。

所有帮妈妈做的家务都没有学生去做。

……

据此,为什么否定词插入不同的地方,却都能得到同样的量化意义?为什么插入的是一个否定词,却使多个论元同时获得了全称量化意义?显然,如果我们要说否定词只作用于它所管辖的成分的话,那么按理只有一个它所约束的成分得到全称量化意义,而不是句子所有的成分都能得到——因为这些成分有的是在否定词的句法辖域之外。

此外,是不是句子中所有的成分都一定会得到全称量化意义?答案是否定的。请看下面的句子：

（9）张三在家里不帮家长做家务。

由于"张三"和"张三的家里"都是单数事物，所以我们根本不能推出" * 所有张三都没帮家长做家务"（全称量化必须是事件复数）。但"家长"是复数，比如有爸爸、妈妈，因此可以推出"所有的家长（不管是爸爸还是妈妈）张三都不帮他们做家务""所有的家务张三都不帮家长做"。

3.2 对全句性的形式语义的处理

当把否定句翻译为逻辑式时，我们需要多个全称量化算子，一个算子管一个论元。如下：

（10）∀a((a∈学生)→∀b((b∈学生的家)→∀c((c∈学生的妈妈)→∀d((d∈家务)→ ～ 在……帮……做(a, b, c, d)))))

或者：∀a∀b∀c∀d(((a∈学生)&(b∈学生的家)&(c∈学生的妈妈)&(d∈家务))→ ～ 在……帮……做(a, b, c, d))

∀a((a∈张三的家长)→∀b((b∈家务)→ ～在……帮……做(张三,张三的家里,a, b)))

或者：∀a∀b(((a∈张三的家长)&(b∈家务))→ ～在……帮……做(张三,张三的家里,a, b))

在形式句法中，我们可以设想一个"否定词的逻辑移位"来解释这一点：不管句子中插入的否定词在哪个句法位置上，在逻辑式中都必须移位到句首并管辖整个句子，这样所有句子的成分都受其约束，这称为"否定的全句性"。下面介绍这一设想的影响：

先把否定句看成是对肯定句的操作，那么假设肯定句表示存在量化，由于每个论元都需要一个存在算子，所以句中有多个存在算子。如下：

（11）有学生在家里帮妈妈做家务。

∃a((a∈学生)&∃b((b∈学生的家)&∃c((c∈学生的妈妈)&∃d((d∈家务)& 在……帮……做(a, b, c, d)))))

或者：∃a∃b∃c∃d(((a∈学生)&(b∈学生的家)&(c∈学生的妈妈)&(d∈家务))& 在……帮……做(a, b, c, d))

当否定词逻辑移位到句首之后，我们有以下逻辑计算过程：

（12）～∃a((a∈学生)&∃b((b∈学生的家)&∃c((c∈学生的妈

妈)&∃d((d∈家务)&　在……帮……做(a，b，c，d)))))

$=\forall a((a\in$ 学生 $)\to\sim\exists b((b\in$ 学生的家 $)$ & $\exists c((c\in$ 学生的妈

妈)&∃d((d∈家务)&　在……帮……做(a，b，c，d)))))

$=\forall a((a\in$ 学生 $)\to\forall b((b\in$ 学生的家 $)\to\sim\exists c((c\in$ 学生的妈

妈)&∃d((d∈家务)&　在……帮……做(a，b，c，d)))))

$=\forall a((a\in$ 学生 $)\to\forall b((b\in$ 学生的家 $)\to\forall c((c\in$ 学生的妈

妈)→∼∃d((d∈家务)&　在……帮……做(a，b，c，d)))))

$=\forall a((a\in$ 学生 $)\to\forall b((b\in$ 学生的家 $)\to\forall c((c\in$ 学生的妈

妈)→∀d((d∈家务)→　∼　在……帮……做(a，b，c，d)))))

这就得到了多个论元的全称量化。

不过这一假设有一个重大的问题,例如在汉语中,"学生们在家里没帮妈妈做过家务"是对"学生们在家里帮妈妈做过家务"的否定,但后面这个肯定句得到的却也可以是全称量化解读:所有的学生们都在家里帮妈妈做过家务、在所有学生的家里都有帮做家务的事、所有学生的妈妈都得到学生的家务帮助,仅仅是"家务"没有全称量化,因为我们不能推出"所有家务都有学生帮妈妈做"。由此可知,肯定和否定不是对称的,而且肯定句中的全称量化也无法通过否定转为全量否定。

面对这一问题,我们可以做下面两种语言学解释:

1) 可以认为肯定句与否定句之间本来就没有映射关系,否定句就是从存在量化转化来的,不是从肯定句转化来的。不过这一解读太主观了一点。

2) 认为汉语肯定句的全称量化意义是语用性的含义,"学生们在家里帮妈妈做过家务"的字面意义是存在解读,即存在学生帮妈妈做家务,但在没有其他条件的情况下默认加强为全称解读;一旦有后文,就可以取消这一全称意义,如可以说"我知道学生们在家里帮妈妈做过家务,但不是每个学生都这么做过"。语用含义是不能参与进一步的逻辑操作的,因此在否定时,不能对语用含义进行否定,而需要对原来的字面意义进行否定,也就是对存在量化进行否定。

我们认为,第2种解释显然更有力。不过,即使我们同意否定词逻辑移位之说,这一理论假设也带来了另一个重大的问题:为什么否定词必须逻辑移位? 形式句法理论本身是不需要回答这一问题的,但作为语言学家，这一问题却不能不关注。

3.3　间接量化——数的一致性

我们认为，否定句的全称量化也是通过语用规则获得的，这一规则就是"数的一致性"限制：一个句子中论元的"事件数"必须等于谓词所表达的事件数，即：零事件（指没有发生的事件）的论元的事件数也是零；单数事件的论元是事件单数；复数事件的论元是事件复数；反之亦然。在"事件语义学"理论基础上，这一规则可以修改为：事件所有的论元需在事件数上保持一致。数的一致性问题，详情参看陈振宇（2020：304—306）。

这一限制可以推出：当一个论元参与事件的数为零时，所有论元参与事件的数都为零；反之，当一个论元参与事件的数大于零时，所有论元参与事件的数都大于零。

据此，我们就可以来解释这一问题了。根据这一规则，当任何一个论元参与事件的数为零时，所有的论元的数都为零。这满足了全称量化四大条件中的三个：1）预先存在集合，所有成员都没有参与事件；2）集合成员以分配解读参与事件；3）论元与事件形成"多对一"格局。于是，只要这一集合的成员的数量是复数，就可以得到全称量化。"四大条件"详情参看陈振宇（2020：298—301）。

(13) 没有<u>学生</u>　在家里　　帮　　　妈妈　　做过<u>家务</u>（自拟）

　　　<u>学生们</u>　没在家里　帮　　　妈妈　　做过<u>家务</u>（自拟）

　　　<u>学生们</u>　在家里　　没帮　　妈妈　　做过<u>家务</u>（自拟）

The students　helped　<u>nothing</u>　in their home　for their mothers

◀━━━━━━━━━━零事件━━━━━━━━━━▶

零论元　　零论元　　零论元　　零论元　　　零论元

在上面的例句中，"学生们"指一定范围的多个学生，所以是复数；"学生们的家、妈妈"都是有多个，也是复数；不同人家的"家务"自然也是复数，所以它们都得到全称解读。但是在"张三在家里不帮家长做家务""张三、张三的家"却是单一个体，所以不能得到全称解读。即使"张三"的确没有帮家长做家务（参与事件为零），但在本事件中只是时间分割，因此我们只能说"（在特定时段内）每个时候的张三，都没有帮家长做家务的行为发生"。同理，再如"学生们都不帮张老师做事"，这里"张老师"是唯一一定指的集合成员,所以即使"张老师"的确没有得到帮助(参与事件为零),但在本事件中只是时间分割,因此我们只能说"(在特定时段内)每个时候的张老师,都没有得到学生的帮助"。

这种依赖语用规则得到的全称量化意义我们称为"间接量化",参看陈振宇(2019)。间接量化是语用含义(implicature),而含义都可以取消,所以间接量化必须在各方面性质都满足的条件下才可能实现,如果不满足则当然不会出现,如上面的"张三"不具有空间分割的复数性,就难以突显其全称量化意义;间接量化既然是通过中间环节实现的,而这个中间环节又可能是全句性的,那么就不会遵守唯一性限制,只要句中符合条件的成分,就可能都会获得相应的量化意义,因为这些成分不是逻辑上的变项,而是一种语用性的被作用者,这就是存在否定的全句性特征的来源。

除此之外,如果间接量化的领域中出现直接量化算子的话,根据"直接否定优先原则",间接量化会被取消,突显的仍然是直接量化。关于这一点,我们需要多说一下。

3.4　单调性证明

在逻辑中,有一个"单调性"(monotonicity)问题。如果集合 X⊆Y(或者 X→Y),那么当它们作为另一个更大的谓词 F 的论元时,是否也有蕴涵关系? 包括三种情况:

1) 依然有顺序相同的蕴涵关系,即 F(X)⊆F(Y),或者 F(X)→F(Y),这称为"单调上升"(monotone increasing)。

2) 有顺序相反的蕴涵关系,即 F(Y)⊆F(X),或者 F(Y)→F(X),这称为"单调下降"(monotone decreasing)。

3) 不再具有蕴涵关系,既没有 F(X)⊆F(Y),也没有 F(Y)⊆F(X)。

具体的讨论这里不再多说。我们介绍两个与本文有关的规则:

一是,全称量化是单调下降的,例如:

(14) 单身汉⊆没有结婚的人

　　　所有没有结婚的人都住在她隔壁→所有单身汉都住在她隔壁

　　　所有单身汉都住在她隔壁//→所有没有结婚的人都住在她隔壁

"//→"指无法推出,下同。

二是,存在量化是单调上升的,例如:

（15）单身汉⊂没有结婚的人

　　有一些单身汉住在她隔壁→有一些没有结婚的人住在她隔壁

　　有一些没有结婚的人住在她隔壁//→有一些单身汉住在她隔壁

我们先考察句中各个论元都是空间复数的例子，可以看到它们都是单调下降，所以都是全称量化，限于篇幅，这里仅列一个句子：

（16）学生们　在家里　没帮　妈妈　做过家务

　　a　女生⊂学生

　　　　学生们在家里没帮妈妈做过家务→女生在家里没帮妈妈做过家务

　　b　妈妈⊂家长

　　　　学生们在家里没帮家长做过家务→学生们在家里没帮妈妈做过家务

　　c　洗衣服⊂家务

　　　　学生们在家里没帮妈妈做过家务→学生们在家里没帮妈妈洗过衣服

根据"直接量化优先原则"，如果句中某一成分有了直接的量化算子，那么通过语用规则得到的含义就会取消。我们用一个与全称量化相反的存在量化算子"有些"来检验。如：

（17）有些学生　在家里　没帮　妈妈　做过家务

　　女生⊂学生

　　有些女生在家里没帮妈妈做过家务→有些学生在家里没帮妈妈做过家务

　　有些学生在家里没帮妈妈做过家务//→有些女生在家里没帮妈妈做过家务

可以看到，对"有些"所约束的成分来说，是单调上升的，没有受到全句性的否定因素的影响。这验证了我们的理论。

4. 否定句的知识信息价值

4.1　信息论及前人的观点

按照"信息论"（theory of communication），所谓"信息价值"（information value)的大小,就是对确定性高低的衡量。在"信息论"研究文献中,信息价值又称为"信息量"(amount of information)。

迄今为止,语言信息方面取得较大成果的是对"否定句的信息价值"的研究。包括两种主要观点,参看孔英民、朱庆祥(2013):

一是,认为否定陈述不如(less informative)对应的肯定陈述信息量大,如里奇(Leech 1983)、戴耀晶(2004)等。如认为下例(18)a 比例(18)b 信息价值低(Leech 1983:100):

(18) a. Abraham Lincoln was not shot by Ivan Mazeppa.(译文:亚伯拉罕·林肯不是被伊万·马泽帕射杀的。)

　　　b. Abraham Lincoln was shot by John Wilkes Booth.(译文:亚伯拉罕·林肯是被约翰·威尔克斯·布思射杀的。)

二是,分功能的信息价值观点,即认为在概念(ideational)意义上,否定句信息价值小,肯定句信息价值大;但从人际(interpersonal)、语篇(texial)这些语用功能来看,否定句信息价值就是大的,对应的肯定句信息价值就小。他们认为,从不同角度看否定句和肯定句的信息价值大小构成标记颠倒模式,如韩礼德(Halliday 2000)、乔丹(Jordan 1998:706)等。沈家煊(1999:44)说,从信息传递过程来说,肯定句和否定句提供的新信息性质很不一样,肯定句提供的信息是"在听者不知道命题 P 的情况下告诉他 P",否定句提供的信息是"在听者可能相信 P 或熟悉 P 的情况下否认或反驳 P"。按照这种解说否定句信息量也比肯定句大。例如:武松经常喝醉酒,则"武松昨晚喝醉了"信息价值不大,而"武松昨晚没喝醉"才是新信息且价值大。

分功能的信息价值观点看到"信息"这一个基础定义需要进一步澄清,它内部也有子系统。陈振宇、吴越、张汶静(2016)总结了近70 年的信息研究成果(如图 1 所示),认为"信息"系统至少包括四个子系统:

1)"自信息"(self information),是客观地存在于对象之中的,是对象的性质、状态、运动等的样式。

2)"知识信息"(information as knowledge),认识者通过思维形式(即广义的"语言")去捕捉自信息,当它们"穿上"了语言外衣,并存在于认识者的意识或意识外化物(如言语、文字、作品等)中时,称为"知识"。

3)"相对信息"(relative information),又称"交际信息"(communicated information),指主体在与外部世界打交道时,所获得或给予的知识。

4)"数据信息"(information as data),在当代信息技术大发展的背景下发展出来的知识存储与(自动)加工问题,即人们把知识外化为某种物质形式(如文本或电流),交予机器保存,并自动进行加工以生产出新的知识。

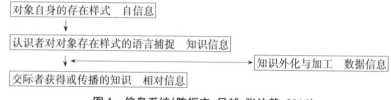

图1　信息系统(陈振宇、吴越、张汶静:2016)

以往语言研究者多直接从香农(Shannon 1948)的自信息入手研究语言现象,但实际上,自信息是事物自身的性质,它尚未经过语言的捕捉和包装,所以与人没有必然的关系;当且仅当我们用语言去描写它时,才构成了知识,并与我们自身发生联系。在自然语言的产生、应用与发展中,知识信息与相对信息最为重要。

知识信息构成了所谓的"概念"层次,即人们对世界的语言性认知;而相对信息则构成了所谓"人际"层次,即人与外部(包括自然与他人)之间的信息交流。里奇(Leech 1983)、戴耀晶(2004)等的观点,实际上是针对"知识信息"而言的,而韩礼德(Halliday 2000)、沈家煊(1999)、孔英民、朱庆祥(2013)等的观点,实际上更看重"相对信息"这一层次。

研究者们对知识信息的看法几乎都是一致的,即肯定句比否定句价值高;分歧主要集中在相对信息方面,有的认为在交际过程中仍然是肯定句信息价值高,有的则认为否定句的价值更高。陈振宇、吴越、张汶静(2016)系统地归纳了相对信息的问题,从信息论的角度引入了相对信息价值的计算公式,说明决定相对信息价值高低的是接受者在当下的预测,不论是否定句还是肯定句,要想有高的信息价值,都必须是对当下场景中接收者预测的修正,该文还重点讨论了新旧信息的定义、阈值的确定、交际中的信息差原则、低信息价值句的允准以及对相对信息价值高低有特殊要求的构式等种种现象。这些研究表明,仅从相对信息看,肯定句及否定句很难说谁的信息价值一定更高。

　　本文进一步需要说明的就是知识信息,也不是在任何时候都是肯定句比否定句价值高,完全可以有相反的情况。

4.2　简单事件的肯定否定

　　让我们来考虑一个简单事件,M=VP 指该事件 VP 发生,M= ～VP 则指 VP 不或未发生。那么这两种,哪个信息价值较高?香农(Shannon 1948)的公式为:

$$\mathrm{Is(M)} = \log \frac{1}{\mathrm{P(M)}}$$

　　"P(M)"指 M 为真的概率(或频率),"Is(M)"为信息价值。公式说,事件 M 的信息价值与其概率成反比,高频事件信息价值低,当概率为百分之一百时,信息价值为 0;低频事件信息价值高,当概率为 0 时,信息价值为无穷大。

　　一般而言,我们会认为肯定事件的概率比否定事件小。一个简单的例子是:一个人读书的事件仅仅是他一生中的一小部分时间,所以"他在读书"的发生概率比"他没在读书"的概率小,故说前一句话的信息价值更大;世界上的人当中,长时间读书的人显然只是人群的一小部分,因此"他一直在读书"比"他没一直读书"的概率小,信息价值更大。

　　但是,我们也可以找到许多相反的情况,即:否定事件的概率比肯定事件小。例如"他没呼吸了"比"他有呼吸"的概率小(因为人只要活着都有呼吸),"他几十年不洗澡"比"他洗澡"的概率小(因为世界上大多数人都不可能做到几十年不洗澡)。

　　再如,对一个叫作张大明的个体来说,一般而言,"张大明是三班的学生"的概率比"张大明不是三班的学生"小,"张大明是女人"比"张大明不是女人"的概率小(因为这是一个看上去像男人的名字)。但"张大明没有鼻子"比"张大明有鼻子"概率小,"张大明不是个男人"比"张大明是男人"

小。我们还可以找到各种概率小的否定事件,如"他最近一直不想吃饭,不想睡觉""他早上不/没刷牙就吃早饭""他不/没打招呼就走了";等等,所以并不能说否定句的知识信息价值就一定比肯定句小。里奇(Leech 1983)的观点我们可以提出许多反例。

那么我们要怎么来认识在语篇中,人们为什么更多地使用肯定句而不是否定句呢? 我们如果更为细致地去研究这些肯定否定事件对子,可以发现,我们作为生命的最高形式,作为语言的主体——人,日常生活中更为关心的都是需要我们自主去做的事,这些事都是肯定事件概率小于否定事件,因此我们关心的是做事,而不是不做事,如"我"关心的是自己何时上班、何时看书、何时吃饭、何时升工资、何时有孩子,等等,"我"得在这些事上花工夫,否则很可能坏事。因此这些事件是"我"叙述报道的重点。而不上班、不看书、不吃饭、不洗澡,等等,对我来说是不需要付出努力的事,所以"我"不关心。因为在我们的语篇中,更多的是叙述报道,所以肯定句占绝对优势。

4.3 复合事件的肯定否定

复合事件是由若干简单事件共同组合而成的。下面是一个典型的例子:

球在一个空间中运动时,共有 A、B、C、D 四个可能的运动方向,一个球可能向其中一个或多个方向运动,这是"自信息";但在"知识信息"中,我们可以用肯定句来表达,如"球向 A 运动""球向 B 运动过"等,也可以用否定句"球不向 A 运动""球没向 B 运动过"等;我们还可以用多个肯定项或否定项,如"球向 A 和 B 运动""球向 A 或 B 运动""球不向 A 不向 B 运动""球或不向 A 运动或不向 B 运动"等。

这些语句反映了我们认识的各个侧面,与"自信息"的关系各不相同,而且这些知识之间也有不同的价值大小,有的确定性强些,有的弱些。这样的一组事件就是复合事件。

戴耀晶(2000、2004)认为在复合事件中肯定句信息价值更高,他提出的例子很有代表性:学术界对明代小说《金瓶梅》的作者有多种考证意见,假定这个集合中有四个成员:李开先、王世贞、赵南星、薛应旗,对问句"兰陵笑笑生是谁?"有两种回答:

(19) a. 兰陵笑笑生是李开先——肯定回答

    b. 兰陵笑笑生不是李开先——否定回答

戴耀晶认为,例(19)a 直接规定了所指的事物,可作性质定义,而例(19)b 并没有直接规定所指的事物,只是排除了某些其他事物,只可作操作性定义,尚不能确知作者是谁;如果要表达与肯定同样的含义,必须否定四个成员中的三个。我们可以将戴耀晶的观点码化为,这一组合事件有以下四种可能:

(20) a. 兰陵笑笑生是李开先。

    b. 兰陵笑笑生是王世贞。

    c. 兰陵笑笑生是赵南星。

    d. 兰陵笑笑生是薛应旗。

肯定句"兰陵笑笑生是李开先"在全部选项中的比例是四分之一,即0.25;而否定句"兰陵笑笑生不是李开先"仅仅是排除了这四分之一,还有四分之三的可能,即0.75。因此前者的概率更低,信息价值就更大。

不过上述结论是基于这样的假设的:一部书的作者只能是一个人。假如一本书在流传的过程中,不断有人对它进行修改,乃至重写,那么这些人在一定意义上也都可算是作者了,这样一来,一本书就可能有两个或两个以上的作者。只能是一个作者,这是相容性为零,或者称为"不相容"关系;如果相容性增大,那情况就大不一样了。

比如,也许四个人都可能对该书做出了重大贡献,都有成为作者的机会,这时相容性为百分之一百,称为"完全相容"关系。在完全相容时,复合事件的可能选项是:

(21) a. 兰陵笑笑生是李开先。

    b. 兰陵笑笑生是王世贞。

    c. 兰陵笑笑生是赵南星。

    d. 兰陵笑笑生是薛应旗。

    e. 兰陵笑笑生是李开先和王世贞。

    f. 兰陵笑笑生是李开先和赵南星。

    g. 兰陵笑笑生是李开先和薛应旗。

    h. 兰陵笑笑生是王世贞和赵南星。

      i. 兰陵笑笑生是王世贞和薛应旗。

      j. 兰陵笑笑生是赵南星和薛应旗。

      k. 兰陵笑笑生是李开先、王世贞和赵南星。

      l. 兰陵笑笑生是李开先、王世贞和薛应旗。

      m. 兰陵笑笑生是李开先、赵南星和薛应旗。

      n. 兰陵笑笑生是王世贞、赵南星和薛应旗。

      o. 兰陵笑笑生是李开先、王世贞、赵南星和薛应旗四人。

肯定句"兰陵笑笑生是李开先"具有 8 种可能的解释：

(22) a. 兰陵笑笑生是李开先一个人。

      b. 兰陵笑笑生是李开先与王世贞两人合为。

      c. 兰陵笑笑生是李开先与赵南星两人合为。

      d. 兰陵笑笑生是李开先与薛应旗两人合为。

      e. 兰陵笑笑生是李开先与王世贞、赵南星三人合为。

      f. 兰陵笑笑生是李开先与王世贞、薛应旗三人合为。

      g. 兰陵笑笑生是李开先与赵南星、薛应旗三人合为。

      h. 兰陵笑笑生是李开先与王世贞、赵南星、薛应旗四人合为。

否定句"兰陵笑笑生不是李开先"却只具有 7 种可能的解释：

(23) a. 兰陵笑笑生不是李开先，而是王世贞一个人。

      b. 兰陵笑笑生不是李开先，而是赵南星一个人。

      c. 兰陵笑笑生不是李开先，而是薛应旗一个人。

      d. 兰陵笑笑生不是李开先，而是王世贞与赵南星两人合为。

      e. 兰陵笑笑生不是李开先，而是王世贞与薛应旗两人合为。

      f. 兰陵笑笑生不是李开先，而是赵南星与薛应旗两人合为。

      g. 兰陵笑笑生不是李开先，而是王世贞、赵南星与薛应旗三人合为。

可以看到，肯定句的概率是 $8/15 = 0.53$，否定句的概率是 $7/15 = 0.47$，肯定句比否定句概率更大，因此信息价值更低。

陈振宇(2017:569—573)给出了肯定否定句知识信息价值分布表，表中绝大多数时候肯定句比否定句信息价值高，但也有双方相等的时候，在特殊情况下肯定句比否定句信息价值低。本文所举的例子证实这一点，一旦"这四个人都可能对该书做出重大贡献"，否定句的信息价值反而超过了肯定句。

陈振宇(2017:576)说,寻常人的思维会倾向性地把事物看成不相容的,或偏向相容性小的方向,因此会给人肯定句比否定句信息价值高的感觉,而哲学家更多地倾向于打破表面的界限,更易看到世界相容的一面,因此才会发现否定句的价值,从而比常人更多地使用否定的知识。因为不把事物看成简单的非此即彼的关系,所以可以想到各种可能的复杂关系。霍四通(2014)就详细地讲述了儒、道、佛三家经典中大量使用否定句的情况,以及它们所使用的否定格式的差异。戴耀晶的假设其实是基于一般人的直觉,也就是默认事物是不相容的,这时的确肯定句信息价值比否定句大。但这不代表事物的所有情况,也许我们也可以把相容性加大,从而使肯定否定的价值趋同,甚至可能否定句的价值超过肯定句。

4.4 条件概率中的肯定否定

条件概率是衡量两个事件之间的蕴涵关系的数学工具。当 X 事物为真时,Y 事物为真的概率称为"条件概率"(conditional probability),记为"P(Y|X)",其中 X 称为条件、前提、源点或参照点,Y 称为终点、结果或所研究的项目。条件概率的计算公式是:

$$P(Y|X) = P(X \cap Y) \div P(X)$$
$$= |X \cap Y| \div |X|$$

其中,"X ∩ Y"指集合 X、Y 的交集(如图 2 所示);"|X|"指集合 X 的成员的数量。

"U"为全集,我们有:$|\sim X| = |U| - |X|$

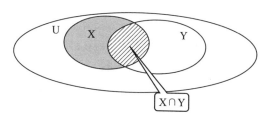

图 2 条件概率

　　设 X、Y 都是肯定的事件,那么根据上述公式,可以得到否定时的条件概率:

$$P(\sim Y|\sim X) = P(\sim X \cap \sim Y) \div P(\sim X)$$
$$= (|U| - |X| - |Y| + |X \cap Y|) \div (|U| - |X|)$$
$$= 1 - ((|Y| - |X \cap Y|) \div (|U| - |X|))$$

　　从公式可以看到,如果"$|X|$、$|Y|$、$|X \cap Y|$"都是有限的数值的话,那么当全集无限大,也就是放在一个无限的世界中讨论的话,"$|U|$"无限大,于是 $P(\sim Y|\sim X)$ 就等于或约等于 1。1 是最大概率,也就是说,这时 $P(\sim Y|\sim X)$ 是最大的,这可称为条件概率的"负极性公式"。

　　为什么不是"正极性"? 从逻辑上讲,公式的正负是任意给定的,因此也可以有一个对称的公式:$P(Y|X) = 1 - ((|\sim Y| - |\sim X \cap \sim Y|) \div (|U| - |\sim X|))$。那么为什么这里的 $P(Y|X)$ 不是那么容易等于 1 呢?

　　这是因为,一般而言,肯定的"$|X|$、$|Y|$、$|X \cap Y|$"是有限的数值,但是否定的"$|\sim X|$、$|\sim Y|$、$|\sim X \cap \sim Y|$"则可能是无限的数值。例如一个人看书的时间和机会是有限的,但是"不看书"的时间或机会却无法算清楚,所以我们只能问"我看书的时候你在干什么?"不能问"??我没看书的时候你在干什么?"前者有有限的答案,而后者的答案一般无法计数。可以问"你在做什么?"不能问"??你没做什么?"因为没做的事从理论上讲是无限的。

　　由于"$|\sim Y|$"无限,所以"$|U| - |\sim X|$"就不一定等于无限,$P(Y|X)$ 也就不一定等于 1。这就是为什么没有"正极性"的原因。

　　用一个例子来说明:

(24) a. 你喜欢她,应该都顺着她。

　　　　你是个军人,需要一切行动听指挥。

　　　　你干了这事,要向他道歉。

　　b. 你不喜欢她,不应该都顺着她。

　　　　你不是个军人,不需要一切行动听指挥。

　　　　你没干这事,不需要向他道歉。

　　从"喜欢"到"顺从"应该有一个概率,这一概率可能大也可能小,一般

而言它既不等于 1 也不等于 0，所以"$|X|$、$|Y|$、$|X \cap Y|$"都是有限的数值。但负极性公式告诉我们，从"不喜欢"到"不顺从"应该是极大的概率。这就是说，例（24）b 是比例（24）a 更强的表达。这反映在例（24）b 可以加的一系列语气成分上，而例（24）a 不能加：

(25) a. ＊你又喜欢她，应该都顺着她。——＊你根本喜欢她，应该都顺着她。——＊你压根儿喜欢她，应该都顺着她。——＊你从来喜欢她，应该都顺着她。

＊你又是个军人，需要一切行动听指挥。——＊你根本是个军人，需要一切行动听指挥。——＊你压根儿是个军人，需要一切行动听指挥。——＊你从来是个军人，需要一切行动听指挥。

＊你又干了这事，要向他道歉。——＊你根本干了这事，要向他道歉。——＊你压根儿干了这事，要向他道歉。——＊你从来干了这事，要向他道歉。

b. 你又不喜欢她，不应该都顺着她。——你根本不喜欢她，不应该都顺着她。——你压根儿不喜欢她，不应该都顺着她。——你从来不喜欢她，不应该都顺着她。

你又不是个军人，不需要一切行动听指挥。——你根本不是个军人，不需要一切行动听指挥。——你压根儿不是个军人，不需要一切行动听指挥。——你从来不是个军人，不需要一切行动听指挥。

你又没干这事，不需要向他道歉。——你根本没干这事，不需要向他道歉。——你压根儿没干这事，不需要向他道歉。——你从来没干过这事，不需要向他道歉。

语气强烈的"又、根本、压根儿、从来"等实际上是表达极为强烈的情感，只有"最大概率"、极端中的极端才能与之匹配；但是肯定事件不能保证一定是最大的概率，否定事件可以；这就是它们之所以是负极性词的原因。

前面说过，生活中有一些否定事件比肯定事件概率小的事，如一个人"没有呼吸"和"有呼吸"，我们可以说"他有呼吸，不碍事"，那为什么不能说：

(26) ??你又有呼吸，不碍事！

　　　??你根本有呼吸，不碍事！

　　　??你压根儿有呼吸，不碍事！

　　　??你从来有呼吸，不碍事！

这是因为一个人一般都有呼吸，都是不碍事，也就是"$|X|$、$|Y|$、$|X \cap Y|$"都接近于 1，而"没呼吸、碍事"的"$|\sim X|$、$|\sim Y|$、$|\sim X \cap \sim Y|$"都接近于 0，那么"$1-((|\sim Y|-|\sim X \cap \sim Y|) \div (|U|-|\sim X|))$"就很难得出确定的数值，不符合极性的定义，因此例(26)在语用上不合适。

5. 否定测试与焦点意义

5.1　语句的意义结构

陈振宇(2017:292)提出的语句意义的复合结构中，句子的字面意义包括两个部分："焦点义"和作为背景前提或预设的"强含义"。这其实是从形式语义学的"预设—焦点"两分结构发展而来的。"预设—焦点"理论，参看乔姆斯基(Chomsky 1955)。但陈的语义结构有两个方面与形式语义学的定义不同：

1) 与焦点相对的不是预设，而是背景或前提，因为有的背景或前提，并不符合真正意义上的预设定义，例如"他想去寻找麒麟"，一个前提是"他认为可能存在麒麟"，但是如果说"他不想去寻找麒麟"，我们不能说他还是认为可能存在麒麟，可能正是因为他认为不存在麒麟，所以他才不想白费工夫去找。

预设需要肯定否定对称，例如"苏格拉底生病了"和"苏格拉底没有生病"，都预设"有苏格拉底这个人"。由于肯定否定不对称，所以这里的"他认为可能存在麒麟"仅仅是肯定句的前提，而不是真正意义上的预设。

2) "预设—焦点"理论主要关注的是句子中哪些部分表示焦点，哪些部分表示预设。如下例的句子中，"鲁迅""上海"表示句子的焦点，称为"焦点成分"；其余的部分则是所谓的预设部分。

(27) a. 我喜欢读 鲁迅 的散文，因为从中我可以读到江南的影子。

（作文网《梦里花开》）

b. 昨天 来的北京，现在还没工作……无聊啊！有收留的吗？

（"百度北京吧"2017-02-05）

但是"预设—焦点"理论没有考察这样一种情况：某些成分自身的语义内容，就很可能既有背景义，也有焦点义，而与句子结构无关。

（28）黄楚尧很遗憾给总公司抹了黑，他是受贿人中唯一尚有感觉愧对组织的人。（《人民日报》1994-09）

表 2　"遗憾"句的语义结构

	可能世界 0（说话者 S 所在的世界）	可能世界 1（认识者 S 所在的世界，说话者的意识或话语世界）≠可能世界 0	可能世界 2（说话者的意识或话语世界）≠可能世界 1
	（S 说/认为）	黄继尧很遗憾	XP（他给总公司抹了黑）
意义 1		黄继尧有	知识 XP
意义 2		黄继尧认为	XP 有消极价值
意义 3		黄继尧认为	XP 存在
意义 4		黄继尧产生强烈的消极情绪反应	

一个"遗憾"触发了几个意义，见上表，其中只有意义 4 才是焦点意义，其他的都是背景义，之所以这些背景义被称为"强含义"，是因为它们都可以从语句推出，即：

（29）黄楚尧很遗憾给总公司抹了黑，所以他有关于自己给总公司抹黑的知识。

黄楚尧很遗憾给总公司抹了黑，所以他认为自己给总公司抹了黑。

黄楚尧很遗憾给总公司抹了黑，所以他认为给总公司抹黑是不好的。

但是，焦点义也可以从语句推出，即：

（30）黄楚尧很遗憾给总公司抹了黑，所以他是产生了强烈的消极情绪反应。

那么我们如何知道焦点义与那些背景义是不同的,如何验证其差异?"否定检验"就是一个常用的方法,虽然不是绝对有效,但的确在很多情况下,都可以提供相当有价值的检验结论。其操作如下:

5.2　调查法

设想有甲乙二人对话,甲说语句 XP,乙说"不 XP"或简略版的否定回答,那么请被调查者在各个意义中选一个,根据统计的数据,最常见的那个意义就是焦点意义。这是因为从心理学上讲,焦点意义就是母语者最关注的那个意义,所以最容易获得联想。例如:

(31) 甲:黄楚尧很遗憾给总公司抹了黑。

　　乙:不(是)/他不遗憾,＿＿＿＿＿＿＿＿。

　　请从下面各意义中选择一个填入上面的空格:

　　a. 他又不知道会有什么消极后果。

　　b. 他一直觉得抹点黑也没什么啊!

　　c. 他没抹黑啊,这又不是他的责任!

　　d. 我看他精神挺好的,哪儿有遗憾!

也许会有人选择各种答案,但选 d 的最多,所以上文意义 4 是焦点意义,而其他几个也有人选,但它们只是背景知识。

再看"只"的语义结构:

表 3　"只"句的语义结构

	可能世界 0(说话者 S 所在的世界)	可能世界 1(认识者 S 所在的世界,说话者的意识或话语世界)≠可能世界 0
	(S 说/认为)	父亲今年只买了一棵五色梅
意义 1		他买了五色梅
意义 2		他没有买其他东西

(32) 甲:父亲今年只买了一棵五色梅。(父亲今年只买了一棵五色梅,可是开花颇卖力气。(老舍《正红旗下》))

　　乙:不/他不只买了五色梅,＿＿＿＿＿＿＿＿。

　　请从下面各意义中选择一个填入上面的空格:

　　a. 他没买五色梅。

b. 他还买了其他东西。

选 b 的最多,所以意义 2 是焦点意义。

再看表示存在的"有"的语义:

表 4　"有"存在句的语义结构

	可能世界 0(说话者 S 所在的世界)	可能世界 1(认识者 S 所在的世界,说话者的意识或话语世界)≠可能世界 0
	(S 说/认为)	有人喜欢她
意义 1		存在不喜欢她的人
意义 2		存在喜欢她的人

(33) 甲:有人喜欢跳舞。(有人喜欢跳舞,有人喜欢唱歌,有人喜欢画画,有人喜欢写大字("百度密云吧"2010-04-14))

　　　乙:不,＿＿＿＿＿＿＿＿＿＿＿＿＿。

请从下面各意义中选择一个填入上面的空格:

a. 没有人喜欢跳舞。

b. 所有人都喜欢跳舞。

a 和 b 都有人选,选 a 的更多,所以意义 2 是焦点意义。

调查法的缺点是:如果受试的答案太分散,很难说哪个意义是突显时,测试就会失败。这很可能会受到具体环境和受试心境的影响,从而出现太多异常的答案。

5.3　互验法(蕴涵法)

将各个意义相互检验,以便确定谁是前提,谁是焦点。互验是有方向的,其操作方法是:设有意义 a 与意义 b,如果 a 为假,则 b 为假,反之不然,则 a 为前提,b 更具有焦点性,或者说,b 的焦点性比 a 强;通过这一办法最后确定的焦点性最强的意义为焦点义。

(34) a ～意义 1//→～意义 2:

　　　??他没有自己给公司抹黑的知识,所以他不认为给公司抹黑是不好的。

　　～意义 2//→～意义 1:

　　　??他不认为给公司抹黑是不好的,所以他没有自己给公司抹黑的知识。

～意义 1//→～意义 3：

　　??他没有自己给公司抹黑的知识，所以他给公司抹黑是假的。

～意义 3→～意义 1：

　　他给公司抹黑是假的，所以他没有给公司抹黑的知识。

～意义 1→～意义 4：

　　他没有自己给公司抹黑的知识，所以他没有产生强烈的消极情绪。

～意义 2//→～意义 1：

　　??他没有产生强烈的消极情绪，所以他没有自己给公司抹黑的知识。

b ～意义 2//→～意义 3：

　　??他不认为给公司抹黑是不好的，所以他给公司抹黑是假的。

～意义 3//→～意义 2：

　　??他给公司抹黑是假的，所以他不认为给公司抹黑是不好的。

～意义 2→～意义 4：

　　他不认为给公司抹黑是不好的，所以他没有产生强烈的消极情绪。

～意义 4//→～意义 2：

　　??他没有产生强烈的消极情绪，所以他不认为给公司抹黑是不好的。

c ～意义 3→～意义 4：

　　他给公司抹黑是假的，所以他没有产生强烈的消极情绪。

～意义 2//→～意义 1：

　　??他没有产生强烈的消极情绪，所以他给公司抹黑是假的。

可能的蕴涵关系是：

~意义 3→~意义 1　　~意义 1→~意义 4　　~意义 2→~意义 4　　~意义 3→~意义 4

综合在一起是：~意义 3→~意义 1→~意义 4 和~意义 2→~意义 4

　　这样，焦点性最强的就是意义 4。

　　互验法也有很大的缺陷：它要有效，这些意义之间一定要有条件关系；如果没有，就无法使用。这可以用下面的例子说明：

　　例(32)"他只买了五色梅"：我们无法说"??他没买五色梅，所以他买了更多的东西"(~意义 1→ ~意义 2)，也无法说"??他买了其他东西，所以他没买了五色梅"(~意义 2→ ~意义 1)。这就是说，无法使用互验法。这是因为此时意义 1 与意义 2 之间没有逻辑条件关系，而只是递进关系。

　　例(33)"有人喜欢跳舞"：我们无法说"??所有人喜欢跳舞，所以没有人喜欢跳舞"(~意义 1→ ~意义 2)，也无法说"??没有人喜欢跳舞，所以所有人喜欢跳舞"(~意义 2→ ~意义 1)，也无法使用互验法，这是因为此时意义 1 与意义 2 之间只是并列关系。

　　在互验法失效的情况下，我们只能采取调查法确定焦点。

5.4　言语活动价值法

　　这是互验法的一个变种，通过对比各个意义之间的言语活动的地位，来确定它们之间的焦点性。具体操作是：设有意义 a 与意义 b，如果 a 为假，会使"说 b"没有言语活动的价值，也就是说，如果 a 为假，就没有必要说 b，反之不然，则 a 为前提，b 更具有焦点性，或者说，b 的焦点性比 a 强；通过这一办法最后确定的焦点性最强的意义为焦点义。

　　(35) 他只买了五色梅

　　　　~意义 1→~说"意义 2"：

　　　　如果他没买五色梅，那么没有必要说他没买五色梅以外的其他东西。

　　　　~意义 2//→~说"意义 1"：

　　　　??如果他买了其他东西(五色梅以外的东西)，那么没有必要说他买了五色梅。

　　蕴涵关系是：~意义 1→~说"意义 2"。所以意义 2 是焦点，意义 1 是背景。

但是言语活动价值法也不是全能的,也有失效的时候,例如:

(36) 有人喜欢跳舞

  ～意义 1→～说"意义 2":

  如果所有人喜欢跳舞,就没有必要说有人喜欢跳舞。

  ～意义 2→～说"意义 1":

  如果没人喜欢跳舞,就没有必要说有人不喜欢跳舞。

这会得出结论,意义 1 与意义 2 是同等价值的,于是两个都是焦点或都不是焦点。这是不对的,因为这样一来,"有人喜欢她"和"有人不喜欢她"就中和了,而这是不符合语用原则的;因此检验失败。

6. 结语

本文回答了有关否定语义结构的一系列重要问题:

否定句的功能是虚指意义的断言功能,即使原来的肯定句是叙述功能的,被否定之后也变为断言功能;原来的肯定句是断言的,被否定后还是断言。也就是说,否定的本质是作为一种特殊的反事实断言形式。

这种断言触发了"数的一致性"规则:只要一个论元是零数,则所有论元都是零数。因此,一个句子的存在否定词可以在不同的句法位置上,但是却能够间接地对所有的论元进行存在否定,从而得到全称量化(全量否定)意义。当然,这一功能是语用的,因此如果有其他因素,如论元是单数事物,或者有其他的直接量化形式,这一全量否定意义也可以删除。

否定句的知识信息价值一般低于肯定句,但是有一些特殊的情况使否定句价值大大增加,甚至超过肯定句,这就是"相容性"。所谓"言不尽意",断言在相容和不相容两种情况下,留下了不同概率的可能性。

最后,我们讨论了使用"否定测试"来测试句子焦点意义的语义操作,并分为调查法和互验法两种,后者包括言语活动价值法。

参考文献

  陈振宇 2016 《汉语的小句与句子》,复旦大学出版社。

  陈振宇 2017 《汉语的指称与命题》,上海人民出版社。

陈振宇　2019　《间接量化——语用因素导致的全称量化》,《东方语言学》编委会编《东方语言学》(第十八辑),上海教育出版社。

陈振宇　2020　《逻辑、概率与地图分析》,复旦大学出版社。

陈振宇　吴　越　张汶静　2016　《相对信息价值与语言研究》,中国语文杂志社编《语法研究与探索》(第十八辑),商务印书馆。

戴耀晶　2000　《试论现代汉语的否定范畴》,《语言教学与研究》第 3 期。

戴耀晶　2004　《汉语否定句的语义确定性》,《世界汉语教学》第 1 期。

霍四通　2014　《儒道释经典中否定方式差异性比较及其文化意蕴》,复旦大学汉语言文字学科《语言研究集刊》编委会编《语言研究集刊》第十二辑,上海辞书出版社。

孔英民　朱庆祥　2013　《否定句的信息特征》,复旦大学汉语言文字学科《语言研究集刊》编委会编《语言研究集刊》第十一辑,上海辞书出版社。

沈家煊　1999　《不对称和标记论》,江西教育出版社。

沈家煊　2003　《复句三域"行、知、言"》,《中国语文》第 3 期。

沈家煊　2012　《"零句"和"流水句"——为赵元任先生诞辰 120 周年而作》,《中国语文》第 5 期。

王冬梅　2014　《从"是"和"的"、"有"和"了"看肯定和叙述》,《中国语文》第 1 期。

叶婧婷　陈振宇　2014　《再论汉语的完句性》,复旦大学汉语言文字学科《语言研究集刊》编委会编《语言研究集刊》(第十三辑),上海辞书出版社。

叶善贤　2001　《俄语否定语气词 не 的语言功能》,《华南师范大学学报》第 6 期。

Chomsky, Noam　1955　*The Logical Structure of Linguistic Theory*. New York: Plenum.

Davidson, Donald　1967　On the logical form of action sentences. In *Essays on Actins and Events*. Oxford: Clarendon Press.

Halliday, M. A. K.　2000　*An Introduction to Functional Grammar (second edition)*, Foreign Language Teaching and Research Press.

Hopper, Paul J.　1979　Aspect and foregrounding in discourse. In Talmy Givón (eds.) *Syntax and Semantics (Vol. 12): Discourse and Syntax*. Academic Press.

Hopper, Paul J., and Sandra, A. Thompson　1980　Transitivity in grammar and Discourse. *Language*, 56(2): 51—99.

Jordan. Michael P.　1998　The power of negation in English: Text, context and relevance, *Journal of Pragmatics* 29: 705—752.

Leech, Geoffrey N.　1983　*Principle of Pragmatics*. London: Longman.

Shannon，C. E. 1948 The Mathematical Theory of Communication. *Bell System Technical Journal* 27：379—423，623—656.

陈振宇：chenzhenyu@fudan.edu.cn；

陈振宁：chenzhenning@jhun.edu.cn

本文内容为以前文章和书稿中零星成果集成，此次在内容上做了较大的增补和修改。

试论否定和焦点的关系问题[*]

祁　峰

提　要　焦点和否定是语言中两种重要的语法范畴,它们之间存在着内在的联系。本文将对前人的研究成果进行较为全面的述评,并在此基础上,讨论否定范围与否定焦点之间的关系问题,并提出"否定测试"方法,以区分焦点标记和焦点算子这两种焦点强迫形式。

关键词　否定范围　否定焦点　否定测试　焦点标记　算子

1. 焦点与否定之关系

否定的基本意义是表示"否认",否认事物、性质、动作、关系、状态等概念的存在,或者否认有关命题的真实性。杰肯道夫(Jackendoff 1972)指出,否定跟"焦点关联",其直觉是"否定词通常似乎并不是应用于整个句子,而是只应用于其部分"。例如:

(1) Maxwell didn't kill the judge with a HAMMER.

例(1)中被否定的既不是动词短语,也不是整个句子,而是焦点成分"HAMMER"。他还认为,否定算子与其他焦点副词(如:"only""even"等)的区别是:"only""even"与句子焦点的关联是强制性的,而否定算子的焦点关联性是选择性的(optional),否定既可以属于预设部分,也可以是

＊　戴耀晶、张伯江、陈振宇等先生对本文提出了宝贵的意见,初稿曾在第五届现代汉语虚词研究与对外汉语教学学术研讨会(延边大学,2012.8)、语言的描写与解释学术研讨会(复旦大学,2012.12)上宣读,范晓、黄锦章、温锁林等先生对本文提出了中肯的意见,在此一并致以诚挚的谢意。

针对焦点的。

　　吉翁(Givón 2001)提到了否定与对比焦点的关系,他发现英语中的否定在中性情况下否定 VP,而在有对比焦点的时候否定对比焦点。例如:

　　(2) a. John didn't [**kill the goat**]_F.

　　　　　(＞He did not *kill the goat*.)

　　　 b. [**John**]_F didn't kill the goat.

　　　　　(＞Someone else killed it, but not *John*.)

　　　 c. John didn't kill the [**goat**]_F.

　　　　　(＞He killed something, but not *the goat*.)

　　　 d. John didn't [**kill**]_F the goat.

　　　　　(＞He did something to the goat, but not *kill* it.)

　　例(2a)是在中性情况下否定 VP,例(2b)、例(2c)、例(2d)三句都是在有对比焦点的情况下否定对比焦点,分别为主语焦点、宾语焦点、动词焦点。

　　范瓦林和拉波拉(Van Valin & Lapolla 1997)则从焦点结构的角度分析和解释了否定的范围。他们认为,焦点结构能够决定否定句中哪一部分是被否定了的,也就是说,能决定否定的范围。例如:

　　(3) a. JOHN didn't talk to Mary.

　　　 b. John didn't **TALK** to Mary. (He sent her e-mail.)

　　　 c. John didn't talk to **MARY**. (He talked to Susan.)

　　　 d. John didn't **TALK TO** Mary. (He had no contact to anyone.)

　　在汉语中,常用“不”“没(有)”“别”等词进行否定,“不”用在动词前面,往往是对某种意愿的否定;“没(有)”往往是对已然事件或行为的否定;“别”是“不要”的合音,常用于否定祈使句,表示禁戒。在焦点研究中,一般把否定词“不、没、别”等看作是焦点敏感算子,它们指向所要否定的成分,即否定算子跟焦点成分、背景成分构成一个三分结构(tripartite structure)。李宝伦、潘海华(1999)认为,否定词“不”不是黏合类成分,而是对焦点敏感的算子(focus-sensitive operator),并提出了一个释义条件(interpretation condition),说明若句内存在焦点,“不”会直接否定该焦点成分,引出一个三分结构,否则,被否定成分是邻接“不”的词。所举的例子是：

　(4) a. [**李四**]_F不吃饭,[**张三**]_F吃。　　（焦点在主语）

　　　b. 他不[**吃**]_F饭,他[**做**]_F饭。　　（焦点在动词）

　　　c. 他不吃[**饭**]_F,他吃[**面包**]_F。　　（焦点在宾语）

　　　d. 他不[**吃饭**]_F,他[**睡觉**]_F。　　（焦点在动词词组）

　　　e. 他[**不**]_F吃饭,我还以为他会吃。（焦点在副词"不"）

　　例(4a)至例(4e)所显示的句子表层结构相同,但是焦点不同。在算子是"不"的情况下,焦点所代表的是不属于背景指谓(denotation)集合里的一个元素,因此焦点位置不同,给出的句子意义也会不同。如例(4a)的焦点在主语"李四"上,意思是在"吃饭"这个集合的所有元素中,"李四"这个个体不是其中一个。例(4b)—(4d)各句也可作相应的分析。不过例(4e)的情况稍有不同,该句的焦点在副词"不"上,用以对比预设集合中的正反(即+P"他吃饭"及-P"他不吃饭")两个元素。这个句子显示,焦点可以放在否定词"不"上。也就是说,跟一般的陈述句一样,否定自身并不具有焦点特征,但在特别强调时可以成为焦点。

　　可见,否定跟焦点关联,或者说,否定词作为焦点算子,跟焦点部分、背景部分构成了一个三分结构。就现有的文献来看,其中争议较大的问题是否定范围与否定焦点的识别及否定句的歧义问题。

2. 汉语的否定范围与否定焦点研究

　　否定是一个与焦点密切相关的重要现象,除了否定全句以外,我们也可以只否定句中的某个成分,而被否定的成分一般是可能焦点成分。否定范围也就是否定算子的辖域(scope),是指一个否定成分的作用范围,即在一个包含否定词的格式中,所有可能被这个否定词否定的项目构成了否定范围。而处在否定范围之中的几个成分通常只有一个是真正被否定的,这个被否定的项目叫作否定焦点。因此否定焦点和否定范围这二者并不是一回事。一般认为,否定范围通常从否定词开始,到分句的句尾,或到句尾附加语之前为止,所以主语和述谓部分前面的附加语通常不包括在其范围之内。而否定焦点必须在否定范围之内。

　　下面来看以往的研究情况：

沈开木(1984)认为,在"不"字的否定范围里,存在着一个否定中心,即否定焦点,它是否定意义的承受者,或者说,"不"字的否定意思加在它上面,从而为听话人提供了新内容。例如:

(5) 不马上去上海。

"马上"就是否定中心,是"不"字的否定意思的承受者,为听话人提供了去上海"不是马上(动身)"的新内容。"不"字的否定中心有两种类型:一是非对比性的,二是对比性的。非对比性的否定中心不依靠跟另一个句子或短语的对比来确定,它在语音上不一定要带强调重音,在语法形式上有一定的规律性。而对比性的否定中心依靠跟另一个句子或短语的对比来确定,一定要带强调重音。

吕叔湘(1985)指出,否定句中存在着否定的"范围"和"焦点"。他认为,在句子里,"不"或"没"的否定范围是"不"或"没"以后的全部词语。一个词在不在否定范围之内,有时候会产生重大的意义差别。例如:

(6) a. 我一直没生病。

　　 b. 我没一直生病。

(7) a. 他天天不上班。

　　 b. 他不天天上班。

(8) a. 我实实在在没告诉他。

　　 b. 我没实实在在告诉他。

当然也有意思基本上一样,只是着重点不同的。例如:

(9) a. 你别明天来。

　　 b. 你明天别来。

例(9a)的意思是要你来,但不要你明天来。例(9b)可能也有同样的意思,但是字面上不包含这层意思,比如说,"你明天别来,我去找你",就没有要你来的意思。这里所说的着重点也可以说是否定的焦点,这个焦点一般是末了一个成分,即句末重音所在(即除去语助词、人称代词等)。但如果前边有对比重音,否定的焦点就移到这个重音所在的位置。例如:

(10) a. 我没问他的经历。(只谈了谈现在的情况)

　　 b. 我没问他的经历。(是他自己告诉我的)

　　 c. 我没问他的详细经历。(只知道他在农村里待过)

　　d. 我没特地问他的经历。（是谈情况时透露的）

例(10a)是一般的语调，只有句末重音，其余三句都有对比重音，否定的焦点向前移动。例(10a)和例(10b)均涉及否定句的歧义问题，即否定句中两个或更多语法单位在不同的条件下都有成为否定中心的可能，如例(10a)中的"经历"、例(10b)中的"问"在适当的语调和语境下都有可能成为否定中心，在这个意义下，它们是有歧义的否定句。其实这个问题的实质就是，在一个句子的否定范围（或否定辖域）内，否定焦点（或否定中心）如何来确定。徐杰、李英哲(1993)认为，这不是否定句本身的问题，而是更广泛意义下的焦点的识别问题。而后者又是因为多重焦点的可能、焦点选择序列的存在以及它经常被语调和语境等因素扭曲等原因造成的。所以去掉例(10a)和例(10b)中的否定词"没"，多重焦点的可能性也是同样存在的。例如：

(11) a. 我问了他的经历。（没问他的家庭情况）

　　b. 我问了他的经历。（他自己没主动告诉我）

钱敏汝(1990)认为，由于考虑到对比重音、语境等其他因素的作用，否定载体"不"的否定范围是它最大可能的语义作用范围；无论"不"在一个语言表达中出现在什么位置，所有在语义上有可能成为被否定项的成分都属否定范围。在否定范围内的，可能被否定项中最终确定下来的实际被否定项是否定焦点，所以否定焦点原则上位于否定范围之内或与否定范围重合。否定焦点的确定一般借助对比重音和语境。例如：

(12) a. 我今天不看书，（他今天看书。）

　　b. 我今天不看书，（我星期一看书。）

　　c. 我今天不看书，（我今天整理书。）

　　d. 我今天不看书，（我今天看杂志。）

　　e. 我今天不看书，（我今天打扫卫生。）

从多层面考察的角度来看，"不"的否定范围和否定焦点不是仅能按句子、词组或词的表层结构就确定的，否定范围和否定焦点也不单存在于句子这个层面上，也可能是更小或更大的语言结构。如在下面例句中，钱敏汝认为画线部分是否定范围，引述如下：

(13) 他强调，在理论研究中，要贯彻双百方针，欢迎不同学术观点、不同政策建议以至不同学派的讨论和争鸣。

(14) 与会专家、学者、企业家代表们对当前形势的共同认识是：治理经济环境，整顿经济秩序将为今后的改革和发展创造良好的环境；不这样做，改革就难以深入，发展就难以为继。

对此，徐杰、李英哲(1993)认为，例(13)不是个否定句，"不同"中的"不"跟英语 unhappy 中的 un-性质一样，是构词法的单位。例(14)中"不"的否定范围仅仅是无主句"这样做"。至于"这样做"指的是前面那一串词，那是它跟那一串词的关系，和否定是没有关系的。他们认为，否定是非线性的语法范畴，它的作用范围是全句，因此没有独立的否定范围，并且否定句没有一套独立的否定焦点，否定的焦点就是句子的焦点。而且否定焦点和否定词没有直接的前后语序关系，否定焦点的选择取决于独立于否定本身的焦点选择，而否定词的语序安排取决于它们的词类性质和同时带有焦点标记的特点。否定作为一种句范畴仅仅是对肯定的改变，并没有改变原句的焦点。

袁毓林(2000)针对徐杰、李英哲(1993)的观点，认为否定在表层结构上是一种线性的语法范畴，否定有其独立的范围和焦点，否定词的位置有其特定的语序效用；并指出在有强调标记的句子中，否定句的焦点不一定就是否定词的否定焦点，否定句的焦点跟否定焦点是可以分离的，因此存在着独立的否定焦点。例如：

(15) 是小王没有准时上班。

此例中，整个否定句的焦点是由"是"标记的"小王"，但否定词"没有"的否定焦点是动词"上班"前的状语"准时"。可见，在有强调标记的句子中，否定句的焦点不一定就是否定词的否定中心；否定句的焦点跟否定焦点是可以分离的。不过在一般的无标记的否定句中，否定的焦点通常就是全句的焦点。这两种焦点不仅是重合的，而且都处在句子靠末尾的位置。谈到否定的辖域，袁毓林认为，最自然的表达就是把否定词置于焦点成分之前，让焦点及相关成分直接处于否定词之后，形成一个相当集中的否定的辖域。简言之，在无标记的情况下，否定的辖域一定是否定词之后的成分；在有标记的情况下，否定的辖域可以回溯到否定词之前的成分。

针对徐杰、李英哲(1993)、袁毓林(2000)的观点，熊仲儒(2005)从语感差异的角度入手,指出否定焦点跟制约条件的等级序列有关。对于句法规则高于显著规则高于默认规则的语感来说,否定跟焦点关联,否定词不要求同否定的焦点毗邻,如:杰肯道夫(Jackendoff 1972);吕叔湘(1985);徐杰、李英哲(1993)。对于句法规则高于默认规则高于显著规则的语感来说,则否定句的焦点可以跟否定的焦点分离,如袁毓林(2000)。具体来说,否定句中"默认规则"要求否定词前于被否定的成分;"显著规则"则容许否定词后于被否定的成分;"句法规则"要求否定词必须在动词前,或者说必须遵守句法要求。否定词作为句法成分,受"句法规则"强制性的制约。"默认规则"与"显著规则"可能是可违反的规则,它们在不同的母语说话者的语感中可能有着不同的排序(ranking)。

胡建华(2007)则讨论了否定词的辖域(scope)、否定与焦点的关系以及否定词"不"的句法特性。他认为,否定词"不"的辖域是它成分统制的VP,否定词"不"在句法上否定的是 VP 以及 VP 的中心语 V^0,而不是对焦点或与否定词毗邻的 VP 嫁接成分进行单独否定。当否定词的辖域内有焦点时,否定词在语义上否定的是由不同焦点投射而成的焦点词组FP。据此分析,语义上的 FP 与句法上的 VP 形成对应关系,即 FP=VP。他对否定词的位置及其句法特性做了初步的理论探索,认为否定在现代汉语普通话中并没有一个独立的功能语类来实现。

综合以上各位学者的观点可以看到,否定范围和否定焦点研究的分歧主要是:在汉语中是否存在独立的否定焦点和否定范围,如果存在的话,否定焦点和否定范围之间是否存在区别,以及否定焦点和否定句的焦点之间存在什么样的关系。

3. 我们对否定范围与否定焦点的看法

首先,我们认为,汉语否定词有其独立的辖域。否定词作为否定算子,与焦点成分、背景成分构成了一个三分结构,而焦点的三分结构存在汉语和英语两种不同的模式。例如:

(16) a. $[\textbf{JOHN}]_F$ didn't kill the goat.

b. John didn't $[\textbf{KILL}]_F$ the goat.

c. John didn't kill the $[\textbf{GOAT}]_F$.

(17) a. 张三 没杀他。

   b. 张三没**杀**他。

   c. 张三没杀**他**。

   d. 不是**张三**杀了他。

汉语可以在句首直接出现否定词,即例(17d),而这是在英语中不存在的,所以汉语实际上有四种格式,与英语的三种格式相对立。因此汉语否定词的性质和英语不同。如果说英语的否定词以全句为否定范围,可以把否定词管辖范围之外的主语作为其否定焦点;而汉语恰恰相反,否定词仅以其句法管辖范围内的成分,即在否定词之后的成分为否定范围,将其作为焦点算子,汉语否定词仅在此范围之内选择否定的对象——否定点。

其次,我们认为,汉语否定词仅是一种焦点强迫形式,即它要求被否定的成分成为句子的焦点,但这一要求不一定被满足。这有两种情况:

第一,在否定词之上有其他突显性更强的成分,例如:

(18) a. 老王没**来**。

   b. 是**老王**没来。

对于例(18a),在中性句的语境下,句子的焦点就是否定算子"没"后面的动词"来",因为句中没有其他要求成为焦点的成分。

但对于例(18b),则并不是像徐杰、李英哲(1993)所说,否定词"没"否定的是由"是"标记的焦点"老王"(即表示"很多人都来了,但老王没来")。袁毓林(2000)认为这种解说自相矛盾,理由是:一方面说"来"没有否定,另一方面又说它的意思是"很多人来了,但老王没来"。为了进一步解释"很多人来了,但老王没来"的语感,袁先生采用了分离的手段,让"很多人来了"由焦点标记词"是"进行解释,"老王没来"由"没"否定"来"进行解释。这样一来,"是老王没来"中的否定词否定的是其后的动词成分"来",而非句子的焦点"老王"。也就是说,在有强调标记的句子中,否定句的焦点不一定就是否定词的否定中心,否定句的焦点跟否定焦点可以分离。

我们同意袁毓林的看法,不过在分析问题的思路上有所不同。我们认为,该句句首出现了焦点标记词"是","是"是一个典型的强焦点标记词,强烈要求其后面的成分"老王"成为句子焦点,而且由于"是"标记的成分"老王"处在句法高位,所以它实现为全句的焦点,而处在句法低位的否定成分"来"则不能成为全句的焦点。也就是说,否定点在这个句子中只是一个可能焦点成分,但是它竞争不过焦点标记"是"标记的焦点成分,所以例(18b)的句子焦点是"老王"。

同样的情况也出现在下面的句子中,句子焦点都是由处于句法高位的"连……也……、都、也、只"等决定,而否定词"没、不"被"去焦点化"操作:

(19) 连**他**也没来。

(20) **我**都/也不喜欢他。

(21) 只**他**没来。

第二,即使在否定词之上没有其他突显性更强的成分,说话者也可以采用逆向策略,不以否定点为句子焦点,只要上下文语境允许。这又分为两种情况:

一是将焦点赋予否定辖域之外的成分。如"老王没来,(老张来了)",徐烈炯(2006)认为,汉语的焦点敏感算子必须统制其焦点成分,他以"小张不去"这个句子为例,认为如果重读主语"小张",那么它就可以成为对比性话题,但不是与焦点敏感算子关联的焦点成分,后者还是在否定辖域之内的动词"去"。而吕叔湘(1985)认为,否定的焦点可能在"不"或"没"之前,这样就把否定的范围扩大到"不"或"没"的前边去了。举的例子是:

(22) a. 小王不想打球,(小李想打。)

　　　b. 你早不去,晚不去,这一下可赶上了!

我们认为,这不能说否定的范围扩大到了"不"或"没"的前边去了,而是因为在上下文语境中,否定词及其否定点失去了新信息地位,说话者要强调的是别的东西。例如:

(23) 甲:你不想打球吗?

　　　乙:[我]不想打球,你可以打呀。

(24) 甲:听说今天上午不上课。

　　　乙:[上午]不上课,那下午呢?

(25) 甲:在学校找不到合适的人选。

乙：在 学校 找不到合适的人选，那就到工厂去，到农村去。

再如在主从结构中，从句中的"不"因此失去焦点性：

(26) 甲：这么晚了还不做作业！

乙：我 高兴 不做作业！

在汉语中，当特别重音在主语上时，或者句首出现否定词时，两者在意义上是有微妙的区别的。例如，怀疑张三、李四、王五三个人可能犯了杀人罪，一个警察说：

(27) a. 张三 没杀他。

b. **不是** 张三杀的他。

在例(27a)中，"张三"有所谓的对比重音，即在表示排他对比意义的重音时，本句表示："在你们几个人中，只有张三没有杀他，而其他人不可能没有杀他。"联系上下文，更能突显该句的这一含义，由此完全可以想象如下审讯场景：

(28) 警察看着李四、王五，说："张三 没杀他，你们呢？"

警察这样讲，说明趋向于认为李四、王五有重大犯罪嫌疑，而这一倾向性正是来自把张三与其他人进行对比。

但在例(27b)中，"张三"不一定有特别意义，不一定有排他对比意义，所以可以是一种一般的信息焦点。例如：

(29) 警察：不是 张三杀的他，那么是谁呢？

警察这么问，未必趋向于认为李四、王五有重大犯罪嫌疑。

二是将焦点赋予否定词本身。吕叔湘(1985)认为，否定的焦点可能在"不"或"没"本身。我们认为，这不能说否定的焦点可能在"不"或"没"本身，因为没有一个成分是作用于自身的。这时应该说，是由于上下文的要求，这个否定词本身成了突显的成分，从而压倒了否定点的突显性。例如：

(30) 甲：你干嘛告诉他？

乙：我 没 说，真的 没说！

乙是对甲预设"告诉过他"的反驳，而反驳点在否定上，所以把否定词

"没"作为句子焦点；其后一句更有意思,乙已经说了"我没说","我没说"成了旧信息,于是后一句中新加的"真的"成了新信息及要强调的重点,所以"真的"又成了句子焦点。再如:

(31) 甲:我们去看看他吧。

　　　乙: 别 , 别 去!

(32) 甲:你真的不知道钱在哪儿吗?

　　　乙:我 不 知道, 不 知道就是 不 知道。

4. 余论:否定测试与焦点强迫形式的分化

"否定测试"是一种检验方法,以区分两种非独立的焦点强迫形式:焦点标记和焦点算子。区分焦点标记与焦点算子的根本之处在于是否影响真值,焦点标记可能为原句增加意义,但不会影响真值,而焦点算子要改变原句的真值条件。具体如下:

【否定测试】:有非独立的焦点强迫形式 F 加在原句 S^0 上,构成句子 S。

若对 S 否定,一定有对 S^0 的否定,则 F 为焦点标记。

若对 S 否定,不一定有对 S^0 的否定(可以是对 S^0 的肯定,也可以是 S^0 的真值不定),则 F 为焦点算子。

让我们先看下面的区别:

(33) a. **小李**喜欢旅游。

　　　b. 是**小李**喜欢旅游。

　　　c. 只(有)**小李**喜欢旅游。

"是、只"都是非独立的焦点强迫形式,在上例中它们都要求后面的"小李"成为可能焦点成分。但这二者在功能上是存在差异的,具体表现为:

如果把没有加上焦点强迫形式之前的句子称为"原句",则例(33)中,a 是 b、c 的原句。对"是、只"字句进行否定,得到如下结果:

(34) a. **小李**喜欢旅游。

　　　b′. 不是**小李**喜欢旅游。

c′. 不只**小李**喜欢旅游。

可以看到,如果 b′(即"不是**小李**喜欢旅游")为假,则 a 也为假;如果 c′(即"不只**小李**喜欢旅游")为假,则 a 依然为真(或不会必然为假)。

这说明,"是"字句并没有在原句基础上增加什么命题内容,仅仅是标记句子的焦点在哪儿,所以对"是"字句的否定也就是对原句的否定;而"只"字句则以原句为预设,在其基础上增加了新的命题内容,而不仅仅是标记句子的焦点在哪儿,所以对"只"字句的否定只是对其增加的那部分内容进行否定,而并不对原句进行否定。

所以"是"类非独立的焦点强迫形式是"焦点标记",意为它仅仅标出具有突显性的可能焦点成分的可能位置,不增加新的功能,对它否定就会对原句否定;而"只"类非独立的焦点强迫形式是"焦点算子",意为它在标出可能焦点成分的同时,要运用自身的功能对可能焦点成分的语义内容进行新的运算,对它的否定不一定导致对原句的否定。

再来看否定副词"不、没":

(35)原句:张三明天去**北京**。

甲:张三明天不去**北京**。

乙:不,张三明天要去**北京**。

(36)原句:李四昨天去了**上海**。

甲:李四昨天没去**上海**。

乙:不,李四昨天去了**上海**。

可以看到,对否定副词"不、没"的否定就意味着对原句真值的肯定,这证明了否定副词是焦点算子,即否定算子。

参考文献

胡建华 2007 《否定、焦点与辖域》,《中国语文》第 2 期。

李宝伦 潘海华 1999 《焦点与"不"字句之语义解释》,《现代外语》第 2 期。

吕叔湘 1985 《疑问·否定·肯定》,《中国语文》第 4 期。

钱敏汝 1990 《否定载体"不"的语义—语法考察》,《中国语文》第 1 期。

沈开木 1984 《"不"字的否定范围和否定中心的探索》,《中国语文》第 6 期。

熊仲儒　2005　《否定焦点及其句法蕴含》,《中国语文》第 4 期。

徐　杰　李英哲　1993　《焦点与两个非线性句法范畴:"否定""疑问"》,《中国语文》第 2 期。

徐烈炯　2006　《语义焦点》,《东方语言学》(第一辑),上海教育出版社。

袁毓林　2000　《论否定句的焦点、预设和辖域歧义》,《中国语文》第 2 期。

Givón, T.　2001　*Syntax Vol.1*. Amsterdam: John Benjamins Publishing Company.

Jackendoff, Ray　1972　*Semantic Interpretation in Generative Grammar*. Cambridge, Mass.: MIT Press.

Van Valin, R. T. & Lapolla　1997　*Syntax: Structure, Meaning and Function*. Cambridge: Cambridge University Press.

祁峰：fqi@hanyu.ecnu.edu.cn

原载《国际汉语学报》2013 年第 4 卷第 1 辑。

否定、疑问与动词重叠[*]

李宇凤

提　要　本文主要讨论动词重叠 vv 式否定的语用条件，以证明否定的动词重叠需要配合非现实语境使用，从而体现其自身的非现实性。能够帮助动词重叠否定成句的语境条件包括陈述类假设句和评价描述句、疑问类测度问或反问句，这些句类都体现非现实情态。否定的动词重叠之所以需要在非现实语境中使用，其原因在于"不/没"使动词重叠从通常的非现实祈使表达，转化为现实倾向明显的陈述表达；否定性动词重叠受到的非现实情态限制，也是陈述性动词重叠所受的限制。

关键词　重叠 vv　否定　非现实

动词重叠的否定限制，通常在讨论动词重叠的语境、语用时偶有提到（朱德熙 1982；毛修敬 1985；王建军 1988；赵新 1993；张爱民、杜娟 2005；华玉明 2010）。概括起来，有三点：（1）动词重叠一般不直接用于否定句；（2）否定后的动词重叠用于反问句；（3）否定的动词重叠用于假设句。这一概括说明了动词重叠否定用法的基本事实，得到了研究者的普遍认同。因此，动词重叠的否定问题不是动词重叠研究的热点，我们也没有看到专门讨论此问题的文章。

至于为什么动词重叠能或者不能被否定的这一问题，则更少受关注。毛修敬（1985）提到"不……不/就"假设句中做假设条件的 vv，应该理解为

＊ 本文研究受中央高校基本科研业务费——四川大学青年教师科研启动基金资助，项目批准号 2010SKQ29。

引用成分,表达的是"应该、理应"的肯定意义。这似乎将否定陈述的动词重叠与肯定祈使的动词重叠在性质上画上了等号。相近的观点是,动词重叠不单独出现在否定格式中,其假设、反问等用法中的否定形式都应理解为肯定(华玉明 2010)。华文强调动词重叠的主观意愿性决定了动词重叠本身不能被否定,并引证洪波(1996)关于肯定/否定祈使句的观点,进一步指出动词重叠表说话人心理上希望的动作行为,因而不能被否定。也就是说,动词重叠不能被否定,是因为表祈使的动词重叠不能被否定;而动词重叠祈使不能被否定,是因为动词重叠祈使要表达人们希望的动作行为。显然,把动词重叠的功能等同于动词重叠祈使句的功能,其前提和结论都失之偏颇。动词重叠在叙述时,可以不受"非贬义愿望"的限制。同样,否定性的动词重叠也不是非要用于祈使句,所以也不能用祈使句的否定限制来解释。

(1) 活着嘛,干吗不活得自在点。开开心,受受罪,哭一哭,笑一笑,随心所欲一点。(王朔《一半是火焰,一半是海水》)

(2) 我嫁人、离婚、生孩子、调工作都没问问我妈。(安顿《命运中有多少轮回》)

一般对"吃苦、打击、丢脸"等不太符合愿望的动词重叠,会从不同于"享福、开心"的角度进行解释。比如"让他吃吃苦"等致使句符合说话人的愿望,而"我想吃吃苦"则是一种特殊的愿望,此时"吃苦"已不是坏事。但例(1)"受罪"无论从哪个角度讲,都不符合愿望,也不可控,却可以重叠。例(2)是典型的动词重叠直接被否定的叙述句,完全不涉及祈使愿望句要求的肯定意义。我们熟悉的反问、假设句中的动词重叠否定,也不一定表肯定,除非我们把肯定的范围扩大到涵盖一切情况。即逻辑上,任何表达都有其相关的否定表达,对这一否定表达的否定,则看作一种肯定。

(3) 你们要从王家河旁边经过,不看看你的干女儿跟干女婿么?(姚雪垠《李自成》)

(4) 外国人如果不亲眼看看,也许以为是在听神话。(《1994 年报刊精选》)

例(3)中"不看看"的肯定意义是"应该看看",但这种意思是隐含的。更重要的是反问从事理上肯定"应该如何",与"不看看"的肯定祈使形式

"要看看"表意不同。例（3）不仅可以表示事理上应该的动作行为，同时还表达从否定角度对未来情况的测度，即"不要看看……吗"。例（4）中"不亲眼看看"表假设条件，但结果句是一个性质论断，没有相应的否定成分，也不能断定该复句就是表整体肯定。因为"如果不看看，就以为是神话"和"如果看看，就不会以为是神话"，都不是某种"负负得正"的肯定。当然，将例（4）改写为"如果亲眼看看，就会相信"，整句表达肯定。但这样的话，任何一个表达，都可以有相应的肯定形式，再谈动词重叠只能被肯定，就没有意义了。此外，即便有两个否定成分分别用于假设复句的条件和结果，也不能说条件分句中的否定成分就单独表肯定意义。

从原因的角度分析，会发现动词重叠的否定语用在表现上存在更多复杂的细节，在研究意义上可能涉及动词重叠的根本语法限制。本文以语料库为基础，考察动词重叠否定及疑问、假设等的配合关系，以及"不/没"否定动词重叠的异同，从而证明否定的动词重叠限制选择非现实语境，疑问、假设复句、评价陈述等都是帮助汉语动词重叠否定句确定体现非现实性的语境条件。同时也证明，汉语否定句存在现实与非现实的双重性，其具体的情态性质要依据特定的表达需要和理解角度而定。

本文主要包括三部分：一，意愿否定"不 vv"的将然非现实性，讨论其意愿陈述用法的不可行和假设条件用法的必然性；二，意愿否定"不 vv"的疑问非现实性，讨论疑问与"不 vv"配合的语用结果：间接祈使与事理论辩；三，情况否定"没 vv"的评价非现实性，讨论其与显性和隐性评价成分的配合关系，以及"不/没"通用的非现实关联。最后是结论和余论。

1. 意愿否定"不 vv"的将然非现实性

现实与非现实是一对语境情态范畴。简单地讲，已然实现的确定的是现实的，未实现不确定的是非现实的。现实/非现实的概念区分虽然清楚，但某些具体语句的情态归属则颇具争议。否定句就是其中之一，其表现为：各种语言对否定句的现实/非现实情态标记处理不一样（Palmer 2001）；在对现代汉语否定句的现实性归属上看法不一。一般认为，汉语否定句属于非现实句（沈家煊 1999：104—105；张伯江 2000：136），但也有研究者考虑到不/没的否定性质，从而得出具体的不同结论（李敏 2006：

222；王晓凌 2009：91；张雪平 2009）。张雪平（2012）主张，否定句具有现实/非现实双重属性，因为否定本身就具有命题内否定和命题外否定两种逻辑性质。否定辖域高于命题，则命题表达的内容在现实中还不存在，因而否定句体现泛时的非现实性；命题辖域高于否定，则可以将否定句看作一个否定判断，即从否定角度确定的现实，体现现实性。也就是说，否定句既可以表达带有否定特征的现实情况（正如"我讨厌他"是一种确定的现实，而"我不喜欢他"也是一种确定的现实，虽然后一句话带有否定词，但两者在确定某种现实的时候有一致性），也可以体现泛时持续的"未实现"非现实状态；有具体时点参照的未实现状态，用"没"构成否定，而没有具体时点的未实现状态，用"不"构成否定。张文所讨论的否定句，仅限于"由否定副词作标记的简单否定陈述句"，至于否定因果句、假设句、疑问句等则不在讨论范围内。这些超出简单否定陈述句的复杂情况，正是我们要深入考察的地方。本文将证明，虽然大家罗列出假设、常规、未来、祈使、意愿、否定等非现实句，但各种非现实因素的作用并不均等，至少否定的非现实性需要特定条件加以确定；"不 vv"表达意愿否定，而意愿本身不能独立满足动词重叠的非现实情态要求（张雪平指出意愿句也有双重性，因为我们同样可以把意愿成分看作命题内或者命题外成分），因此"不 vv"不能单独用于陈述，除非构成假设条件或者疑问句。本节主要讨论"不 vv"表意愿否定和用于陈述句的情况。

　　众所周知，副词"不"用于连续否定，而"没"用于离散否定（朱德熙 1982；郭锐 1997；石毓智 2001）。通常动词原形如果不带体现具体时间特征的成分成句，自然理解为祈使，如动宾、动补、动量和动词重叠形式："坐、坐沙发、坐好、坐一会儿、坐坐"。"不"为否定动词，不是否定性祈使，而是表达否定意愿，具有泛时特征，结合具体情况则体现将然性。如"不吃不喝"表示"不愿意吃/喝"，其自然结果是"（将来）不会吃/喝"。同样的，动词重叠等结构作为不体现时间特征的动词性成分，其否定也不能是否定祈使[1]，只能表否定意愿。此时，无标记祈使的动词重叠，实际上体现相应的意愿陈述意义。虽然，动词原形可以构成合格的意愿否定陈述句，动词重叠却不能单独用于陈述性的意愿否定句。我们调查了北大 CCL 语料库网络版中所有单音节动词重叠，得到动词重叠 vv 共43 000多

例,其中带否定因素的重叠 vv 有 1 900 多例,动词重叠直接被否定的
550 例。没有发现一例陈述性"不 vv"或者类似显性意愿否定的"不想/愿
意 vv"。类似表意愿的动词还有"要、去、来"等。"不 vv"与"不想/愿/去
vv"等在意愿将然表达上语义相当,很多时候可以替换使用。

　　"不(想)v"与"不(想)vv"的差别在于前者是完全否定,而后者是部分
否定(绝大多数研究者接受动词重叠表"量"的观点。一定量的否定相当
于完全否定的一部分)。比较下面的例子:

　　(5) 我们不干/＊干干研究工作。(自拟)(在假设句中可成立)

　　(6) 他不想看/＊看看这本书。(自拟)(在表已然时可说,但不能理解
　　　　为表未来行动的意愿)

　　动词重叠无论表达的量[2]如何,它都是动词原形所表动作行为的一
个动态部分。根据霍恩等级(Horn scale),如果需要否定某种动作行为相
关的意愿,直接否定动词就可以了。否定动词原形就包含了对相应动词
重叠的否定。相反,否定的动词重叠形式相对复杂,既不能增加语义效
果,又会使表意不明确,因而"不(想)vv"的陈述形式不是一个好的选择
(因为肯定与否定的不对称性,肯定意愿句可以选择动词原形也可以用动
词重叠。肯定全部和肯定部分能够体现不同的意义)。

　　更重要的是,意愿句的否定会使意愿句非现实性减弱,造成否定意愿
的"现实"与否定动词重叠"非现实"的不匹配,从而使重叠 vv 不能使用;
这是否定性动词重叠限制选择非现实语境的直接证据。意愿句如果是对
某种心理状态的确定陈述,则是现实的,其重点在意愿(或具体表现为意
愿成分);如果将意愿看作虚化成分,意愿句的着眼点在于意愿关联事件
的将然性,则是非现实的(张雪平 2012)。这种对意愿句双重性的概括,更
适合说明肯定句。当意愿被否定,由于否定词的焦点化作用,意愿将会成
为表达重心,而意愿辖域内事件的将然性则会弱化,整个否定意愿句就很
难突显非现实性。这样,我们就能够解释例(5)、例(6)与例(7)、例(8)的
对比。即否定本身不能确定表达非现实性,否定与意愿配合构成否定意
愿,使意愿句倾向于现实性,因此,动词重叠不能直接陈述否定或者用作
否定意愿成分的宾语。

　　(7) 他想看/看看书。(自拟)

(8) 我们干/干干研究工作。（自拟）

"不 vv"不能单独用于陈述句,但却可以用于假设复句表假设条件。此时,否定性的动词重叠表示未来某种动作行为不发生,这是产生某一特定结果的条件。最典型的例子是常被提到的双重否定假设复句,即"不 vv"作条件分句,而结果分句中有"不"体现相关结果,如例(9)。否定性假设条件,不限于用否定词"不",也可以用"非",如例(10)。

(9) 或说神敬完了,对于庙前庙后,庙左庙右,还有些偏爱的,不说说
    不痛快……(《读书》147 卷)

(10) 可是今天似乎有千言万语在心中憋闷着,非说说不痛快。(老舍
    《骆驼祥子》)

表达肯定意义的副词"非"就来源于固定格式"非……不可/不行",即主句和从句均含否定的假设复句的紧缩固化。由此,不少研究者认为,假设复句中的动词重叠否定,仍然表达肯定意义。这种看法不恰当地将动词重叠的意义等同于其所在复句的意义,同时也忽略了"不 vv"假设复句的复杂情况。我们发现,结果分句不一定要有"不",也不一定体现字面否定意义,如例(11)—例(13);甚至有的结果不好说是否定的,如例(14)、例(15)。

(11) 周、陈两家是紧隔壁,不先问问陈家要不要,在人情、道理上也说
    不过去。(欧阳山《三家巷》)

(12) 我养牛有瘾,一天不看看牛、摸摸牛,心里就别扭。(1993 年
    3 月《人民日报》)

(13) 在家憋闷得慌,不玩玩,我干什么!(1996 年 12 月《人民日报》)

(14) a. 最后,他来到汉普顿宫,感到要是不填填肚子,准会哇地哭出
    声来[3]。(毛姆《人性的枷锁》)

    b. 可我实在想打,我顾不了那么多。不想想办法我只好和你们
    俩对打。(王朔《顽主》)

(15) 天么冷,你要不暖暖身子驱驱寒气,我不忍心。(梁晓声《钳
    工王》)

例(11)中"说不过去"是一个否定义短语,其实与例(12)中的"别扭"一样体现的是某种情理上负面评价,否定的意义不能加之于"不 vv",表达肯定意义"vv"。同理,例(13)这类假设结果句,反问的否定倾向,只是一种事

理评价(李宇凤 2010),反问不表示"要干什么",而表示按道理讲"没事可干"。像例(14)这样的句子,充分说明"不 vv"的假设条件特性,其前有假设连词"要(是)",其结果句跟一般的假设句没有区别。当然,我们可以勉强认为,"哭出声来"和"对打"是不好的结果,为了避免此结果,肯定需要"填填肚子"和"想想办法"。但这样的解释无限扩大了否定的范围,对比例(15)会看得更明白。"不忍心"形式上是否定的,但却具有与例(11)—例(14)中结果相反的肯定意义。也就是说,"不忍心"是我们情理上应该肯定的,正如"说不过去""别扭""哭出声来"是应该否定的。那么,我们到底以何种标准判断"不 vv"假设复句中的结果分句表肯定还是否定呢?

可以确定,假设句中的动词重叠否定并不表达字面肯定意义。假设句中"不 vv"条件,常伴有否定性的结果评价,只能保证"不 vv"是我们推理后倾向避免的动作行为。"不 vv"假设句不是一个间接肯定的祈使句或者愿望陈述,因为很多此类假设句用于事后解释,如例(11)、例(13)。假设句中的条件性"不 vv",跟肯定性的假设条件没有本质的区别,只不过它以不实施某种动作行为作为条件。假设性,使"不 vv"体现将然时间指向,具备非现实性,从而可以成句。

"不 vv"的假设"将然性"以及"将然性"与"意愿性"的关联,需要说明一下。"不"否定动词重叠的"意愿性"是指,实施或者不实施某个动作行为是行为主体的主观选择。对于已然发生的事情,我们无法选择,可以选择的只有未来的动作行为。因此,"意愿性"隐含"将然性"。假设性意愿的特点在于,假设条件中的动作行为以相关事件发生之前为参照点,这样,行为主体才可以假设选择实施或者不实施某种动作行为。因此,无论意愿假设句针对已然情况进行假设评论,还是对未然情况进行假设推理,其条件分句所表达的内容都具有将然性。举例来说,例(12)"不看看牛、摸摸牛"表常然规律,可以选择发生在表达之后,表将然,也可以在说话之前,表过去将然;例(13)说话人已然"玩儿"了,"不玩玩儿"的将然性是指如果在找人玩儿之前,说话人选择"不玩玩儿"。即过去可能选择的活动相对于选择之时,是将然的。例(15)中的"不 vv"关联的情况,是让你"暖了身子驱了寒"还是"去暖身子驱寒",对于"不 vv"的假设将然性没有直接的影响。总之,"不 vv"能够用于假设复句表条件,是因为假设的非现实性满足了"不 vv"的非现实要求。

2. 意愿否定"不 vv"的疑问非现实性

"不 vv"不能单独用于陈述句,却可以自由用于疑问句。疑问表明所问内容是不确定的,自然也是非现实的。本节将阐明,疑问的非现实性能够使动词重叠适用于具有现实/非现实双重性的否定形式。

首先来看疑问的非现实性与肯定类动词重叠的配合关系。疑问特征只能加之于陈述之上,因而,对动词重叠的疑问,也就是对意愿陈述的疑问。只要语义上意愿表达得当,动词重叠适用于各类疑问句。由于直接针对意愿提问最简单,所以是非问、正反问、附加问最为常见;选择问相对较少,特指问涉及意愿的相关时、地、人等方面,相对更少。例如:

(16)"二爷也刮刮?"(老舍《裕兴池里》)

(17)世济,是不是唱唱,让唐先生听听?（刘连群《李世济与唐在新》)

(18)再躺躺好吗?（方方《暗示》)

(19)现在的问题是我还是就职呢,还是看看再说?（老舍《东西》)

(20)谁(来)帮帮我?（张炜《柏慧》)

有时候,"愿意、想、要、去、来"等助动词用于构成动词重叠的意愿疑问句,它们是体现动词重叠意愿性的显性形式。如例(20)中两种形式都有实例出现。特别是正反问当中,显性意愿成分的使用更频繁,如例(21)。意愿成分在动词重叠疑问句中的大量使用,直观地体现出动词重叠用于陈述时的意愿性。

(21)外边热闹得很,要不要去听听?（周而复《上海的早晨》)

(22)你愿意跟他们聊聊吗?（自拟）

疑问语气,无论加之于肯定还是否定的动词重叠,都能通过疑问的不确定性保证动词重叠需要的非现实条件。意愿否定的"不 vv",加上疑问语气,就能自由运用。例如:

(23)我最近正在研究周易,拿小叶练练技术。你们二位不算算?（谈歌《大厂》)

(24)小姐俩大老远奔一趟,不转转?（1995 年 11 月《人民日报》）

例(23)、例(24)其实是从否定角度对未来行为的测度,其中隐含事理上的否定意味，即体现"应该、理当 vv"之义。但其本身并不直接表反问否定，即例(23)、例(24)不等于"你们二位要算算""小姐俩要转转"。本质上，"不算算、不转转"是一种可能的未来情况，但说话人用疑问旨在确定受话人的主观意愿并引导其未来行为。如果添加副词"还、也、都、从来"等语气成分，说话人的主观倾向会更明显，从而使"不 vv"疑问形式向反问过渡。

　　(25) 你们还不换换房子？（1996 年 6 月《人民日报》）

　　(26) 人们都不想想，那时李府大奶奶还在世，难道……？（姚雪垠《李自成》）

例(25)可以理解为对否定意愿的确认，也可以理解为着重事理论辩的反问。例(26)则只能理解为反问，因为此时无法询问"人们"的意愿。这类"不 vv"疑问形式中，副词"也"修饰的结构最常见，基本相当于反问标记。

　　(27) 这电费没错儿，你也不算算家里有多少"电老虎"！（1996 年 12 月《人民日报》）

　　(28) 现在何不想想呢？（陈建功、赵大年《皇城根》）

　　反问的"不 vv"表达事理评论，不是对"不 vv"的直接语义否定。此时，反问的事理评价性，即常然规律的非现实性，对于"不 vv"的成立非常重要。反问的事理否定评价，可以间接表达祈使，因为"合理的通常是应该做的"，而"应该做的就可以去做"；否定评价与间接祈使在事件时间允许的情况下，可以相通。但是，事理评价的非现实意义，对于"不 vv"来说是更基本的特征，主要表现为两点：一，有的"不 vv"反问句只表评价，不能引申出间接祈使；二，祈使是间接的，必须以事理评价为基础，因而主观评价性副词、原因疑问词、"应该、能、许、兴"助动词等常用于"不 vv"反问。例如：

　　(29) a. 不过，还不兴说说咱的难处？（茹志鹃《剪辑错了的故事》）

　　　　　b. 门儿一开，顺着门四脚朝天的倒进一个人来。"喝！我的老头！开门不听听外面有打呼的没有哇。"（老舍《老张的故事》）

　　(30) a. 为什么不写写吹牛的事？（1994 年第二季度《人民日报》）

　　　　　b. 有道是山不转水转，你就不能想想法子？（《1994 年报刊精选》）

例(29)中的两例一个是单纯论理，一个是批评已然行为，所以不再引申为祈使。例(30)中两例都表间接祈使,但是从反问突显成分的应用可以看出事理否定在其中的重要作用。无论"不 vv"反问,表事理否定还是间接祈使,它们都能满足否定性动词重叠对非现实情态的要求。反问体现事理评价的泛时性,祈使体现事件的将然性,两者都是非现实的表达形式;这是"不 vv"的疑问形式能够成立的根本原因。

3. 情况否定"没 vv"的评价非现实性

除了意愿否定的"不 vv",还有"没(有)vv"的动词重叠否定。作为离散否定,"没(有)"否定描述已然情况,倾向于体现现实性,即确定的带否定性质的情况;但也能体现非现实性,即否定辖域内的事件没有现实实现。在简单描述句中,"没(有)"不能否定动词重叠,所以像例(31)、例(32)那样的句子不合法。其原因与"不 vv"不能单独用于陈述的情况相当,即"没 v"涵盖"没 vv"的语义范围,"没 vv"不具备附加的表达价值,"没"表否定也不能保证动词重叠短语的非现实性。

(31)？他没有看看沿途的道路。(自拟)

(32)？我们没试试这种药。(自拟)(作为责备、回应时可说)

请注意,例(31)、例(32)不成立,是指其单独使用的情况。

与"不 vv"一样,复杂句中的"没 vv"可以用于陈述,或者由疑问帮助其成句。所不同的是,"没 vv"用于陈述,需要借助于评价语义的非现实性,而不是假设条件的意愿将然性。评价成分可以是各种语法性质的成分,可以出现在句子的各种位置上,或者隐含在整个表达当中。"没 vv"前后分句中表内隐否定的动词,像"怪""抱歉""遗憾""抱怨""后悔"等,含否定意义的形容词及其短语,像"枯燥""辛酸""好苦""活该""忙得"等,以及由否定词构成的动词短语(一个有意思的现象是,"不 vv"作假设条件的复句,有时候像是这类由否定动词短语构成的评价单句,如"到了上海不看看这种地方,等于没有来过"),像"不喜欢""不乐意""不该"等,都可以使"没 vv"用于陈述句。

(33)a. 说不定是他自己糊涂了,只怪他一直心不在焉,没有看看沿途的道路。(塞尔玛·拉格洛夫《尼尔斯骑鹅旅行记》)

　　b. 我也很奇怪并后悔当时没有问问有关张先生的种种生平往

事。(《读书》176 卷)

（34）a. 似乎是随便的走，歪着肩膀，两脚谁也不等着谁，一溜歪斜的走。没有想想看，碰着人也活该。(老舍《沈二哥加了薪水》)

　　　 b. 这一阵子忙得也没和你说说心里话，你对水山哥到底怎么样呀？(冯德英《迎春花》)

（35）a. 当初，我就不喜欢你们的婚姻，既没看看八字儿，批一批婚，又没请老人们相看相看。(老舍《四世同堂》)

　　　 b. 在她看来，李大个子不该管闲事，把白玉山拉走，没有给她出出气。(周立波《暴风骤雨》)

例(33)是由评价动词帮助"没 vv"成立的句子。其中例(33a)的评价动词"怪"带"没有看看"所在的复句做宾语；例(33b)的评价动词"奇怪、后悔"做谓语，而"没 vv"做宾语。例(34)是评价性形容词及其短语帮助"没 vv"成句的例子，在例(34a)中"活该"做"没 vv"后一分句的谓语；例(34b)中"忙得"做谓语，带"没 vv"做补语。例(35a)是否定词"不"和心理动词构成短语，出现在"没 vv"前一分句，间接评价"没 vv"，例(35b)是否定词"不"修饰事理评价助动词"该"，出现在"没 vv"前第二个分句中，直接评价"没 vv"。

　　语气、强调、数量、范围、转折等副词，也可以直接或间接使"没 vv"体现评价义，从而用于陈述句。预设否定副词"并"、转折副词"却"、小量副词"就"、总括副词"都"等，都常用于修饰"没 vv"。例如：

（36）老楚打来一壶开水，并没擦擦或涮涮碗，给文博文满满的倒了一杯……(老舍《文博士》)

（37）也许这个北方人对雪花有一种难言的迷恋，却没有想想那是个什么年代。(丁聪《与绘画有缘的高莽》)

（38）什么产前、产后，顺产、难产，这个，那个，她就没问问她娘，她自己是怎么生下来的。(茹志鹃《静静的产院》)

（39）你从参加工作以来，都没去玩玩看看，现在你已 50 多岁了，再不出去就没机会了。(1996 年 5 月《人民日报》)

例(36)中预设否定的"并"表示"没擦擦或涮涮碗"是不符合预期的，即评价为"不应该"。例(37)中"却"用于转折连接，即表明"却"所在分句不符合推论预期，即评价"没有想想"为"不合适"。例(38)中"就"附带"少、小"

评价义，即"只是、局限于"，从而间接引申出极限义否定评价，即"没问问她娘"很局限却没有做到。例(39)中"都"说明"没去玩玩看看"是长久以来的普遍规律，这与一般社会情况相左，因而含有轻微的否定态度。上文中例(2)也属于此类情况，即将"嫁人、离婚、生孩子、调工作"等活动"都没问问妈妈"评价为特殊情况，不同于事理常规。

语气副词"也、还、都"，时间副词"从来、始终"、强调副词"甚至"等通过强化说话人的主观态度，直接表达对"没 vv"的否定评价。例(40)—例(43)中"没 vv"都含有"应该 vv"的评价义。

(40) 唉，这些天也没看看老妹子，真想啊！(冯德英《迎春花》)

(41) 你都没有想想你在说些什么。没有人把我拖进任何事中。(伏尼契《牛虻》)

(42) 自从"五三"以后，抵制日货的口号叫了两三年，各商店始终没有摸摸良心，多卖些本国货，少卖些日本货……(刘半农《好聪明的北平商人》)

(43) 他并不认识韩信，他甚至也没有谈谈话，考察考察，看看这个人到底怎么样。(易中天《百家讲坛》之"韩信身世之谜")

评价成分有时直接修饰"没 vv"，有时却离得很远。甚至有时候，评价义隐藏在整个表达中，没有特定的成分直接促成"没 vv"的评价理解。例如：

(44) 因为工作的头绪纷杂，是很久没有坐坐和想想了。(孙犁《风云初记》)

(45) 那不行，我还没问问那两个鬼魂呢，她们为什么投井？(苏童《妻妾成群》)

(46) 你没瞧瞧冯大全的，那才算大地主哩！(冯德英《迎春花》)

(47) 果然到家还没歇歇脚，母亲就唠叨……(1994 年第二季度《人民日报》)

(48) 我坐着终于没有动，没有抱抱她，我只是静静地问。(卫慧《上海宝贝》)

例(44)中"很久"可能帮助整个句子体现一种向往的状态，从而间接评价"没有坐坐和想想"，但"很久"本身显然不能体现评价义。例(45)中"不

行"指向"没问问"相关的事件,所以使"没问问"显得不合适。例(46)由
"才"和感叹号的共同作用使得"没瞧瞧"像是吃了亏,间接体现"应该瞧瞧
去"的评价义。例(47)由"就"的连接和"还"的语气作用共同评价,"母亲
唠叨得太快了"。例(48)则只有上下文才能表明对"没有抱抱她"的评价
意义。

各种对"没 vv"的评价,都从事理角度着眼,即"应不应该""能不能
够"。这种特定的评价性质,体现在"不该"的直接运用上,也体现为"没能
vv"可替代"没 vv"表达相关的意义或者添加于"没 vv"当中。如例(49)、
例(50)中的"能"都可以省略。

(49) 她虽然没能看看这个光明的世界,但整个光明的世界却看见了
她高尚的心。(《读书》26 卷)

(50) ……最遗憾的是"孔雀南北飞"的不定生活使她没能在母亲有生
之年多陪陪她。(《1994 年报刊精选》)

"没 vv"的事理评价性,还体现在添加原因疑问代词、反问副词和情态
助词的"没 vv"构成的反问句中。此时,"没 vv"不是出现在陈述句中,却
体现事理评价的陈述力量,如例(51)、例(52)。例(53)的"没 vv"反问句直
接用于陈述,其陈述性事理评价性更明显。

(51) 当时为什么不往前凑几步呢? 为什么没有摇摇尾巴呢?(王凤
麟《野狼出没的山谷》)

(52) 在评定它的时候,除了分析作品本身之外,难道不应该看看它的
社会效果么?(《读书》13 卷)

(53) 为什么您从来没有想想事情并不一定是这样,因为您的痛苦也
是我的痛苦……(铁凝《大浴女》)

各种纷繁复杂的事理评价都能使"没 vv"构成合法的表达,证明"评价
性"是"没 vv"成句的基本语境条件。评价的事理特征表明,"没 vv"更多
地体现泛时性,而非限时性,指向"没 vv"发生之前或之后可能的动作行为
选择。多数时候,"没 vv"表达的情况已然存在,不可改变,如前例(40)—
例(44)。有时"没 vv"可以转化为将来采取的行动,如前例(45)、例(46)。
无论所评价的事件发生与否,如果讨论事理上"应该/可能"的选择,评价
的对象都是"vv";"没 vv"也是其中的一种选择。也就是说,事理评价,针

对的是否定辖域内没能实现的情况，而非一种否定性的确定情况；评价义使得"没 vv"体现非现实的一面，这是"没 vv"合法使用的根源。

实际上，评价—反问—疑问具有连续渐变的相关性，"没 vv"通过评价非现实性成句与"不 vv"通过意愿将然非现实性成句是相通的。主要表现为两点。第一，"没 vv"表达否定事理评价，也根源于反问用法。

(54) 赵老什么反应？没做做说服劝解工作？（王朔《千万别把我当人》）

(55) 他就一点没想想少只胳膊是多么不幸和痛苦吗？（冯德英《迎春花》）

(56) 没看看别人忙的样子，水都接不过来，你还在那里弄……（周而复《上海的早晨》）

(57) 你爱我，可你没问问我是不是爱你？（王朔《过把瘾就死》）

(58) 在叙述完了那对男女的平淡至极的故事以后，却并没有唱唱那匹马的结局。（张承志《荒芜英雄路》）

例(54)—例(56)可以看作"测度疑问—反问"的发展序列。例(54)着眼于过去的具体情况的确认，但根据推理隐含"应该做做说服劝解工作"之意。例(55)由极性成分"就一点"强化了否定评价倾向。例(56)"没 vv"直接用于连续叙述中，反问形式有直接用作否定评价的趋势。例(57)两解，"可"的转折作用使"没问问"近于陈述，而整个表达又像反问。例(58)是直接用其他否定评价源代替反问否定评价的情况。总之，动词重叠的事理否定，先是出现在反问中，然后固化为陈述性的事理否定评价。

第二，虽然"没"表达限时义，"不"表达泛时义，但在对未实现的"非现实情况"的评价上，两者可以通用。也就是说，"不 vv"通常可以替代"没 vv"，而在针对限时情况时，"没 vv"也能替代"不 vv"。"没/不 vv"在限时情况下的通用，说明泛时评价模糊了两者的界限，这也从一个侧面证明评价句中的"没 vv"体现的是其非现实义。"也不/没 vv"的互通性最强，如例(59)、例(60)。类似语境中使用"不/没 vv"皆可的例子还有例(61)、例(62)。

(59) a. 你问我："星期六晚上也不玩玩？"（戴厚英《人啊人》）

　　 b. 隔着松墙我招呼了他一声："也没玩玩去，博士？"（老舍《牺牲》）

(60) a. 哦，你穿衣服速度可真快！也不想想……算了！（柳建伟《突出重围》）

    b. 你就等吧,等到黄河清,日头从西边出来! 你也没有想想,既
       然破了杞县城……(姚雪垠《李自成》)

(61) a. 你不问问这是什么天气。(余华《夏季台风》)

    b. 你没问问谁能帮你找个工作? (王朔《刘慧芳》)

(62) a. 小吕并没有坐下歇歇,他还是沿着支渠来回蹓跶着,不过心里
       安详多了。(汪曾祺《看水》)

    b. 老虎走了,黑瞎子也不歇歇,也不吃啥,光顾收拾干仗的场
       子。(周立波《暴风骤雨》)

评价—反问—疑问的连续性以及"不/没 vv"的相通,其实是它们在非现实
性上相通的具体表现。动词重叠否定"不/没 vv"的语境限制(假设句、意
愿疑问、评价反问),就是否定性动词重叠体现非现实性意义层次的限制
条件;动词重叠的非现实要求以及否定的表意作用共同决定了否定性动
词重叠的语境表现。

4. 结论和余论

    本文讨论了"不/没"否定动词重叠时受到的语境限制,包括"不 vv"用
作假设条件、用于测度—反问句、"没 vv"用于陈述和反问评价句等。这些
限制概括起来就是"不/没 vv"的非现实情态限制,即否定的动词重叠必须
体现其非现实性。

    否定动词重叠的非现实限制,根本原因在于"不/没"的陈述性质使得
无标记祈使的动词重叠,在否定之后转化为陈述,并受到陈述的各种限
制。疑问、假设条件等表达,都有其陈述性内核,即以某种可陈述的内容
为基础。也就是说,"不/没 vv"的语用限制,植根于重叠 vv 用于陈述所受
的限制。引用的动词重叠,就不受否定限制。[4]例如:

(63) 女园艺师有些生气了:"我干嘛要谈谈! 我也许一辈子都不'谈
      谈'呢!"(张炜《柏慧》)

(64) 衙门里同事的有三个加了薪。沈二哥决定去见长官,没有想想
      看。……"几时才能不想想看呢?"沈二哥重了一句,作为回答。
      (老舍《沈二哥加了薪水》)

引用的效果是,无论在何种语境下,动词重叠都能保持原有的表达形式。

所以，在例(63)、例(64)中，否定与否，动词重叠都适用。显然，引用类动词重叠还是表祈使，它通常是说话人用以重复和否定先前某一祈使、突显其反驳态度的方式。

这样看来，否定性动词重叠受到的非现实表达限制，应该不局限于否定，肯定的动词重叠只要表陈述，很可能也受此限制。例如：

(65) a. 你/我/＊他看看。

　　 b. 让你/我/他看看。

　　 c. 你/我/他要(想)看看。

　　 d. ? 你/? 我/? 他看了看。

人称、能愿词、使让结构等对动词重叠肯定用法的影响，说明非现实的祈使或者愿望表达可以自由使用动词重叠，现实的情况陈述则受到某种限制。这类问题不是本文讨论的范围，却是由本文研究引出的一个有意思的研究话题，我们将另文论述。

附 注

[1] 含否定意义的祈使句，如禁止、劝阻等，常用否定副词"别/不要"，而非"不"。"别/不要"构成的否定祈使也不能用动词重叠，如可以说"别看"，但不能说"别看看"。

[2] 在"2013 年语言的描写与解释国际学术研讨会"(复旦大学)上，张谊生教授提出动词重叠应该有两类，表小量的 vv"看看情况去"，和表常然活动的 vv"看看书，打打球"，本文应先界定否定性动词重叠所讨论的动词重叠类别。我们认为，两类动词重叠的说法，说明学界认识到"小量"意义对非祈使常然类动词重叠的解释困难。一种解决办法是保留"小量"解释，区分两种动词重叠。我们采取另一种办法，即重新审视动词重叠的语法意义，使其能够统一解释两种情况。本文讨论的动词重叠否定，包括"小量"与"常然"两种情况，因为非现实情态限制，我们对上述两种情况的动词重叠的解释是一致的。具体如何统一动词重叠的语法解释，我们将另文论述。

[3] 自然表达中，通常采用的动词重叠否定会比"不/没 vv"复杂，如带将然标记"去"，或者状语成分，或者"不/没 vp₁ vv"等，但可以肯定 vv 重叠在语义上是被否定成分。为了使例证清楚，我们对例子中的干扰成分进行了适当的删改。

[4] 毛修敬(1985)在解释"不……不/就"格式对动词重叠的适应性时，就认为第一个"不"之后的动词重叠可以看作引用，即 vv 表祈使。这也算是让动词重叠具备非

现实性的一个手段，即祈使将然。不过，综合比较假设句的各种情况和后面我们要讨论的真正引用的例子，可以断定此时动词重叠基本不是引用（也有引用的）。更主要的是它们与引用的动词重叠在将然非现实表达上有共性。

参考文献

戴耀晶　2004　《汉语否定句的语义确定性》，《世界汉语教学》第 1 期。

华玉明　2010　《主观意愿和动词重叠及其语法行为》，《语文研究》第 4 期。

郭　锐　1997　《过程和非过程——汉语谓词性成分的两种外在时间类型》，《中国语文》第 3 期。

洪　波　1996　《含［＋属性］义动词和属性句》，《语文研究》第 3 期。

李　敏　2006　《现代汉语非现实范畴的句法实现》，华东师范大学博士学位论文。

李宇凤　2010　《反问的回应类型与否定意义》，《中国语文》第 2 期。

毛修敬　1985　《动词重叠的语法性质、语法意义和造句功能》，《语文研究》第 2 期。

明　星　2013　《vv 式在现实句与非现实句中的不对称性》，《常州工学院学报》第 3 期。

沈家煊　1999　《不对称和标记性》，江西教育出版社。

石毓智　2001　《肯定和否定的对称与不对称》，北京语言文化大学出版社。

王建军　1988　《动词重叠与语义、结构及语境的关系》，《徐州师范学院学报》第 3 期。

王晓凌　2009　《非现实语义研究》，学林出版社。

徐　杰　李英哲　1993　《焦点和两个非线性语法范畴："否定""疑问"》，《中国语文》第 2 期。

徐晶凝　2008　《现代汉语话语情态研究》，昆仑出版社。

于　康　1996　《命题内成分与命题外成分——以汉语助动词为例》，《世界汉语教学》第 1 期。

张爱民　杜　娟　2005　《动词重叠与句类的语用制约》，《徐州师范大学学报》第 1 期。

张伯江　2000　《汉语连动式的及物性解释》，《语法研究和探索》（九），商务印书馆。

张雪平　2009　《非现实句和现实句的句法差异》，《语言教学与研究》第 6 期。

张雪平　2012　《现代汉语非现实句的语义系统》,《世界汉语教学》第 4 期。

赵　新　1993　《动词重叠在使用中的制约因素》,《语言研究》第 2 期。

朱德熙　1982　《语法讲义》,商务印书馆。

Palmer, Frank R.　2001　*Mood and Modality*. Cambridge：Cambridge University Press.

李宇凤：yufenglicq@163.com

原载《语言研究集刊》第十二辑。

信息的确定性对否定表达的制约[*]

张汶静　　陈振宇

提　要　语言事实中存在着只有肯定形式而无对应否定形式的不对称现象。我们发现,造成这种不对称现象的原因之一是,话语或语句所包含信息的确定性会对否定的表达产生制约。本文将这种制约称为"否定的确定性条件",即包含信息的不确定性的话语或语句不能自由地进行句法否定。"信息的不确定性"具体包括:1)语义内容的不确定,2)指称的不确定,3)数量的不确定,4)认识的不确定等。本文用特指疑问代词、"某"类词及与"一"相关的数量结构三类语言事实证明了这一点。

关键词　否定　确定性　wh 词　"某"类词　与"一"相关的数量结构

1. 引言

"每个思想都有一个与之相矛盾的思想"(Frege 1918)。从语言直觉上说,每个肯定句都能通过加上否定标记而形成一个相应的否定句。但是在汉语的实际语料中,肯定句和相应的否定句存在形式上和语义上都不平行的现象。戴耀晶(2004)对此有所论述。在不平行现象中,有一个方面涉及信息问题。例如:

(1) a. 他买了笔和纸^[1]。——他没买笔和纸。

＊ 本文研究工作受到国家社科基金重点课题项目"现代汉语及方言中的否定问题研究"(批准号:12AYY001)、教育部人文社会科学规划基金项目"现代汉语句法与语义计算研究"(批准号:13YJA740005)的资助,特此致谢。

b. 他买了些笔啊、纸啊什么的。

　　—— *他没买些笔啊、纸啊什么的。

（2）昨天下午一个三班的学生来找他。

　　——a. 昨天下午有一个三班的学生没来找他。

　　——b. 昨天下午没有一个三班的学生来找他。

　　——c. *昨天下午一个三班的学生没来找他。

在英语中，我们也同样发现了与汉语相类似的现象。例如：

（3）A man came into my office yesterday.

　　—— *A man didn't come into my office yesterday.

上述句子都涉及一个重要的原则，本文称为"否定的确定性条件"，即话语或语句所包含的信息的确定性对否定的表达会产生制约，含有不确定信息（uncertainty）的成分不能被否定。

沈家煊（1999）指出，肯定句和否定句提供的新信息性质很不一样：

肯定句提供的信息：在听者不知道命题 P 的情况下告诉他 P；

否定句提供的信息：在听者可能相信 P 或熟悉 P 的情况下否认或反驳 P。

吉翁（Givón 2001）也说，作为言语活动，肯定性断言是"听话者不知道，说话者知道"；而否定性断言"听话者知道的是错误的，说话者知道的更好"，故"在使用否定性断言时，说话者不是在把新信息传递给听话者，而是在纠正听话者的错误信念"。

因此，任何一个否定句，都存在一个肯定句 P 作为它的语用预设或预期，并作为被否认（denial）的对象。这里的"否定"指句法否定（句子否定），即用句法否定词"不、没（有）、别"等进行的对小句的否定操作，不包括词汇否定（陈振宇 2013）。

形象地说，肯定的语义内容是一个点或区域，否定则是对这个点或区域的排除。如果 P 的语义突显不确定的信息，也即这个点或区域的位置无法确定，则排除操作将无法准确进行。

例（1a）中，明确买的是笔与纸这两类东西，可以否定；而在例（1b）中，"些"指数量上的不确定，"……什么的"则是一种不确定的列举格式，还可以有笔与纸之外的东西，只不过不再多说而已，因此例（1b）难以进行句法否定。

例（2c）与例（3）相似，有表示不定指称的"一个"和"a"，所以不能句法否定。而例（2a）、例（2b）的否定之所以可行，是有特殊原因的，我们后文将会讨论。

本文将分以下几部分进行论证：

1）先说明一些不属于"确定性条件"制约的情况，这些情况能够从其他句法语义语用原则中找到解释。

2）其次证明"否定的确定性条件"确实存在，论证将从正、反两方面进行：

i）哪些格式的信息突显不确定性，因此不能进行句法否定操作？ii）在什么情况下，相应的格式转而突显确定性的信息，因此又可以被句法否定了？

在具体证明"否定的确定性条件"的过程中，我们将以某一类语言现象（特指疑问代词、"某"类词和与"一"相关的数量结构）为纲，具体分析这类语言现象在被否定时受到的句法、语义、语用限制，以求得到一个较为详尽的观察与分析。

2. 不受"确定性条件"制约的情况

首先，有的否定句之所以不合适，是因为它本身虽然符合语法规范，但在语用上却不能单独成立，即"独立性"很差。当人们在没有上下文的情况下，突然听到下面左列的否定句时，一定会感觉摸不着头脑。例如：

（4）桌子上没有花瓶。——桌子上没有花瓶，不用找了。

（5）我不去上海。——甲：你去吗？乙：我不去上海。

（6）她昨天没见到谁。——我相信她昨天没见到谁。

（7）周末我没去什么地方。——甲：周末有意思吗？乙：周末我没去
　　　什么地方。

这是因为这些信息的信息价值一般都较小，如一个地方没有什么东西是常态，一个人不去上海是常态，而"有东西、去上海"才是不常发生的事，具有更高的信息价值。因此肯定句常说，而否定句不常说。不过，如果我们提供了一定的上下文或者在合适的语境中使用时，这些否定句的

信息价值也同样会变得足够大,句子就很合适了,如上面右列的句子。这种情况实际上是属于信息系统中的"相对信息"层面,陈振宇等(2014)已有详述,本文对此种原因的否定限制不再讨论,文中例句都默认有充足的上下文或者合适的语境信息。

其次,主观性对汉语否定句的影响。近来的研究表明,至少在以下几种情况下,原本不合适的否定句会变得合适(李宇凤2014;李红叶、陈振宇2015a):1)疑问句(反问句尤佳),2)条件分句,3)转折句,4)否定成分受到主观性极强的副词"还、并、又、也、都"支配的句子,5)带有极强的主观语气的句子。它们都或多或少地与本文的研究有关,有时会允准对不确定信息的否认,其中疑问与条件的影响最为常见。例如:

(8) * 不买一些

    a. 这东西不错,你不买一些吗?(疑问句)

    b. 你不买一些,怎么知道它好吃不好吃呢!(条件分句)

    c. 这么好的东西,他却不买一些尝尝!(转折句,同时有极强的主观语气)

    d. 这么好的东西,你也不买一些尝尝!(否定词"不"受"也"支配,有极强的主观语气)

    e. 这么好的东西,他也从来不买一些尝尝!("也、从来"有极强的主观语气)

例(8c~8e)还涉及"$V_1P+(-)$些/点儿/量$(+N)+V_2P$"连动结构,如下:

$$不[[买(一)些][尝尝]]$$
$$\qquad V_1P \qquad\quad V_2P$$

否定词是加在"$V_1P+\cdots+V_2P$"这一谓语整体上的,它实际上是词汇化为一种特定活动的代称;而"不"与"买一些"之间也不是直接否定。

李宇凤(2014)用"非现实性"来解释这种非典型否定现象,但李红叶、陈振宇(2015a)认为,对反预期(不合理/非常态)意义进行突显,才是根本的原因。由于这些例子体现的是主观否定与客观否定的差异,和确定性限制条件不在同一个讨论层面上,所以本文一般不再讨论,当然特殊情形例外。下面分节讨论各种确定性现象及对否定的不同策略。

3. 特指疑问代词与否定

在汉语中,特指疑问代词出现在否定句中时,有时表现出真性疑问的功能,而有时则表现出非疑问的不定指功能。例如:

(9) a. (这些地方里面)他没去过什么地方?

　　b. (这些地方里面)他没去过什么地方。

(10) a. (这次)他没见到谁?

　　b.(这次)他没见到谁。

(11) a. (班上的同学里面)他不喜欢和谁说话?

　　b. (班上的同学里面)他不喜欢和谁说话。

如果疑问功能的例句要单独成立,就必须分为两个逻辑步骤进行解释。如例(9a):

1) 陈述预设信息:(这些地方里面)存在地方 x,他没去过那儿。2)疑问焦点信息:这个 x 是什么地方?

否定词"没、不"等约束的直接对象是陈述部分的谓语成分"去、见到、喜欢"等,而和表示疑问的"什么、谁"不发生直接的关系。

例(9)至例(11)中的 b,则是陈述句。例(9b)"什么地方"中的非疑问用法的代词"什么"是不定指功能。"什么"本身的语义内容包括两个方面,它们都是焦点信息:

1) 存在地方 x,他去过那儿。——存在意义

2) 暂时还不能明确这个 x 地方是哪儿。——不定指称意义

其中,存在意义是确定的(因为只有存在与不存在两个选项,因此任选一项都是确定的),而不定指意义是不确定的。根据"否定的确定性条件",只有确定的存在意义可以被否定,因此否定成分能够否定的对象只能是"什么"的存在意义。由此,整个否定句突显"不存在地方 x(不明确),他去过那儿"的意义。

在疑问用法中,否定词"没"先与动词结合,形成语义预设,指"有什么地方是他没去过的",这一意义在上下文对话中是作为信息背景而存在,不再被否认,在正常情况下言语活动参与者关注的是这一地方究竟是哪儿;而在非疑问用法中,"有什么地方他已经去过了"这一意义,在上下文对话中是作为前景而存在,是被否认的对象,"没"的逻辑否定是加在这一

命题整体上的。否定词有"否定焦点"的问题：其否定对象在语义上会被
突显，从背景信息变为前景信息。

上述逻辑过程可以码化为下面这一句法结构(top 指话题)：

(9′) a. 他$_{top}$[[没去过]什么地方？]　　　b. 他$_{top}$[没[去过什么地方]]。

之所以例(9a)中"没"只约束动词，而不约束表疑问的"什么"，正是因
为被疑问的内容本身是不确定的，所以不能对它进行否认。

我们将上述句子的信息处理过程作图(见图1、图2)分析如下：

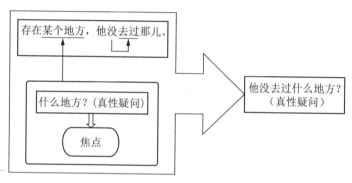

图 1　真性疑问的信息处理(对应 9a)

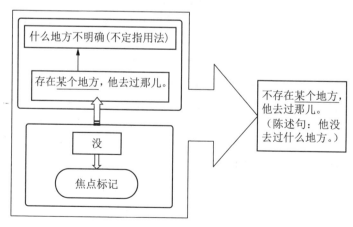

图 2　非疑问用法的信息处理(对应 9b)

在英语中,由于 wh 词只有疑问用法,没有汉语这样的不定代词功能,所以它不能被否定。事实正是如此,与表真性疑问"他没去过什么地方?"相当的英语句子,wh 词居于句首,突出了它在句子结构最外围的地位,也说明此时否定词是先与谓语组合在一起的。例如:

(12) 他没去过什么地方? ——What places_i[[hasn't] he been to t_i]?

根据陈振宇、古育斯(2012),久野暲、高见健一(Kuno & Takami 1997)用一个"否定焦点提取限制条件"来解释上述英语句子,指:否定词所指向的句法位置上,不能有英语 wh 词的语迹。如上面的"what places"被解释成是从其原来的论元位置,即语迹 t_i 处移位到句首的,但 t_i 不能受否定词 not 的管辖,因此 not 只与助动词 have 结合,而不再管辖后面的宾语。

与汉语表存在否定"他没去过什么地方"相当的英语句子,则需采用非 wh 词。例如:

(13) 他没去过什么地方。——He hasn't been to any places.

(14) 我没看见什么。——I didn't see anything.

(15) 他不怕谁。——He isn't afraid of anybody.

(16) 我没有把她怎么样。——I didn't do anything to her.

英语有正极性词 some 与负极性词 any 的区别,在正常情况下,上述位置只能出现 any。这是因为上述英语句子中,否定词 not 必须管辖后面的宾语,而迫使宾语只能是负极性词。与之相似,在汉语中,当用"任何地方、任何人"代替例(13)至例(15)中的"什么地方、什么、谁"时,"任何 NP"也要受到句中否定词"没、不"的管辖,以允准负极性词"任何"的存在。

让我们再看一个匈牙利语的例子。匈牙利语是一种严格遵守焦点必须直接前置于动词这一规则的语言。按照匈牙利语的一般规律,担任句子焦点成分的 NP 应移位到动词之前。在焦点理论中,表疑问的 wh 词,必须充当句子焦点成分,因此,根据匈牙利语的语法规则它必须移位到动词之前,如下例中表"什么"的 mi-t 必须在动词之前(Groot 1994):

(17) János　　Mari-tól　　mi-t　　　　kap-ott?

　　人名　　人名-离格　　什么-宾格　　获得-过去|第三人称单数

　　(亚诺什从玛丽那儿得到了什么?)

但是,如果疑问词和句法否定词在同一个句子中出现,则必须采用下面的句法配置方式(Groot 1994):

(18) János　　mi-t　　　　nem　　hoz-ott?

　　人名　　什么-宾格　　否定　　携带-过去|第三人称单数

　　(亚诺什没带什么?)

表疑问的 wh 词之所以必须放在否定词之前,是因为必须先将否定词放在动词前面,使整个"否定+动词"作为"大谓语",然后再将作焦点的疑问词加在这个大谓语的前面。

4. "某"类词与否定

上节讨论的不定代词"什么",其不定指称意义不能被否定,而只能否定确定的存在意义。与不定代词"什么"相对应的,是汉语的"某(个)",很多"什么"句可以直接改为"某"字句,不过二者也有不同之处:

不定指"某"的语义内容也包括两个方面:

(i) 语义预设信息:存在地方 x,他去过那儿。——存在意义

(ii) 焦点信息:暂时还不能明确这个 x 地方是哪儿。——不定指意义

但其中只有第(ii)条即不定指称意义是焦点信息,而第(i)条即存在意义则是语义预设信息。例如:

(19) 他去过某个地方。

预设信息一般不能被否定,即当我们说"某个地方"时,这个地方一定是存在的,英语的 some 也是如此。存在意义是预设不能否定,而不定指意义因为指称不确定也不能否定,所以"某"与 some 一样,一般都不能受否定词约束,要构造否定句就十分困难。在语料中"不 V……某、没 V……某"和"not ... some"这样的例句极为罕见,而不定代词"什么"的否定句极为普遍[2]。

因此,some 和"某"可以看作是一种正极性词。虽然罕见,但在语用机制的作用下,在特殊的场景中仍然存在少量的否定例句。从语料分析出发,大致有以下几种(按常见的程度排序):

首先,汉语"某"不仅有不定指义,而且可以有"替代"意义:即在某些特定语境中,存在指称确定的事物,但因为语用的原因不便明确说出或一

时无法说出其名,因而用"某"来替代,如指人时的"张某某、王某"等用法,也可以用"某、某家"指自己[3]。如下面的例(20),例句取自一个专业性质的贴吧,参与者必须看过几篇特定的文章才能讨论,但此处未明确指出这些文章的名字(可能是怕被查或不好意思说),而是用"某文、某某文"替代。

在例(21)中,someone 受一个关系小句修饰,从而大大限定了它的指称范围,指在此范围中的某个特定的人(你勉强接受的那个人)。

因此这里的"某文"和 someone 在本身的语义上是不定指,但在替代用法的所指上却是定指的,具有确定性,可以被否定。例如:

(20) 没看过某文或某某文的勿进!(百度贴吧,2013-7-22)

(21) I don't want to be someone that you settle for.(我不想成为你勉强才接受的人。)

其次,"某"与"some"可以表示具有类指功能的特定对象,带有褒贬色彩。英语 someone、somebody 可以指"大人物、重要角色";而汉语"某某、某人",可以是"大人物",也可以是"小人物",如下面例(22),可以指"我再也不是无足轻重的小人物了",也可理解为"我再也不是举足轻重的某个人物了",甚至可以指"我再也不是以前的我了",具体所指由语境确定[4]。someone 和"某某"都是指一种人的类属性,而类指是明确的,也可以被否定。例如:

(22) 我再也不是某某。

(23) He is not somebody now.(他不再是什么大人物了。)

再次,存在着所谓"复数事件"(陈振宇、刘承峰 2008),如下例(24)、例(25)中"屏蔽、查找"是多次发生的事件,在每一次事件中,都会选择一个特定的 QQ 好友或特定的字符。从每一次事件来看,都是指称确定的,所以可以自由否定。只不过由于每一次选择的对象并不相同,所以从复数事件来看,好友或字符具有不确定性,所以在这里用了"某"。例如:

(24) 如何才能让人看不到某个 QQ 好友?

(25) 怎样查找不包含某个字符的记录?

(26) Distance is a bad excuse for not having a good relationship with somebody.(百度贴吧,2014-7-8)

在例(26)中,somebody 可能指特定的人,这是"替代"意义,除此之外,也可以指多次发生的"不与他人保持友好关系"的事件,每次事件的这个人是确定的,因此从"复数事件"的角度上看也可以自由否定。

最后,本文一般不讨论条件分句,但下面的例句有自己的特色,故稍做提及。例如:

(27) 不能看到某个圆圈中的数字,就说明某方面潜伏着问题。(百度贴吧,2012-7-22)

(28) 如果他没看到某种征兆,他怎么能做出这样的推论呢?

(29) If I don't get some money from my parents by Friday, could I borrow some from you? (百度知道,2014-11-20)

这里"某"、some 用于条件句的前件,实际上是一种罕见的存在否定,指所有圆圈、征兆都未看到,所有钱都未借到。这种全称量化实际上来自条件句,由于条件句的全称量化赋予机制目前尚存争议,此处不再详述。

5. 与"一"相关的数量结构与否定

汉语中与"一"相关的数量结构,有两个不同的功能与本文有关。下面分别讨论。

5.1　表示不定指称

英语中的"one"和"a/an"在功能上已有所分工。目前英语的研究已经证明,"a/an"是由数词"one"虚化发展来的,英语的"a/an"虽与数词"one"同源,但随着英语的发展,它已成为一个限定词,称为不定冠词,承担不定指称的功能,而表数量的词义已大为减弱。在需要突出"一"的数量意义时,英语倾向于用"one"。试比较以下两组英语的例子:

(30) A man came into my office yesterday.

　　* A man didn't come into my office yesterday.

(31) One man came into my office yesterday.

　　One man didn't come into my office yesterday.

　　(昨天一个人也没来我办公室。)

由于"one"表"一"的数量意义,而数量意义是确定的,因而"one"可以出现在否定句中。而表不定指意义的"a/an"传递了不确定的信息,因此不能出现在否定句中。

汉语中的"一+量(+名)"结构未在形式上发生分化,但在不同句法位置上倾向于表数量"一"和表不定指称的不同功能。在谓词前时,它倾向于表示不定指意义,因此一般不能出现在否定句中。例如:

(32) 昨天下午,一个学生去找他。——??昨天下午,一个学生没去找他。

(33) 一天下午,张三去学校找他。——??一天下午,张三没去学校找他。

(34) 昨天下午,张三去学校找他。——昨天下午,张三没去学校找他。

只有当所有论元都是定指的时候,如例(34)所示,才可自由地进行否定。

但是,在以下情况下汉语"一+量(+名)"结构可自由地用于否定句:

第一,保留不定指称意义,但通过特殊方式使它不能影响否定。其中著名的是裂变句(包括存在型兼语句,还包括"他有一次机会没有抓住"类连动句)。当句中加上存在动词"有"后成为"有+一+量(+名)"结构时,徐烈炯(Xu 1997)指出,这个"有"是存在约束算子,经过它的操作,整个句子不再是一层小句,而是裂变为两层小句:

在第一个小句中,"一+(量)+名"结构在句法上成为"有"的宾语,"有"的作用是将所指不确定的"一+(量)+名"作为一个新的对象从外部世界引入到当前的表达场景中来,仅仅是一个背景信息。

在第二个小句中,这个新引入的成分就是当前要表述的对象,由 PRO 表示,PRO 才是下面例子中"去找他"的主语,而回指成分是确定的成分,因此后面的小句可以自由否定:

$$[\underline{有+一个人}_i][\underline{PRO_i+没去找他}]$$
$$\text{Clau1} \qquad \text{Clau2}$$

(35) 昨天下午,有一个学生去找他。——昨天下午,有一个学生没去找他。

(36) 有一天下午,张三去学校找他。——有一天下午,张三没去学校找他。

英语也有类似裂变句的情况,其中否定词与不定指 a 在不同的小句之中,对从句而言,其主语是定指的,即用 that 回指。例如:

(37) There is a light that never goes out.

有的时候,句中并没有存在动词"有",但后面的小句极大地突显为句子焦点,此时前面的"一+量(+名)"也会被压制为背景信息,从而大大提高否定句的合适度。例如:

(38) 昨天下午,一个学生没去找他而是去找了校长。

(39) 一天下午,张三没去学校而是去老师的家找他。

例(38)中,否定的"没去找他"与肯定的"去找了校长"并列对比,因此否定词的功能被限制于并列的一支而无法作用于全句,也就不再作用于不定指的"一个学生"了。

请注意,能将否定意义限制在一个分支中的结构很少,并列对比结构是一个,它是生成语言学所谓的"孤岛"(island)之一。如果是连动式,则需看否定词的位置:当否定词在前一动词上时,作用于全句,所以很难说"＊一天下午他没去学校找老师",当否定词在后一动词上时,往往会后补上一个对比小句,从而将否定局限于并列的一支,因此"一天下午他去学校没找老师(而是找了校长)"的合格度就提高了[5]。

第二,汉语"一+量(+名)"结构,除了不定指意义外,还可以表示数"一"的确定数量意义,突显定量意义,就可以自由否定了。只有数"一"的定量意义才是确定的,因此"没有"只能否定数字"一",构成"否定最小量即否定全量"的语用意义(沈家煊 1999;戴耀晶 2000):

(35′) 昨天下午,没有一个学生去找他。(＝昨天下午没有任何一个
　　　学生去找他。)

(36′) 没有一天下午张三去学校找(过)他。[＝没有任何一天下午张
　　　三去学校找(过)他。]

另一个突显定量意义的方法是在"一+量(+名)"结构加上"都、也"等语气副词,使句子表达极性意义,于是"一个、一天"指最小的量,最小量是确定的数量,当然可以自由否定;并通过对最小量的否定得到全量否定。例如:

(40) 昨天下午,一个学生都没去找他。

（41）张三一天下午<u>也</u>没去学校找过他。

英语的 even 有类似的极性功能，但句法上表现不同：<u>一旦</u>突显定量意义，就要用 one 而不能用 a。例如：

（42）Don't try to ask for even one single day off.（不要试图请哪怕是一天的假。）

除此之外，汉语的"分配句"中，谓语后也有一个数量结构，句子表示前后数量的对应关系，谓语前的"一＋量（＋名）"结构也可突显定量，因此也可以自由否定，不过由于涉及"能力"，否定词多在补语上（曹秀玲 2005）：

（43）一锅饭吃不了十个人。

（44）一个月认不了五个字。

第三，汉语、英语的"一＋量（＋名）"结构都可以指一类人中的典型成员，而类指意义是确定的，也可以自由否定（曹秀玲 2005）：

（45）<u>一个</u>思考不缜密、条理不清晰的<u>人</u>不该选择学术道路。

（46）<u>一个</u>疯子不常考虑这些问题。

（47）<u>一个人</u>不是一件东西，可以随便搬来搬去。

（48）A man is not a woman.（男人不是女人。）[6]

曹秀玲（2005）将这类句子称为事态句，并根据语法特点分为三类：A.句中出现义务／伦理类情态词，如例（45）；B.句中出现表示频率或时间的副词性成分，如例（46）；C.句中的谓语动词是关系动词或形容词，如例（47）、例（48）。我们认为，"类"具有的属性，实际上是"类"之中的"任意一个"所具有的属性，正是全称量化使之确定化了。

第四，更倾向于被转喻理解为一个"语块"（固定短语），用于转指确定的具体事物。如下所示，"一张 IC 卡"代指一种特定的政策，即通过向企业发放 IC 卡来监督企业的污染排放，所以它也是确定的，可以被否定。例如：

（49）<u>一张 IC 卡</u>管不住桐乡的污染企业。

5.2　表示不定数量

数"一"本身在数字序列上是确定的，但当它加上表示不定数量的成分时，定量性就会发生变化。如英语 a few、a little，它们一般表示不定小量，因此根据"否定的确定性条件"，"not…（a）few/little"在英语句子中十分罕见。

不过，有常态便往往有例外。

a few、a little 通过进一步整合，更倾向于是一个被整体认知的"固定短语"，成为表"少量"的成分。从世界语言来看，少量和最小量常常是难以区分的，但是一个具体语言总会选择以下两种策略中的一种：一是默认时为少量，按广义量词理论，对少量的否定得到"多量"意义。二是默认时为最小量，对最小量的否定则得到全量否定。英语和汉语选择了不同的策略，英语中的 a few、a little 被默认为少量，而非最小量，因此对它们的否定能够得到多量。例如：

(50) Not a few people would disagree with me.（不是只有一些人会不赞同我。/有很多人会不赞同我。）

(51) Both students have made not a few experiments on electricity.（这两个学生都做了不少电学实验。）

(52) I'm not a little tired.（我很累。/我不是一点点累。）

a little 极少表示"最小量"，否定后得到"全量否定"意义（例子选自"爱词霸"）：

(53) John was not a little puzzled as to his selection.（约翰对他的选择毫不为难。——意译为"哪怕一点为难都没有"。）

(54) There was not a little bit tired expression appeared on her face.（她的脸上没有显出一丝疲倦的神情。——意译为"哪怕一丝疲倦的神情也没有"。）

汉语"一点（儿）、一些"的情况更为复杂。

汉语"（一）点儿"在肯定句中可以表示不定小量，此时必须轻读，"一"可省略，根据"否定的确定性条件"，它不能否定。例如：

(55) 他买了（一）点儿米。——＊他没买点儿米。

(56) 这衣服大了（一）点儿。——＊这衣服不大点儿。

不过"（一）点儿"也可以表示确定的量的等级，即"最小量"意义，此时可以重读，"一"往往不能省略。例如：

(57) 他买了点儿米。（不定小量）——他只买了<u>一点儿</u>米。（小的数量）

而在否定时，对最小量的否定可以得到全量否定（此时"一点儿"往往重读,"一"也不能省略),如下例。由于其命题意义与"他没买米"一样,因此这里"一点儿"实际上是冗余的。按戴耀晶(2015)所说,它是表示主观语气的,并且是强化否定语气。例如:

(58) 他没买**一点儿**米。(=他没买米。)

(59) 在她面前,他从没得过**一点**好处。(=没得过好处。)

但在比较句中,最小量需发生移位。例如:

(60) 这衣服大了(一)点儿。——??这衣服不大一点儿。——这衣服
    一点儿(也)不大。

"(一)点儿"几乎很难有"小量"意义,但在极特殊的情况下,有这样的例子,下面对"一点儿"的否定得到"多量"意义,但这并非如英语 a few、a little 那样是通过对其整体"小量"理解进行否定而得到的结果,而是由对比、引述等语用原因所造成的。例如:

(61) 他买了不是**一点儿**米(,而是很多米)。

(62) 你别买**一点儿**啊,多买一点儿吧。

(63) 这衣服不是大**一点儿**,是大了很多!

汉语的"(一+)量"结构,与"(一)点儿"在确定性上相似,在否定时,都是否定确定的"最小量","一"一般也不能省略。例如:

(64) 他买了张票。——*他没买张票。——他没买**一张**票。(=他
    没买票。)

在极特殊的情况下,如下面的对比格局,否定后可以得到多量意义(戴耀晶 2000、2004):

(65) 他不买**一张**票,他要买十张票。/他买了不是一张票(,是很多张)。

与"(一)点儿"比较,"(一)些"是汉语中更为"纯粹"的表示不定数量的成分,因为它一般连最小量也不表示,所以更难被否定,一般很难找到"否定词+(一)些"的例句。例如:

(66) 他买了些粮食。——*他没买些粮食。

(67) 大树下,一些人正在下棋。——*大树下,一些人没在下棋。

不过,"一些"(当"一"不能省略时)可以表示"部分量"意义,且可以构成"一些……(另)一些……"总分式结构,而这又是确定的,在特殊格局中可以被否定。例如:

（68）他拿的不是**一些书**，是所有的书。

（69）其中／三班的**一些人**没来。

（70）大树下，一些人在下棋，**一些人**则没在下棋，他们在谈天。

除此之外，表示不定时量的"（一）会（儿）"，表示不定动量的"一下"，也都遵从"否定的确定性条件"，一般不能被否定词所约束。例如：

（71）他等了（一）会儿。——＊他没等（一）会儿。

（72）他摸了（一）下。——??他没摸（一）下。

同样，"一下"也可以表示确定的"最小量"，如例（73），或数字"一"，如例（74），此时可以否定（"一"一般不可省略，且"一下"可重读）。例如：

（73）好心送给他，他却没看**一下**。

（74）他没看**一下**，而是看了七八下。

"一会儿"一般不表示"最小量"，因为它表示的时间毕竟是有一定长度的，它表示一小段时间，这时可以和否定词组合，表示和"一会儿"一样短或比"一会儿"更短的时量[7]。

6. 结语和余论

本文介绍了因为话语或语句所包含信息的不确定性（具体包括：语义内容的不确定；指称的不确定；数量的不确定；认识的不确定[8]）而对否定的表达产生的制约，即"否定的确定性条件"。文章用疑问代词、"某"类词、与"一"相关的数量结构等相关的语言现象对否定的确定性条件进行了较为广泛的论证。需要注意的是，限制同一个语言现象不能被否定的确定性条件可能不止一个，如汉语中的"一＋量＋名"结构不能被否定的原因可能是因为其指称不确定，也可能是因为其数量不确定。但只要违反了"否定的确定性条件"中的一条，就会对否定表达产生制约。在一些特定的语用条件下，这些制约能够得到解除。

实际上，更多的语言中的例子也支持这一否定的确定性制约条件，如汉语中表示概数的"左右、上下"，由相邻数词组合而成的约量表示方法如"五六、十五六"等；英语中表概数的"around＋Num""about＋Num""Num＋or more"，等等。它们一般也都不能够被否定。

李红叶、陈振宇（2015b）考察了汉语常见副词中所有表示不确定语义的义项。李、陈的考察表明,它们都不能或基本上不能进入"Neg＋Adv＋VP/AP"格式,这也为本文的观点提供了证明。例如表示不定程度量的副词"比较",表示不定程度小量的副词"稍微、有点",语料考察表明,它们都遵从"否定的确定性条件",即它们都不能被否定词所约束。

附　注

　　[1] 本文语料多为自省语料或来自北京大学中国语言学研究中心现代汉语语料库(简称"CCL 语料库"),文中凡不注明出处的例句均为自省语料或来自 CCL 语料库。

　　[2] 不定代词"某"的存在意义也是确定的,本文说的"否定的确定性条件"是"不确定的信息不能被否定",这一规律并不等同于"确定的信息就一定能够被否定"。有些确定的信息由于违反了否定的其他条件,也同样不能够被否定。从世界语言来看,代词(包括不定代词、定指代词、疑问代词)的存在意义一般都属于语义预设的范畴,语义预设一般都是不能被否定的。在汉语中,"某"的存在意义不能够被否定是符合一般语言规律的,而汉语中的不定代词"什么"的存在意义能够被否定,反而是一种不常见的情况。我们认为,这种区别可能与"什么"在历史发展过程中产生的独特性质有关。我们初步推测是由于汉语中的"什么"相对于"某"而言,更加突显了原本只是处在语义预设层面而作为背景信息的存在意义。当"什么"的存在意义得到突显成为前景信息以后,就能够被否定。而"某"的存在意义则一直被限制在语义预设的层面,一直是背景信息,不能得到突显,因此"某"的存在意义不能被否定。具体的原因我们还将做进一步的考察和证明。

　　[3] 有些疑问代词如"什么""谁"也有替代用法,但一般是替代不确定的对象,戴耀晶(2015)称为"不定回指代词"用法,这与"某"的定指替代用法不一样。

　　[4]"某"的这一点由匿名审稿人指出。

　　[5] 这一点为匿名审稿人提醒后补出。

　　[6] 英语更多用"不定冠词＋N"的方法表类指,而汉语更倾向于用光杆名词表类指。

　　[7] 对时间小量"一会儿"进行否定的结果并没有得到"大量",而是得到了"一样的小量或更小的量",可能是因为"没/不……一会儿"已经倾向于被整体认知为和"一会儿"表同样意义的固定短语了,如"深水鱼被打捞起来以后没/不(过)一会就死了＝深水鱼被打捞起来以后(过)一会儿就死了"。

[8] 这一部分本文没有详述,但具体指的是如"可能、也许"等词传达的认识不确定性,我们将另文做详细的研究。

参考文献

曹秀玲　2005　《"一量名"主语句的语义和语用分析》,《汉语学报》第 2 期。

陈振宇　2013　《汉语句子否定的类型性质》,复旦大学汉语言文字学科《语言研究集刊》编委会编《语言研究集刊》(第十一辑),上海辞书出版社。

陈振宇　古育斯　2012　《疑问代词的不定代词用法》,《云南师范大学学报》(对外汉语教学与研究版)第 3 期。

陈振宇　刘承峰　2008　《语用数》,《中国语文》杂志社编《语法研究与探索》(十四),商务印书馆。

陈振宇　吴　越　张汶静　2014　《交际信息价值与语言研究》,第十八次现代汉语语法学术研讨会会议论文,澳门大学。

戴耀晶　2000　《试论现代汉语的否定范畴》,《语言教学与研究》第 3 期。

戴耀晶　2004　《汉语否定句的语义确定性》,《世界汉语教学》第 1 期。

戴耀晶　2015　《是质的否定还是量的否定》,复旦大学汉语言文字学科《语言研究集刊》编委会编《语言研究集刊》(第十四辑),上海辞书出版社。

李红叶　陈振宇　2015a　《副词"没"的非常规搭配》,《云南师范大学学报》(对外汉语教学与研究版)第 2 期。

李红叶　陈振宇　2015b　《对"副词＋VP/AP"结构的句法否定》,张谊生主编《汉语副词研究论集》(第二辑),上海三联书店。

李宇凤　2014　《否定、疑问与动词重叠》,复旦大学汉语言文字学科《语言研究集刊》编委会编《语言研究集刊》(第十二辑),上海辞书出版社。

沈家煊　1999　《不对称和标记论》,江西教育出版社。

吴　琼　2002　《试论"恶、安、焉"的演变和"那(哪)"的产生》,《语言研究》2002 年特刊。

朱德熙　1982　《语法讲义》,商务印书馆。

Collins, Wesley M.　1994　Maya-Mam, In Peter Kahrel & Rene Van Den Berg (eds.) *Typological Studies in Negation*, 365—381. Amsterdam: John Benjamins Publishing Company.

Frege, Friedrich L.G.　1918　Negation: A Logical Investigation, Beiträge zur Philosophie des deutschen Idealismus 1:143—157.又见:《弗雷格哲学论著选辑》,王路

译,商务印书馆,2006。

Kuno，Susumu & Kenichi Takami(久野暲　高见健一)　1997　Remarks on negative islands. *Linguistic Inquiry* 28(4)，553—576.

Givón，Talmy（吉翁）　2001　*Syntax：An Introduction（Volume Ⅰ）*. Amstrdam：John Benjamins Publishing Company.

Groot，Casper de　1994　Hungarian. In Peter Kahrel & Rene Van Den Berg (eds.) *Typological Studies in Negation*，144—145. Amsterdam：John Benjamins Publishing Company.

Shannon Claude E. & Warren Weaver　1949　*The Mathematical Theory of Communication*. Champaign：University of Illinois Press.

Xu，Liejiong(徐烈炯)　1997　Limitation on Subjecthood of Numerically Quantified Noun Phrases：a Pragmatic Approach. In Liejiong Xu(ed.) *The Referential Properties of Chinese Noun Phrase*. Paris：Centre de Recherches linguistiques sur l'Asie Orientale.

Yehoshua，Bar-Hillel　1964　*Language and Information：Selected Essays on Their Theory and Application*. London：Addison-Wesley.

张汶静：zhangwenjing@shnu.edu.cn；

陈振宇：chenzhenyu@fudan.edu.cn

原载《语言教学与研究》2016 年第 5 期,本书收录时略有改动。

否定句的信息特征*

孔英民　　朱庆祥

　　提　要　肯定句可以作为前景信息,也可以作为背景信息,否定句往往作为背景信息;肯定句可以是高及物性信息,也可以是低及物性信息,否定句往往是低及物性信息;否定句的信息量大小取决于分析的角度,不同语体否定特征并不相同。
　　关键词　篇章语法　否定句　信息特征　及物性

1. 引言

　　肯定和否定的对立,在语言系统中属于较高层次的对立(Aikhenvald & Dixon 1998)。肯定和否定的不对称概括的说就是一句话:"肯定是无标记的,否定是有标记的。"(Croft 1990;沈家煊1999;戴耀晶 2000)从语篇信息的角度观察极性对立的较少,系统地从语篇信息的角度来分析否定句的研究更是少见,但前贤的研究给我们打下了坚实的基础,因为肯定和否定句的信息特征必然是建立在句法语义基础上的。

　　本文目的在于从语篇信息的角度来研究否定句的特征,研究肯定句和否定句在信息传递方面的不对称,研究的基础前提有三个:1)基于叙事语体;2)从常规陈述性的否定句出发;3)针对"不"和"没(有)"这两个主要否定词。

---

　*　本文得到范晓、戴耀晶、吴为善、张谊生、陈振宇等先生指点,谨致谢意! 文责自负。

2. 否定句传递背景信息

叙述当前故事主线的成分是前景(foreground)信息,前景成分构成语篇脉络主干。本身并不叙述主要事件,而只是辅助性内容的,称为背景(background)信息。(Hopper 1979:213—215)前景信息和背景信息是就小句之间关系而言的。肯定句可以传递前景信息,如:

(1) 爸气极了,一把把我从床上拖起来,我的眼泪就流出来了。

肯定句也可以传递背景信息,例如画线部分,这也是常见的:

(2) 水就是它们永远的故乡。它们开始觅食。觅食之后⋯⋯就朝着这片天空叫上几声。

否定句一般只能传递背景信息,如:

(3) 当杜小康回头一看,已经不见油麻地时,他居然对父亲说⋯⋯

沈家煊(1999:57):"肯定句的作用是不断提供事件进展的信息,这种信息具有认知上的'显著性',否定句的作用主要不是提供事情变化的信息,而是提供背景信息。"跨语言研究表明,完整体倾向于报道前后相承的前景信息事件,而非完整体主要用于为前景事件提供背景信息(Hopper 1979:213)。佩恩(Payne 1997:239)指出,叙事语体的主要事件是采用完整体来复述的,而附属的、解释性的、描写性的材料是采用的各种非完整体小句来写的。带有"没(有)""不"的常规否定性陈述句一般表达的是对"存在有无的否定""是非的判断""意志的否定",表述的是非现实事件,是非完整体小句,主要是作为事件的附属的、解释性的、描写性的材料出现在语篇的,所以一般情况下只能作为背景信息出现。

3. 否定句传递低及物性信息

霍珀和汤普森(Hopper & Thompson 1980:251—252)提出决定句子及物性高低的特征是十项:A 参与者、B 动作性、C 体特征、D 瞬时性、E 意志性、F 肯定性、G 语态、H 施动性、I 宾语受影响性、J 宾语个体性。及物性理论一个重要假说(transitivity hypothesis)是:

一个语言中的(a)(b)两个句子,如果(a)句在上述 A~J 任何一项特征方面显示为高及物性的,那么,(a)(b)两句中的其他语法/语义区别也将体现出(a)句的及物性高于(b)句(Hopper & Thompson 1980:255)。

特征"F"表明肯定句及物性比否定句高。那么根据及物性"共变"假说,"A~J"各项特征也应该表现出肯定句的各项特征在及物性上总体来说≥[1]否定句,这就是整体系统上的对称与否。严格的及物性参数对比实际上应该建立在一定语料库内的频率统计基础上,本文主要以静态分析为主,同样可以发现问题。我们依次看看其他九个及物性信息特征:

3.1　A 参与者

肯定句和否定句都可以有两个或更多参与者,也可以是一个参与者。如:

(4) a1 爸爸走了进来。　　　　b1 爸爸没有走进来。　　(单论元)

　　a2 他静静地点燃一支烟。　b2 他没有点燃烟。　　(双论元)

　　a3 昨天我已经把它送给我的好朋友万芳了。

　　b3 我没有把它送给万芳。　　　　　　　　　　(三论元)

从参与者的数量这个及物性特征看,肯定句的及物性＝否定句的及物性。

3.2　B 动作性

肯定句可以是强动态句,也可以是静态句,但否定句往往是非动作句、静态句。如:

(5) a. 万芳跑了过来。　　　　(动作性)

　　b. 穿着一件蓝色的破旧短裤。　　(非动作性)

(6) 万芳愣了一下,没有接小刀。　　(非动作性)

否定句在语篇分布上本来就相对肯定句低,在数量不多的否定句中,还存在一些现象,就是动词本身是静态的,如果对静态的动词进行否定,实际说明事件本身是动态的。如:

(7) 这两个月都没有歇,工程赶得急。

而就动态事件而言,从体特征看和终点角度看,表达终结情状(telic)的事件才是及物性高的,而没有终结点的(atelic)连续性或持续性事件是低及物性的。如:

(8) a. I ate it up.　　(高及物)

b. I am eating it.　（低及物）

从动作性这个及物性特征看，肯定句的及物性≥否定句的及物性。

3.3　C 体特征

肯定句可以表达完成体，也可以表达完整体，但否定句一般既不能表达完成体，也不能表达完整体。现代汉语"了₁"是完整体标记（perfective），句末"了₂"是完成体标记（perfect），否定词"没有""不"能否和这两个体标记匹配要分类细说：

1）否定副词"没有"在常规的陈述句中一般来说和这两个都不能直接匹配。如：

（9）a. 吃了个馒头——＊没吃了个馒头

　　　b. 上学了——＊没上学了

存在否定副词"没有"与"了₂"共现的现象。如：

（10）时量类：[[20 年[没有来四川]]了]

　　　起始类：[[上星期一[就[没有上学]]]了]

这些共现类型由于画线部分的添加，改变了两者紧邻层次的关系，可以共现。

存在否定副词"没有"与"了₁"共现的现象，《现代汉语八百词》（增订本，1999：357）指出："用'没'的否定句里的动词后面一般不能再有'了'，但与'掉'类似的'了₁'可以有。"范晓蕾（2012）指出现代汉语北方话中"没有"与"了₁"共现是受限的，一般不会出现在现实的常规陈述句中，往往出现在虚拟的、条件性的、从属性的句式中。如：

（11）你当初咋没删了他？（疑问句）

　　　真后悔当初没买了那件衣裳！（虚拟假设句）

2）否定动词"没有"和这两个标记都可以匹配。如：

（12）a. 她垂下头，没有了任何声息。（了₁）

　　　b. 我没有理由了。（了₂）

3）否定副词"不"作为状语，一般只能和句末"了₂"共现。如：

（13）爸爸看着我，摇摇头，不说话了。

一般不能和"了₁"（le）共现，但可以和表示实在的完结意义"了"（liǎo）共现。如：

(14) 不写了(liǎo)作业,不准睡觉。

  * 不写了(le)作业,不准睡觉。

调查表明南方方言区和北方方言区的人对这两个句子是否成立的语感判断,有一定的差异。

4) 否定副词"不"作为补语,既可以和"了₁"共现,也可以和"了₂"共现,如:

(15) 妈妈就是<u>做不了爸爸的主意</u>,当她转身出去,爸爸就进来了。(了₁)

  <u>我再也受不了了</u>,推开妈妈的糖盒,冒着雨飞快地跑出门去。(了₂)

从能否表达完结现实体特征看,概括地说,肯定句的及物性≥否定句及物性。

3.4 D 瞬时性

瞬时性就是说事件没有过渡阶段,从开始直接指向终结。肯定句可以表达瞬时性事件,这种瞬时性可以是由谓语核心动词自身带来的,如画线部分:

(16) 这时,她的妈妈……<u>看见</u>我手里的小刀。

谓语核心还可以表达非瞬时事件,这也是常见的。如:

(17) 老路一听是老婆打来的,就没命地往楼下冲。

否定句谓语核心"否定词+动"自身不能表达瞬时事件。如:

(18) 爸没说什么,打开了手中的包袱。

瞬时性可以是由其他句法成分带来的,如"一下子/突然/忽然",这个时候,无论动词自身是瞬间的或非瞬间的,还是谓语核心是否定的,句式整体都可以表达瞬间事件。如:

(19) 一下子/突然/忽然出来两个人   非瞬间动词→瞬间事件

  一下子/突然/忽然没有了   否定核心→瞬间事件

有些动词是瞬间动词,但是句式未必是瞬间事件,如下面的语篇:

(20) <u>由于山高路远,鱼死了一半</u>。鱼,胡连长他们一尾没吃。

"死"是瞬间动词,但"鱼死了一半"从上下文看,不是瞬间事件。

从瞬时性这个及物特征看,肯定句的及物性≥否定句及物性。

3.5 E意志性

肯定句可以表达意志性行为,也可以表达非意志性行为。如:

(21) a. 我记下了他的名字。(意志性)

　　　b. 我忘记了他的名字。(非意志性)

否定词"没(有)"主导的否定句大多表示对客观存在的否定,属于无意志事件。如:

(22) 到暴风雨将歇时,还有十几只鸭没被找回来。

也存在部分事件从上下文可以看出这种客观存在的否定,实际是意志性行为的结果。如:

(23) 母亲突然叫她去买酱油,她很不高兴……她终究没有去买酱油。

否定副词"不"可以表示主观意志的否定,也可以表示对是非的判断,所以既可以引导意志性事件,也可以引导非意志性事件。如:

(24) 何满子不穿花红兜肚,奶奶气得咬牙切齿地骂他。(意志性事件)

　　　他这个人,不知道钱是好的。　　　　　　　　(非意志性事件)

从意志性这个及物性角度概括地说,肯定句的及物性≥否定句及物性。

3.6 G语态

在叙事小说中,肯定句可以表示现实性语态,说明事件在故事情景中真实发生:

(25) 我的肩头被拍了一下,急忙地睁开了眼。

部分可以是非现实语态,在故事的虚拟空间,在假设、条件、让步等句式中出现:

(26) 我高兴地想:闯过来了,快回家去,告诉爸爸。

否定句往往属于非现实的。如:

(27) 爸爸病倒了,他住在医院里不能来。

同等条件下,某些成分强烈标志事件发生、现实性强,如"说时迟那时快"只能和肯定句搭配,而不能和否定句搭配。如:

(28) 说时迟那时快,我接到了飞镖。——＊说时迟那时快,我没接到飞镖。

同等条件下,否定句可以和非现实标记"任何、什么"自然组合成为陈述句。如：

（29）我没有任何问题。　　——＊我有任何问题。

　　　我没有什么了。　　——＊我有什么了。

从语态这个及物性角度看，肯定句的及物性≥否定句及物性。

3.7　H 施动性

带宾语的及物句主语从跨语言的角度看可定位为"A"，而不及物句主语定位为"S"。肯定句的主语"A"可以是高施动性，也可以是非高施动性的。如：

（30）a. 她吓得我够呛。　　　（高施动性）

　　　b. 这镜头吓得我够呛。　（低施动性）

否定句的主语"A"可以是高施动性的也可以是低施动性的，如：

（31）a. 他不吃中国菜。　　（高施动性）

　　　b. 雨没有淋到我。　　（低施动性）

施受关系是相对的，只有事件确实发生了，施动性才能表现出来，"A"的动力才能传递到受事"O"上。菲尔墨（Fillmore 2002：42—43）提出无标记主语选择倾向规律：如果有 A，A 为主语；如无 A 而有 I，I 为主语；如果既没有 A 也没有 I，那么 O 为主语。例如：

（32）他用锤子打破了玻璃。　　（A 施事为主语）

　　　锤子打破了玻璃。　　　　（I 工具为主语）

　　　玻璃打破了。　　　　　　（O 受事为主语）

这个规律是倾向性规律，而且是以英语为基础得来的，因为英语的一个句子必须有主语。但这个无标记主语选择规律恰恰反映了动力传递的过程和规律：

动力传递过程：施事→工具→受事

肯定句表达发生了的事件，其动力传递过程很明确，主语的施事性得到充分体现；而否定句即使主语是高生命度（high animacy）的人类，由于事件没有发生，其施动性也大打折扣。或者，其动力传递过程并不明确，句子是有歧义的。如：

（33）a. 他用锤子打玻璃。

　　　b. 他没有用锤子打玻璃。

肯定句例(33a)的动力传递过程是"他→锤子→玻璃",动力顺序过程明确;但是否定句例(33b)就出问题了,不存在这个动力传递过程,或者可以表示多种意义:1)事件根本没有发生,没有用锤子,也没有打玻璃;2)锤子是用了,但不是打玻璃;3)玻璃是打了,但不是用锤子。

所以,从施动性以及动力传递过程看,肯定句的及物性≥否定句及物性。

3.8 I宾语受影响性

肯定句的宾语可以完全受主语及其行为影响,可以部分受影响,也可以不受影响。如:

(34) a. 他打碎了那块玻璃。　　　(O 完全受影响)

b. 他吃了苹果,但没有吃完。　(O 部分受影响)

c. 他听见了一声巨响。　　　(O 不受影响)

否定句由于一般描述事件没有发生,宾语O往往不受影响。如:

(35) 爷爷一点也不欢喜,没有抱他,也没有亲他。

但也存在下面的情况,不是说事件没有发生,而是说事件没有彻底完成。如:

(36) 他没有吃完那个大西瓜。　　(O 部分受影响)

从宾语受影响的这个及物性角度看,肯定句的及物性≥否定句及物性。

3.9 J宾语个体性

高度个体化的宾语及物性高,而非个体化的宾语及物性低,高度个体化和低度个体化在名词配对上存在一系列对应(Hopper & Thompson 1980:253)。在汉语中,肯定句和否定句的宾语可以是具有对应的各种类型的,但有几点也值得注意:

1) 否定句可以和任指、无指这种低及物名词宾语自然组合成为简单陈述句。如:

(37) 我没有什么了。　　——＊我有什么了。

我不吃什么海鲜。　——＊我吃什么海鲜。

2) 在肯定句中,宾语的类形式和个体形式是可以区分的,这是高及物性的反映;但是到了对应的否定句,个体化有时被中和,只能统一用类形

式,这是低及物性表现。如:

　　(38) a1. 我吃了一个苹果。——b1. 我没有吃苹果。——? c. 我没
　　　　　有吃一个苹果。

　　　　a2. 我吃了苹果。——b2. 我没有吃苹果。

　　从宾语个体这个及物性角度看,肯定句的及物性≥否定句及物性。

　　综上,肯定句的大部分及物特征都是高于或等于否定句的,鲜见反过来的。

4. 否定句信息量大小

　　否定句的信息量大小、价值大小,取决于分析的角度。利奇(Leech 1983:100)认为否定句传递的信息量是小的,不如肯定句重要,"否定陈述在语用上不如对应的肯定陈述句得到人们偏爱(favoured),否定陈述不如(less informative)对应的肯定陈述信息量大"。如:

　　(39) a. Abraham Lincoln was not shot by Ivan Mazeppa.

　　　　　b. Abraham Lincoln was shot by John Wilkes Booth.

　　从语篇信息量分布频率看,语篇绝大多数是肯定句,否定句数量少,语篇的大量信息是由肯定句提供的,否定句提供的信息量是少的或者说是小的。这个从否定成分和否定句在语篇的比例可以看到:在语篇中,否定成分的绝对数量一般比否定句要高,因为带有否定成分的未必是否定句,而常规否定句一般需要带有否定成分;但是否定句在语篇的分布比例一般比否定词语的比例高,因为否定句是和全文肯定句比较,否定词语是和全文其他词语比较,而一句话包含多个词语,所以必然导致否定词语在语篇的比例很低。托蒂(Tottie 1982)统计英语文本,指出口语文本否定词语的比例是 2.76%,书面语文本否定词语的比例是 1.28%(转引:Jordan 1998:714)。吉翁(Givón 1979)统计英语肯定句和否定句在叙事小说中的语篇分布,肯定句的比例是 88%,否定句的比例是 12%。戴耀晶(2012)统计了《红楼梦》第 2～6 回肯定句和否定句比例,提出汉语的否定常数为 15%左右。在叙事语体中,绝大多数是肯定句,否定句是少数;具体来说,叙事小说中肯定句占 80%多,否定句占 10%多一些,英汉倾向都是如此。

否定和肯定的频率分布根据克罗夫特(Croft 1990)有标记和无标记的分布潜能可推导出来,无标记的范畴分布一定高于或不低于有标记的:肯定句是无标记的,否定句是有标记的,那么肯定句肯定比否定句分布范围广、使用频率高。否定句出现概率很低的现象说明,肯定和否定之间是较为高层次的对立,因为肯定和否定的变化会引起一系列相关范畴的改变;但是不能说肯定和否定的对立是语篇全局性的对立,因为语篇的绝大部分都是由肯定句构成的;上百字的较大语篇"没有否定句,只有肯定句"是允许的,但是"没有肯定句,只有否定句"是几乎不存在的,所以肯定句支撑语篇大局。

根据格赖斯(Grice 1975)"会话合作原则",既然否定句信息量小、不确定,且使用频率低、有标记,那么干脆不用更好,因为还有可替换的肯定形式。如果违反"会话合作原则",那么起作用的就是"会话含义",说话人一定要使用低频、有标记的否定句则必然有特殊的语用动因。沈家煊(1999:44)指出肯定句和否定句提供的新信息性质很不一样:

肯定句提供的信息:在听者不知道命题 P 的情况下告诉他 P;

否定句提供的信息:在听者可能相信 P 或熟悉 P 的情况下否认或反驳 P。

也就是说肯定句传递一个新信息"P";否定句不仅传递一个新信息,而且反驳常规预设或预期"P"(presupposition or expectation)。从这种语用信息对比看,否定句信息量就比肯定句大。如大家都知道,《水浒传》里面很多好汉经常喝醉酒,以"武松"为例来说:

(40) a. 武松昨晚喝醉了。

　　　b. 武松昨晚没有喝醉。

例(40a)"武松昨晚喝醉了"这个信息量和价值不大,因为大家知道武松经常喝醉;否定句例(40b)不仅告诉大家"武松昨晚没有喝醉",而且预设前提信息"武松经常晚上喝醉",所以"昨晚没有喝醉"是新信息、价值量大。从这种语用功能看,否定句的信息量比对应的肯定句信息量价值大。

韩礼德(Halliday 1973;2000)认为语言有三大功能,分别是概念(ideational)功能、人际(interpersonal)功能、语篇(textual)功能。在概念意义、语篇信息总量上,否定句信息量小,肯定句信息量大。但从人际、语篇这些语用功能来看,否定句信息量就是大的,对应的肯定句信息量就小。约尔丹(Jordan 1998:706)认为,除了概念意义,否定句传递了重要的人际意义和语篇、语境意义。因此,从不同角度看否定句和肯定句的信息量大小就构成标记颠倒模式:

	肯定句信息量	否定句信息量
概念功能、信息总量	大	小
人际功能、语篇功能	小	大

5. 不同语体否定句特征并不相同

不同语体否定句特征并不相同,下面简要介绍和分析叙事小说、学术论文和操作语体菜谱三种语体否定句的分布对比特征。从否定句的信息分布比例看,吉翁(Givón 1979)统计了英语肯定句和否定句在叙事小说和学术论文两种语体中的分布:

语　体	肯定句		否定句		总数	
	数量	比例	数量	比例	数量	比例
学术论文	96	95%	5	5%	101	100%
叙事小说	142	88%	20	12%	162	100%

叙事小说中否定句比例相对较高为12%,学术论文中的否定句比例相对较低为5%。吉翁(Givón 1979)认为叙事小说否定句比例高是因为小说中的对话比较多,而不同的说话人观点就可能不同,观点不同就容易使用否定,所以否定比例相对高;非对话的学术论文往往是用一个人的观点在进行叙述和论证,目标和知识基础一致性强,因此否定句比例低。

叙事语体和操作语体在肯定和否定的分布比例上也有很大不同。本文叙事小说统计了中学课本中《爸爸的花儿落了》《羚羊木雕》《荷花淀》这三个短篇小说。操作语体菜谱则只关注其中的"做法小句"。叙事小说非对话陈述性小句和菜谱中"做法小句"的肯定句和否定句比例如下:

语 体	肯定句		否定句		总数	
	数量	比例	数量	比例	数量	比例
叙事小说	448	94.3%	27	5.7%	475	100%
操作菜谱	992	99.2%	8	0.8%	1000	100%

我们统计了《中华菜谱:微波炉菜谱大全》中 1 000 个做法小句,否定小句出现了 8 例。如:

(41) a. 兜炒数下,(不用加盖)大火热 3 至 4 分钟。

b. 如不嫌盛器太大,可淋芡汁于菜面,供食。

叙事小说的否定句比例比操作语体菜谱的做法小句高多了,而操作语体做法小句否定句比例极其低,或者激进一点来说是基本不出现。因为叙事语体存在前景和背景对比,否定句作为背景小句和这种语体还是比较适合的;但操作语体菜谱的做法小句是系列操作顺序,都是前景小句,基本上没有背景小句,所以否定句比例非常少见。

6. 总结

本文主要结论和观点是:

1)肯定句可以传递前景信息,也可以传递背景信息,但否定一般只能传递背景信息。

2)肯定句可传递高及物信息,也可传递低及物信息,但否定一般只传递低及物信息。

3)"肯定句和否定句""前景和背景信息""高及物和低及物信息"无标记关联模式:

肯定句—前景信息—高及物信息

肯定句—背景信息—低及物信息

否定句—背景信息—低及物信息

4)概念功能、语篇信息总量,否定句信息量小;人际和篇章功能,否定句信息量大。

5)否定问题仍需要深入语篇和语体挖掘分析。

附　注

[1]"≥"符号表示在某项及物性特征上"高于或等于"的意思,"＝"表示及物性等于或差不多。

参考文献

戴耀晶　2000　《论现代汉语的否定范畴》,《语言教学与研究》第 3 期。

戴耀晶　2012　《否定标记与否定句》,第十七次现代汉语语法学术研讨会,上海师范大学。

范晓蕾　2012　浅谈汉语中"没 V 了 O",2021 年语言的描写与解释学术研讨会,复旦大学。

菲尔墨(Fillmore)　2002　《"格"辨》,胡明扬译,商务印书馆。

吕叔湘　1999　《现代汉语八百词》(增订本),商务印书馆。

沈家煊　1999　《不对称和标记论》,江西教育出版社。

Aikhenvald, Alexandra, Robert M. V. Dixon　1998　Dependencies Between Grammatical System. *Language* 74:56—80.

Givón, T.　1979　*On Understanding Grammar*. New York: Academic Press.

Halliday, M. A. K.　1973　Explorations in the functions of language. London: Edward Arnold.

Halliday, M. A. K.　2000　An introduction to functional grammar (second edition), Foreign Languang Teaching and Research Press.

Hopper, Paul J.　1979　Aspect and Foregrounding in Discourse. In T. Givon (eds.), *Syntax and semantics(Vol.12)*, 213—241. New York: Academic Press.

Hopper, Paul J. & Sandra A. Thompson　1980　Transitivity in Grammar and Discourse. *Language* 56(2), 251—299.

Jordan. M.　1998　The Power of Negation in English: Text, Context and Relevance, *Journal of Pragmatics* 29, 705—752.

Payne, Thomas　1997　*Describing Morphosyntax: A Guide for Field Linguistics*. Cambridge: Cambridge University Press.

孔英民:kongyingmin2006@163.com;
朱庆祥:zhuqingxiang80@sina.com

原载《语言研究集刊》第十一辑。

元语否定的两个层次[*]

钱 鹏

提 要 元语否定需要区分两个层次:元$_1$是对句子的语义命题层、言语行为层等所有可能内容的否定,实质上是对比否定,既可能是常规否定,也可能是非常规的否定,而元$_2$是非常规的否定方式,即对言语行为的某一方面的否定。如果忽视了元$_1$在否定范畴中的理论地位,就难以用系统的理论框架来解释不同语言的否定范畴中元$_2$错综复杂的语义语用现象。我们认为,否定在语篇中有两种布局策略:独立格局(Neg$_0$+S)与对比格局[(Neg$_0$+S)+S′]。随着交际现场性的弱化,独立格局受"量原则"推动,倾向于表示常规的描述否定。而原先表示元$_1$层次的对比格局,则逐渐浮现出与描述否定的语义性质相反的元$_2$层次。当然,不同语言的对比格局在进一步的语法化过程中,采取了不同的参数和路径,元$_2$的语法化程度也不尽相同。元$_2$的浮现本质可以很好地揭示其语义特征的不稳定性,同时也能够对类型学的材料提供较为充分的解释。

关键词 元语否定$_1$ 元语否定$_2$ 浮现 语篇格局 语法化

1. 已有的研究与问题

1.1 元语否定的研究历史

句子否定结构最常规、最基本的语义功能,就是对小句命题的真值进

* 本研究得到国家社科基金重点项目"现代汉语及方言中的否定问题研究"(批准号12AYY001)、教育部人文社会科学规划基金项目"现代汉语句法与语义计算研究"(批准号13YJA740005)的资助。

行反转操作,或者是对小句的某一部分进行成分否定。但在句子否定中还存在着一类特殊的、有标记的、非常规的语言现象,如下面的一组来自真实语料的例句所示:

(1) 如果可以的话,我想对你说,<u>我不喜欢你了</u>,因为我爱你。

(2) ……这个在路灯上的广告语写的还不错,"<u>不是房子,是家</u>"(我)觉得特别温馨。(2014 年 3 月 11 日搜房网论坛帖"我买的不是房子而是家,是可以避风的港湾")

(3) 坎昆会议:<u>不是只有半杯水,杯子都碎了</u>。

(4) 他<u>不在弹钢琴,他在制造噪音</u>!

(5) 这里<u>不是大埔[p^hu^{214}],是大埔[pu^{51}]</u>。

(6) 침대는 가구가 아닙니다. 과학입니다(韩国某家居品牌的宣传语:"床不是家具,是科学")

(7) It's not the miles, it's how you live them. (Volkswagen Smiles Commercial Videos)

(8) It's not an upgrade to your phone. It's an upgrade to yourself. (HTC 广告)

(9) (Esker too ah coo-pay luh vee-and?)
Non, jen'ai pas 'coo-pay lun vee-and'—j'ai coupé la viande.
(Horn 1985)

法国语言学家迪克罗(Ducrot 1972:37)首次提出描述否定(Négation descriptive)和元语否定(Négation métalinguistique)的概念,常规否定就是描述性否定,不过他所谓的非常规否定(元语否定),主要是指对预设的否定。肯普森(Kempson 1975)和加兹达尔(Gazdar 1979)等也对此类否定预设的现象予以了讨论。到了霍恩(Horn 1985),他虽然继承了迪克罗(Ducrot)的术语体系,但把目光从预设投向了否定范畴中更为复杂的那些非常规否定现象,并做了深入的归纳和分析。自此,"元语否定"成了否定范畴中一个重要的组成部分。

在汉语学界,沈家煊(1993)分析了各种非常规否定的特殊语义语用性质,具有开创之功,但他当时并没有直接采用西方的术语,而是把这类否定称为"语用否定"。随后,国内不少汉语研究者也开始关注这一特殊的否定现象,"元语否定"的概念也逐渐为汉语学界所接受。王志英(2011)曾对国内学者的相关研究加以述评,指出沈家煊(1993)、徐盛桓(1994)、张克定(1999)等都基本认同霍恩(Horn)的观点,将各类有关含义、语体风格、语音形式和预设的否定都归结为元语否定。张克定(1999)从词义、结构等角度分类分析了制约汉语元语否定解读的因素。威布尔和陈(Wible & Chen 2000)提出了汉语元语否定解读的 M-制约原则,即当否定语素与谓词核心形成了一个即时性紧密成分时,元语否定的解读方式就会被阻碍。除了结合汉语实例研究元语否定,国内学者的部分研究(何春燕 2002)还关注元语否定的修辞效果和交际色彩,将元语否定视作一种话语策略手段。

1.2 元语否定研究中的争议

然而,霍恩(Horn)关于元语否定的定义,以及它在否定范畴中的理论地位的观点,引发了许多争论。佐伊伦(Seuren 1988、1990、2000)、麦考利(McCawley 1991)、卡斯滕(Carston 1995、1996、1998、1999)、伯顿(Burton 1989、1990、1999)等学者都对霍恩(Horn)的观点提出了质疑,并一度引发了热烈的学术讨论。争议主要是围绕以下几个问题:

第一,元语否定概念的出现对逻辑研究提出了新的挑战。有的学者认为自然语言的否定具有语义歧义性,而有的学者则指出这一歧义是语用现象而非语义现象(Horn 1985),否定的语用歧义表现的是自然语言否定的非真值函数性质。还有的学者则坚持自然语言的否定算子和二值逻辑中的否定算子一样都具有真值函数性质(Carston et al. 1995)。另外一批学者则致力于改造逻辑系统(Seuren 1990、2000),发展出了多值逻辑以迎合自然语言中的这类特殊的否定现象。

第二,不少研究者从真实的语料出发(Pitts 2007;Lee 2010;Davis 2011;Yoshimura 2013),质疑霍恩(Horn)设定的理论框架,并对元语否定的概念以及内部层次划分提出了新的看法。李(Lee)认为,有关取消预设和取消会话含义的否定,既涉及了对概念内容的否定,又具有像元语否定一样的修辞效果,所以实际是介于描述性否定和元语否定之间的具有过渡状态的否定类型。皮茨(Pitts)通过研究分析国际英语口语语料库中的否定句,认为霍恩(Horn)所提出的元语否定范畴内部应当进一步细分为不同的层次,并提出了一个包括元语言、元语用、元概念以及描述性否定的四个层次的系统。戴维斯(Davis)则认为,把元语否定描述成习语性用法可能更为合适,他认为表示非常规意义的元语否定是习语性的,并且这种非常规意义已经得到了规约化。吉村(Yoshimura)通过分析日语中的三种否定形式,指出霍恩(Horn)提倡的二分法是值得商榷的。

第三,霍恩(Horn 1985)认为不仅英语的否定词 not 具有元语否定的用法,甚至语言中其他的连接符也同样具有描述性和元语性的双重用法。因此,在针对否定的问题上,霍恩(Horn)坚持认为否定确实是有歧义的。只不过这种歧义不是语义歧义,而是语用歧义。与霍恩(Horn)不同的是,麦考利(McCawley 1991)认为英语的"not X but Y"结构本质上并不是元语性的用法,而是最普通的对比结构。对比否定和元语否定之间的关系也仅仅在于对比否定使得元语否定的解读更为容易。麦考利(McCawley)引用了其他语言的例子说明在这些语言中实际存在的是对比否定的标记。

第四,卡斯滕(Carston 1996)总结了之前各个研究者归纳出的元语否定的性质和特征,共有五条:

Ⅰ. 标准的元语否定会引发特殊的语调模式,在紧随其后的修正句上,被替换的对象会有对比重音。

Ⅱ. 元语否定的句子在标准情况下总是与对应的肯定形式联合出现。

Ⅲ. 元语否定是花园幽径句,会引发双重处理效应。

Ⅳ. 从字面意义上看,元语否定句包含的两个小句在逻辑上是矛盾的。

Ⅴ. 否定辖域内的内容是被提及而不是被使用。所谓"提及",指的是元表征、引用或者回声性使用。

对于这些曾被视为元语否定标准属性的特征,卡斯滕(Carston)一一加以反驳,尤其是针对霍恩(Horn)所强调的花园幽径效应提出了质疑。相对于常见的"先否后肯"的元语否定格式,卡斯滕(Carston)举出了"先肯后否"的元语否定句。其论述指出,调换否定句和修正句的顺序并不能改变元语否定的本质,但是此时整个句子在处理上缺乏了明显的花园幽径效应,或者说所谓的双重处理效应变得模糊。

　　由此，卡斯滕(Carston)进一步认为只有特征Ⅴ才真正是元语否定的根本属性，而前四个特征仅仅是由元语否定中的辖域内成分的元表征性质带来的。元语否定的本质表现在否定的对象是用语言表征的另一个表征，而不是用语言表征的某一个状态。

　　为了有力地证明"元语否定具有真值函数性"这一观点，卡斯滕和诺赫(Carston & Noh)还对韩语的否定进行了调查和分析，并指出韩语的短型否定和长型否定均具有真值函数性质，而且既可以在描述性否定中使用，也可以在元语否定(即回声否定)中使用，只不过长型否定更容易获得元语否定式的解读而已。

　　第五，当代的元语否定研究进入了一个新的局面。越来越多的非英语研究者开始关注元语否定现象(Martins 2012、2014；Moeschler 1992；Mughazy 2003；Yoshimura 2013)。尽管英语中只有一个否定词，但是如果其他语言中存在着专门用于描述否定和元语否定的不同的否定结构，似乎就能印证霍恩把元语否定视作一种特殊的否定的观点。然而这一考察并不那么顺利。穆盖泽勒(Mughazy 2003)考察了埃及阿拉伯语的连续与分裂否定形式，吉村(Yoshimura 2013)分析日语中的三种否定形式，无论他们对霍恩的理论抱什么观点，但语料事实上更倾向于霍恩的对手们的分析。

　　汉语研究在经历了最初的引介之后，也开始反思霍恩元语否定理论的不足。袁毓林(2000)针对所谓取消预设的元语否定提出了新的见解，批评了单调逻辑的分析方法，主张句子中的否定结构不能否定自身的预设，对预设的否认实际上由后文的修正句来完成；景晓平(2002)介绍了卡斯滕的回声论观点，并指出"语言使用"和"语言提及"的区别，加强回声论的解释力；高航(2003)主张元语否定仍是一种真值否定。另外，赵旻燕(2007)援引董秀芳(2003)的观点，指出汉语中可以使用"不是"构成元语否定结构，主要是满足了以下的一些特征，即整个句子无焦点突显标记，被否定的X邻接否定算子，而且被否定项X具有极差性，这样一来，所谓的汉语元语否定标词"不是"，也仅仅通过"是"起到标记焦点的作用，"不是"就是一个普通的否定算子而已。

2. 元语否定的两个层次

2.1　元语否定₁与元语否定₂

我们认为,要想真正理解当前元语否定的研究现状,就必须站在一个新的高度,从更宏观的层面重新审视否定范畴以及以往学者所使用的元语否定的概念意义。本文的观点是:有关元语否定的讨论实际上需要区分两个不同的概念层次。

第一个层次的元语否定($元_1$)是对句子所有可能的内容的否认,包括常规与非常规的、语义与言语行为的,它包含了一般描述性否定的功能,也包括对言语行为的某一特征进行的非常规否定的功能。它的基本概念实际上是"对比",即表示肯定否定对比的句式或标记,从对比中知道究竟在否定什么。

第二个层次的元语否定($元_2$)则是作为与描述性否定功能不同的一类特殊的否定形式。描述性否定(descriptive negation)遵从常规的语义运算法则,仅对命题中的焦点内容进行真值反转,也称为"一般否定"(ordinary negation)。$元_2$必须是对句子命题以外的内容加以否认,不遵从常规的语义运算法则。它就是霍恩(Horn 1985)提出的表示非真值函数性质的、表示拒绝一个言语陈述的元语否定。

$元_1$就是麦考利等研究者说的"对比否定",从表面上看,它与$元_2$是相互独立的,但实际上并非如此。二者在认知上和语法化上存在着必然的联系。

当前的元语否定研究,大多是按照霍恩歧义论的观点来界定研究对象。霍恩从功能的角度区分元语否定和描述否定,其界定的元语否定实际上是$元_2$。霍恩元语否定₂的特殊性和标记性关注较多,但忽略了一点:功能的标准往往是不稳定的评判准则,它会随着句子使用的语境(包括语言使用者的言谈习惯)而发生中和、弱化等现象。

强调功能标记的观点,直接导致国内的很多学者着力寻找所谓的双重处理效应的根本动因,却在实际研究中发现判断一个句子是否为元语否定句成了一件不确定的甚至困难的事情。如景晓平(2002)认为语言成分的"提及"是元语否定的根本特征,但他也发现"由于'提及'在元语否定中的隐含性,没有统一的形式标记,使我们在实际操作中有一定的困难,有时无法判断一个语言单位是'提及'还是'使用'"。张克定(1999)在论述元语否定限制条件的时候,也说"语用否定的基本结构形式是本句加义句。本句和义句中的两个对应成分 x 和 y,除了要具有相同的词汇性质和语法功能外,还要受到词义上的限制。如果 x 和 y 只具有相同的词汇性质和语法功能,而无词义上的联系,那么,所构成的否定只能是一般否定,而不是语用否定"。然而,很多情况下,词和词之间的语义差别和边界不是那么的清晰。

正是在这一层意义上,卡斯滕意识到了功能标记性的不稳定性,并对霍恩总结出的元语否定的标准特征加以反驳,指出"所谓特别的元语否定之所以让我们觉得很特别,并不在于它具有某种特别的语言学地位或者语用上的地位,而仅仅是因为它独特高效的修辞能力"。

在探寻元语否定形式标记这方面,麦考利的分析很有启发意义。他取消了元语否定单独作为否定范畴内部的一个与一般否定平行独立的子类的地位,并提出把元语否定作为对比否定在进行语义语用解读时的一种功能。我们觉得这一思路是正确的,它有利于观察元语否定的一些更具根本性的特征。这些特征,在我们看来,正是驱动元$_2$层次产生乃至进一步语法化的基本因素。

2.2　浮现范畴

元$_2$层次的产生是"浮现"(emergence)的结果。"浮现"指某个特殊的言语形式,受到会话中的篇章框架等语用动因的驱动,在特定的言语场景下逐渐显现出原本没有的特定意义。这种意义具有强烈的突显性,就像从暗色的背景中浮现出亮斑,一开始是淡淡的、若隐若现,后来则愈发清晰,直至最后这一形式被用来专门表示这一意义。自此,一个新的构式或范畴就彻底形成了。

霍珀(Hopper 1987)提出了"浮现语法"的基本框架,看到了语言学知识与语言使用的双向交互关系。他认为,会话中的每一个参与者,在对其他参与者语言直觉的充分性和可靠性进行衡量与评判时,只有语用标准是可及的。正因此,语法本身是动态的、变化的、交际性的。沈家煊(2006)也介绍了由"概念整合"而导致的浮现意义。我们在这里则引入另

一种由"系统调整"而导致的浮现意义。例如在古代汉语中,"不"也可以用于"动态否定""现实否定"。如:

　　(10) 老妇不闻也。(《战国策·赵策》)(老妇没有听说)

　　(11) 臣闻以德和民,不闻以乱。(《左传·隐公四年》)(没有听说)

　　但在出现了专门用于表示"动态否定""现实否定"的"未、没(有)"等否定词后,"不"就被它们逐渐排除了动态与现实用法,从而浮现出今天"不"作为非动态、非现实事件的否定范畴标记了。

2.3　语篇格局的语法化及元语否定$_2$的浮现

　　我们认为,语言中的结构不是孤立的,而是始终处在一定的语篇格局之中的。所谓的语篇格局,实际上就是某一特定语境中构成语篇的各个结构要素和言语行为要素在线性语流中投射出的排布顺序和功能联系。一个特殊的语篇格局可能是说话人采取的某种话语策略,承担特殊的功能。

　　我们认为,元语否定$_2$是一个浮现范畴。元$_2$层次的特殊语义,主要是在语篇格局所承担的功能发生分化的时期从元$_1$中慢慢浮现出来的。

　　具体说来,当一个语言中产生了(至少一个)句子否定形式 Neg_0 时,它在语用层面上同时带来了两种不同的语篇格局:一为独立格局(Neg_0＋S),即单独使用否定句的语篇布局;二为对比格局$[(Neg_0＋S)＋S']$,包括否定句以及与之共现的肯定句。

　　独立格局与对比格局从初始的语用策略逐步语法化为句法语义框架,从而发展出描述性否定和元语否定$_1$。这一语法化过程需要经历多个阶段,并且每一种语言在各阶段所采取的参数值也不同。

　　第一阶段:初期,言语交际活动的强现场性保证了独立格局与对比格局都具有否定句子一切语义语用内容的能力,即它们都有元$_1$功能,两者的不同仅仅是语用策略的差异,即对比格局比独立格局承担的信息更多,否定的明确性更强。

　　第二阶段:随着交际活动现场性的逐渐弱化,独立格局受语用的量原则(Horn 2001)推动,发生进一步的语法化,倾向于表示遵守一般语用原则的语义内容,即仅对句子命题的焦点意义加以否认,这也就是一般所说的描述性否定的开始。与此相对的是,弱化的现场性并不影响对比格局的功能,它仍然通过否定句 S 与相关联的肯定句 S′构成的对比语篇,清楚地提示出被否定对象的具体内容。对比格局较高的语义透明度使之仍具有否认句子内容各个方面的能力,即保持其元$_1$功能。

第三阶段:随着独立格局趋近成熟,语言使用者进一步区分这两种格局的功能,包括以下方面:

1) 因为在表述一般描述性否定时,趋向于用独立格局。于是在使用对比格局时,趋向于用来表示与一般否定不同的否定能力,这就初步突显出它的元$_2$功能(例如英语)。当然,这仅仅是一种倾向。

2) 一个语言若发展出多个否定形式(Neg$_1$,Neg$_2$ ... Neg$_i$),它们便开始功能专门化,处于句法结构外围的 Neg$_i$ 倾向于用来表达元$_1$,即容易出现在对比格局中(如汉语的"不是""并非"等);处于句法结构内层的 Neg$_i$ 则倾向于描述性否定,即容易出现在独用格局而非对比格局中(如汉语的"不")。这一倾向性在某些语言中会发展为多个 Neg$_i$ 在语法功能上几乎完全对立互补的格局,如埃及阿拉伯语(Mughazy 2003);而在有的语言中,用于句法外围的否定词还可能在语用功能上做进一步细分,如日语(参见:Yoshimura 2013)。

值得说明的是,这里的规律是:否定词项的语义作用范围要足够地大,才能更为自由地进行对比否定。所谓的"足够大",指的是否定词必须作用于全句,而不能只是针对其中的一个成分,如汉语的"不是"就比"不、没"更多用于对比语境。

另外,如果一个否定形式的命题性太强,用于对比格式就不那么自然,如下面的例(12a)、例(12c);而一个否定形式与言语活动关系越密切,越容易用于对比格式,如下面的例(12b)、例(12d):

(12) 甲:你昨天是不是联系过陈教授?

　　　乙a:? 不/没有,我联系了陈副教授。

　　　乙b:我不是联系了陈教授,而是联系了陈副教授。

　　　乙c:? 我昨天哪里联系陈教授了? 我联系的是陈副教授!

　　　乙d:什么陈教授啊? 是陈副教授!

对比格局进一步语法化出紧缩结构,具体表现为缩减非对比成分并通过一些特殊的连词连接元语否定$_1$中的对比项,如汉语的"不是……而是",英语的"not ... but"结构,马来语/印度尼西亚语中的 Bukan ... me-lainkan/tetapi,希腊语中的 oxi ... ala 等。这类紧缩结构可能是否定词加表示纠正意义的对比连词,也可能表现为肯定形式加上隐含否定意义的对比连词,如汉语的"(是)……而不是",英语的 rather than,希腊语中的 para(Giannakidou 2011)。

另外,在一些语言(如马来语)中,衍生出专门表示对比意义的否定词 bukan,它已不用于一般描述性否定,即不可用于独用格局。

第四阶段:专用于表示对比的否定形式进一步发展,可能会成为非常规否定的标记,即只用于或基本上用于表示元$_2$的功能。但就目前而言,我们很难找到这样的例子,欧洲葡萄牙语中的 lá/agora 语法化程度相当地高,已不能用于常规的描述性否定,或许可以算作一例。

大多数语言的对比格局仍保留其元$_1$功能。请注意,所谓的保留实际上就是元$_2$范畴浮现过程的不彻底。

最后,独立格局和对比格局的分化,表现在语言形式上,还可以是对比重音作为一种标记手段在对比项隐含的情况下起到标记元语否定$_1$的作用。所以,这类含有对比重音的独立否定看似有着与描述否定相仿的形式,但实际上已经构成了隐性的对比格局,应算在对比否定中。

据此,我们可以大致地描绘出语用格局与否定范畴交互演化的路径。如图1:

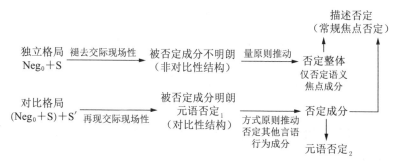

图1 语用格局与否定范畴交互演化的路径

3. 各语言在元语化等级中的位置

　　虽然类型学研究者们力图寻找有关元语否定理论的跨语言证据或反例,但他们往往都忽略了一点,即从英语中归纳出的理论很可能不能够解释同一共时平面上其他语言的元语否定分布情况。这主要是由于语言自身的语法化程度不同,而且各个语言在参数选择上也是不同的。只有从浮现范畴的角度,才能正确地看待各具体语言在元语否定方面的特性与共性。

　　我们考察了不同类型语言中的否定范畴,尝试归纳出多否定词语言在发展过程中所处的不同阶段,见表1。

表1　各语言否定词对比层次元语化等级的类型学考察

阶段	特　　征	典型语言
I	尚未形成通过否定词的形式标记来严格区分对比格局和独立格局的倾向,几乎所有的否定词都可以自如地出现在对比格局中,而仅仅是部分否定词更倾向于用在对比语境中,语用对比格局框架仍起到非常强的控制作用。	英语、韩语、现代汉语
II	已通过否定词的形式标记来区分对比格局和独立格局,但元$_1$层次的否定词尚未完全成为专用的形式标记,语用的对比格局框架仍起到较强的控制作用。	希腊语
III	已完全通过否定词的形式标记来区分对比格局和独立格局,已经语法化出专用的元$_1$层次(对比)的否定词,但没有语法化出元$_2$层次的专用否定词。	土耳其语、马来语、印尼语
IV	非常规否定标记开始多元化,并按其语用功能进一步分化。	日语
V	对比格局和独立格局层次上的对立已经消失,原本表示元$_1$的否定词中已高度浮现出元$_2$层次的用法,并几乎与用于描述否定的否定词形成新的对立分布。	埃及阿拉伯语、葡萄牙语

3.1　阶段 I

　　这一阶段的语言如英语和现代汉语,其基本否定词都可以自由地用于对比格局。如:

　　(13) 你别在学校上晚自习,在家上晚自习吧。

　　　　　他不在学校上晚自习,而是在家上晚自习。

他没有在学校上晚自习，他在家上晚自习。

但汉语的复合否定词"不是"似乎正在浮现出较为突显的对比意义。如：

（14）??我们不是讨厌流行音乐。

　　　我们不讨厌流行音乐。

　　　我们不是讨厌流行音乐（，而是还不大习惯）。

当句子否定采用否定词"不是"的时候，如果仅仅用在独用格局中，有时会给人一种话未说完的感觉。我们认为这说明否定词"不是"已经开始在向元$_1$标记发展。

值得一提的是，汉语在历史上似乎就不曾通过专门的否定标记来严格区分对比格局和独用格局，但都有一定的倾向性。古代汉语中的"非"类否定词一般用于非谓词否定和外部否定，而"不"类否定词常用于谓词否定，两者都有可能出现在对比格局中，但是"非"类否定词更容易用于对比格局，我们统计了《论语》中的"非"，发现 33.3% 的"非"都用于对比。如：

（15）冉求曰："非不说子之道也，力不足也。"

（16）子曰："孟之反不伐，奔而殿，将入门，策其马，曰：'非敢后也，马不进也。'"

（17）孔子曰："非敢为佞也，疾固也。"

（18）子曰："回也视予犹父也，予不得视犹子也。非我也，夫二三子也。"

我们还统计了《论语》中的"不"，发现只有 12.23% 的"不"用在对比格局中。如：

（19）子曰："骥不称其力，称其德也。"

（20）子曰："君子病无能焉，不病人之不己知也。"

（21）子曰："君子谋道不谋食。耕也，馁在其中矣；学也，禄在其中矣。君子忧道不忧贫。"

（22）子曰："吾恐季孙之忧，不在颛臾，而在萧墙之内也！"

我们统计了《红楼梦》中的"不是"，发现 38.9% 的"不是"都用于对比。如：

(23) 只见他虽然用金簪划地,并不是掘土埋花,竟是向土上画字。

(24) 红玉笑道:"我不是笑这个,我笑奶奶认错了辈数了。我妈是奶奶的女儿,这会子又认我作女儿。"

(25) 贾母笑道:"姨太太今儿也过谦起来,想是厌我老了。"薛姨妈笑道:"不是谦,只怕行不上来倒是笑话了。"

(26) 忽见走出一个人来接水,二人看时,不是别人,原来是小红。

(27) 湘云起身笑道:"我也不是作诗,竟是抢命呢。"

(28) 凤姐道:"这些话倒不是可笑,倒是可怕的。咱们一日难似一日,外面还是这么讲究。俗语儿说的,'人怕出名猪怕壮',况且又是个虚名儿,终究还不知怎么样呢。"

处于这一阶段的语言很多。如韩语中的短型否定 an 和长型否定-ci an-h-a 一般情况下既可以用于独立格局,也可以用于对比格局,如例(29)和例(30)都是短型否定形式表示元语否定的例子:

(29) X:Ku salam neui sensayng i-ci?

　　 that man your teacher be-Q

　　 那个人是你的老师吗?

　Y:Ku salam-un naui sensayng-i **an**-i-ko, sensayngnim i-ta.

　　 that man-TOP my teacher-NM not-be-QT, teacher(hon) be

　　 那个人不是我的老师,是我的老师(敬语)。

(30) wuli-nun aitul-ul **an** coaha-p-ni-ta; kutul-ul salangha-p-ni-ta.

　　 we-TOP children-AC not like-AH-ID-DC they-AC love-AH-IN-DC

　　 我们不是喜欢孩子,我们爱孩子。

只有当主动词为系词的时候,才必须使用短型否定,如例(29)。因此,韩语中也并没有语法化出专用于元语否定的否定词,只是长型否定确实更多地用在对比格局里(Carston et al. 1996)。

3.2　阶段Ⅱ

处在这一阶段的语言如希腊语。在希腊语中,句子否定词 δέν (Dhen)一般用于常规的描述否定,但也可以表示元语否定₁的含义,只要 δέ(Dhen)处在一个对比框架(... ala ...)中即可。例如(引自:Giannakidou

2011)：

(31) *Dhen* m′ aresi to psari *ala* to kotopulo.

我不喜欢鱼肉而是喜欢鸡肉。

但与此同时,希腊语也形成了只表示对比否定含义的元$_1$否定词 óχι
(oxi)。óχι 可以直接构成[(Neg$_0$＋S)＋S′]的对比格局,无需任何连接
词。如(Giannakidou 2011; Mackridge 1987)：

(32) óχι ἐδῶ, ἐκεί

不是这里,是那里。

(33) óχι ἡΠόπη, ἡ Ρένα

不是 Poppy 而是 Rena。

(34) μια ἁπλή, óχι σημαντική προσαρμογή

一个简单的而不重要的调整。

(35) óχι ἕνα, μά δέκα Νόμπελ θά πάρεις

你会得到不是一个而是十个诺贝尔奖。

(36) óχι τή θαυμάζω, τή λατρεύω

不是我欣赏她,是我崇拜她。

此外,óχι(oxi)还可以与连接词ἀλλά(ala)形成对比结构。如：

(37) μού δήλωσε πώς óχι ζήτημα γάμου, ἀλλά οὔτε μόνιμου συν-δέσμου
μπορεί νά υπάρξει μεταξύ μας

他告知我,并非仅是我们之间的婚姻不可能,而是连永久的性关
系都不可能。

(38) ἔπρεπε óχι νά ειδοποιήσω, ἀλλά σχεδόν νά πάρω τήν ἀδειά του

我的义务不是简单地通知他,而是几乎要获得他的允准。

(39) Ine *oxi* eksipnos *ala* ergatikos.

他不是聪明而是刻苦。

(40) Sinithos taksidevi *oxi* me aeroplano *ala* me treno.

Usually travels.3sg not with the airplane but with the train.

他通常不坐飞机而是坐火车出行。

oxi 必须用在对比格局中,当句子中使用这个特殊的元语否定标记词
的时候,句子绝对不可以是非对比语境。例(4)中,由于没有对比的语境,

所以 oxi 在这里就是不合法的使用：

（41）# Ine *oxi* eksipnos.

　　　他不是聪明。

3.3　阶段Ⅲ

处在这一阶段的语言如马来语/印度尼西亚语。马来语/印尼语中的否定词 tidak 用于常规的描述否定，不能用在对比语境。另一个否定词 bukan 则相反，一般不可以出现在非对比格局中，故例（46）不成立（Kroeger 2014）：

（42）Dia *bukan*　tidur, tetapi　ber-baring　　sahaja.
　　　3SG NEG　　sleep　but　　MID-lie.down　only
　　　他不是在睡觉，而只是躺下来。

（43）Saya *tidak*/*bukan* membeli buku, tetapi saya membeli pensil.
　　　1SG NEG　　　　buy　book　but　1SG buy　　　pencil
　　　我没有买书，但我买了铅笔。

（44）Saya membeli　pensil, *bukan*/ * *tidak* membeli buku.
　　　1SG buy　　　pencil NEG　　　buy　book
　　　我买铅笔而不是书。

（45）Dia　pergi　ke hulu,　　*bukan*/ * *tidak* ke kuala.
　　　3SG　go　　to upstream NEG　　　　　to river.mouth
　　　他去了上游，不是去了河流的入口。

（46）#Saya *bukan*　membeli　buku.
　　　　1SG NEG　　buy　　　book
　　　我不是买书。

请注意，bukan 还可用于表示判断的无谓词句中，如例（47），这一点和汉语的否定动词"非、不是"有共通性，说明它们的元₁标记或准元₁标记都是从否定判断标记语法化而来的。

（47）Dia　*bukan*/ * *tidak* guru.
　　　3SG NEG　　　　teacher
　　　她不是老师。

斯内登（Sneddon 1996：195）在《印度尼西亚语参考语法》中也举出了

印尼语中有关否定词 bukan 的例子,并且指出了 bukan 的一些具体的使用环境。如:

(48) Mereka tinggal di rumah yang besar, *bukan* rumah yang kecil.

他们住在一个大房子而不是小房子里。

表示数量的小句被否定的时候,一般用 tidak,但是在有对比意义的时候用 bukan。如:

(49) Penggemarnya bukan satu dua orang melainkan ribuan.

她的粉丝不是一两个而是上千名。

斯内登(Sneddon 1996)特别说明,在由 bukan ... melainkan 所构成的对比结构中,bukan 是作用于外围,而不在小句中。因此,bukan 构成双重否定句中的外围否定。

(50) Bukannya saya tidak mau membeli rumah, tetapi uang saya tidak cukup.

不是我不想买房子,是我没有足够的钱。

当修正结构处在一个隐含的对比格局中,也就是修正的内容可以从语境中明显推知的时候,第二个小句也是可以省略的:

(51) Saya bukan tidak percaya kepadamu.

我不是不相信你。(我是相信你的。)

有意思的是,以往学者纠缠不休的预设否定(即"法国国王不是秃子"一类),在霍恩(Horn 1985)那里归结为元语否定,而在马来语中却是要求用非对比否定词 tidak 的。此时,用对比否定词 bukan 反而变得有些不合适了。

(52) Irwan *tidak*/?? *bukan* menyesal menjadi Gubernur Sumbar,

　　　(name) NEG　　　regret　　become Governor Sumbar

　　　Irwan 不后悔成为 Sumbar 的管理者,

　　　karena sebenarnya dia belum pernah menjadi gubernur.

　　　因为他事实上从来就没有担任过 Sumbar 的管理者。

也许这恰恰说明,标准的预设否定本质上并不是元语否定。元语否定强调的是对比性,而预设否定涉及的是语义语用完备性的问题(见袁毓林 2000;陈振宇、钱鹏 2015)。这似乎与迪克罗(Ducrot 1972)从预设否定入手提出"元语否定"概念的研究道路不同,这一问题尚需进一步研究。

3.4 阶段 Ⅳ

如日语中一般否定词 nai 只能是用于描述性否定,也就是起反转真值的功能。如果要表达拒绝或者反对先前话语的功能,则不适用该词,这时就要使用 node wa nai,例如(Yoshimura 2013):

(53) Kippu　ga　*mitsukar-a nai* / ♯*mitsukar-u node wa nai*.

　　在检票窗口,翻找手提包

　　ticket　SUBJ *be-found　not* / *be-found　it is not that* ...

　　我没找到票。/ * 不是我找到票。

例(53)中,元语否定结构 node wa nai 并不处于对比格局中,因此用它不合适。

除了 nai 和 node wa nai,日语中还有一种外部否定形式 wake de wa nai,也用于对比格局。如:

(54) A:Naze issho-ni kite kure nai-n da.Kimi ga Tokyo ni nokori-tai riyuu wa nan na-n da.

　　　Why together with come not you SUBJ Tokyo in stay-want reason SUB what be

　　　你为什么不跟我走? 你想待在东京的原因是什么?

　　B:Tokyo ni nokori-tai *node* / *wake de wa nai* no. Issho ni ike nai dake na no.

　　　Tokyo in stay-want *it is not* / *does not follow* that ... with go not just

　　　我{不是/没}想待在东京,我只是不能跟你去。

但两种对比否定方式是有区别的,对于言语行为成分的合适度的否定,用 node wa nai 不用 wake de wa nai,说明前者进一步发展为更专注于元₂ 的标记。如:

(55) Tom wa ox o 2-hiki　　kat-te i-ru *node* / * *wake de wa nai*.

　　2-tou kat-te i-ru n da.

　　Tom_TOP ox　OBJ 2_(wrong)CLS have　it is *not* / * *does not follow*

　　that ...　　2_(correct)CLS have

汤姆 不是/＊没有两只牛,他有两头牛。

我们认为,这是元₂浮现的进程中否定词功能发生系统调整的一种表现。

3.5 阶段V

处在这一阶段的语言如埃及阿拉伯语。埃及阿拉伯语研究者穆盖泽勒(Mughazy 2003)指出,当句子中有动词的时候,连续型否定"meʃ V"表示元语否定₂,分裂型否定"ma-V-eʃ"一般用于常规描述否定。两者的功能几乎没有重叠。如:

(56) a. ♯abuː-h meʃ ma-falsaʕ-ʃ.
father-his NEG NEG-kicked the bucket-NEG
他的父亲不是没有翘辫子(,他的父亲确实死了)。

b. abuː-h meʃ ma-falsaʕ-ʃ lessa-huwwa ma-twaffaː-ʃ lessa
father-his NEG NEG-kicked the bucket-NEG yet-he NEG-passed away-NEG yet
他的父亲不是还没有翘辫子,是还没有去世。

(57) a. da ali meʃ ħab samiːra-da kaːn bejmuːt fiː-ha kamaːn.
that ali NEG loved Samira-that(comp) was dies.3s in-her too.
阿里不是爱萨米拉,他是和她疯狂地坠入爱河。

b. ♯ Ali ma-ħabb-eʃ samiːra-da kaːn bejmuːt fiː-ha kamaːn.
Ali NEG-loved-NEG Samira-that(comp) was dies.3s in-her too.
阿里不爱萨米拉,他是和她疯狂地坠入爱河。

由此可见,meʃ 在作谓词否定时必须用在对比格局中,表示非常规的元₂ 的含义。

当句子中没有动词的时候,必须要使用连续型否定形式 meʃ,这时否定就有了两种解读的可能性。穆盖泽勒举出了如下的例子:

(58) a. samiːra meʃ zakejja abadan-hejja ʁabijja
Samira NEG intelligent at all-she stupid
萨米拉一点儿也不聪明,她很笨。

b. da samiːra meʃ zakejja- di ʕabqarejja
that(comp) Samira NEG intelligent- that.f genius

萨米拉不是聪明，她是个天才。

我们认为，这并不是穆盖泽勒所说的具有歧义的解读，因为实际上，当 meʃ 表示元₂ 意义时，必须使用一定的标句词 da/di。这个标句词正是起到了将对比项进行元表征的功能。

葡萄牙语也处于这一阶段。欧洲葡萄牙语中存在着没有歧义的元语否定标记 lá/agora。如（Martins 2014）：

（59）a. 'Ah，não trouxe a carteira. Pagas-me o café？'

　　　　ah　not brought-1SG the wallet pay-2SG-me-DAT the coffee

　　　　啊，我没有带钱包来。你能付一下我的咖啡钱吗？

　　　b. ♯ Ah，trouxe lá/agora a carteira. Pagas-me o café？

　　　　Ah brought-1SG MN-marker　the　wallet pay-2SG-me-DAT　the　coffee

　　　　哎呀，不是我带了钱包来。你能付一下我的咖啡钱吗？

（60）a. Hoje *não* estás com boa cara. O que se.passa？

　　　　today not are-2SG with good face. the what is-going-on？

　　　　你今天看上去不好，怎么了？

　　　b. ♯ Hoje estás　*lá/agora* com boa cara. O que se.passa？

　　　　today are-2SG MN-marker with good face. the what is-going-on？

　　　　你今天看上去不好，怎么了？

（61）A：Estás um pouco preocupado？

　　　　are-2SG a　little　worried

　　　　你是不是有点着急？

　　　B：Estou *lá/agora* um pouco preocupado，estou morto de preocupação.

　　　　am MN-marker a little　worried　am　dead of worry

　　　　我不是有点着急，我是急死了。

（62）a. Tiveste uma sorte　do　diabo

　　　　had-2SG a　good-luck of-the devil(PPI)

　　　　你幸运得要死！

b. ♯ Não tiveste uma sorte   do   diabo

    not had-2SG a   good-luck of-the devil(PPI)

    你没有幸运得要死!

c. Tive   *lá/agora* uma   sorte   do   diabo

    Had-1SG   not   a   good-luck of-the devil(PPI)

    我不是幸运得要死。

我们可以看到,元语否定标记 lá/agora 语法化程度相当高,只能用于元语否定,允准肯定极性词(PPI)。而一般否定词 Não 没有任何元语否定$_2$的用法。

4. 余论

本文从元语否定的本质入手,区分元$_1$和元$_2$这两个层次,充分考量类型学材料的共性与差异,秉持动态调整的观念,重视语用因素对语法化进程的影响,并从语篇布局和意义浮现的视角来划定元语否定$_1$的边界,解释元语否定$_2$的复杂性和不稳定性。

值得注意的是,元语否定错综复杂的语义性质,本质上反映的是稳定浮现与临时浮现的交替作用。所谓"稳定浮现",指的是由已经语法化的元语否定结构成分所触发的元$_2$语义解读。而"临时浮现",是指原来表示一般否定的形式,在处于特殊语境中或有相关标记提示时,临时浮现出元语否定意义。

我们发现,一个语言即使已有相当成熟的元$_1$或元$_2$标记,也可能会使用一般否定词来临时地浮现元语意义,如埃及阿拉伯语。虽然埃及阿拉伯语已经产生了相对来说完全对立互补的描述否定和元$_2$分布形式,但在特殊的情况下,仍然可以用所谓的描述性否定形式 ma-V-ʃ 来表示元语否定$_2$。例如(Mughazy 2003):

(63) A:ʔol-li,   itʔaːbelt-uː?

      告诉我,你们见面了吗?

   B:iħna ma-itʔaːbel-naː-ʃ ... iħna itʔaːbelna   w-itkallemna w-itʕaʃeːna.

      we NEG-met-1st.pl.NEG ... we met-pl.   and-talked-pl.

and-had dinner

我们没有见面……我们是见面交流而且吃了晚餐。

穆盖泽勒对这种现象的说明沿用了传统的意见，即言语使用者为了故意引发一种双重处理效应，所以采用了表示描述否定的分裂型否定形式。

再如在汉语中，"不是、并非"更趋向于用于对比否定，它们也比"不"更易理解为元$_2$否定，但是确实有一些用"不"的临时浮现，如本文开篇所举的例子：

（64）如果可以的话，我想对你说，<u>我不喜欢你了，因为我爱你</u>。

国内外众多汉语研究者（张克定 1999；赵旻燕 2007；Wible & Chen 2000）认为这里的"不"与"喜欢"紧密结合，不能产生元语否定的解读。但我们在互联网上确实搜索到了这条语料。与之相对应的英文语料"I don't like you, I love you."也有出现。在实际调查中，我们请汉语母语者评判这句话的可接受度，大部分人都认为在男女恋人关系的情境下，这句话是可以接受的。当然，这句话的使用必然会带来特殊的言语色彩，有点"故意搞怪"的意味。

需要说明的是，当今元语否定理论过多关注对比格局也有一定的问题，因为它可能遮蔽了元语否定的其他来源。如"什么 X"否定性感叹句式的发展，它并不是来源于对比句式，而是对前一话轮中所说内容的否定。我们尚未看到对它的元语否定功能的研究，不过语料显示，在当代汉语中，它似乎越来越多地用于元$_2$意义的浮现，只不过语法化程度还不够高。如：

（65）志国：绝对不会。我在机关待了十几年，太清楚啦！老实讲，像您这种情况，过了 65 岁了，又让您不明不白地在局里混了两三年，已属非常破例，这要在我们机关早打发啦！

（66）和平：**什么叫打发啊？** 你把咱爸当要饭的啦？爸，他们那儿不要您咱们这儿要您，欢迎您回家主持日常工作，也让我松快松快。

参考文献

陈振宇　钱　鹏　2015　《蕴含、预设与完备性》,《当代语言学》第 1 期。

董秀芳　2003　《"不"与所修饰的中心词的粘合现象》,《当代语言学》第 1 期。

方　梅　2012　《会话结构与连词的浮现义》,《中国语文》第 6 期。

高　航　2003　《元语否定的认知语用分析》,《四川外语学院学报》第 2 期。

何春燕　2002　《语用否定的类型及使用动机》,《解放军外国语学院学报》第 3 期。

景晓平　2002　《元语否定机制简论》,《山西师范大学学报(社会科学版)》第 1 期。

孔庆成　1995　《元语否定的类型》,《外国语》第 4 期。

沈家煊　1993　《"语用否定"考察》,《中国语文》第 5 期。

沈家煊　2006　《概念整合与浮现意义》,《修辞学习》第 5 期。

王志英　2011　《元语否定研究述评》,《外语学刊》第 6 期。

徐盛桓　1994　《新格赖斯会话含意理论和含意否定》,《外语教学与研究》第 4 期。

袁毓林　2000　《论否定句的焦点、预设和辖域歧义》,《中国语文》第 2 期。

赵旻燕　2007　《汉语元语否定制约》,《华中科技大学学报》第 6 期。

赵旻燕　2010　《汉韩"元语言否定标记"研究》,《解放军外国语学院学报》第 5 期。

赵旻燕　2010　《元语言否定歧义说商榷——对以"不"为否定载体的汉语元语言否定的考察》,《东北师范大学学报》第 5 期。

张克定　1999　《汉语语用否定的限制条件》,《河南大学学报》第 1 期。

Biq, Y.O.　1989　Metalinguistic Negation in Mandarin. *Journal of Chinese Linguistics*, 17(1):75—95.

Burton-Roberts, N.　1989　On Horn's Dilemma: Presupposition and Negation. *Journal of Linguistics*, 25(1):95—125.

Burton-Roberts, N.　1990　Trivalence, Gapped Bivalence, and Ambiguity of Negation: A Reply to Seuren. *Journal of Linguistics*, 26(2):455—470.

Burton-Roberts, N.　1999　Presupposition-cancellation and Metalinguistic Negation: A Reply to Carston. *Journal of Linguistics*, 35(2):347—364.

Carston, Robyn, and Noh, Eun Ju　1995　Metalinguistic Negation is Truth-functional Negation, with Evidence from Korean. *UCL Working Papers in Linguistics*

7:1—26.

Carston, Robyn 1996 Metalinguistic Negation and Echoic Use. *Journal of Pragmatics*, 25(3):309—330.

Carston, Robyn, Eun-Ju Noh 1996 A Truth-functional Account of Metalinguistic Negation, with Evidence from Korean. *Language Sciences* 18:485—504.

Carston, Robyn 1998 Negation, 'Presupposition' and the Semantics/Pragmatics Distinction. *Journal of Linguistics*, 34(2):309—350.

Carston, Robyn 1999 Negation, Presupposition and Meta-representation: A Response to Noël Burton-Roberts. *Journal of Linguistics* 35:365—389.

Chapman, Siobahn 1996 Some Observations on Metalinguistic Negation. *Journal of Linguistics*, 32(2):387—402.

Davis, Wayne A 2011 'Metalinguistic' Negations, Denial, and Idioms. *Journal of Pragmatics* 43:2548—2577.

Ducrot, Oswald 1972 *Dire et Ne Pas Dire*. Paris: Hermann.

Fraassen, van B. 1969 Presuppositions, Supervaluations, and Free Logic. In K. Lambert(ed.), *The Logical Way of Doing Things*, 67—91. New Hven: Yale University Press.

Gazdar, G 1979 *Pragmatics: Implicature, Presupposition and Logical Form*. New York: Academic Press.

Giannakidou, Anastasia 1998 *Polarity Sensitivity as (Non)veridical Dependency*. Amsterdam and Philadelphia: John Benjamins.

Giannakidou, Anastasia and Suwon Yoon 2011 The Subjective Mode of Comparison: Metalinguistic Comparatives in Greek and Korean. *Natural Language Linguistic Theory* 29:621—655.

Hopper, Paul 1987 Emergent Grammar. *Proceedings of the Thirteenth Annual Meeting of the Berkeley Linguistics Society*, 139—157.

Horn, Laurence 1985 Metalinguistic Negation and Pragmatic Ambiguity. *Language*, 61:121—175.

Horn, Laurence 2001 *A Natural History of Negation*. Stanford: CSLI Publications.

Iwata, S. 1998 Some Extensions of the Echoic Analysis of Metalinguistic Negation. *Lingua*, 105(1):49—65.

Kempson, R. 1975 *Presupposition and Delimitation of Semantics*. Cambridge: Cambridge University Press.

Kim, D. B. 1991 Metalinguistic Negation, Neg-raising, and *Nun* in Korean. In *Chicago Linguistic Society* 27, 125—139.

Kroeger, Paul 2014 External Negation in Malay/Indonesian. *Language*, 90 (1):137—184.

Lee, Chungmin 2010 Information Structure in PA/SN or Descriptive/Metalinguistic Negation: with Reference to Scalar Implicatures. In Turner, K. (ed.), *Contrasting Meaning in Languages of the East and West*, 33—73. Oxford: Peter Lang.

Mackridge, Peter 1987 *The Modern Greek Language: A Descriptive Analysis of Standard Modern Greek*. Oxford University Press: USA.

Martins, A. M. 2012 Deictic Locatives, Emphasis, and Metalinguistic Negation. *Parameter Theory and Linguistic Change* 2:214.

Martins, A. M. 2014 How much syntax is there in metalinguistic negation? *Natural Language & Linguistic Theory*, 32(2): 635—672.

McCawley, James D. 1991 Contrastive Negation and Metalinguistic Negation. *The proceedings of the 27th Annual Meeting of the Chicago Linguistics Society* (CLS 27).

Mughazy, M. 2003 Metalinguistic Negation and Truth Functions: the Case of Egyptian Arabic. *Journal of Pragmatics*, 35(8):1143—1160.

Noh, Eun-Ju, Koh, Sungryong, Yoon, Si On 2012 The Markedness of Metalinguistic Negation: An Eye-tracking Study. *Korean Journal of Linguistics*, 37(2): 325—343.

Noh, Eun-Ju, Hyeree Choo, Sungryong Koh. 2013 Processing Metalinguistic Negation: Evidence from Eye-tracking Experiments. *Journal of Pragmatics* 57: 1—18.

Pitts, A 2007 The International Corpus of English(GB): A Study of Negation. *Presentation at Corpus Linguistics*, 2007.

Seuren, P.A.M. 1988 Presupposition and Negation. *Journal of Semantics* 6: 175—226.

Seuren, P. A. M. 1990 Burton-Roberts on Presupposition and Negation. *Journal of Linguistics*, 26(2):425—453.

Seuren, P.A.M. 2000 Presupposition, Negation and Trivalence. *Journal of Linguistics*, 36(2):261—297.

Sneddon, James Neil, Alexander Adelaar, Dwi Noverini Djenar and Michael

C. Ewing 1996 *Indonesian Reference Grammar*. London: Routledge.

Weber, T. 1997 The Emergence of Linguistic Structure: Paul Hopper's Emergent Grammar Hypothesis Revisited. *Language Science*, 19(2):177—196.

Wible, D. & Chen, E. 2000 Linguistic Limits on Metalinguistic Negation: Evidence from Mandarin and English. *Language and Linguistics*, 1(2):233—255.

Yoshimura, Akiko 1998 Procedural Semantics and Metalinguistic Negation. In Robyn Carston and Seiji Uchida (eds.), 105—122. *Relevance Theory: Applications and Implications*. Amsterdam: John Benjamins Publishing Company.

Yoshimura, Akiko 2013 Descriptive/Metalinguistic Dichotomy? Toward a New Taxonomy of Negation. *Journal of Pragmatics* 57:39—56.

钱鹏：pqian@mit.edu
原载《语言研究集刊》第十七辑。

对"副词＋VP/AP"结构的句法否定研究[*]

李红叶　　陈振宇

提　要　本文对"副词＋VP/AP"结构的句法否定问题进行了研究。基于语义论的立场,认为副词能否进入否定词的句法辖域,是相应的句法、语义、语用选择的结果。具体的"Adv＋VP/AP"结构是否满足否定的语义、语用要求成为该结构能否成立的关键。本文认为,一个结构能否被否定,起主要作用的是"客观性原则",另外还有"确定性原则""间接双重否定原则""语体性原则"等次要原则。在"客观性原则"的指导下,本文着力阐释了什么是客观性、什么是主观性,从句子的焦点意义的角度引入"否定测试"的形式化检验方法,试图更为清晰地划分出不同副词的趋向性类型。通过该测试,我们得出,"客观成分"更易进入"Neg＋Adv＋VP/AP"结构中。

关键词　Neg＋Adv＋VP/AP　客观性原则　否定测试　主观性

1. 引言

汉语副词位于谓词性成分之前,而句法否定词"不、没、别"也位于谓词之前,这就导致二者可能出现相互制约的关系。从理论上讲,可分为两种情况:

（i）Neg＋Adv＋VP/AP　该格式需要考察的是副词能否或者是否必

---

　*　本课题的研究得到教育部人文社会科学规划基金项目"现代汉语句法与语义计算研究"(批准号:13YJA740005)、国家社科基金重点课题项目"现代汉语及方言中的否定问题研究"(批准号:12AYY001)以及复旦大学985课题项目"否定与否定的应用"的资助。谨此致以诚挚的谢意。

须进入这一格式。

（ii）Adv＋Neg＋VP/AP　该格式考察的是否定词能否或者是否必须进入这一格式[1]。

汉语否定词和副词（或其他状语）之间的句法位置是相当灵活的。从理论上讲，每一个副词都可以有"Neg＋Adv"和"Adv＋Neg"两种配置，只不过否定辖域大小有不同而已。这两种情况从本质上讲是相互独立的。第一种配置涉及使用句法否定时的限制条件，被否定的语义内容和不能被否定的语义内容；第二种配置则是所谓的副词是"正极性词"或"负极性词"，还是"无极性词"的问题。[2]本文研究第一种配置，它又分为两个具体问题：

1. 副词能否进入该格式？

2. 副词是否必须进入该格式？

对于第二种情况，目前尚没有发现多少实例值得研究。一般而言，汉语绝大多数 VP 和 AP 都可受否定词修饰，未必需要副词的帮助。例如，"这衣服黑"很难独立使用，但"这衣服很黑"和"这衣服不黑"都是很典型的"独立句"（independent clause），所以汉语否定词天生具有完句功能，很少有必须加上副词才能完句的情况。

当然，在研究中，确实也发现了一些特殊的情况，某些句法结构对某些副词的使用有很强的要求。例如，某些状态形容词不能被否定，形容词重叠式一般也不能直接加否定词，即"?他的脸不通红的""?他的脸不红红的"等都比较别扭，但加上表认识的副词后，就合适多了，如："他的脸不应该红红的/通红的""他的脸不一定红红的/通红的""他的脸不会红红的/通红的"，等等。但这种情况是个别领域的问题不具有普遍性，本文暂不考虑。

本文主要研究副词能否进入"Neg＋Adv＋VP/AP"格式。我们站在语义论的立场，吸收了有关"否定辖域"的句法观点，基于以下观点展开本文的研究：

① 汉语否定词都拥有严格"否定辖域"的句法否定标记，否定的焦点成分只能是在其句法辖域内的成分。

② 由于否定的是整个事件，而事件的诸多论元都会影响其性质，所以

一个论元即使不在否定辖域内,即使不能成为否定焦点成分,它仍然可能对否定句的成立与否产生影响。

③ 能否进入否定词的句法辖域,是相应的句法、语义、语用选择的结果。其中起根本作用的是语义机制。因此,副词能否进入"Neg+Adv+VP/AP"格式的问题,也就转化为了具体的"Adv+VP/AP"结构是否满足否定的语义、语用要求的问题。

2. 基于语料库的考察

究竟有哪些副词可以进入该格式呢? 我们对现代汉语常用副词进行了定量的研究,以陈振宇、陈振宁(2010)和陈振宇(2010)中的汉语常用副词作为调查对象[3],在北京大学 CCL 语料库中进行检索。部分副词的语料较多,我们只选取前 500 个例句作为考察样本,不足 500 例的则全部进行分析。通过对这些语料的整理,我们发现,在被调查的 653 个副词和约 745 个副词常用义项中(副词的不同义项分别计算),约有 180 个(副词的不同义项分别计算)副词可以进入该格式,所占比例约为 24.16%。经统计整理,根据副词进入格式用例的多少,我们把这些副词分为四个等级:

A 级:用例在上百个,极常见。

B 级:用例在十至几十个,较为自由。

C 级:只有很少用例甚至仅有 1 例,极不自由。

D 级:没有用例。

在前三个等级中,几乎所有的副词次类都能够进入"Neg+Adv+VP/AP"格式,其中最为典型的是程度副词、范围副词和方式副词。前人对这些副词的否定进行了深入的研究,考察了否定词在其前或其后出现的诸多情况,在此不再赘述。值得注意的是,在实际的语料调查中我们发现,一些情态副词、语气副词也能进入该格式,这与前人的论断不一定相符。如袁毓林(2002)就曾指出,否定副词"不"只能居于语气副词之后;尹洪波(2008)对否定词和语气副词、时间副词、范围副词、程度副词的共现顺序进行了研究,对于语气副词,作者更是从世界语言的普遍性规则出发解释了其只能位于否定副词之前的原因。但我们发现的一些语言用例却似乎与袁、尹两位的看法相左。那么,诸如情态副词、语气副词等副词,为什么通常不能被否定副词所否定？而又是什么原因允准了一些"否定情况"的出现呢？下面，我们针对这些问题进行初步的探讨。

3. 制约副词能否被否定的基本原则

否定对它辖域内的结构具有一定句法语义上的要求。到目前为止，研究者们发现了一些具有普遍性的原则，我们的调查又补充了一些，其中"客观性原则"为本文研究的重点，在后面的章节将进行重点讨论，本节先阐述其他原则。

3.1　确定性原则[4]

凡不确定的信息都不可否定。如：

(1) a. 他买了张票——＊他没买张票

　　b. 他买了（演唱会的）票——他没买（演唱会的）票

　　c. 他买了一张票——?他没买一张票

例(1c)中，——后面的一句当且仅当表示"他一张也没买"时成立，因为这时强调数量，而数量"一"是确定的信息。

(2) a. 这衣服大了一点儿——＊这衣服不大一点儿

　　b. 这衣服大了——这衣服不大

"一点儿"是模糊量，不确定信息，故不可否定。

在命题否定中，主语是命题信息中的一部分，在语义上也受否定词约束，且主语可以是确定的，也可以是不确定的，但在否定时却存在不对称：

(3) a. The man came into my office yesterday.

　　b. A man came into my office yesterday.

(4) a. The man didn't come into my office yesterday.

　　b. ＊A man didn't come into my office yesterday.

(5) a. 昨天下午那个学生来找他

　　b. 昨天下午一个学生来找他

(6) a. 昨天下午那个学生没来找他

　　b. ＊昨天下午一个学生没来找他

这是因为不确定的信息不可否定。吉翁(Givón 2001:373)说，下面这句否定成立，因为强调"有"人(存在义)来我办公室时就是确定的了：

Nobody came into my office yesterday.

因此也可以说：

Nobody of the office didn't come into my office yesterday.

在汉语中，"某"可以表示不确定的事物，也可以表示某个在语境中实际上已经确定、但又不方便说出的事物，但在否定句中却只有后一种解释，如下面例（7b）和（8b）：

（7）a. 他看见了某位领导

　　b. 他没看见某位领导

（8）a. 某位领导看见了他

　　b. 某位领导没看见他

"wh-"词不但可以表示不确定的事物，而且也可以表示事物的存在性（确定性信息），但在否定句中却只有后一种解释，即对存在的否定，如下面例（9b）：

（9）a. 他看见了一位什么领导

　　b. 他没看见什么领导

否定的"确定性原则"对副词是否能够进入起到了很大的作用。这就意味着表示约数、不确定、可能性等意义的副词都不可进入"Neg＋Adv＋VP/AP"格式中，不论它是不是客观成分。我们的语料调查表明，以下副词即是如此：

一、表示约数，不确定量的：比较、差不多、差点儿、大概、大都、大多、大略、大体、大约、大致$_1$、多半、几、几乎、有点儿、略、略略、略微、略为、稍、稍稍、稍微、稍为、丝毫、毫、有些、依稀、约略$_2$（粗略地、概括地）、偶然、偶尔、偶或、偶$_1$、偶$_2$、间或。（33个）

二、表示可能性的：大半$_2$、大抵$_2$、大致$_2$、好似、好像、或$_2$、或许、或者$_2$、恐、恐怕、怕、容、容或、像、兴许、许、也许、犹、犹如、犹似、仿佛、若$_1$、万一$_2$、至多、至少、无非、不免、迟早、早晚、起码、难免。（31个）

三、表示疑问或包含问询信息的：莫非、难道、岂、到底、何妨、何不、何尝、何曾、何必、何苦、何须、是否。（12个）

第三类副词后面通常只能跟疑问结构，或者自身是表疑问的，或者是由疑问用法演变而来的，疑问的言语行为不能再进行否定，因此不能进入

"Neg＋Adv＋VP/AP"格式。

3.2　间接双重否定原则

在汉语中有"否定之否定等于强化/弱化肯定"的"双重否定"现象,但是两个句法否定词一般不能直接套叠连用[5],如不能说"＊不没吃饭""＊没别来"等,只有"没不高兴、别不高兴"等可以,然而后者中的"不高兴"有词汇化的强烈趋向,如可以加程度副词"很",所以不能算数。

汉语中"否定之否定"一般采用的是间接结构方法,即在两个副词性否定词之间加一个谓词或助动词,如"不是不、不能不、不得不、不许不、不好不、不会不、不该不、不可不"等。因此,本身是否定副词或者包含有否定词(语素)的副词,即使满足其他条件,是"客观成分",也基本上不可以进入"Neg＋Adv＋VP/AP"格式。我们考察的常用副词当中含有否定语素的主要包括:

别、甭、不、不必、不曾、不定、不妨、不过$_2$、不禁、不愧、不免、不如、不时、不屑、不用、不由得、不住、没、没有、莫、莫非、休、未、未必、未曾、未尝、未免、未始、无比、无不、无从、无端、无非、无怪、无怪乎、无宁、无任、无须、无须乎、无需、无庸、毋宁、毋须、毋庸、兀自、勿。(46个)

3.3　语体性原则

现代汉语中,书面语语体和口语语体是两种基本的语体。对于一个具体的词语而言,它除了具有褒义或贬义的感情色彩以外,还有书面语或口语的语体色彩。贺阳、沈阳(2002:228)说"如果一个词语只用于或经常用于某种语体之中,就会带上这种语体色彩,这就是词的语体色彩"。现代汉语中存在着很多从古代汉语继承下来的词语,我们将之称为"古语词"。古语词很少在口语中使用,主要用于书面语的表达。受书面语语体和自身语义的影响,它们通常很难被否定。如下列文言副词:

诚$_1$、初、顿、凡、方、甫、盖、姑、狠、几、即$_2$、既而、亟、既$_2$、间、皆、究、俱、均、恐、莫、蓦、乃$_1$、颇、颇为、岂、且$_1$、切、日、容、甚、尚、始、势、殊、素、遂、徒、唯、惟$_1$、悉、休、旋、已、亦、益、犹、约、约略$_2$、约莫、终、甚而、甚而至于、甚或、甚且、甚为,等等。(56个)

一些有相近语义义项的副词,如文言类"共、俱、同"等,和"一道、一块、一起"等口语词,在语义上没有区别,但是在否定格式中差别比较大,我们未发现前者的否定用例,而后者则有一些例子。

现代汉语普通话中带有方言色彩的副词,通常用于表达某种强烈的情感态度,在普通话中用法相对固定,相当于固定短语,因而也很少能被否定。主要包括:

敢情、甭、高低$_{1/2}$(高低$_1$:无论如何;高低$_2$:终究、到底)、好生、合着、横是、横直、剪直、较比、尽自、紧自、愣、立马儿、满、蛮、偏生、权、生、时不时、兀自、许、乍、左右$_2$、拢共,等等。(24 个)

3.4　客观性原则

一个成分能否被否定,必要条件是,焦点意义必须是对客观事物的描写,并且该意义是事物本身的性质,而不是说话者的猜测。我们将其称为否定的"客观性原则",下文将重点讨论这一原则。

4. 对"主观性"问题的研究

4.1　问题的提出

不少研究者都指出,凡是表达说话者的主观认识、态度、评价和言语活动类型的词语一般不可否定。如语气副词、语气词(包括"的$_2$、了$_2$")都不可否定(参见:张谊生 2000b;尹洪波 2008)。

又如类同副词"也$_1$"与追加副词"也$_2$、又"很难否定,如:

(10) 他也不买衣服——＊他不也买衣服

他又不来了——＊他不又来了

根据客观性原则,带有较强主观性意味的情态副词和语气副词等不能被否定,但是在语料调查中我们发现很多情态副词都存在"Neg＋Adv＋VP/AP"格式的用例。例如:

(11) 刺激与反应的关系不是必然的,<u>反应也不必定与刺激相等</u>;主体"心理建构"的存在是一个不容无视的事实。(当代报刊《读书》第 87 卷)

(12) 全剧不去着意设置一般为戏剧发展必需的而在生活原型中<u>又确实没有的</u>确有助于加强戏剧效果的矛盾冲突,而是在大写实的背景下大写意。(1995 年《人民日报》7 月份)

那么,上述例子的成立是不是表明这些副词本身带有某种客观的倾向性,满足"客观性原则",因而可以被否定呢?倘若如此,"主观性"与"客观性"的内涵与外延应如何界定?副词满足什么样的条件才是具有客观性意义的副词?对此,真正的核心难题便是:如何知道副词 Adv 的意义在"Adv+VP/AP"结构中是否成为焦点意义,并表示某种客观的内容?

4.2　什么是主观性

随着语言研究对功能和意义的强调,语言的主观性问题越来越受到人们的关注。但是,在研究的过程中,对"主观性"概念的认识远未达成共识,学者分析时的出发点也不尽相同。那么,究竟应该如何认识主观性?与之相对应的客观性又是怎样的呢?

结构主义语言学和形式主义语言学将语言视为表达命题的工具,因而忽视语言表情达意的功能,即语言的"主观性"。关于主观性的定义有很多。邦韦什特(Benweniste 1971)从人的本质属性的角度来探讨主观性,认为主观性是说话人将自己视为主体的一种自我意识的觉醒。莱昂斯(Lyons 1977:739)给出的定义是被国内学者引用最多的:"主观性(subjectivity)是指语言的这样一种特性,即在话语中多多少少总是含有'自我'的表现成分,也就是说,说话人在说出一段话的同时表明自己对这段话的立场、态度和感情,从而在话语中留下自我的印记。"兰盖克(Langacker 1990)从共时的角度来探讨主观性,认为主客观只是概念识解的方式,而特劳戈特(Traugott 1989)则从历时的角度观察主观性的语法形式或结构是如何在语法化的过程中形成的。韦尔哈根(Verhagen 2005)认为"主观性"的含义之一便是与"客观性"相对的一个概念,是主体在认识加工下对世界非直接的反映模式。

国外学者的研究角度不同,虽在表达说话人自我这一层面上较为一致,但是对"主观性"概念的界定始终不十分清晰。国内学者对汉语的词类、句类和相关结构的主观性问题也进行了大量的讨论,如:张旺熹、李慧敏(2009)对"可"的讨论,高顺全(2009)对"都、也、又"的对比研究,杨万兵(2006)对语气副词的考察,沈家煊(2002)对把字句主观性的探讨,等等。学者大多从具体词类或结构语义表达的主观性强弱出发,集中于说话人的视角、情感和认识等三方面的讨论,但是实际上在具体的理解上却存在差异。正如刘瑾(2009)所言,"学界仍然缺少明确区分'主观性'和'客观性'的一致标准,因而在研究中不可避免地会出现一些令人质疑且需要进一步阐明的地方"。

副词研究常常涉及主观性的问题,甚至有学者认为,副词就是负载主观性的虚词。句子中存在副词时,在凸显说话者的过程中,副词往往成为焦点。到目前为止,关于"主观"与"客观"这一范畴的理论阐释较多,其中张谊生先生关于"评价性副词"的研究是汉语研究中迄今为止最为系统与详尽的副词主观性研究,具有里程碑式的意义。这一研究采用流行的"主观"定义,即基于"内容"的主观性——表示说话者的主观评价、态度等。但是,我们认为,这一研究仍有以下两个不足:

(i) 有些成分专门表示说话者的主观视角、评价、情感等,但有些成分则是在表示客观内容的同时兼表说话者的主观视角、评价、情感等主观内容,张先生等的研究对前者较为透彻,而对后者则不够充分。

(ii) 关键的问题是,缺乏一种可以操作的检验手段——哪怕这种检验操作有这样那样的不足或缺陷,也比没有检验、直接从语义感觉上判断要好——这种手段需要让研究者能够较好地判断出一个成分的主观意义方面是否已经完全压倒或完全取代了其客观意义方面,从而违反了客观性原则。只有这样,我们才能较有把握地区分主观性成分与客观性成分。张先生等的研究中的不足,实际上正是由这一个更大的不足所造成的。

纯粹的语感判断是不可靠的。例如表可能性的"或者、或许"是主观成分还是客观成分?从意义上讲,"或许 X"比"X"的确信度低,似乎也有客观意义。再如,表从头再来的"重新",它指事件推倒重来,"重新 X"和"X"在意义上不同,似乎有很强的客观意义。但是我们说,这两个副词都是强主观性的,所以一般没有在前面加否定词的用例。那么,我们怎么知道我们是正确的呢?

陈振宇(2010:214)曾从认识论的角度对"主/客观性"的概念进行了修正。即认为:"当语言表达的认识在客观世界中可以直接感知,更重要的是,当它的判定与说话人无关,依据的是说话人以外的标准,说话人不能随意否认或更改它时,该语言表达就是客观的",而"当语言表达的认识在客观世界中不能直接感知,更重要的是,当它的判定与说话人紧密相关,依据的是说话人自己的标准,说话人可以相当随意地来更改它时,该语言表达的就是主观的"。这一基于"认识"视角的定义虽然成功地解答了副词在疑问范畴中受到的限制,但并未能成功地运用于否定范畴的研究中。

正如上文所述,"Neg＋Adv＋VP"格式的核心难题便是如何确定副词表达的意义是客观性的内容且能够成为焦点意义。因此,我们应该着力解决的问题是副词所具有的主观意义或客观意义应如何界定与确定,什么样的副词具有主观的倾向性,而什么样的副词具有客观的倾向性。因此,本文考察"主观性"的视角有所不同,我们研究的"主观性"针对的是某一具体副词运用中所包含的"主观性",即该副词主要是作为主观运用还是客观运用来使用。这里所说的"运用",其实质是"焦点性",或基于"焦点"的主观性定义,即在一个副词的真实用例中,究竟是倾向以其主观的内容为焦点,还是倾向以其客观的内容为焦点。

4.3 "否定测试"的基本操作

在焦点研究中,常用"否定测试"方法(这里的"否定"与本文研究的句法否定不同,是产生于篇章中的话轮否定的方法)[6],来检验一个成分对句子焦点意义的贡献度的大小。诚实地讲,这一方法并不完美,在使用中也暴露出了这样或那样的问题,但在目前尚无更好方法的情况下,本文发现它对副词问题的解决还是很有用的。因为如果一个成分对句子命题意义(客观意义)的贡献度大,则该成分是以客观性为其语义内容的焦点,而如果贡献度小,该成分仅把其客观内容(如果有的话)作为句中的一个"背景",真正凸显的是其主观内容。

否定测试的基本操作过程分为两步:

4.3.1 前期准备工作

设有一个中性句子(一般陈述句,不具有主观意义)S0;在它上面加上成分 α 之后,构成句子 Sα。S0 称为 Sα 的"原句",Sα 称为"测试句",α 称为"测试成分"。现将 Sα 放入以下的问答框架:

甲:Sα。

乙:不, S 。

这是一个对话安排,甲说了 Sα 后,乙则否认甲的观点,由于这一否认是在后面的话轮中进行的,所以是"篇章否定"。另外,乙说了"不"后,需要再加上一个句子 S,来说明正确的答案应该是什么。

现在用这一问答框架制作一个调查表,S_α 是事先拟好的,在调查中,请被调查人填入 S 的内容。在实际调查中,这会得到各种各样的答案。但当样本足够多时,我们一般总能从中间抽象出一个最理想的答案,记为"S"。

否定测试最引人争议之处,就是答案 S 的多样性可能,因此研究者能否正确地抽象出一个"常规"的理想答案就会成为问题。在实际研究中,有两点须注意:一是利用频率差异选出常规答案;二是观察成分 α 是否正在经历一个词汇化的过程,从而造成了某种主客观趋向的变化或交替。限于篇幅,调查的问题这里暂不展开讨论。

4.3.2 测试工作

在以上前期准备工作的基础上,测试如下:

[测试条件 1]:如果 S 为真时,原句 S_0 一定为假,则说明测试成分 α,对测试句 S_α 的命题意义的贡献即使不为零,也在客观阈值以下,或者 α 对 S_α 的命题意义的贡献被调查者所忽视(不成为焦点意义),或者 α 本身就主要是情态意义(主观意义)。

这是因为本框架的实质是否认 S_α,既然此时连 S_0 也被否认了,则说明 S_0 才是 S_α 中表示命题意义的那一部分或主要部分,故 α 对命题意义的贡献不大。

[测试条件 2]:如果 S 为真时,原句 S_0 不一定会为假,或仍然为真,则说明被试 α 对测试句 S_α 的命题意义的贡献在阈值以上,α 对 S_α 的贡献主要是命题意义,且成为了焦点意义。

合乎[测试条件 1]的成分称为"主观成分",如:

(13) 甲:他或许没来。

乙:不,他来了。

原句 S_0 为"他没来",测试句 S_α 为"他或许来了",测试成分 α 为"或许",答语 S 为"他来了"。显然,当"他来了"为真时,"他没来"一定为假,合乎[测试条件 1],故"或许"作为命题意义的贡献被忽视了,更为突显的是其主观意义。因为主观成分倾向不能否定,所以不能说"＊他不或许没来"。

合乎[测试条件 2]的成分称为"客观成分",如:

（14）甲：他<u>自己</u>做作业。

　　　乙：不，他让人帮他做。

原句 S0 为"他做作业"，测试句 Sα 为"他自己做作业"，测试成分 α 为"自己"，答语 S 为"他让人帮他做"。显然，当"他让人帮他做（作业）"为真时，"他做作业"也一定为真，合乎[测试条件 2]，故"自己"以命题意义贡献为主，并成为焦点意义。因为客观成分倾向可以否定，所以可以自由地说"他不自己做作业"。

（15）甲：他们<u>都</u>来了。

　　　乙：不，他们有的没来。

原句 S0 为"他们来了"，测试句 Sα 为"他们都来了"，测试成分 α 为"都"，答语 S 为"他们有的没来"。"他们有的没来"意味"他们有的来了"，所以不能说"他们来了"一定为假（实际上是有部分为真的），合乎[测试条件 2]，故"都"以命题意义贡献为主，并成为焦点意义，所以可以自由地说"他们没都来"。

4.4　对现代汉语常用副词的测试结果

根据否定测试，本文的"客观性原则"可以重新表述为：

1. 如果该副词合乎[测试条件 2]，是"客观成分"，则一般可以进入"Neg＋Adv＋VP/AP"格式中；并且在该格式中，该副词是否定的焦点成分。

2. 如果该副词合乎[测试条件 1]，是"主观成分"，则一般不可以进入"Neg＋Adv＋VP/AP"格式中，例如上述的"或许"；但是，在特殊情况下主观副词可以进入，只不过在该格式中，该副词不是否定的焦点成分，否定的焦点依然在 VP 或 AP 上，例如"重新"：

（16）甲：他<u>重新</u>开始了。

　　　乙：不，他没开始啊。

原句 S0 为"他开始了"，测试句 Sα 为"他重新开始了"，测试成分 α 为"重新"，答语 S 为"他没开始"。显然，当"他没开始"为真，则"他开始了"一定为假，合乎[测试条件 1]，故"重新"也凸现其主观意义。虽然"重新"可以否定，即可说"他没重新开始"，但否定的焦点是在"开始"上，其实指的还是"他没有开始"。

"客观性原则"可以解释不少现象。在语料调查中我们发现,在653个常用副词中,只有180个(副词的不同义项分别计数)可以存在"Neg＋Adv＋VP/AP"的用例。虽然这180个副词中,既有"主观成分"的又有"客观成分"的,但显然以后者为主。我们将其列表如下:

表1

测试结果	个数	具体表现
主观成分	57	轻易、根本、重新、又、决然、恰恰、正好、当真、确实、好生、真、真的、暗自、的确、断然、大肆、悄悄、贸然、公然、逐步、逐渐、渐、渐渐、随着、决意、一举、偷偷、远远、挺、左右、一度、即刻、一下子、一下、暂、赶紧、赶快、急忙、预先、多么、从此、急忙、径自、径、猛、甚(不甚,凝固词)、足以、那么、从此、在、得以、着实、本来、曾(不曾,凝固成词)、挺、全然、随即
客观成分	123	白、白白、徒然1、徒、光、都、惟、唯、独、一一、总、该、胡、瞎、很、十分、十二分、照2、太、老、够、再、时、常、及时、马上、立刻、立即、立时、时时、一贯、始终、随时、时常、常常、经常、一直、永远、先、必定、就是1、早、早早、同时、过于、顶、特别1/2、净、全、全都、都、非常、最、绝对、更、更加、只、只管、一律、到处、处处、分别、共2、一概、大大、竭力、大力、另、另外、单、单单、单独、专、专门、直、径直、亲自、亲、故、故意、刻意、一味、硬、擅自、擅、着意、互相、相互、互、一起、必须、须、独、独独、必、必然、胡乱、着力、特意、特地、格外、尽量、率先、一起、一同、一齐、一块、各、连、频、频频、反复、好、突然、极力、一边、边、仅仅、仅、日夜、当然、通常、照常

从上表中我们可以看到,能够进入"Neg＋Adv＋VP/AP"格式的副词将近70%都属于"客观成分",其中不少词在一般语法书中可能被列为不能否定的,但我们确实发现它们在CCL语料中有不少用例,因此很可能是进一步词汇化或"中性化"了。例如:

(17) 刺激与反应的关系不是必然的,<u>反应也不必定与刺激相等</u>;主体"心理建构"的存在是一个不容无视的事实。(《读书》第87卷)

(18) 孙承祖听妻子报告区上来了治安干事时,<u>没十分重视</u>,可是当晚王镯子从她母亲那里得悉,指导员去拜访过她这件事,使孙承祖的心收紧了。(冯德英《迎春花》)

（19）彭莉没有马上接话，而是低头给刘云削梨子。（皮皮《比如女人》）

（20）小弟弟们，别再白白耗费大好青春了。（航鹰《明姑娘》）

（21）"上帝"之说毕竟是从国外引进的，<u>中国普通老百姓也并不当真视自己为上帝</u>，要求商业服务人员如何"伺候"自己。（《市场报》1994 年）

（22）但我<u>不经常回哈市</u>，与他们的关系都有点儿疏淡了。（《读者（合订本）》）

（23）它们不存在心的外面、不离于心单独存在、不坚固地存在、<u>不真正地存在</u>。（宗萨蒋扬钦哲仁波切《佛教的见地与修道》）

（24）他开始自己读《施公案》，<u>不专由四虎子那里听了</u>。（老舍《牛天赐传》）

除了上表中的这些"客观成分"，还有大量测试为"客观成分"的副词却不能进入"Neg＋Adv＋VP/AP"格式，这是因为前面所说的"确定性原则、间接双重否定原则、语体性原则"的制约。

根据我们的调查，下列现代汉语常用副词因为合乎[测试条件 1]，是"主观成分"，因此不能或极少进入"Neg＋Adv＋VP/AP"格式：

本$_1$、本来、比较、必（认识情态，必定义）、毕竟、便、并、不过$_2$、不禁、不愧、不如、不由得、曾、曾经、刹那、差不多、诚$_1$、诚然$_1$、迟早、匆匆、从此、大、大半$_2$（大概）、大抵$_2$、大概、大略、大肆、大体、大约、大致、当然、当真、到底、倒（倒是）、得以、登、登时、的确、陡、陡然、断、断断、断乎、断然$_1$、顿、顿然、顿时、而后、尔后、反倒、反而、反正、方才、仿佛、分明、盖、敢情、刚好、刚巧、高低、公然、姑、姑且、固$_1$、固然、管（一定、必定）、怪、怪不得（怨不得）、怪道、果不其然、果然$_1$、果真$_1$、还、还是$_1$、好、好歹（好赖）、好赖、好生、好似、好像、好在、合着、何必、何况、何曾、何尝、何妨、何苦、横是、横竖、横直、忽、忽地、忽而、忽然、或$_2$、或许、或者$_2$、几、几乎、即$_2$、即将、即刻、亟既$_2$、既而、继而、简直$_1$、间、间或、渐、渐次、渐渐、将、将次、将将、将近、将要、较$_2$、较比、较为、接连、尽量、紧自、尽自、谨、径自、竟、竟然、竟自、究竟、就、就要、居然、可、可巧、可是$_1$、可惜、恐、恐怕、快、快要、亏、愣、历历、连$_2$、连连、拢共、陆续、略、略略、略微、略为、蛮、猛、猛然、猛地、免得、明、明明、蓦、蓦地、蓦然、默默、默、默然、乃$_1$、难道、难怪、难免、偶、偶尔、偶或、怕、偏偏、偏、偏生、平素、其实、岂、起码、恰、恰好、恰恰、恰巧、悄悄、悄然、且、权、权且、却、确、确乎、确实、仍、仍旧、仍然、日、日益、容、容或、如此、尚、稍、稍稍、稍微、稍为、甚至₂、甚而₂、甚而至于₂、甚或₂、甚且₂、甚为、甚至于₂、生、省得、时而、实在、势必、势、霎时、殊不知、殊不料、率性、爽性、顺便、丝毫、死、死死、似、似乎、势必、素、素、素然、倏忽、倏地、倏然、随后、随即、随着₂、遂、索性、特别₁（尤其）、挺、通共、偷偷、万一₂、委实、未免、无怪、无怪乎、无宁、无任、毋宁（无宁）、兀自、显然、想必、想来、像、兴许、行将、幸、幸而、幸亏、幸好、幸喜、许、旋₁、旋₂、旋即、俨然、要₂（认识情态）、也、也许、业经、业已、一、一旦、一度、一共、一经、一径、一举、一连、一总、依旧、依然、依稀、已、已经、已然、亦、益、益发、毅然、硬、硬是、永、永远、尤、尤其、尤为、犹、犹似、犹如、有点儿、有些、又、预先（豫先）、愈、愈发、愈加、豫先、原来、远、远远、恕不得、约、约略、约莫、越发、越加、再、在、暂、暂且、暂时、早经、早晚、早已、乍、照₂、照常、照旧、照理、照例、照样、真、真的、正、正在、正好、只好、至多、至今、至少、终、终归、终于、骤、骤然、逐步、逐渐、着实、自₂、自然、总共、总算、足、足以、足足、左右₂、准保[7]等。

　　但在表1中，还是有一些"主观成分"看似违背了否定的"客观性原则"，也能进入"Neg＋Adv＋VP/AP"格式。不过仔细分析，我们发现这是一些特殊情况。

　　这些"主观成分"包括含有较强主观意味的情态副词、语气副词，也包括表示极小时间量的时间副词。这些副词在"Neg＋Adv＋VP/AP"格式中的用例比较少，有的甚至只有1例；同时，更为重要的是，它们在这一格式中，否定的焦点一般是落在副词后面的VP或AP上，而不是在副词上，这也表明这些副词对命题意义的贡献度还是相对较低的。例如：

（25）普罗米修斯虽然受尽折磨，却始终<u>不曾屈服</u>，也没有向宙斯说出威胁其统治的秘密。（林崇德主编《中国儿童百科全书》）

（26）<u>没有逐渐提高广大观众的艺术素质</u>，是无法繁荣电影创作的。（《人民日报》1996年6月份）

（27）单位内部劳动规则<u>并不当然有效</u>。（《1994年报刊精选》）

（28）"抓我是有期限的?"她问，但<u>不真的指望得到回答</u>。"你们至少可以告诉我这是怎么回事。"（乔安娜·林赛《不可能的婚礼》）

　　上例中,"不曾/未曾屈服",其实就是指不屈服、没有屈服,"曾"可以省去;"没有逐渐提高",实际上就是"没有提高","逐渐"也可省去;"并不当然有效",实际上就是"并不有效","当然"也可省去;"不真的指望",实际上就是"不指望","真的"也可省去。

5. 特殊情况的说明

　　还有一些本文无法解释的情况,如用于句首的"大凡、但凡、凡、举凡、是凡"等是否为副词尚需讨论。

　　副词发展出极性意义,因而带有某种语气性,表明说话者的某种态度,一般不进入否定格式,但这种用法究竟是文言语体或方言语体的影响,还是某些普遍性的特征,还需进一步考察。如:

　　疑似文言用法:极、极其、极为、颇为、颇、殊、概、均、悉、就$_3$(限定)、唯独、惟独、特为、决、决绝、绝、最为、尤其、早经、早已、可惜等。

　　疑似方言用法:统、统统、通通、通统、只得、只好等。

　　疑似固定结构:一旦、一(……就)、就是$_3$(不是/除了……就是)等。

　　需要说明的一点是,在汉语中存在一些结构,可以使通常不能被否定的副词被否定,其原因是这些结构或构式吸收了否定词,使它成了自己的一部分,因此不再是否定语境,而是"中性化"了。这一问题的研究目前也缺乏系统。本文在语料调查中发现的该类结构或构式主要有:

　　反问结构

　　语料中出现的反问结构主要包括:不……吗、岂不……吗、难道不……吗、还不……、为什么/何不……等。例如:

(29) 把魔物一去除,他<u>不果然就好了吗</u>?(电视节目"百家讲坛,刘心武・帐殿夜警之谜")

(30) 反正今天她已被他占有,那么她要是马上就想和他断绝关系,<u>岂不反倒有点太怕事与太无情么</u>?(老舍《四世同堂》)

(31) 双料春爷喝道:"<u>还不赶紧与压寨夫人看座</u>!"(尤凤伟《石门绝唱》)

(32) 在日本投下两枚原子弹的决定是如何做出的? <u>为什么不至少把第一枚投在停泊着日军军舰的港口</u>?(范景中、李本正译《通过知识获得解放》)

(33) 李立三不就是李明吗！你同他那么好,还会不知道?（王嘉翔《李立三之妻李莎的坎坷人生》）

假设结构

语料中出现的假设结构主要包括:要是不……、再不……、不……等。例如:

(34) 在我们这种地方,很少有阔气人家！全是些小家小户,您知道。<u>要是我们不间或遇到一些像先生您这样又慷慨又有钱的过路客人的话</u>！我们的开销又这么多。（李丹、方于译《悲惨世界》）

(35) 无纸化阅读的到来已经不远,现在已经到了近水不解远渴的地步,<u>再不及时调整</u>就要有一大批人将面临失业的危险。（《1994 年报刊精选》）

(36) 现在<u>不赶紧乘胜追击</u>,要等到何时?（于晴《红苹果之恋》）

双重否定结构

语料中出现的双重否定结构主要包括:不得不、不可以不、不能不、没有……不、无不、莫不等。例如:

(37) 刺激经济,无异于火上浇油,最后必将导致经济运行紧张过度而<u>不得不一再对其进行调整</u>,从而造成社会资源的巨大浪费。（《1994 年报刊精选》）

(38) 可是瑞宣晓得老人到底<u>不能不略分一分友人的高低</u>——他的确晓得往日金三爷并不这样受钱老人的欢迎。（老舍《四世同堂》）

4. "无(一)不、不也、不亦、没有不"等词汇化或未词汇化的形式,如:

(39) 访客们见他半卧半躺在备用的小床上,脸色又如此苍白,<u>无不大为震惊</u>。（《从乞丐到元首》）

(40) <u>没有一种关系不至少牵涉到三个人的</u>。（罗素著、何兆武译《哲学问题》）

6. 结语

我们认为,汉语句法否定词的"浮动"现象,并不是由句法机制所决定的。汉语句子结构的特殊性,决定了汉语副词之间的相对位置关系不是"句法分层"的,实际上,仅就句法结构而言,从理论上说,任何组合顺序都是有可能的。实际语料中的诸多限制和趋向性,都是由各种句法搭配限制,以及或者说更重要的是,由语义、语用方面的限制条件造成的。

对句法否定词而言,除了它是副词需要加之于谓词性结构之上这一条句法限制外,更重要的是,一个结构能否被否定,起主要作用的是"客观性原则",当然还有"确定性原则"、不能直接让两次否定套叠、语体因素等其他因素在起着次要的作用。

本文着力阐释了什么是客观性、什么是主观性,认为以往研究最大的问题是缺乏对主客观趋向性的可以操作的检验方法。我们从句子的焦点意义的角度来讨论这个问题,引入"否定测试"的检验方法,试图更为清晰地划分出不同副词的趋向性类型,从而提供一种理论上和实践上都有较大价值的选择方案。

从本文研究的"Neg+Adv+VP/AP"格式中有关现象来看,这一方案较之以往的研究推进了不少,但是否完善,尚需更多更大范围的使用与验证。

本文的副词研究是从"疑问与副词"这一研究中继承过来的(陈振宇2010),这样便于对比副词在疑问与否定两大范畴中功能的异同。从此次调查的数据来看,二者并不一致,分别遵循着完全不同的机制:在疑问范畴中主要遵循基于"认识"的"客观性原则",而在否定范畴中则主要遵循本文所说的基于"焦点"的"客观性原则"。为何如此,我们将另文讨论。

附　注

[1] 一般而言,是结构的"外围"成分决定一个结构的性质与功能,所以对(i)而言,否定词是核心,而副词 ad 是"进入"一个否定性的句法语义框架。在(ii)中则正好相反。

[2] "正极性词"要求其管辖范围内是或趋向是肯定结构,"负极性词"则要求是或趋向是否定结构,"无极性词"(或称为"非极性词")则无此要求。

[3] 这样选择的理由见本文"6.结语":本文的副词研究是从"疑问与副词"研究中继承过来的(陈振宇2010),这样便于对比副词在疑问与否定两大范畴中功能的异同。

[4] 否定的确定性原则的详细探讨请见张汶静、陈振宇(2014)。

[5] 俄语等语言中可以直接把两个否定词连用,表示带主观色彩的肯定意义,这

与汉语不同。

　　[6]这一测试法最初由东卡·法尔卡斯(Donka Farkas)在焦点研究中提出(Kiss 1998),徐烈炯(2005:21—22)、祁峰(2012)对此有过讨论。但在本文的研究中,我们又有重要的改进,主要是用蕴涵关系更为准确地定义了焦点成分的判断方法。

　　[7]请注意,这里也包括前面所说的"确定性""双重否定"中所列出的部分副词,它们或者既不确定,又不客观,或者既有直接双重否定之嫌,又不客观,所以都强烈地拒绝进入"Neg＋Adv＋VP/AP"格式。

参考文献

　　陈振宇　2010　《疑问范畴中副词的功能》,上海师范大学《对外汉语研究》编委会编《对外汉语研究》(第六期),商务印书馆。

　　陈振宇　陈振宁　2010　《现代汉语的副词与疑问》,北京大学汉语语言学研究中心《语言学论丛》编委会编《语言学论丛》(第41辑),商务印书馆。

　　冯光武　2006　《语言的主观性及其相关研究》,《山东外语教学》第5期。

　　高顺全　2009　《"都""也""又"主观化用法的异同》,《淮海工学院学报》(社会科学版)第2期。

　　贺　阳　沈　阳　2002　《语言学概论自学辅导》,辽宁大学出版社。

　　黄　蓓　2011　《主观性研究的两种取向——共性·差异·互补性》,《四川教育学院学报》第2期。

　　刘　瑾　2009　《语言主观性概念探析》,《西安外国语大学学报》第3期。

　　祁　峰　2012　《汉语焦点问题及其相关问题》,复旦大学博士学位论文。

　　沈家煊　2001　《语言的"主观性"与"主观化"》,《外语教学与研究》第4期。

　　杨万兵　许嘉璐　2006　《现代汉语语气副词的主观性和主观化研究》,《语言文字应用》第3期。

　　吴福祥　2011　《汉语主观性与主观化研究》,商务印书馆。

　　徐晶凝　2008　《现代汉语话语情态研究》,昆仑出版社。

　　徐烈炯　2005　《几个不同的焦点概念》,徐烈炯、潘海华主编《焦点结构和意义的研究》,外语教学与研究出版社。

　　尹洪波　2008　《否定词与副词共现的句法语义研究》,中国社会科学院研究生院博士论文。

　　袁毓林　2002　《多项副词共现的语序原则及其认知解释》,北京大学汉语语言学研究中心《语言学论丛》编委会编《语言学论丛》(第二十六辑),商务印书馆。

张谊生　1996　《副词的连用类别和共现顺序》,《烟台大学学报(哲学社会科学版)》第 2 期。

张谊生　2000a　《评注性副词的功能琐议》,《中国语文》杂志社编《语法研究与探索》(十),商务印书馆。

张谊生　2000b　《现代汉语副词的性质、范围与分类》,《语言研究》第 2 期。

张旺熹　李慧敏　2009　《对话语境与副词"可"的交互主观性》,《语言教学与研究》第 2 期。

张汶静　陈振宇　2014　《类型学视角下的否定的确定性限制条件考察》,2014 年语言的描写与解释国际学术研讨会,复旦大学。

赵秀凤　2010　《语言的主观性研究概览》,《外语教学》第 1 期。

Benweniste　1971　*Problems in General Linguistics*. Florida：University of Miami Press.

Givón Talmy　2001　*Syntax：An Introduction* (Vol.1). Amsterdam：John Benjamins Publishing Company.

Kiss，Katalane　1998　Identificational focus versus information focus，*Language* 71(2)：245—273.

Langacker，R.W.　1990　Subjectification，*Cognitive Linguistics* 1：5—38.

Lyons，J.　1977　*Semantics*(Vol.2)，Cambridge：Cambridge University Press.

Traugott，E.C.　1989　On the rise of epistemic meanings in English：An example of subjectification in semantic change，*Language* 64(1)：31—55.

Verhagen，A.　2005　*Constructions of Intersubjectivity：Discourse，Syntax，and Cognition*. Oxford：Oxford University Press.

李红叶：15021060942@163.com；

陈振宇：chenzhenyu@fudan.edu.cn

原载张谊生主编《汉语副词研究论集》(第二辑),本书收录时有改动。

允准否定词在"把/被"之后的动因[*]
——记一种特殊的否定式"把"字句和"被"字句

李双剑　陈振宇

提　要　文章研究了近代汉语中的否定词位于"把/被"字之后的一种特殊否定式,即 NP$_1$＋把/被＋NP$_2$＋Neg＋VP 格式的句子。本文探讨允准否定词在"把/被"之后的动因,可概括为五个方面:消极性条件、信息价值条件、焦点性条件、话题性条件和语篇性条件。而 NP$_1$＋把/被＋NP$_2$＋Neg＋VP 这种特殊句式的衰退,则是由"把"和"被"进一步虚化进而引发的消极性条件制约的减弱。

关键词　否定式"把/被"字句　消极　信息价值　否定焦点　话题　语篇　虚化

1. 引言

"把"字句和"被"字句是现代汉语中常用的两种句式,学界从不同角度对这两种句式进行了大量研究。但研究者一般更关注这两种句式的肯定式,对否定式的关注较少,其中一个重要的原因是,否定式"把"字句和"被"字句的使用频率相当低。

根据饶长溶(1984)的统计,《骆驼祥子》中"把"字句共有 398 句,否定式仅有 14 句,占 3.5％。据钱学烈(1986)对 120 回本的《红楼梦》所做的

---
* 本研究得到国家社科基金重点项目"现代汉语及方言中的否定问题研究"(批准号:12AYY001)和教育部人文社会科学规划基金项目"现代汉语句法与语义计算研究"(批准号:13YJA740005)的资助,以及戴耀晶教授的帮助与指导,谨此一并致以诚挚的谢意!

统计,"把"字句共有 1 021 个,否定式也只有 44 个,占 4.3%。按照李珊(1994:152)的统计,《大气功师》中"被"字句共 120 句,否定式才有 5 例,占 4.2%。行玉华(2006:7)对《王朔文集》和《老舍文集》的统计显示,否定式"被"字句占这两种作品中出现的被字句的比率是 5.2%和 13%,平均使用频率是 9%。根据吉翁(Givón 2001:373)的统计,英语小说中否定句占 12%。据戴耀晶(2013)对《红楼梦》这部小说的调查统计,否定句约占句子总数的 14.47%。通过以上的对比举例,就很清楚地说明了否定式"把"字句和"被"字句的使用频率远低于一般否定句的使用频率。

现代汉语中否定式"把"字句有一条较为严格的规律,就是"把"字句的否定词要位于"把"字前面。但这一规律有例外,根据吕叔湘(1984)、秦华芳(2004)、张斌等(2010)诸学者的研究,如果否定词是作为熟语性结构的一部分或"把"字句表"遍指",那么否定词可以出现在"把"字后面。例如[1]:

(1) 开始,这只是一个情报工作,做到心中有数,该跟谁比该把谁不放在眼里。(王朔《看上去很美》)

(2) 哎哟,她怎么不怕她自个儿给丢了呀?啊?我大大咧咧?我把钱不当钱,当命。(电视剧《编辑部的故事》)

(3) 平时,他把谁也不放在眼里,又因其关系网盘根错节,人称是一只谁也奈何不得的"老虎"。(《一腔热血铸忠魂——记全国模范检察长叶子新》,《人民日报》1994 年 6 月 12 日)

现代汉语中否定式"被"字句的否定词都是位于"被"字之前的,这是一条很严格的语法规律,几乎没有例外[2](桥本万太郎 1987;袁宾 1987;李珊 1994:152;薛凤生 1994:49)。例如:

(4) 这是北平,是他的家,也是虎口;他必须毫不动心的进入虎口,而不被它咬住。(老舍《四世同堂》)

(5) 我要这会儿落到她的窗台上太显眼了,很难不被楼下这群小子发现。(王朔《痴人》)

(6) 他虽没被日本人捉去拷打,可是他已感到自己的心是上了刑。(老舍《四世同堂》)

但在近代汉语中,却有少数否定词位于"被"字之后的例子。

本文研究的是：为什么否定词有时可以位于"把/被"之后，这是由什么动因所驱使的？以及为什么它们仅仅是一个特殊的现象？

为便于研究，我们把肯定式"把"字句记为"NP_1＋把 NP_2＋VP"，把否定式"把"字句记为"NP_1＋Neg＋把 NP_2＋VP"（"把Ⅰ型"）和"NP_1＋把 NP_2＋Neg＋VP"（"把Ⅱ型"），把肯定式"被"字句记为"NP_1＋被（NP_2）＋VP"，否定式"被"字句记为"NP_1＋Neg＋被（NP_2）＋VP"（"被Ⅰ型"）和"NP_1＋被（NP_2）＋Neg＋VP"（"被Ⅱ型"）。"把Ⅰ型""被Ⅰ型"合记为"NP_1＋Neg＋PP＋VP"（"介Ⅰ型"），"把Ⅱ型""被Ⅱ型"合记为"NP_1＋PP＋Neg＋VP"（"介Ⅱ型"）。

具体说来就是："把"字句和"被"字句自产生发展以来，为何否定式"把"字句和"被"字句中会有"把Ⅱ型""被Ⅱ型"存在，并由两种语序兼有演变为"把Ⅰ型"一种语序（或占绝对优势）。

2. "把""被"的虚化与"介Ⅱ型"

2.1 "把""被"的虚化

介词"把"和"被"都是从动词演变而来，且虚化程度很高，已经是"纯粹的介词"了（朱德熙 1982：174）。根据吴福祥（2003）、蒋绍愚和曹广顺（2005：369）等，"把"字句演变的大致过程是：先发生"把（动词）＋NP_1＋V＋NP_2（NP_2＝之）＞把（介词）＋NP_1＋V＋NP_2（NP_2＝之）"这样的重新分析，然后删除"NP_2（NP_2＝之）"变成"把（介词）＋NP＋V"。根据刘世儒（1956）、王力（1957：425—429，1989：279—282）、唐钰明（1987，1988）等人的研究，汉语中表被动的"被"字句萌芽于战国末期，历经汉代、南北朝的发展，在唐代口语中已取代了"为"字句。但从"被"字句的发展过程来看，唐钰明（1988）认为"被"字句在元明清时期有"动词前后成分（状语和补语）的复杂化"这一显著特点。王力（1957：13—14）也指出："宋元两代'被'字句的用途虽然扩大了但显得没有定型。"他们的看法也说明了"被"字句的发展是逐步趋向完善的。

事实上，正如石毓智（2001：280）所说："从理论上推断，介词从动词的演化构成大致经历以下几个阶段：第一阶段：普通动词；第二阶段：经常或者只出现于次要动词的位置；第三阶段：退化掉普通动词与指示时间信息有关的句法特征而转化为介词。"我们可以说"把"字句和"被"字句从产生到发展相对成熟,经历的最大相同变化都是从连谓短语 VP₁＋VP₂ 到介词短语 PP＋谓语中心 VP,即把/被 NP＋VP 从连谓短语演变为状中短语。

2.2 "介Ⅱ型"

"把"字句和"被"字句在产生阶段时,各自就已经出现了"把Ⅰ型""被Ⅰ型",且几乎一直占据主导地位,"把Ⅱ型""被Ⅱ型"产生的时间稍晚,且存在的大多数时代都只是一种特殊情况。根据李双剑(2013,2014)的综述,"把Ⅱ型"约产生在《朱子语类》写作时代,急剧减少是在《儿女英雄传》写作时期,其存在的时间约为 600 年;"被Ⅱ型"也约产生在《朱子语类》写作时期,到《金瓶梅》时期也存在,但之后的文献中就看不到了,那么时间跨度约从 12 世纪到 16 世纪,存在时段约 500 年。张蕾(2004:34)对《朱子语类》("朱")、《金瓶梅》("金")、《红楼梦》("红",前 80 回)、《儿女英雄传》("儿")和《四世同堂》("四")等多部作品做了统计,以观察否定词在"把"字句中的位置与数量。具体情况如下[3]:

分类 ＼ 书目	《朱》	《金》	《红》	《儿》	《四》
否定前置	23	5	16	16	75
否定后置	4	17	8	1	0

根据袁宾(1989)对《祖堂集》("祖")和《董解元西厢记》("董")等语料、宋慧曼(2004:55)对《清初档案》("清")的统计,以及我们自己对《朱子语类》("朱")、《水浒传》("水")、《金瓶梅》("金")等作品的调查[4],这些文献中的否定式"被"字句位置与数量见下表:

分类 ＼ 书目	《祖》	《朱》	《董》	《水》	《金》	《清》
否定前置	13	22	0	7	2	4
否定后置	0	6	2	2	2	0

从以上两个表格可以看出,"把Ⅱ型"和"被Ⅱ型"的历时演变呈现出

抛物线形的历时变化过程,从无到有,前期少,然后有一段时间较多,最后又逐步减少,直到消失(或极少);其中按使用频率看,大约在《金瓶梅》的时代用例较多。图示如下:

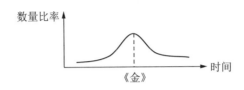

"被Ⅱ型"演变到现在已经基本不存在(至少书面语如此),而"把Ⅱ型"演变到现代已仅限于有限的几种句法形式,并且都有对应的"把Ⅰ型"。我们认为"把Ⅱ型"的这几种有限的句法形式是"把Ⅱ型"演变的历史遗留,与"把Ⅰ型"的高度能产性形成了鲜明的对比。以下是"把Ⅰ型"的例句:

(7) 就因为他有大把大把的钞票,所以也就不把任何人放在眼里;就因为他的身份只是一个农民,所以你也就对他的所作所为无可奈何。(张平《十面埋伏》)

(8) 我自己还不把它放在心里,大哥你就更无须磨不开脸啦!(老舍《四世同堂》)

(9) 打猎,打麻将,跳舞,逛城市,听说玩后脑勺乐开花。花钱大手大脚,流水似的不把钱当钱,还会赶时髦。(张正隆《雪白血红》)

3. 允准否定词在"把/被"之后的动因

为什么在"把"字句和"被"字句的历时演变中,有时会允准否定词在"把/被"之后?以往的研究虽有发现,但都概括得不够全面。本文把它重新概括为五个方面,即消极性条件、信息价值条件、焦点性条件、话题性条件以及语篇性条件。下面具体论述之。

3.1 消极性条件

我们认为,否定式"把"字句和"被"字句中否定词的语序与 VP 的积极与消极义有关,尽管这两个句式之间还存在着差异。这里我们所说的"积极"与"消极"采用的是一般社会价值的相符与不符,而不是指具体语境的说话者的主观要求或意愿。

　　早期的处置式中 VP 都有消极意义这一趋向性,如马贝加、王倩(2013)认为,VP 的"非企盼"意义是原来表"受益格"的"与、给"成为处置介词的关键一环。王力(1980:416)认为:"就意义方面说,处置式的用法,到了近代也渐渐超出了处置的范围。特别是在元明以后,它可以用来表示一种不幸或不愉快的事情。"他所说的"不幸或不愉快"基本对应我们所说的消极义。其实之前他(1985:86)说过相似的话:"有时候,处置式并非真的表示一种处置,它只表示此事是受另一事影响而生的结果。这种事往往是不好的事。"这些看法与他(1985:83)说的"处置式又专为积极的处置而设,所以'把'字后面不能用否定语"并不矛盾。我们如果从主语(施事)的角度看是积极意义的处置,那么从"把"的宾语(受事)的角度看则是消极的被处置。

　　我们的语料调查表明,早期"把"字句的 VP 部分,大多是消极意义的谓词性词语,而且这些例句采用"把 I 型"来否定,即"NP_1＋Neg＋把 NP_2＋VP"[5]。

　　(10) 莫言鲁国书生懦,莫把杭州刺史欺。(白居易《戏醉客》)

　　(11) 只听得滑浪一声把金莲擦下来,早是扶住架子不曾跌着,险些没把玉楼也拖下来。(明《金瓶梅》第 25 回)

　　但是,有些 VP,只有在否定时,才是消极的,而肯定时则是积极的,此时通常采用"把 II 型",即"NP_1＋把 NP_2＋Neg＋VP"来构成否定句,因为只有此时,才能保证 VP 的消极性,符合当时的"把"字句的要求。例如:

　　(12) 只缘今人把心不定,所以有害。(宋《朱子语类》卷十三)

　　(13) 贾环道:"我也知道了,你别哄我。如今你和宝玉好,把我不答理,我也看出来了。"(清《红楼梦》第 25 回)

　　"(心)定"是积极的,否定式"(心)不定"则是消极的;同理,从社会价值看,"答理他人"是积极的,否定式"不答理他人"才是消极的。

　　比较有意思的是,当今吴语绍兴话的处置句也有相应的积极和消极意义的使用限制。根据许宝华、陶寰(1999)的研究,绍兴话的处置句总是表示消极意义的,表现之一是:表示某件事对于处置者或处置对象而言是

消极的,所举例子如下:

> (14) 渠则我部车骑得去哉。(他把我的车骑走了)——消极义,处
> 置式。

> (15) 渠我部车骑来㑲哉。(他骑我的车来了)——无消极义,非处
> 置式。

> (16) 伢则两个贼骨头□牢㑲哉。(我们把几个贼都抓住了)——处置
> 式,对处置对象有消极义。

> (17) 野则两个贼骨头放还哉。(他们把几个贼都放了)——处置式,
> 对处置者有消极义。

绍兴话与普通话的处置句存在差异,绍兴话处置义是对具体的对象
而言的。但是二者在句式义的使用上的确具有某些相似之处。

"被"字句中,从"被"的主语(受事)看,VP 必须是消极意义的谓词性
词语。按照王力(1957:430—434;1989:283—287)的看法,"被"字句的助
动词(介词)"被"字是从动词"被"(意义为"蒙受""遭受")演变而来,"被"
字句基本上是用来表示不幸或者不愉快的事情的。"不幸或不愉快"也基
本对应我们所说的消极义。

在大多数情况下,从动词的语义就可以知道在一般情况下它是消极
的,如下面的"拘执""惑"等,显然此时否定式"被"字句通常采用"被Ⅰ
型",即"NP$_1$+Neg+被(NP$_2$)+VP"。

> (18) 免被拘执。(《敦煌变文集》卷三)

> (19) ……始得不被诸境惑,亦不落于恶道。(宋《五灯会元》卷十一)

与"把"字句相似,有时 VP 的肯定式是积极意义的谓词性成分,只有
否定式才是消极的,所以"被"字句通常采用"被Ⅱ型"否定式,即"NP$_1$+被
NP$_2$+Neg+VP"。例如:

> (20) 圣人言语,皆天理自然,本坦易明白在那里,只被人不虚心去看,
> 只管外面捉摸。(宋《朱子语类》卷十一)

> (21) (张生)觑着莺莺,眼去眉来,被那女孩儿,不睬!不睬!(金《董
> 解元西厢记》卷一)

> (22) 西门庆已是走出来,被花子虚再不放,说道:"今日小弟没敬心,
> 哥怎的白不肯坐?"(明《金瓶梅》第13回)

3.2 信息价值条件

香农(Shannon 1948)把信息定义为关于事物运动状态或变化方式的不确定性的描述。在信息论中,事件的出现概率与其信息量成反比,在语言学研究中,可以把它归纳为"可预见性"(predictability),即:事件出现概率越大,可预见性越高,信息价值越低;反之,事件出现概率越小,可预见性越低,信息价值越高。

我们认为,早期"介Ⅰ型"句子,不论是"把"还是"被",都要求后面的VP所代表的事件具有高信息价值,而不能是低信息价值。利奇(Leech 1983:100—101)认为,否定陈述在语用上不如对应的肯定陈述句得到人们偏爱(favoured),否定陈述不如(less informative)对应的肯定陈述信息量大。这一观点合乎大多数语句的事实,因此这些"把"字句的VP部分不能有否定词,而必须是肯定句。如前面例(10)、例(11)、例(18)、例(19)中,"欺负"比"不欺负"、"拖下来"比"不拖下来"、"拘执"比"不拘执"、"惑"比"不惑"信息都高。

但语句中存在少量的例外,即对某些VP而言,恰恰相反,否定式代表的事件出现概率小,信息价值高;而肯定式代表的事件出现概率大,信息价值低。例如:

(23) 今人所以悠悠者,只是把学问不曾做一件事看,遇事则且胡乱恁地打过了。(宋《朱子语类》卷八)

(24) 袭人见把莺儿不理,恐莺儿没好意思的,又见莺儿不肯坐,便拉了莺儿出来,到那边房里去吃茶说话儿去了。(清《红楼梦》第35回)

(25) 合当与那人相揖,却去拜,则是过于礼,礼数过当,被人不答,岂不为耻?(宋《朱子语类》卷二十二)

(26) 正待要去投宿,却被他那里不肯相容。(元明《水浒传》第37回)

在说话者看来,"把学问当一件事看"(言者是读书的立场)、"对人要理睬""别人的礼节要回答""对他人要相容",完全是社会价值中应该出现的事,所以是默认的、优先的,并且应该是常见的。反之"不当一件事""不理""不答""不肯相容"是反社会价值的,是令人惊讶的,是罕见的。因此,采用"被Ⅱ型"否定式,即"NP₁+被 NP₂+Neg+VP"才能保证VP部分的高信息价值。

从我们检索到的语料看,表祈使的"莫"与"休"可以出现在"把 NP"之后,尽管它出现在"把 NP"之前的句子也很多。例如:

(27) 今日离筵,明朝客舍,把骊驹莫放彻。(《全元散曲·刘时中〈中吕·朝天子〉》)

(28) 沙僧笑道:"大哥把这好话儿莫与他说,他听了去,又降别人……"(明《西游记》第 65 回)

(29) 毕竟事已成了,它是个这般人,把这言语都休说。我从你爷爷在日,已曾许下东岳三年香愿。(元萧德祥《小孙屠》)

除了例(28)这一例之外,其他例句全都出自元曲(散曲和杂剧)。这是因为否定性祈使中有一种非常特殊的信息价值观,我们称为"信息价值的语用颠倒"。即:原来的 VP 是低频事件,信息价值高,按理说,它被否定后应变为高频事件,信息价值低,不再合乎"把"字句对 VP 的高信息价值要求。

但实际上,否定性祈使是基于这样的预设:如果不发出祈使,那么事件会向 VP 发展的可能性(也是一种出现频率)会很高,如"如果沙僧不要求的话,那很可能会把这好话儿说与他",因此,此时肯定式 VP 是高频事件,信息价值低,反之,它被否定后,也就是说话者希望出现的情况,反倒是不寻常的,发生可能性较低,所以它变为了低频事件,信息价值高,合乎"把"字句对 VP 的高信息价值要求。

3.3　焦点性条件

3.3.1　否定焦点的默认值

关于否定句中被否定的成分,有不同的看法。简言之,主流观点可分为两类:

1. 在连动结构中否定的焦点是连动结构的前段。如袁毓林(2000)认为:"也就是说,在这种 'Neg＋VP$_1$＋VP$_2$' 结构中,前段 VP$_1$ 一定是被否定的,后段 VP$_2$ 则不一定。"其所举的部分例句如下:

(30) 不低着头走路　　　{走路时,不低着头}

(31) 没有去上海联系业务　　{可能出去联系业务了,但不是去上海}

(32) 不/没有陪客人喝酒　　{可能喝酒了,也可能没喝,但没陪着客人}

朱德熙(1982：160，175)认为，"汉语的介词大都带有动词的性质，所以介词虽然不算谓词，可是'介词＋宾语＋谓词性成分'的格式跟由谓词组成的连谓结构性质十分接近，可以算是连谓结构的一种"，并且是"所有的介词结构都能作连谓结构的前一个直接成分"。饶长溶(1988)、袁毓林(2000)因此认为，在前段是介词结构时，尽管认为否定情况"十分复杂"，但认为否定的焦点一般是介词的宾语。饶长溶(1988)举的部分例句如下：

(33) 不照规则打分   不根据原则处理问题   不以你的名义找老顾同志

(34) 不从上海回来   不由南京出发   (他们家大门)不朝西开

(35) 不替老王办事   不为谁高兴   不给小张买饭

2. 修饰成分容易成为焦点成分，所以也容易成为否定中心。如徐杰、李英哲(1993)，刘丹青、徐烈炯(1998)也持相同的观点。

从这一观点也可以得出"否定的焦点一般是介词的宾语"的结论，因为相对于谓词，介宾结构是状语，是修饰性成分。

3.3.2 "介Ⅰ型"的否定焦点

但是，汉语"介Ⅰ型"即"NP₁＋Neg＋PP＋VP"句子中，恰恰不符合上述规律。虽然VP和介词宾语都可以被否定，但只有VP是默认的否定焦点。例如，"我把这本书拿走了"这个例子相应的否定式是：

(36) a. 我没把这本书拿走，只是浏览了一下。

    b. 我没把这本书拿走，拿走的是那本书。

例(36)在一般情况下否定的焦点是VP，从后续小句也就可以看出来，"拿走"也不一定需要特别重音。例b否定的则是NP，需要在"这本书"上加以特别重音。也就是说，VP充当否定焦点是无标记的，"把"字宾语充当否定焦点反而是有标记的。

否定式"被"字句与"把"字句相似，既可以否定VP，也可以否定"被"字宾语，但前者无标记。例如：

(37) a. 如果一个吸毒者的家庭没被他骗光，一般都会给他偷光。(《1994年报刊精选》)

    b. 今天一些有良好开发前景的偏远城市，在还没被市场炒热之前，已被深航捷足先登了，因为他们看到了那里的美好未来。

（《1994 年报刊精选》）

3.3.3　"把""被"的不完全虚化与否定焦点

"介Ⅰ型"否定句有一个认知上的困难，即以 VP 为否定焦点既不合乎邻接性的原则，也不合乎汉语连动式发展的历程。因此只能用"构式"（construction）来解释，即：在语法化过程中，汉语"把、被"语法化程度很深，已经与 VP 形成了一个完整的整体，成为了一个构式，内在关系的紧密性使"把、被"的语义背景化，而 VP 的语义前景化，后者因此具有了更大的突显性。

但是，这一"背景—前景"的逆转带来了一个新的问题，如果"把、被"与"VP"之间结合不那么紧密，"把、被"表现得更像动词，VP 与否定它的否定词之间有其他成分，那么这种语义关联岂不是会有认知上的困难。

我们认为，"介Ⅱ型"即"NP＋PP＋Neg＋VP"的使用，正与早期"把、被"未完全虚化，还具有较强动词功能有关，它受到了焦点规律的制约。例如，我们未发现短"被"句（即"被"后直接跟 VP，没有介词宾语的句子）有采用"介Ⅱ型"否定式的。因为此时"被"与 VP 之间结合得更紧密，更是一个整体。只有当"被"后有宾语把"被"与 VP 隔开时，才能用"介Ⅱ型"。

其次，即使在现代汉语口语中，当"把 NP"与 VP 之间有其他成分（例 38 中的"坚执"），或稍做停顿（例 39 中"活儿"后可以停顿），或 VP 复杂化（例 40"不知怎么调动的"）时，构式也会解体，为了明确否定的焦点是 VP，也很容易将否定词放在 VP 上，如：

（38）老汉自到蔡婆婆家来，本望做个接脚，却被他媳妇坚执不从。
　　　　（《元曲选·窦娥冤》第二折）

（39）有时白天把活儿没干完，晚上他就带领哥儿们补上所欠的活路。
　　　　（王宗仁《将军脚下是世界屋脊》）

（40）见东阳坐下，她把嗓子不知怎么调动的，像有点懒得出声，又像非常有权威，似乎有点疲……（老舍《四世同堂》）

我们在网络语料中[6]，还发现一个现象，当"把 NP"前有"为什么""怎么"这样表原因或方式的疑问词时，否定词有时也位于"把 NP"之后：

（41）IBook 阅读星看书就生成一个文件。请问怎么把书不加进书架？（"塞班智能手机论坛"）——表方式

（42）那么为什么表演者把灯泡不拿出来呢?("杂技图说")——表
　　　原因

我们认为,"怎么、为什么"都是事件外围的语义角色,它与其他事件
内部的 wh-词不同,后者强烈要求自身作为句子的焦点,而"怎么、为什么"
还兼具焦点算子的功能(祁峰、陈振宇 2013),即它是加在一个完整的命题
结构的外面的,并且有时会要求突显该命题中的某一部分,如上例中的
"不加进书架"和"不拿出来",作为询问的对象(此时不是对命题整体的询
问),故该成分一定具有句子重音,如上例正确的读法,应是在否定词"不"
上加特别重音。这时显然"不"应和它否定的 VP 在一起,才能保持句子焦
点成分的完整性。

因此,如果句子特别突显"Neg＋VP"这一部分,则把否定词置于"把/
被"之后,形成"NP＋PP＋Neg＋VP"这一句式,不但在句法合格度上是可
以接受的,也表明只有"Neg＋VP"是句子焦点。

3.4　话题性条件

袁毓林(2004)讨论了"都""也"的功能,而黄瓒辉(2006)说明了"把"
的宾语具有次话题的性质,但"被"的宾语一般是焦点,而不是话题,所以
"都"可用在"把 NP"后,而不能用在"被 NP"后。吕叔湘(1984)、秦华芳
(2004)、张斌等(2010)等也指出,如果"把"字句表"遍指",那么否定词可
以出现在"把"字后面。

我们进一步发现,不但"都"表总括(即"遍指")时如此,"都""也"表
"甚至"义时,如果在"把 NP"后,也会迫使否定词出现在"把"字后面。如
前面的例(29)。再如:

（43）以往,安德海凭借着慈禧的威风,简直不知天高地厚,把谁都不
　　　放在眼里,见了恭王也是出言不逊。(贾英华《夜叙宫廷秘
　　　闻》)——总括

（44）一道紧跟着一道的白炽热光忽闪忽闪在她眼皮内明灭,让她把
　　　什么都不能够再看得真切。(徐坤《狗日的足球》)——总括

（45）"……若是那林丫头,他把我们娘儿们正眼也不瞧,那里还肯送
　　　我们东西?"(清《红楼梦》第六十七回)——甚至

（46）上楼下楼把电灯都不随手关一下。好!滚你们的!(苏青《搬

家》）——甚至

（47）周总理对刘传新等人顽固坚持错误路线表示了极大的愤慨："你把有经验的老干部都不要了，这还不是政治性错误？……"（1994年《作家文摘》）——甚至或总括

（48）但对别人却气粗得厉害，并且仗着松田，把驻保定的日本人也都不放在眼里了。（冯志《敌后武工队》）——总括及甚至

这一情况不但现代汉语如此，更早的近代汉语也是如此。我们认为，这是由这里的"都""也"的性质决定的，即以"都""也"为界，区别话题与信息焦点：左边的成分，都只能是话题，或对比性话题（话题焦点），而不能是信息焦点。由于否定是信息焦点性而非话题性的，所以它一般只能在"都""也"的右边。

其次，否定词的辖域也在起作用，以至上述例句都不能将"不"移到"把"前。试想，如果"不"在"把"前，如"他不把谁都放在眼里"，则"不"不再否定"放在眼里"，而是否定"都"，这样一来，量化意义就不同了。

3.5　语篇性条件

上述四个条件都是局部性条件。消极性和信息价值是 VP 的性质，焦点性与话题性是由句内特殊成分引起的，它们都是小句内部的因素，由它们允准否定在"把/被 NP"之后，这就是局部性条件。但是，小句之外的因素也会影响到否定词的位置，下面是两个语篇性的条件：

1. 后续句条件

当"把"字句、"被"字句后有后续句，并且两个小句之间有语义上的紧密联系时，前句可以把所有事件因素都放在"把/被 NP"之后，包括否定词，以便更好地与后句衔接。如：

（49）我把活儿不干都要学。（百度贴吧"会计吧"）

"把"字句是表甚至的"都"字句的前一分句。

（50）其实我在外面捞过盐、打过硝、钻过煤窑，吃过很多人没吃过的苦、受过很多人没受过的罪，之所以把活儿没干到人前头，完全是因为我老放不下自己的写作。（彦妮《出息》）

"把"字句是"之所以……是因为"复句的前一分句。

（51）请问你被人不理解时怎么办？（"知识人·心理学"）

"被"字句是在前的时间状语分句。

(52)如果你被人不理解,那么你会怎么办?("知识人·心理学")

"被"字句是条件复句的前一分句。

2. 对比句条件

即当"把"字句、"被"字句是对比句的后件时,为了进行更好的对比,也可以把所有事件因素都放在"把/被 NP"之后,包括否定词。如:

(53)每一个不守承诺的人,最后都会被人不守承诺。("梦幻西游 2"
官方论坛)

语篇性条件有可能也是由焦点机制所决定的,即由语篇条件决定 Neg＋VP 是小句的信息焦点,由它引出下文,或产生对比条件,故需要突显并保持整体性。

4. "介Ⅱ型"衰退的原因

上一部分我们总结了"介Ⅱ型"被允准的条件,从这些条件就可以看出,随着"把"字句和"被"字句的进一步语法化,这些条件必然会发生变化,使得一些条件慢慢地变得不再适用,从而导致了"介Ⅱ型"的衰退。

各个条件之间是不平衡的。我们认为,焦点性条件、话题性条件以及语篇性条件一直在起作用,很难说现代汉语中已经发生了退化,实际上,由于当代网络语言的发展,它们成为"介Ⅱ型"语料的一大来源。

在语法化过程中,消极性条件发生了变化。早期"把"字句、"被"字句结构不那么紧密,所以要求 VP 部分满足消极性的两个条件。但"把""被"构式的建立,只需要"把"字句、"被"字句满足消极性就行了,更进一步,现代汉语的"把"字句后来变得完全不再受消极性条件的制约;而"被"字句还部分地受消极性条件的制约。

总之,这使允准否定词在"把/被 NP"之后的动因越来越少。

"把"与"被"之间也存在不平衡性。其中,焦点性条件和语篇性条件更多地作用于"把"字句,话题性条件只作用于"把"字句,因此现代汉语中"把"字句还有一些"介Ⅱ型"的例子,而"被"字句中已经非常少见了。

我们认为,在当代"把"字句、"被"字句中,起关键作用的是信息价值条件,它要求 VP 部分优先满足具有高信息价值这一条件,这导致绝大多数句子都只能把否定词放在"把""被"之前。如：

（54）马林生，今天你不把派出所的警察叫来，把我铐走，你就甭想要到手我的钥匙！（王朔《我是你爸爸》）

（55）庚子年，八国联军打进了北京城，连皇上都跑了，也没把我的脑袋掰了去呀！（老舍《四世同堂》）

（56）因为我从没被人说服过，所以也懒得去寻求别人的理解。（王朔《动物凶猛》）

（57）他有一两位英国朋友，他们家里的收音机还没被日本人拿了去。（老舍《四世同堂》）

上述例句中，VP 代表的事件"叫警察来、把脑袋掰去、说服人、拿走收音机"都是小概率事件，故信息价值高；反之，加否定词后，"不叫警察来、没把脑袋掰去、没说服人、没拿走收音机"都是默认的情况，故信息价值低。因此，VP 部分用肯定式而未用否定式。这一规律如此强势，以致只在极少的情况（焦点、话题、语篇条件起作用时）下，才可以不再合乎高信息价值条件。

5. 结语

本文在前人研究的基础上，考察了近代汉语中的一种特殊的否定式"把"字句和"被"字句，即否定词位于"把"字或"被"字之后，也就是 NP$_1$＋把/被 NP$_2$＋Neg＋VP 格式的句子。我们认为这种特殊的否定式的产生与这种句式中的消极性条件、信息价值条件、焦点性条件、话题性条件和语篇性条件有关。但是这种格式并未在近代汉语中得到充分发展，进而保留到现代汉语中。这种句式的衰退，我们认为可以归结为"把"和"被"的充分虚化进而引发的消极性条件制约的减弱，但信息价值条件、焦点性条件、话题性条件和语篇性条件始终在起着作用，并且信息价值条件与焦点性条件、话题性条件和语篇性条件可能会对立。本文只是研究了"把"和"被"字结构与否定词的语序关系，其他介词与否定词的语序情况如何，是否还有其他因素制约着介词结构与否定词的语序关系，是否有共同的因素制约着，这些都是值得我们做进一步的研究。

附 注

[1] 本文例句如无特别说明，均来源于北京大学中国语言学研究中心(CCL)语料库。

[2] 当代人偶尔会说，我们在网上查到了部分语料，本文会提及。

[3] 本表略有调整。

[4] 此三部文献的语料引自台湾"中研院"汉籍电子文献古汉语语料库。

[5] 本文古汉语例句没注明来源的均来自CCL语料库，不再一一注明。

[6] 收录在本论文集时，本文作者试图提供例句中网络语料的相关链接，以便读者查验。因原文发表于2014年，文中所涉网络语料是那时在网上搜集到的，现在已不容易检索到这部分语料。考虑到忠实于文章原貌，作者决定不换用新的网络语料，沿用原文语料。

参考文献

戴耀晶 2013 《汉语的否定句和"否定常数"》，《语言研究集刊》(第十一辑)，上海辞书出版社。

黄瓒辉 2006 《"都"在"把""被"句中的对立分布及其相关问题——从焦点结构的角度来看》，《语法研究和探索》(十三)，商务印书馆。

蒋绍愚 曹广顺 2005 《近代汉语语法史研究综述》，商务印书馆。

李双剑 2013 《〈红楼梦〉中的否定式把字句研究》，《云南师范大学学报(对外汉语教学版)》第1期。

李双剑 2015 《近代汉语中的一种特殊否定式"被"字句》，《渭南师范学院学报》第1期。

李 珊 1994 《现代汉语被字句研究》，北京大学出版社。

刘丹青 徐烈炯 1998 《焦点与背景、话题及汉语"连"字句》，《中国语文》第4期。

刘世儒 1956 《被动式的起源》，《语文学习》第8期。

吕叔湘 1984 《把字用法的研究》，吕叔湘著《汉语语法论文集》(增订本)，商务印书馆。

马贝加 王倩 2013 《试论汉语介词从"所为"到"处置"的演变》，《中国语文》第1期。

钱学烈 1986 《试论〈红楼梦〉中的把字句》，《深圳大学学报(人文社会科学版)》

第 2 期。

桥本万太郎 1987 《汉语被动式的历史·区域发展》,《中国语文》第 1 期。

祁 峰 陈振宇 2013 《焦点实现的基本规则——以汉语疑问代词为例》,《汉语学报》第 1 期。

秦芳华 2004 《现代汉语"把"字句中状语位置研究》,首都师范大学硕士学位论文。

饶长溶 1984 《"把"字句否定式》,中国语文杂志社编《语法研究和探索》(二),北京大学出版社。

饶长溶 1988 《"不"偏指前项的现象》,中国语文杂志社编《语法研究和探索》(四),北京大学出版社。

石毓智 2001 《肯定和否定的对称与不对称(增订版)》,北京语言文化大学出版社。

宋慧曼 2004 《清初档案被动句研究》,四川大学硕士学位论文。

唐钰明 1987 《汉魏六朝被动式略论》,《中国语文》第 3 期。

唐钰明 1988 《唐至清的"被"字句》,《中国语文》第 6 期。

行玉华 2006 《关于汉语"把"字句"被"字句中否定成分的思考》,山西大学硕士学位论文。

许宝华 陶 寰 1999 《吴语的处置句》,伍云姬编《汉语共时与历时语法研讨论文集》,暨南大学出版社。

薛凤生 1994 《"把"字句和"被"字句的结构意义——真的表示"处置"和"被动"?》,戴浩一、薛凤生主编《功能主义与汉语语法》,北京语言学院出版社。

徐 杰 李英哲 1993 《焦点和两个非线性语法范畴:"否定""疑问"》,《中国语文》第 2 期。

王 力 1957 《汉语被动式的发展》,《语言学论丛》(第一辑),新世界知识出版社。

王 力 1985 《中国现代语法》,商务印书馆。

王 力 1980 《汉语史稿(中册)》,中华书局。

王 力 1989 《汉语语法史》,商务印书馆。

吴福祥 2003 《再论处置式的来源》,《语言研究》第 3 期。

袁 宾 1987 《近代汉语特殊被字句探索》,《华东师范大学学报(哲学社会科学版)》第 6 期。

袁 宾 1989 《〈祖堂集〉被字句研究——兼论南北朝到宋元之间被字句的历史发展和地域差异》,《中国语文》第 1 期。

袁毓林　2000　《连谓结构的否定表达》，陆俭明主编《面临新世纪挑战的现代汉语语法研究——'98 现代汉语语法学国际学术会议论文集》，山东教育出版社。

袁毓林　2004　《"都、也"在"Wh＋都/也＋VP"中的语义贡献》，《语言科学》第5 期。

张　斌主编　2010　《现代汉语描写语法》，商务印书馆。

张　蕾　2004　《现代汉语否定式"把"字句研究》，上海师范大学硕士学位论文。

朱德熙　1982　《语法讲义》，商务印书馆。

Givón，T.　2001　*Syntax：An Introduction*（*Volume I*），Amsterdam：J.Benjamins.

Leech，G（利奇）．　1983　*Principles of Pragmatics*，England：Longman Group Limited.

Shannon，C.E（香农）．　1948　The Mathematical Theory of Communication. *Bell System Technical Journal* 27：379—423，623—656.

李双剑：kunhaolee@126.com；

陈振宇：chenzhenyu@fudan.edu.cn

原载《语言研究集刊》第十二辑，本书收录时略有修改。

副词"没"的非常规搭配

李红叶　　陈振宇

提　要　对《汉语动词用法词典》中收录的动词的定量考察使我们发现了一些有趣的现象,有 47 个通常认为不能被"没"否定的动词存在着用"没"的实际语例。这称为"'没'的非常规搭配",它大体划分为三类:(1)隐性或临时的结果意义允准"没"的使用。(2)反预期或反常态的外部语境允准"没"的使用。(3)由经历体"过₂"允准"没"的使用。"没"的非常规搭配主要依赖结果义和语气义。在当代汉语中,反预期或反常态对"没"在诸多句法环境下的允准作用正在变得越来越重要。

关键词　"没"　非常规搭配　结果义　反预期　反常态

1. 问题的提出

由于动词性成分本身意义和用法的不同,现代汉语句子否定词"不"和"没",在与动词的搭配中表现出诸多不同之处。

甘于恩(1985)很早就提出,类似于"知道""等于""是""像"等的动词,因为不具备"时间内涵",即"恒态动词",所以不可以用动量词来限制动作;这类词也被作者称为"非过程性动词",它们一般只能用"不"否定。聂仁发(2001)认为,心理活动具有持续性,因而心理动词一般多用"不"否定。这类动词常见的有"热爱、喜欢、佩服、同情、满意、同意、信任、怀念、相信、羡慕、害怕、担心、爱、想、恨、怪"。刘月华(2001)在谈论否定副词时说到,"有的动词只能用'不'否定,如'是、等于'等关系动词","动作动词和状态动词以及表示心理活动的动词可以用'不'否定,也可以用'没'否定。能愿动词都可以用'不'否定,只有'能、要、肯、敢'可以用'没'否定"。

许建章(2004)也认为,表关系、判断等的非动作动词前,一般不用"没"。他举出的动词有"是""叫""像""等于""姓""属于"。吴艳(2005)则根据自主动词与非自主动词的分类原则,认为"没"可以同大多数自主动词自由组合。同时,自主动词中的心理活动动词"因与主观心理因素有关,因此受'没'否定的可能性小,如:'认为''以为''自居'等,这些动词也往往不与时态助词'着''了''过'结合"。

上述学者基于不同的视角,或从"没"表示的时间意义上,或从动词的时间性质上进行了讨论,虽在细微之处存在差别,但基本的共识是,"没"的使用与时间性质有关,即静态事件很难与"没"共现。主要有 3 类动词(但并不限于此)不能被"没"否定,它们分别是关系动词、心理动词和部分能愿动词。

海外学者如林若望(Lin 2003),陈莉、潘海华(2008)等,不少都从事件性、阶段性等角度进行研究。陈莉、潘海华(2008)提出,与"没"共现的 VP 通常是事件类 VP 以及阶段性的状态类 VP,因此部分静态的状态类(stative)VP,虽然没有动态和变化的语义,但也能和"没"共现,如"他没在家"的"在家","他没病"的"病","他没高兴"的"高兴","他身上没热"的"热"等。我们的考察表明,这一类状态类动词实际上非常少,而且其中大部分如"病、高兴、热"等,在汉语学界的研究中,并不认为单纯地是"静态的"。

"病"在汉语中更多地表示染病的结果,完全是动态的,如"躺、摔、丢"等一样,所以一般只能用"没",而不能说"*不病"。在"他又是淋雨又是烤火折腾了半天仍然还是不病"这些极为特殊的情况下可以说,但这是"仍然、还是"允准的,属于极为特殊的情况。而"高兴、热、悲伤、害怕、痛、饿"等则与性质形容词相似:当聚焦于其状态时是静态的,而聚焦于"状态的开始"时则是动态的,科姆里(Comrie 1976)、戴耀晶(1991,1997:13)等都曾论证过。这些动词可带"了"表示性状的达到或开始。

笔者认为,从与"了₁"搭配的角度看,汉语学界所说的"动态性"(dynamic)与海外学者所说的"阶段性"(stage)之间更为接近,但并不等同于后者;与"事件性"(eventive)则较远。汉语学界所说的"动态"与"静态",并不相当于"事件"与"状态"的区分,或"阶段"与"个体"的区分,其中最大的差异在于前者承认存在一定的中间即兼有动态与静态属性的地带,如戴耀晶(1991,1997)认为"姿势动词"与"位置动词"都有动态与静态两种用法。另外,在阶段性理论中,叶萌(Yeh 1993)把"高兴、热、悲伤、害怕"称为阶段性状态谓语,而"像、聪明、善良、有才气、好客、诚实、紫、有、是、在"等称为个体性状态谓语。戴耀晶(1991,1997)虽也把静态动词分为两个小类,但其中较为动态的一类比叶萌的阶段性状态谓语更多,它还包括"知道、相信"类,戴认为虽是静态动词,但有很弱的动态,因为它们也可以加"了₁"表示状态的开始,按戴的标准,"聪明、有才气、有"等也应该是这一类,他所谓的极为静态的动词,另包括"以为、属于、是"等不能加"了"的谓词。

汉语学界普遍认为,是否可带"了₁",在汉语中具有重要的标杆作用(而阶段性理论则更看重"着",这也是两个理论不同的地方),如张国宪(1995)在辨别"动态形容词"时也说,动态形容词通常情况下可以与时间副词"已经"和动态助词"了"同现,动态形容词的否定是依靠否定副词"没"来实现的。实际上,可带"了₁",则一般可用"没(有)"否定其达到或开始,如"高兴、热、悲伤、害怕、痛、饿"等;或者虽然在一般情况下不能用"没(有)",但一旦用了,汉语母语者也不会觉得太别扭,应该可以很顺畅地理解,如"知道、相信"等,只不过需要更多的语境(如后面将要说到的特殊语气)辅助罢了。因此,汉语的"动态"与"静态"是由若干连续过渡的小类所构成的。

在该一连续统的静态一段,存在着极为静态的动词,如动词"在、会"一般不可用"了₁"(*他在了家/*他会了英语),不能加动量(*他在三个小时家/*他会两年英语了),也不能用"着"(*他在着家/*他会着英语)。[1]这一类动词,是最不容易用"没"的。但汉语也不是那么绝对。

我们可以说"他没在家",只不过这些例子远非那么自然。笔者小范围的调查发现,大多数受试趋向于用"他不在家"而不用"没";如果用"他没在家",也倾向于认为有十分特别的意味。例如,当我们满怀期待去找某人时,却发现他不在,我们只好回来,这时可以向别人解释说:"我们找过他了,可他没在家。"显然,这里需要更多语境的支持,即本文后面要谈到的反预期语气。而"他还没会英语呢",则显然更需要语境的支持,包括这里的表反预期的副词"还"和表辩驳的语气词"呢"。

　　其实,即使动态性稍强一些的动词,如"知道、相信"类,也往往需要语境的支持,如"他还没有知道这件事呢"。

　　本文研究的目的,正是要考察汉语中那些静态性特征很强或极强的动词,在特殊条件下(而非一般的中性句中)使用的非常规"没 VP"句,它包括"在"类,也包括"知道"类。前人的研究往往把它们归入不能用"没"否定的动词中,但在语料调查时,我们发现它们存在着实际的语言用例,虽然并不常见。除上述"没在家"等外,还有:

(1) 这是快乐的眼泪,也是决心的眼泪! 虽然还没知道究竟怎样办,但四小姐已经决定了一切听从张素素的教导去做!(茅盾《子夜》)

(2) 我也没以为他是乞丐。我倒是以为他必定有比无衣无食还大的困难。(老舍《四世同堂》)

(3) 在他还没属于你的时候,你尽可以爱怎么就怎么做。(方平、王科一译《十日谈》)

　　对于上述语言现象,不论是使用陈莉、潘海华(2008)等的"阶段性"解释,还是用一般汉语学界的"动态性"解释,都不能得到满意的解答。因为"知道、以为、属于"等与"在"一样,不能加"着",按叶萌(Yeh 1993)的观点,它们只能是个体性的(individual),而不能是阶段性的;根据陈、潘(2008)的论述,它们就不能加"没"。在戴耀晶(1990,1997)看来它们都属于静态的属性与心理动词,虽然有弱的动态性,虽然"没"对动词的否定并不像前人叙述得那样泾渭分明,但我们仍需要问一下:究竟是什么因素允准了它们的这一弱动态性? 它与动词的搭配受到诸多机制的影响,那么这一机制究竟是什么? 在当代汉语中,这一机制在发生着什么作用?

　　黄乐(2009)曾对"不""没有"与动词的搭配进行过细致地描写,以《汉语动词用法词典》为基础,总结出通常只能被"不"直接否定而不用"没"否定的动词 43 个,"不"和"没"都不能直接修饰的动词 14 个。笔者同样以《汉语动词用法词典》为基础,在黄乐研究的基础上展开本文的论证,同时对其考察的动词进行补充完善。经过对《汉语动词用法词典》收录的 1 223 个动词与"没"搭配情况进行的考察,笔者发现其中共有 66 个动词一般不能用"没"否定。我们将这 66 个动词以"没＋V"的形式在北京大学中国语言学研究中心现代汉语语料库和搜索引擎百度中进行了检索,发现其中的 47 个动词可以直接地或有条件地被"没"否定,所占比例高达71.21%。[2]这些动词包括:

包含、奔走、避、避免、差、代表、等于、惦、饿、放心、符合、敢于、够、害羞、会、记得、具有、假装、可以、懒得、佩服、谦让、情愿、缺乏、热爱、忍受、忍耐、认得、认识、认为、生活、是、属于、同情、喜欢、希望、显得、小心、晓得、欣赏、信任、需要、以为、愿意、知道、尊敬、尊重。

经过归类整理,我们大体上将上述动词与"没"非常规搭配的情况分成如下几类:

1. 有隐性或临时的结果意义;
2. 句子有反预期或反常态的语气功能;
3. 由经历"过$_2$"所允准。

2. 由隐性或临时的结果意义允准的非常规搭配

这包括三种情况:

2.1　动词后添加结果补语

动词与其后的结果补语构成动结式短语。这种类型又可以细化为两种情况:

1. 动词本身就可以和补语成分搭配,如"避、惦、饿、够、认识、忍耐、欣赏"等分别可以和"开、下、着、死(或'着')、到、倒、住"等搭配。

动结式中的补语可以表示动作或变化引起的结果(吕叔湘 1980),还可以表示动作的程度或情貌(范晓 1985)。在这里突显的是结果义,在情状分层理论中,结果补语是可以改变事件情状的因素,不论动词的情状如何,加上结果补语就变为了"终结"(telic)的(参看:Smith 1991;杨素英2000;陈振宇 2009),所以其否定形式通常用"没"而不用"不"。

这些动词本身具有两面性:如果没有这些结果补语,这些动词强调状态;但可以加上结果补语,从而突显状态的达到。一般而言,只有后者可以自由地使用"没"。

(4) ??小王没避那车——小王没避开那车。

(5) ??他没忍耐——他没忍耐住。

(6) *我没认识事情的真相——我没认识到事情的真相。(上述三例
　　为笔者自拟)

(7) 好身手,连跳过几道葡萄架子窜了,枪没够得上……(张炜《柏慧》)

2. 动词原为静态动词,如一般不能说"*他尊敬了她、*他假装了好
人、*他奔走了"。这些动词本身不可以添加结果补语,但在临时状态下,
修辞性地被赋予了结果补语,从而临时突显其动态意义,从一个状态变为
了有目的的事件,如"奔走、假装、尊敬"分别与"出、好、完"的搭配。

(8) 大家还没尊敬完她,她向后转回了城。(老舍《牛天赐传》)

(9) 叶焱再三强调,别假装没假装好,还惹得一身的麻烦事。(三千浮
　　世《我的女人你惹不起》)

(10) 只有冠晓荷"马不停蹄"。可是,他并没奔走出什么眉目来。(老
　　舍《四世同堂》)

"奔走、假装、尊敬"这类动词虽然本身不能呈现出结果的语义,但是
在特殊的语境中临时添加上了结果补语成分,此时句子所强调的不再是
动作状态本身,而是用这一状态指代该状态所属的一个事件性活动。这
就是所谓的"转喻"。"转喻主要有一种指代功能,它允许我们用一种实体
代替另一实体"(Lakoff & Turner 1989:103)。"转喻"主要有两大基本
类型:一是整体与部分之间的转喻;二是整体中不同部分之间的转喻。其
中又有以动作、事件具有的显著性质来转喻动作或事件本身,以活动中的
部分来转喻活动整体,以实体来转喻某种活动等。例(8)中,"尊敬"的基
本词义是一种"尊崇敬重"的状态,但加上"完"后,在语境中它临时指当事
人的一种外在表演活动,这种活动有尊敬的性质,由于有了时间性,所以
可以有结束"尊敬完"的阶段。例(9)也是如此,"假装"本来是一种状态,
但这里指假装的表现活动,即努力假装出一种状态,故有了是否成功的问
题,这才能说"没假装好"。例(10)"奔走"本来没有结果,但这里转喻指通
过奔走以求取某种利益的事件,故有了是否奔走出什么结果的问题。汉
语中用性状转喻事件从而改变情状类型的问题,请参看陈振宇(2007:
277)。

请注意,这些动词有的可加"在",如"他在假装好人、他在四处奔

走"[3]，但笔者认为这并不能表明它们是动态动词，因为"在"作用于 VP，代表事件整体的复杂过程，而不是作用于动词，不是指状态"假装、奔走"，而是指与这一状态有关的复杂事件。它之所以能用"在"，实际上已经是发生了转喻。

2.2　动词的语义内容含有一定的结果性

一般而言，这些动词内在的结果性我们并不大重视，所以少见与"了₁"和"没"搭配的例子，因此可能在一些人的语感中就不能这么用了。然而这一点并不是绝对的，在其他人的语感中依然可以用，如"得"系动词中的"记得、晓得"等。

构成"记得""晓得"等的两个语素，最初为两个可以独立使用的词，在动作概念化的过程中逐渐融合成为一个词。在我们的语料中，"得"系动词之所以能够与"没"搭配，很大一部分原因在于语素"得"最初的动词义得以保留并突显。力量、解正明（2005）说到，"'得'的句法演变经历了由核心动词到次要动词、助动词、结构助词、词内不可分析的成分这样一个异常复杂的过程"。"得"词汇意义的演变经历了由表示行为、心理活动、抽象语义到表示情态和无实际意义的过程。

在动词"认得""记得""显得""晓得"等"得"系动词中，"得"与其前语素"认、记、显、晓"等结合比较紧密，已经成为凝固性较高的词语。在一般情况下，整个词语只表示一种状态，但是，"得"最初表示"达到、获得"的动词结果义在与"没"的搭配中反而重新突显出来。在这些例句中，我们可以将"得"视为动结式中的结果补语成分，其结果语义的重新显现使得"得"系动词与否定词"没"的搭配具有较高的合法性。例如：

（11）我跟金受申在一个单位工作也算有些年，没记得他换过行头。不论是冬天的干部服，还是夏天的白衬衣，都是又肥又大。（《邓友梅选集》）

（12）斐一听，渐渐涨红面孔，她一直努力把这次重逢装得愉快自然轻松，没晓得碰尽钉子的寻寻觅觅都被他知得一清二楚。（亦舒《异乡人》）

上述两例中，我们将"记得""晓得"等词语理解为由"认识活动"加"认识结果"所形成的动结式组合[4]。

2.3　动词加数量结构作补语

此时强调数量的达到，而这也是一种结果，如下面的"差、认识、认得"等：

(13) 虽说上下没差多少，却让消费者感到别扭。（《人民日报》1996 年 4 月）

(14) 虽然他是一个单身男人，但是从来没有像那些轻浮的男人一样没认识两天半就提出来要同居呀之类的。（安顿《绝对隐私》）

(15) 到这学校我仍然什么也不学得，生字也没认识多少，可是我倒学会了爬树。（沈从文《我上许多课仍然不放下那一本大书》）

(16) 一个孩子很笨，上了几年学也没认得几个字。（"爆笑街"，2020-12-11）

沈家煊（1995）在分析数量词对句法结构的制约作用时，曾提出"有界"与"无界"这一对立的概念。"补语是使谓语动词有界化的重要手段之一"（李思旭 2011）。例如一般不说"＊上下没差""＊他俩没认识""＊这个字没认识/认得"，因为它们是静态性极强的动词，但"多少"类数量词语（这些数不是伴随性强的"一"），代表着"变化量"，即一个有增量的事件，量本身是阶段性的（陈振宇 2009），故可说"上下没差多少""他俩没认识几天""没认识/认得多少字"。

3. 由反预期或反常态语气允准的非常规搭配

这一部分的情况是一种"语气允准"，陈振宇、李于虎（2013）在"过₂"句的适用条件中说，在当代汉语中，越来越多的动词可用"过₂"，远远超过以往的研究，其中一个重要原因是句子特别强调事件为真。笔者发现，对"没"字句来说也是如此，只不过与之相反，是特别强调事件为假。不论强调真还是假，都是表达反预期与反常态语气。

语气作为独立的语法范畴，早在马建忠时代就进入了汉语语法体系当中。然而，现代汉语中的"语气"概念一直都不甚明了，"与情态、句子功能以及口气等概念都存在着纠缠不清的问题"（赵春利、石定栩 2011）。贺阳（1992）给"语气"下了一个定义："语气是通过语法形式表达的说话人针对句中命题的主观意识。从语义上看，语气是对句中命题的再表述，表述的内容或是说话人表达命题的目的，或是说话人对命题的态度、评价等，或是与命题相关的情感。从形式上看，语气是通过语法形式表达的语法意义。"齐沪扬在《语气词与语气系统》中强调了语气研究的系统性，提出"大语气词"的概念，他不仅将语气看成是语法的一个基本范畴，还就语气词的意义、功能、位置和搭配诸问题提出了自己的看法，并尝试建立现代汉语的语气系统。陈国华（2013）进一步指出，"汉语语言学里的'语气'是一个以句子的功能类别为基本内涵，有时包括谓语的某些情态和谓词语气的大语气概念"。

本文对语气的理解倾向于这种"大语气"的概念，偏重说话人通过语法形式表达的"针对句子命题的一种主观意识"。笔者猜测，当句子突显说话者的主观认识、评价、情感时，更容易放松对客观内容方面的限制。

具体来说，语气允准的"没"的非常规搭配包括以下三类情况。

3.1 "没 X"之外有表示反预期反常态语气的副词

在我们归纳出的各种类型中，出现在这一类型中的动词最多，如动词"包含、敢于、会、具有、可以、懒得、热爱、属于、希望、以为、愿意、知道、尊重、显得"等与副词"还、也、并、都、倒（是）、又、可、甚至、根本"等的共现。限于篇幅，这里着重介绍在"没"字句中用得最多的"还、也、并"。

另外，"反预期"与"反常态"往往是相通的，因为在绝大多数情况下，常态正是所预期的内容，这时两个概念区别不大。但在特殊情况下，预期的也有可能是非常态的内容，不过在我们的语料中尚未发现这一情况。

3.1.1 "还"

在所使用的副词当中，"还"的出现频率最高。我们以语料最多的"没知道"为例，当以"没知道"作为关键词在 CCL 语料库中进行检索时，共出现 25 条用例，其中"没知道"单独充当句法成分、前无副词或其他修饰成分的只有 6 例，在其前出现"还""并""也""都"等副词的则占到了 19 例，其中仅"还"出现的例句就有 11 个。由以上数据我们猜想，"没知道"等格式的成立可能与副词的出现密切相关，这些副词提高了该格式的自足性，在某种程度上增强了句子的可接受度。

"还"的基本意义是事态的持续，具有时间性，同时这种持续是反常态的，"还"还是一个"反预期"的语气副词。我们考察的"还"，大都与时间序列有关。例如：

(17) 1950 年的一篇日记中,他曾记下为还没会游泳而对自己的怨恨。(《1994 年报刊精选》)

(18) 我还没知道事情的严重性,笑说:"人家没留我。"(亦舒《香雪海》)

(19) 那时我还没热爱足球。(豆瓣日记,2011-2-17)

(20) 在他还没属于你的时候,你尽可以爱怎么就怎么做。(方平、王科一译《十日谈》)

例(17)"还"用在"没会游泳"前,表示"没会游泳"这种状态的持续,这种持续又带有某种动态性,说话者心中有某种预期,即随着时间的流逝或事件的发展,"没会游泳"这种状态应该发生变化,可是事实上却没有变化。因此,"还"激活了一种悔恨、懊恼的意义,而这正是说话者想要表达的重点所在。例(18)"还没知道"表示说话者认为"我"应当在说话时认识到事情的严重性,但事实却相反。例(19)中"我"现在已经热爱足球了,是追溯以前不热爱足球的时候,一般而言,"热爱"是静态的,不能用"﹡热爱了足球",因此"热爱"是一贯的、非时间限制的,但此处则突显事实并非如此,存在还不热爱足球的情况。例(20)中的"还没属于"也是强调一个出乎预料的事实,即有他不属于你的时候。

在这些句子中,"反预期"来自"还",而不是"没"。唐敏(2009)提出,"还"的有些义项在特定语境中表达了"反预期"的语用功能,"还"所嵌入的句子传达了"与预期相反的话语信息"。同时,由于"反预期"反映了说话人的立场、观点或态度,所以,"反预期"的"还"具有主观性。吕叔湘先生(1980,1999:254)在分析"还"的意义时曾说,"还"表示"超出预料,有赞叹的语气","应该怎样而不怎样,名不副实,有责备或讥讽的语气","用于反问"。"还是"更是如此。沈家煊(2001)与张宝胜(2003)也强调了"还"的主观性。

在语料中,我们还发现,"还"类副词也是最容易与结果补语、转折词以及其他语气副词(如下面的"可、倒")共现的成分:

(21) 我终于还是没忍耐住。("电影票房吧",2013-4-26)

(22) 我想她其实说出了我感觉到却还没认识到的事情真相。

（《1994 年报刊精选》）

(23)"这可还没知道。或者，博文，也好！"（茅盾《子夜》）

(24)"嗳，嗳，真奇怪！我倒还没晓得你不许她出去呀！况且她出去的时候，我也不在家。"（茅盾《子夜》）

3.1.2 　"也"和"并"等

(25)奥巴马：面对疫情美国官员毫无建树　甚至没假装自己是负责人（腾讯网新闻标题，2020-5-17）

(26)站着喝了不少啤酒，好像一下子认识了好多人，又好像谁也没认识，四周还是一堵高高的墙，上面影影绰绰晃着无数陌生的头。（小楂《客中客》）

(27)然而，我对本质主义的批判并没包含这种否认。（傅季重、纪树立等译《猜想与反驳》）

(28)你虽然和爱人结婚很久了，但你并没认识到她的真正可爱处，因为，原来并没完全爱她最值得爱的地方。（邓友梅《在悬崖上》）

(29)锦钢面对严峻的形势，并没认为仅靠政治思想工作的法宝就可挽救企业。（《1994 年报刊精选(11)》）

说话者在使用"也、并"时，总是抱着反驳某种观点或看法的目的，在我们搜集到的语料中，包含"也、并"的例句多半带有申辩、反驳性语气，说话者试图对命题做出某种修正，而非彻底的否定。

其他副词例如：

(30)他倒是没显得太失望，笑着跑开了。（孙倩《"吉卜赛天使"》）

(31)他根本没希望巡警们能满应满许的马到成功，只盼着有个相当的办法，走到哪儿算哪儿。（老舍《哀启》）

(32)呸，见鬼！邓迪又没认为是你杀了迈尔斯。（陈良廷、刘文澜译《马耳他黑鹰》）

(33)说不定他压根儿就把我忘了，连今天要来看我都没记得，这第三件事还说甚么？（金庸《神雕侠侣》）

3.2 　"没 X"之外有表示极大时域的成分

3.2.1 　"从来、一向"的"时空充盈性"

在固定格式"从/从来/一向(也/就)没……(过)"中，"从来"表示"一直以来、向来",强调时间上的延续性,指从过去到现在情况未发生改变。很显然,这是一种极为"反常"的情况,所以"从来"句有着强烈的主观性。无论在否定句还是肯定句中,对前文或隐或现的某种个人看法或公认看法的积极否定提供了"从来"句的背景。例如:

(34) 老唐从来就没喜欢过猫,他讨厌那些被人豢养的畜牲。(叶兆言《哭泣的小猫》)

(35) 他说:"我从来就没认为摄影是一种艺术。"(《读书》)

(36) 他一向也没知道自己竟有这样滔滔汩汩的口才。(钱锺书《猫》)

上述例子都表现了说话者对某种陈述的否定性辩驳的语气,例(35)、例(36)则更表现出说话者鄙薄、不屑的语气。

3.2.2 表示时量大的其他成分

是不是所有表示时间量度大的成分都可以与"没"连用进而进入"没"的非常规搭配中呢? 我们试图对这一问题进行考察。

朱庆祥(2012:38)分析了"没(有)"与"了₂"共现的可能性。在作者刻画的"没(有)VP"与"了₂"能否共现的模式 1 中,即在 "没(有)+光杆动词+光杆宾语 +了₂"中存在 3 个句法槽位,即作者所刻画的模式2:" 1 没(有)2 动词 3 宾语 +了₂"。在槽位 1 上,可以出现表示精确或模糊时量的词语,并且这些时量词语大都表示一个延续时间较长的时段,表示一个较大的时量。例如(转引自朱庆祥):

(37) 20 多年没有来四川了,很想来看看啊!(1993 年《人民日报》)

(38) "好久、好久,没见你你⋯⋯"他结结巴巴地说。(张抗抗《白罂粟》)

作者得出否定副词"没(有)"与"了₂"共现的根本原因在于槽位 1 中时量状语成分的出现。就时间意义而言,副词"从来"与出现在槽位 1 中的时量成分具有类似的语义,它们都表示一个较大的时量。那么,我们由此初步猜想,在本文所论述的类型中,"从来/从"应该可以被表示时量大的时间状语成分替换。我们将搜集到的相关语料进行改写:

(39) 老唐从小到大就没喜欢过猫,他讨厌那些被人豢养的畜牲。

(40) 另一位与众不同者是布拉塞。他说:"我 20 多年来就没认为摄影是一种艺术。"

(41)"你有10位读者,便有10位读者的题材,所以,我在写作上很久
　　都没缺乏过题材。"

改写后的句子仍然成立。这些表示相对大时量的时间词语都包含有
一种情态语气意义,在句中表达了说话者某种较为强烈的语气,而"没"因
此得到允准。

3.3 "没 X"处于疑问、反问、转折等句式中

在大多数例句中,疑问或反问句需要伴随带语气的副词。如:

(42)"你还没知道吗?"(茅盾《蚀》)

(43)"你们俩分到最高学府去了。昨晚的消息,你们自己还没知道?"
　　(杨绛《洗澡》)

(44)姚宓惊喜说:"啊呀,妈妈,都搬完了? 怎么我都没知道呀?"(杨
　　绛《洗澡》)

但也可以直接用疑问或反问句,所以应该是疑问、反问本身的反预期
或反常态允准了"没":

(45)我笑着把饭桌上的牛奶瓶拿过来揭开盖对着嘴喝:"惊喜交加是
　　吗? 没以为是狐仙什么的?"(王朔《玩儿的就是心跳》)

(46)金秀坐起来,恼怒地说,"我实话告诉你,我不是没喜欢过周仁,
　　可你放心,我不会跟你打离婚的,更不会去干那些偷鸡摸狗的
　　事!"(陈建功、赵大年《皇城根》)

转折句的例子有:

(47)韩学愈也确向这些刊物投过稿,但高松年没知道他的作品发表
　　在"星期六文学评论"的人事广告栏。(钱锺书《围城》)

(48)……可以看到色素细胞的集合体,它分明是用作视觉器官的,但
　　没是任何神经,只是着生在肉胶质的组织上面。(周建人、叶笃
　　庄、方宗熙译《物种起源》)

笔者认为,转折句前后之间存在矛盾性,因此就存在对"前句导出的
某种预期"的反对,"没 X"中的 X 正是这一预期。

其他句子类型我们还找到了递进复句,但用例很少:

(49)大队政委看他们几个狼狈的样子,不但没同情他们,反而批评了
　　他们。(刘震云《故乡天下黄花》)

3.4 "没 X"处于前后对比的反预期语境中

本类十分庞杂,语料众多,但它们都有一个共同的特征,就是缺乏显性的反预期、反常态标记,不过却能从语境推出这一强烈的语气。

有的是述说以前的想法,但后来发现的事实显然不是如此:

(50) "……你说过。""开始我没以为有什么特别。但回到家里,躺下一想,无数次否认,终于不得不承认。"(王朔《给我顶住》)

(51) 虎子本没认为千代子坐在那里与他有什么相干,可她刚一走开,他却觉着冷清起来。(邓友梅《别了,濑户内海!》)

(52) 她说道:有胡子嘛。那姑娘上唇的汗毛是有点重,以前我没以为是个毛病。(王小波《未来世界》)

有的是主体不希望或不知道某种情况,但这种情况的确发生了:

(53) 她一直努力把这次重逢装得愉快自然轻松,没晓得碰尽钉子的寻寻觅觅都被他知得一清二楚。(亦舒《异乡人》)

(54) 我的心反倒凉了,我没希望这个,简直没想到过这个。(老舍《阳光》)

(55) 可怜的是赵辛楣。他没知道,苏小姐应允曹元朗以后,也说:"赵辛楣真可怜,他要怨我忍心了。"(钱锺书《围城》)

有的是指对对方的某种预期,如下面例句中对方认为说话者发现了什么,说话者则予以否认:

(56) "我没以为你在做什么。"(曹精华译《邮差总敲两次门》)

有的是指某种情况与社会价值不相符的某种预期,如例(57)中,必须符合国家的规定;例(58)中,立秋吃西瓜是一种习俗;而例(59)中,一般而言,父亲都会希望孩子有出息。

(57) 由于没符合国家规定,纽约 25 万个只有大写字母的路牌,将要全部更换重新设计。(傅季重、纪树立等译《猜想与反驳》)

(58) 话题:没惦着立秋那天吃西瓜。(好大夫在线,2012-8-9)

(59) 我不爱念的就不动好了。好在,我爸爸没希望我成个学者。(《读者(合订本)》)

再如:

(60) 芮成钢回应自大争议:提问奥巴马时我没代表全亚洲。(凤凰网)

4. 由经历体"过₂"允准的非常规搭配

最后我们想讨论一下"过₂"在"没"字句中的功能。

何婷婷(2005)考察了《动词用法词典》中1 328个动词,发现那些一般认为不能与"过₂"搭配的动词,有的在特定语境下仍可搭配,其中例句最多的是否定和疑问对"过₂"的特殊允准作用,这可以打破对"过₂"的语义限制,如我们不能说例(61),但可以较自由地说例(62)和(63)(例引自:陈振宇、李于虎2013;第三句稍做改动):

(61) ＊他是过我朋友。

(62) 他从来没是过你朋友!

(63) 你说,他究竟什么时候是过/没是你朋友了?

但笔者研究发现,以上似乎倒过来也可以说,"过₂"的使用,大大拓宽了否定"没"与动词的搭配关系,如"放心、佩服、生活"等,一般是指个体性状态,不能与"着"搭配,但加上"过₂"后则不成问题。例如:

(64) 没放心过一次。(《汉语动词用法词典》)

(65) 我没佩服过别人。("股吧",2009-11-30)

(66) 鸦片战争失败,中国被迫开放,但在清代结束之前,那种开放从没情愿过。(陈志武《大国崛起:面向全球的中国》,《经济观察报》2006年12月4日)

为什么加上"过₂"后就可以使用"没"了呢? 目前还没有一个可行的解释,这里仅仅做一点尝试。

按照笔者的语感,"虽然他讲了半天,但我一点也没有放心"(自拟)似乎可以说,不过这是由"一点也"的语气功能允准的。陈振宇、李于虎(2013)认为,在"过₂"的语法化中,存在从复数允准到语气允准的过程,"过₂"的情态语气功能正在发展,有可能将来成为显赫用法。这一功能指:特别强调事件的发生为真。曹茜蕾(Chappell 2011)认为,"过"不是体标记,而是显指(evidential)标记,我们认为,有时语气意义确实比时间意义更为重要。

笔者认为,这里的"过₂"正是起着语气功能,不过与"没"搭配后,指特别强调事件的发生为假。故不再拘泥于动词的时间特征,只要说话者要强调的是"为假"的,则都可以用在"没……过"的语气构式之中。

5. 余论

本文通过对《汉语动词用法词典》中常用动词的定量统计分析,发现了"没"的一些非常规动词搭配。在 47 个可以直接或有条件地与"没"搭配的动词中,有些可能是本身的动词性不够典型,存在着跨类的现象,这些我们暂且不予深究。

本文初步总结出了"没"的非常规搭配类型。笔者认为,允准"没"的非常规搭配的机制主要有两个:(1)结果义;(2)语气义。

从未来的发展看,笔者预测语气义对"没"的允准功能将越来越重要,也越来越自由。例如,在网络语料中已经出现了一些更为极端的例子:

(67)我调试的时候也没进到 init 方法因为 ref 也没等于 null,……
	("阿里面试:dubbo 的服务引用过程",博客园)

在 20 世纪的一些文学作品中,也有一些相当"奇怪"的例子:

(68)我为什么不在这个可以穿过去的时候走到对街去呢,我没知道。
	(施蛰存《梅雨之夕》)

这些例子某些研究者认为是"病句",但笔者在网上发现了相当多的语料。百度搜索"没等于",有 32 万个结果,虽然其中大多不符合我们的要求,但至少有一大批例句是有合理性的。如:

1+1 为甚没等于 2。					凑合没等于随便。

跟你抱着,没等于爱上。				好学生没等于将来就有好工作。

沉默没等于撒谎?					天价并没等于质量无问题。

进入该医院大门就没等于成为医生砧板上的肉。

车子丢了你什么凭据都没有,那是两码事,停车费没等于保管费的北。

只是说明你排卵了,并没等于你怀孕。

如果没等于零,程序跳转到 MKARKE 的地方。

……

这些用例是否说明"没"正在语法化为语气副词,尚需进一步观察。至少有一点是很重要的,即在我们找到的用于反预期、反常态的语料中,基本上都是单音节的"没",而只有极少数双音节"没有",仅有 37.8％[5]该类动词可以使用"还/并/从来＋没有＋V"的形式表示反预期、反常态的语义。这可能是虚化的一个征候。

　　除此之外,"没"不但与动词有上述非典型搭配用法,还与其他句中成分有相类用法。

　　李红叶、陈振宇(2013)发现,有一些副词,一般不能否定,但在句中有表示反预期、反常态的"还"类副词,或是在反问、疑问等句子类型中时,就可以用"没"否定了。如:

(69) 其次我还是一个未满18周岁的学生,从法律意义上讲就没应该吸烟,这也违反了法律法规的。("抽烟检讨书300字",米胖阅读)

(70) 这个没快到期吧!("商品咨询",京东商城)

(71) 因之前就做了预告,所以这次听到,倒没越发恐慌了,显然大家心里已经适应这个消息了。(林喵喵《快穿之不当炮灰》,穿越小说吧)

(72) 我没正好落在牛津到巴斯的大道上,我在它南边大概五百码处的一条岔道上。(杨蓓译,康妮·威利斯《末日之书》)

　　再如著名的动词重叠式,朱德熙(1982)等概括了它的否定用法,华玉明(2010)认为,动词重叠一般不直接用于否定句,否定后的动词重叠可用于反问句或假设句[6]。实际的情况比他们概括的要复杂得多,而且正好与本文的研究结论基本一致,即都是由反预期和反常态所允准的[7]。以下例句均转引自李宇凤(2014),但我们重新做了归类。如:

　　1. "还"等带反预期意义的副词允准的,这一类例句最多:

(73) 果然到家还没歇歇脚,母亲就唠叨说:……(1994年第二季度《人民日报》)

(74) 他并不认识韩信,他甚至也没有谈谈话,考察考察,看看这个人到底怎么样。(易中天"百家讲坛·韩信身世之谜")

(75) 你都没有想想你在说些什么。没有人把我拖进任何事中。(伏尼契《牛虻》)

(76) 什么产前、产后,顺产、难产,这个、那个,她就没问问她娘,她自己是怎么生下来的。(茹志鹃《静静的产院》)

(77) 老楚打来一壶开水,并没擦擦或涮涮碗,给文博文满满的倒了一杯……(老舍《文博士》)

(78) 这一阵子忙得也没和你说说心里话,你对水山哥到底怎么样呀?(冯德英《迎春花》)

2. 大时量允准的:

(79) 因为工作的头绪纷杂,是很久没有坐坐和想想了。(孙犁《风云初记》)

(80) 自从"五三"以后,抵制日货的口号叫了两三年,各商店始终没有摸摸良心,多卖些本国货,少卖些日本货……(刘半农《好聪明的北平商人》)

3. 反问与疑问允准的:

(81) 你没问问谁能帮你找个工作?(王朔《刘慧芳》)

(82) 为什么您从来没有想想事情并不一定是这样,因为您的痛苦也是我的痛苦……(铁凝《大浴女》)

4. 转折句允准的:

(83) 也许这个北方人对雪花有一种难言的迷恋,却没有想想那是个什么年代。(丁聪《与绘画有缘的高莽》)

5. 其他反预期或反常态语感允准的,如指责对方或他人该做的事而没做的:

(84) 你没瞧瞧冯大全的,那才算大地主哩!(冯德英《迎春花》)

(85) 似乎是随便的走,歪着肩膀,两脚谁也不等着谁,一溜歪斜的走。没有想想看,碰着人也活该。(老舍《沈二哥加了薪水》)

(86) 说不定是他自己糊涂了,只怪他一直心不在焉,没有看看沿途的道路。(塞尔玛·拉格洛夫《尼尔斯骑鹅旅行记》)

还有表示后悔本来应该做的事结果没做的:

(87) 我也很奇怪并后悔当时没有问问有关张先生的种种生平往事。(《读书》176卷)

这些例子反映出,本文的描写与解释具有更大的普遍性[8],可能代表了汉语的一种特殊的小句完句条件。对此,我们将进一步研究。

附 注

[1] 笔者不知陈莉、潘海华(2008)为什么把"在"算在阶段性状态中,按叶萌(Yeh 1993)的观点,它似乎应该是个体性的。

[2] 当然,每个动词的用例都非常少,无怪乎以往的研究者常认为它们不能加"没"。

[3] 这是匿名审稿人提出的。

[4] 匿名专家问:"省得""使得""值得"为什么不能跟"没"共现?笔者以为,这些词中的"得"内嵌很深,已无法突显,但究竟为什么,尚需从词汇化角度来去研究。限于篇幅,本文不便深谈,但初步考察表明,可能与它们在不同方言中的不同的词化程度有关。

[5] 该比例数的计算方法如下:首先在本文研究的 47 个动词中找出所有能够出现在反预期、反常态语境中的语料,涉及动词共计 37 个。其次将这 37 个动词以"还/并/从来+没有+V"的格式分别在 CCL 语料库中进行检索。经过语料的辨析,我们发现能够出现在该格式中的动词只有 14 个,所占比例约为 37.8%。

[6] 其中假设句主要涉及"不",此处不讨论。

[7] 动词重叠不能带结果补语、数量短语及其他时体标记,因此没有"结果允准"的情况。

[8] 李宇凤(2014)用"非现实性"来解释这种非典型否定现象。这对动词重叠可能有一定的道理。但从本文的研究看,一般动词是无所谓现实与非现实的,所以笔者认为,关键的不是非现实,而是反预期反常态。

参考文献

陈国华　2013　《语气、语式、态与宣意元素》,《当代语言学》第 1 期。

陈　莉　潘海华　2008　《现代汉语"不"和"没"的体貌选择》,《语法研究和探索》(第十四辑),上海辞书出版社。

陈振宇　2007　《时间系统的认知模型与运算》,学林出版社。

陈振宇　2009　《关于终结和非终结的区别》,《东方语言学》(第六辑),上海教育出版社。

陈振宇　李于虎　2013　《经历"过2"与可重复性》,《世界汉语教学》第 3 期。

戴耀晶　1991　《现代汉语表示持续体的"着"的语义分析》,《语言教学与研究》第 2 期。

戴耀晶　1997　《现代汉语时体系统研究》,浙江教育出版社。

甘于恩　1985　《试论现代汉语的肯定式与否定式》,《暨南学报》(哲学社会科学版)第 3 期。

何婷婷　2005　《"过"与"一般不能带'过'"动词的搭配》,《淮北煤炭师范学院学报》第 4 期。

贺　阳　1992　《试论汉语书面语的语气系统》,《中国人民大学学报》第 5 期。

胡建华　2007　《焦点、否定和辖域》,《中国语文》第 2 期。

华玉明　2010　《主观意愿和动词重叠及其语法行为》,《语文研究》第 4 期。

黄　乐　2009　《副词"不""没有"与动词搭配的不对称研究》,《湖州师范学院学报》第 4 期。

李红叶　陈振宇　2013　《对"副词＋VP/AP"结构的句法否定》,第二届汉语副词研究学术研讨会,重庆师范大学。

李思旭　2011　《"有界""无界"与补语"完"的有界化作用》,《汉语学习》第 5 期。

李宇凤　2014　《否定、疑问与动词重叠》,《语言研究集刊》(第十二辑),上海辞书出版社。

力量　解正明　2005　《单音动词"得"的语法化过程》,《汉语学习》第 6 期。

孟　琮　孟庆海　郑怀德　蔡文兰　1999　《汉语动词用法词典》,商务印书馆。

刘月华　潘文娱　故韡　2001　《实用现代汉语语法》,商务印书馆。

吕叔湘主编　1980　《现代汉语八百词》(增订版),商务印书馆。

聂仁发　2001　《否定词"不"与"没有"的语义特征及其时间意义》,《汉语学习》第 1 期。

彭利贞　2007　《现代汉语情态研究》,中国社会科学出版社。

齐沪扬　1984　《语气词与语气系统》,安徽教育出版社。

沈家煊　2001　《跟副词"还"有关的两个句式》,《中国语文》第 6 期。

石毓智　李讷　2000　《十五世纪前后的句法变化与现代汉语否定标记系统的形成——否定标记"没(有)"产生的句法背景及其语法化过程》,《语言研究》第 2 期。

孙也平　1978　《现代汉语否定词初探》,《齐齐哈尔师院学报》(哲学社会科学版)第 2 期。

唐　敏　2009　《副词"还"的"反预期"语用功能及"反预期"的义源追溯》,《江苏大学学报》(社会科学版)第 4 期。

尉万传　2007　《〈词汇化与语言演变〉述介》,《外语教学与研究》第 6 期。

吴　艳　2005　《"不"与"没"的比较研究》,《渝西学院学报》(社会科学版)第 2 期。

许建章　2004　《副词"不"和"没(有)"同谓词组合所受的条件制约》,《河南科技大学学报》(社会科学版)第 2 期。

杨素英　2000　《当代动貌理论与汉语》,《语法研究和探索》(九),商务印书馆。

张宝胜　2003　《副词"还"的主观性》,《语言科学》第 5 期。

张国宪　1995　《现代汉语的动态形容词》,《中国语文》第 3 期。

赵春利　石定栩　2011　《语气、情态与句子的功能类型》,《外语教学与研究》(外国语文双月刊)第 4 期。

朱德熙　1982　《语法讲义》,商务印书馆.

朱庆祥　2012　《论否定副词"没(有)"与"了₂"共现问题》,《语言科学》第 1 期。

Brinton　Traugott　2005　*Lexicalization and Language Change*, Cambridge: Cambridge University Press.

Lin, Jo-Wang(林若望)　2003　Aspectual selection and negation in Mandarin Chinese. *Linguistics* 41 (3): 425—459.

Smith C.　1991　*The Parameter of Aspect*. Dordrecht: Kluwer Academic Publishers.

Yeh, M.(叶萌)　1993　The Stative Situation and the Imperfective zhe in Mandarin, *Journal of Chinese Language Teacher's Association*, 28(1): 69—98.

李红叶: 15021060942@163.com;

陈振宇: chenzhenyu@fudan.edu.cn

原载《云南师范大学学报》(对外汉语教学与研究版)2015 年第 2 期,本书收录时略有改动。

汉语否定提升研究[*]

李双剑　陈振宇^{**}　范轶赟

提　要　汉语否定提升是语用性质的,用于主观辩驳与否定,而并非出于委婉的需要。在文章的调查中,北京、上海、广州和香港对否定提升的接受度和对语义一致性的认同度明显高于其他地区,也更加主动使用否定提升,这主要是受了英语的影响。

关键词　汉语　否定提升　否认与辩驳　语用动因　语言接触

1. 引言

"否定提升"(neg-raising, Lindholm 1969),又称"否定转移"(negative transportation, Fillmore 1963),在不同语系的众多语言里都可以观察到这一语言现象,如英语(Lakoff 1969):

(1) a. John thinks that Bill doesn't like Harriet.(约翰认为比尔不喜欢哈丽特)

　　* 本研究得到国家社科基金重点项目"现代汉语及方言中的否定问题研究"(批准号:12AYY001)、教育部人文社会科学规划基金项目"现代汉语句法与语义计算研究"(批准号:13YJA740005)及上海外国语大学校级重大项目"主要生源国学习者汉语学习与认知的多角度研究"(批准号:KX161076)的资助。本文曾在"第三届全国中文学科博士生论坛暨2014年广东省研究生学术论坛中国语言文学分论坛"(中山大学,2014年8月29日~9月1日)和"2014年语言的描写与解释国际学术研讨会"(复旦大学,2014年9月20~21日)上分别报告过,与会学者提出了宝贵的意见;《语言科学》编辑部和匿名审稿人也给出了十分中肯的修改意见,谨此一并致以诚挚的谢意!另外,先师戴耀晶教授生前对作者的研究进行了长期的指导,本文的发表也是对戴先生的纪念。文责自负。

　　** 通讯作者:chenzhenyu@fudan.edu.cn。

    b. John doesn't think that Bill likes Harriet.（约翰认为比尔不喜
      欢哈丽特）

（2）a. John claims that Bill doesn't like Harriet.（约翰声称比尔不喜
      欢哈丽特）

    b. John doesn't claim that Bill likes Harriet.（约翰并未声称比尔
      喜欢哈丽特）

例（1）a 和 b 中的否定词 not 无论是在从句中还是在主句上，二者的基本语义虽有差异，但不是很大，例（1）b 中的否定词 not 被分析为是从从句中提升到主句上的。但是例（2）a 和 b 两句的语义差别则十分明显。"否定提升"指的就是例（1）这样的情况。

　　但是，否定提升并不是所有语言都有的现象。例（1）那样的句子，在有的语言中，否定词只能或倾向于出现在从句中，所以该语言一般不存在否定提升现象；在另一些语言中，否定词出现在主句或从句中，并无明显的倾向，我们可称之为"自由提升"；还有一些语言，其否定词倾向于出现在主句中，可称之为"强制提升"。在后两类语言中，think 等主句动词被称为"否定提升词"，一般认为，正是这些动词的语义内容允准了否定提升，但这种观点并不能解释具体语言中的不同现象。

　　当代的研究者大都同意，否定提升是后起的语法现象，有一个产生发展的过程，包括强制提升的英语也是如此。根据菲舍尔（Fischer 1998）的调查，否定提升在古代英语中并不存在，出现时间大约是在中古英语到早期现代英语时期（1350—1710），并且大多数否定提升动词是与情态词一起出现的。到 20 世纪初，在维泽特利（Vizetelly 1910：67）中，已经发现"I don't believe I'll go."和"I don't think it will rain."这样的"语法错误"几乎已经是英语中普遍的用法，而一般不能说成"I believe I will not go."和"I think it will not rain."。这说明，此时否定提升在英语中发展得已经相当成熟，并具有了较大的强制性。

　　本文在回顾汉语否定提升研究的基础上，具体调查了汉语中的否定提升现象，并与英语等语言进行了一些对比。我们发现，动词的语义内容对否定提升有作用，但在汉语中，更为重要的是语用上的原因，即"否定性辩驳"；这使汉语的主句否定，与西方研究者所说的通常情况不同，它具有更强而不是更弱的语气。

2. 汉语否定提升研究回顾

从 20 世纪 80 年代朱万麟(1982)、熊学亮(1988)等开始,西方有关否定提升的研究成果开始大量引入国内,汉语学界也开始思考汉语中是否存在同类现象的问题。但迄今为止,就已发表的文献资料看,专门从事这一研究的学者尚不是很多,尤其是汉语否定提升的研究时间短、成果也并不多,甚至"否定提升"这个术语还没被广泛使用。经过近三十年的努力,语法学界大致形成了以下两个方面的研究成果。

2.1 对否定提升现象的词汇语义条件的考察

早期的研究者把否定提升现象的内在机制看得很简单,如叶斯伯森(Jespersen 1917:5)认为这是因为句子的否定词倾向于尽可能早地出现。保茨马(Poutsma 1928:105—106)则认为,not 的移动有软化句子否定的效果。不过他们都发现了一个重要的词汇语义基础,即判断动词(believe、suppose、think 等)对否定词 not 有强烈吸引的倾向。

霍恩在前人研究的基础上,考察了多种语言中的否定提升,做了相对全面的研究(Horn 1975、1978a、1978b、1984,[1989]2001:308—330、2014)。他重点讨论了否定提升词的问题,将其分为了以下五个小类,并认为这五类词具有跨语言的高度一致性:

(3) a. [见解]think, believe, suppose, imagine, expect, reckon

　　a′. [感觉]seem, appear, look like, sound like, feel like

　　b. [概率]be probable, be likely, figure to

　　c. [意愿]want, intend, choose, plan

　　c′. [该应]be supposed to, ought, should, be desirable, advise, suggest

他还提出了著名的(认识和道义情态)强度等级假设,并认为弱项或强项等级词都不允许否定提升,只有中项等级范围的词才可以导致否定提升。[1]

汉语中,较早的研究有吕叔湘(1986),他观察到:"否定的否定,结果是肯定,但是这个肯定不等于除去两个否定剩下来的东西";"但是也有两个否定恰好抵消的",如"不相信他不知道＝相信他知道"等。到沈家煊(1989),才正式将有关的汉语现象也归入否定提升,但仍有学者认为这并非汉语自然产生的现象,而仅仅是从外语翻译、仿造而来的。

沈家煊(1989,1999:133—145)主要借鉴了霍恩(Horn 1972、1978a)的研究成果,他也认为汉语中的弱项或强项等级词也都不允许否定提升,只有中项等级范围的词才可以否定提升[2]。他对能够进行否定移位的动词进行了归类:

(4) a. [表示见解]认为,以为,相信

　　b. [表示感觉]觉得,像,显得

　　c. [表示意愿]想,要,打算,希望,愿意,喜欢

　　d. [表示该应]应该,应当,该,主张,赞成

张爱民(1992)则从沈家煊(1989)提到的蕴含假设出发,把汉语的谓词做了进一步的细分,并主张允许否定提升的词的共性是不蕴含相关命题,所以一般只有第三类词才行。

英、汉语对比研究中发现了一些不一样的地方,如英语中表[概率]的be probable、be likely、figure to是否定提升词,但汉语中的"可能"并不是,"他不可能来"与"他可能不来"意思差别很大,与英语中的be probable或be likely相比,应该是语义强度较弱。证据之一是《英汉大词典(第2版)》(2007:1559)对probable的释义是"很可能发生的",与汉语的"很可能"这一短语基本同义。沈家煊(1989)也用"很可能"来对应英语中的概率类,并认为"他很可能不参加"与"他不很可能参加"基本同义[3]。但我们发现,实际上,汉语中的"可能"是情态等级中弱的一极,"很可能"则是情态等级中强的一极,它们都不允许否定提升;而英语中的be probable或be likely则是等级的中项,它实际上应译为汉语的"会",在汉语中"明天会不下雨吗?"与"明天不会下雨吗?"是基本同义的,有否定提升的可能。

近年,一些研究者发现英、汉语存在更大的不同之处。尹洪波(2012)发现,在光杆谓词前加修饰语会妨碍否定提升,即使是判断强度中等的谓词也同样无法进行提升,例如方式副词。他认为方式副词具有选择性的约束成分,必须约束事件变量,而根据语义靠近原则,方式副词在

语义上与动词十分紧密,所以"方式副词＋Neg＋VP"就违背了语义靠近原则。另外,范围副词与否定词同现时也禁止否定词提升,如总括副词"都""全""一概""一律""通通"等,限止副词"仅""仅仅""只""光""单""单单"等,如"都不、只不"与"不都、不只"意义差别很大。其中否定词与限止副词关系比较复杂,有时禁止否定词下降到限止副词之后,有时相反。陈振宇(2012)则进一步探讨了"量的否定"问题,例如:

(5) a. 我不怎么认为她勇敢——我不认为她怎么勇敢——我认为她不怎么勇敢

　　b. 我一点儿也不认为她勇敢——＊我一点儿也认为她不勇敢——我认为她一点儿也不勇敢

　　c. 我不＊很/＊非常/＊十分认为她勇敢——我不认为她很/非常/十分勇敢——我认为她不很/＊非常/＊十分勇敢

他认为例(5b)中的"一点儿也不"是一种构式,所以不能拆开,而例(5a)中的"不怎么"是一般短语,所以在否定提升中可以跨小句约束。更有意思的是,汉语最常见的程度副词"很""非常""十分"等,在否定提升中则有相反的限制。

陈认为,首先,"认为"动词无量性特征,而"很、非常、十分"等却要求所修饰的谓词或谓词短语必须有量性特征,所以它们不能在"认为"前;其次,"很"可以直接受"不"的修饰,但"非常、十分"等不可以,这是因为"很"用得多后"去主观化"了,而"非常、十分"等还保留有相当强的主观性。但很有意思的是,一旦把它们与否定词隔开,如中间那些"否定提升"的例句所示,则又允许了。

我们认为,上述汉语现象在西方语法学中很少予以考虑,这是因为在英语等语言中,think一类的词一般不加程度标记或总括、限制、方式修饰语等,而且即使加上,也和否定词不在一个句法轨层上:事件的方式修饰语很难与否定词共现,而程度、总括、限制都在"否定词＋动词"核心之外,不能受否定词直接约束。而汉语则存在所谓的否定词"浮动"(floating)现象,可以出现在上述修饰语的外围,从而带来新的更为复杂的情况。

2.2　对否定提升现象的语义语用条件的考察

巴奇(Bartsch 1973)最先从语义语用角度来分析,按其观点,依赖于语境的语用前提只有 x believes that p 和 x believes that not-p 两种选择，即 P(x, p) 和 P(x, -p)。现在否定了对 P(x, p) 的选择，那么就只剩下了一种选择即 P(x, -p)，巴奇(Bartsch)的语用推理可图示如下：

(6) a. P(x, p) ∨ P(x, -p)

　b. -P(x, p)

　c. P(x, -p)

陈振宇(2012)、范轶赟(2014)则进一步就汉语现象做了说明，认为下列情况将"阻碍"(blocking)否定提升：

A. 语境中不一定有 P(x, -p) 存在并与 P(x, p) 相对应。例如：

(7) 她不喜欢张三跳舞

她虽然不喜欢张三跳舞，但如果"张三不跳舞"，她就无所谓喜欢不喜欢了，则"她不喜欢张三跳舞"仅是讲她不喜欢的一面，而对"张三不跳舞"，她可能喜欢，可能不喜欢。可以用逻辑上的充分条件来说明这一点："她不喜欢张三跳舞"意为"如果张三跳舞，则她就不喜欢"，显然这推不出"如果张三不跳舞，她就喜欢他"。

在汉语中，时间对语句的影响，对否定提升有重要的阻碍作用。如尹洪波(2012)提到的例子(本文略有改动)：

(8) 我不曾认为他诚实——我曾认为他不诚实

加了"曾"以后左右句子意义就很不一样了，这是因为"曾 P(x, p)"仅仅是表示 P(x, p) 存在，但不关心 P(x, -p) 的存在，所以左边一句只是说没发生"认为他诚实"的事，但"认为他不诚实"的事是否发生并未说明。

这可以归纳为一条普遍性原则：主句动词"动态化"(即存在时间过程)，则为阻碍否定提升发生。如汉语中有两组重要的句子否定词"不"(可静态可动态但倾向于静态)和"没(有)、别"(动态)，一般只有前者可用于否定提升，而后者不行，如下面例(9b)、(9c)句左右意义就差别很大，左边只是说"派张三去、让我们帮你"他没想过，你也别想，但"不派张三去"究竟想过没有则并不清楚，而例(9c)，言者也并不是要求对方去想什么[4]：

(9) a. 他不想张三走——他想张三不走

　b. 他没想过派张三去——他想过不派张三去

c. 你别想让我们帮你——你想不让我们帮你/你想让我们不要帮你

但是,现代汉语中"没(有)"进一步语法化,已发展出一种主观否认用法[5],并不与动态时间有关,而仅仅是否定对方的观点,这时它就可以用于否定提升,如下例(10)a,一般人觉得判决执行难,而在这一特别地区由于法院的努力,言者实际上是觉得执行不难了;至于例(10)b,则是对医生问话的回应,与"(我觉得)没有哪里不舒服"意义相近,仅仅是语气不同。陈振宇(2012)认为,对这一类"没(有)"句,在否定提升中是需要研究的:

(10) a. 在你们这儿,我没觉着执行难,申请人拿回钱很容易。(摘自"鸡西区人民法院网")

b. 医生:您觉得哪里不舒服?

路人乙:我没觉着哪里不舒服。

B. 从句 p 不具有正反对立性,这又分为两种情况:

第一,在语境中,p 与−p 之间不是非此即彼的关系,而是存在中间状态,如小王喜欢她和小王不喜欢她之间,可能有的人认为存在中间状态,即小王既不是喜欢她,也不是不喜欢她,而是对她没有什么感觉,情绪中立或冷淡。这时,"他不认为小王喜欢她"推出的是"他认为小王可能不喜欢她",而不是"他认为小王不喜欢她"。"可能"就是指,可能是不喜欢,也可能仅仅是情绪中立而已。

第二,在语境中,不是 p 与−p 之间的对比,而是 p 与其他 q、r 等的对比,如"他不认为小王喜欢她——他认为她喜欢小王",或者"她不喜欢小王跳舞——她喜欢小王游泳",显然,此时不存在任何否定提升,不管主句动词是否为提升动词。

另外,研究者们还发现,并非所有的中项等级词都允许否定提升,尤其是存在跨语言的差异时,这对于霍恩(Horn)的理论构成了例外。例如,英语中的 hope 似不允许否定提升,但德语(hoffen)、丹麦语(håber)和荷兰语(hopen)中对应的词就可以。为了解决这些特殊情况,霍恩和拜尔(Horn & Bayer 1984)、霍恩(Horn [1989] 2001:337—361)借用了短路蕴涵(Short-Circuited Implicature,缩写为 SCI)这一术语。SCI 主要是为了解释间接言语行为,即基于习惯用法的表达。霍恩和拜尔(Horn &

Bayer 1984)、霍恩(Horn〔1989〕2001：337—361)将此原则运用于中项等级词,认为允许否定提升解读的词是短路隐含习惯用法,不允许否定提升解读的词不是短路隐含习惯用法,因为习惯用法因不同语言而异,这就可以解释哪些中项等级词是否定提升词、哪些中项等级词不是否定提升词存在着跨个人、方言和语言的变异性。

霍恩(Horn 1978a)认为否定提升导致减弱否定程度,与礼貌和"建议"的语用因素相关。礼貌原则被当作一个类型学上的普遍规律来描写,关于它,也有各种各样的解释,其中一个是:否定词离逻辑上被否定的成分越远,否定程度越弱(霍恩 Horn 1978a、1978b、〔1989〕2001：315)。

今天对于否定提升现象的研究主流,基本上都是从"词汇语义"和"语义语用"两个不同的方向有所侧重进行的。请注意,虽然双方都谈到"语义",但其含义各有侧重,前者关心的是词的语义内容,而后者更侧重于普遍的逻辑语义功能与语用含义等。

3. 对汉语否定提升的进一步调查与分析

3.1　调查及问题

肖和马恩瑞(Xiao & MaEnery 2008)对汉语否定问题做了基于语料库的研究,认为汉语中的否定提升极为少见,即使是表示观点和感官(如"认为""觉得""显得")的动词,一般也不会出现否定提升。他们的这个结论得到了方立(2002)的观察的证实,方立认为汉语中尽管存在此现象,但说汉语的人似乎更倾向用"我认为……不……"句式。

在英汉翻译方面,陆谷孙主编的《英汉大词典(第 2 版)》(2007：2032、2110)表明,适合否定提升的英语词译为汉语时,大都不能译为主句否定的汉语句子。例如:

(11) I suppose he won't come.(或 I don't suppose he will come.)(我想他不会来。)

(12) I don't think she loves him.(我认为她不爱他。)

例中的 suppose,在词典中被翻译为"猜想、料想、认为、以为",但例(11)翻译成汉语时,无论是 I suppose he won't will come 还是 I don't suppose he will come,为了符合汉语说话习惯,都被译为"我想他不会来"。也就是说,英语中无论是不是否定提升,其对应汉语的最地道说法基本上都是从句否定。

　　按照霍恩(Horn 1978a)的研究,表示见解类和意愿类的否定提升词在众多语言中是使用最多的两个小类。我们选择汉语中典型的否定提升词"认为"作为研究对象,对这个词的用法做了统计,并考察它的词汇化过程。在北京大学中国语言学研究中心(CCL)语料库老舍的作品部分中,"不认为"和"认为……不"即主句否定和从主否定的比例是1∶4,例句如下:

　　(13) 老实说,他从来没有想过冤有头,债有主,他根本<u>不认为</u>自己造<u>了什么孽,犯了什么罪</u>。(老舍《四世同堂》)——主句否定

　　(14) 打牌,他认为<u>不是什么正当的娱乐</u>;可是今天他不能不随和。(老舍《文博士》)——从句否定

根据尉春艳、何青霞(2013)的研究,"认为"连用最早出现在宋代,但最初是短语,明代是"认为"词汇化的萌芽期,意义表示的是对人或事物有某种看法、做出某种判断;清代词汇化程度较高,一直到现代汉语早期才彻底词汇化。"认为"连用时的词组义是"认(和没有关系的人建立某种关系;分辨、识别;承认)O_1 为(作为、做、当、担当)O_2";此后"认为"意义发生了隐喻引申,"承认是某种关系或事实"进一步引申就是"对人或事物有某种看法、做出某种判断",于是"认为"就逐渐由词组演变为词。这是"认为"在语义上由语义强度等级中的强项向中项降低,也就是情态意义的弱化,或者是从"半叙实词"演化为了"非叙实词"。(Kiparsky & Kiparsky 1970)

　　我们检索了清代小说《红楼梦》《儿女英雄传》和《三侠剑》,前两部小说中并没有出现表示见解义的"认为",《三侠剑》中虽然有不少,但是除1例否定词用于"认为"前外,其他有"认为"的否定句的否定词都是位于"认为"之后即从句否定,这1例在前的是:

　　(15) 这话什么意思,就因为李清泉九代曾祖就是十王李文忠啊,他拿出这种东西谁都<u>不认为奇怪</u>,就认为真是他们李家祖上传下来的。(清《三侠剑》)

为了进一步探究汉语否定提升现象的本质,范轶赟(2014)及本文作

者,以问卷形式对在中国汉语方言区说普通话的人进行了调研,并针对上海地区做了精细调查,分析了在方言区说普通话的人使用否定提升的情况。

先将前人所提出的可以进行否定提升的汉语谓词进行了归纳,包括以下这些:

表态度:相信/认为/以为/猜/喜欢₂/赞成₂/主张/肯定₂/确信₂/断定₂

表感受:觉得/显得/发觉/觉着/感觉

表意愿:想要/想/要/打算/希望/应该/像/愿意/渴望

调查者在国内七大方言区共采集 157 个来自全国各地的样本,其中北方方言区 40 个样本、吴语方言区 64 个样本、客家话 6 个样本、赣语 5 个样本、湘语 10 个样本、闽语 15 个样本、粤语 17 个样本,其中还包括 3 个双方言使用者。问卷则分为两部分:

第一部分:辨析。问卷包括 A/B 两组,A 组例句为从句否定,B 组例句为主句否定,让被调查者进行语义辨析,认为在语义(理解)上近似,则标识"+",不近似则标识"-",若在通顺度上有歧义,如例句 B 读起来拗口或不通顺,则标记为"?"。问卷例句如下:

(16)　　　　　A　　　　　　　　　　　　B

我相信你明天不会来　　　　　　　我不相信你明天会来

我认为周五不会是个好天气　　　　我不认为周五会是个好天气

我以为德国队在巴西不会有好表现　我不以为德国队在巴西会有好表现

我猜他明天不会来　　　　　　　　我没猜他明天会来[6]

我喜欢你明天不去发布会　　　　　我不喜欢你明天去发布会

我赞成我们周末不出门　　　　　　我不赞成我们周末出门

他主张小组会议不要放在周二　　　他不主张小组会议放在周二

我肯定她周三不会来上班　　　　　我不肯定她周三会来上班

我确信他这周末不会运动　　　　　我不确信他这周末会运动

我断定小马明天不来学校　　　　　我没法断定小马明天来学校[7]

我觉得明天不会下雨　　　　　　　我不觉得明天会下雨

他显得不担心这件事　　　　　　　他没显得担心这件事[8]

我发觉小王不高兴　　　　　　　　我没发觉小王高兴

我觉着他们俩不合适　　　　　　　我没觉着他们俩合适

我感觉他们俩不会分手　　　　我没感觉他们俩会分手
我想要你别乱说话　　　　　　我不想要你乱说话
我想你明天别去　　　　　　　我不想你明天去
我要你周末别去北京　　　　　我不要你周末去北京
我打算这个暑假不回家　　　　我不打算这个暑假回家
我希望你们别再吵下去　　　　我不希望你们再吵下去
你们应该不要掺合这事　　　　你们不应该掺合这事
他像是不会来了　　　　　　　他不像是会来了
我愿意不去就不去　　　　　　我不愿意去就不去
他渴望明天不是好天　　　　　他不渴望明天是好天

主句否定时，否定词用"没"还是用"不"，是根据 CCL 语料库中实际上用哪一个的比例更高来决定的。

第二部分：问答。让被调查者回答，在第一部分的内容中，B 组句式（即主句否定的句子）中哪些句子在日常生活中会被主动使用。

下面是全部样本的数据统计：

1）句法不合格（数据为 B 组"感到拗口"的样本数，样本总量为 157）。

表 1　句法合格性调查数据

例词	数量（个）	例词	数量（个）
打算	0	想	18
觉着	0	断定	24
认为	0	感觉	34
相信	0	肯定	41
赞成	0	显得	44
主张	0	愿意	45
喜欢	2	以为	51
应该	2	像	52
要	5	确信	56
希望	6	发觉	62
觉得	7	猜	96
想要	17	渴望	105

其中"打算、觉着、认为、相信、赞成、主张、喜欢、应该、要、希望、觉得"

等在主句否定时句子合格度最高,与之相反,"渴望、猜、发觉、确信、像、以为、愿意、显得、肯定"等都有大量样本表示语感不通顺。

2)主动使用(数据为"会主动使用否定提升句子"的样本数,样本总量为157)。

表 2　语用常用性调查数据

例词	数量(个)	例词	数量(个)
猜	0	觉得	33
肯定	0	愿意	40
确信	0	要	69
发觉	0	喜欢	77
像	0	希望	84
渴望	0	主张	101
以为	1	应该	103
显得	3	赞成	111
想要	5	觉着	116
想	9	认为	125
感觉	11	打算	133
断定	32	相信	138

其中"相信、打算、认为、觉着、赞成、应该、主张、喜欢、希望、要、愿意、觉得"等主动使用主句否定的可能性较高,与之相反,"猜、肯定、确信、发觉、像、渴望、以为、显得"等则很少主动使用。

比较上述两表,发现它们的重合度非常之高。

3)句法合格,语义上不改变(数据为"理解上一致"的样本数,样本总量为157)。

表 3　语义不变性调查数据

例词	数量(个)	例词	数量(个)
确信	3	想要	133
肯定	5	感觉	134
断定	5	要	143

续表

例词	数量(个)	例词	数量(个)
猜	6	赞成	144
喜欢	74	希望	144
显得	109	觉得	145
应该	119	觉着	147
渴望	119	想	147
以为	121	主张	151
发觉	125	相信	153
愿意	125	认为	154
像	132	打算	154

其中"打算、认为、相信、主张、想、觉着、觉得、希望、赞成、要、愿意、应该、喜欢"等,主句否定与从句否定理解一致的可能性很高,但是"像、发觉、以为、渴望、显得"等也很高,虽然它们被主动使用的可能性很小。只有"猜、断定、肯定、确信"等少数几个,大多数被调查者才认为主、从句否定是理解不一致的。

　　迄今为止的这一调查,给汉语否定提升研究提出了一个十分严峻的挑战,即表3与前面的两张表(表1、表2)存在极大的"不一致性",主要是指,既然表3中大量的词(如"打算、认为、相信……")用于主句否定和从句否定理解一致,那么为何这些词在表2中还会被主动用于主句否定。也就是说,如果表3正确,那么表2中"打算、认为、相信……"这些词被主动用于主句否定的可能性不应该太高。我们认为,这种"不一致"反映了一个此前被忽略的重大问题:第一种可能是,汉语母语者在语义的判断上不够准确明晰,所以表3的数据可疑;第二种可能是,如果表3的数据是正确的,那就说明汉语否定提升现象有其特殊的一面。我们考察后发现:

　　1) 表3中词的语义分布与霍恩(Horn)和沈家煊讲的大致是一样的。虽然"肯定、确信、断定"被排除在否定提升词之外,但这是因为这3个词具有多义性,一为对过去以及既定事实的判断,二为对未来即将发生事件的积极猜测。我们认为,在前人调查和现时调查的时间差之间,"肯定、确信、断定"的第二种意思可能逐渐掉落,或者更多地在书本中出现,而"肯定、确信、断定"的第一种意义判断强度过高,所以不允许否定提升。与之对比,当代汉语中的"会"的认识情态意义仍为"对即将发生事件的积极猜测",故其判断猜测义较为中性,可以允许否定提升。

2) 表3中词的语义分布与前面两表的句法与语用分布并不一致,说明在汉语否定提升中,起关键作用的并非词汇语义,它仅起"允准"作用,而真正导致语法化的是另一个因素,是"语用机制"。

3.2 本文的解释

霍恩(Horn 1978a)提出否定提升导致减弱否定程度,与礼貌和"建议"的语用因素相关以后,大多数的研究者都承认这一点。沈家煊(1988)曾举汉语的例子加以说明:

(17) a. 我觉得我当时发现没有人在仓库里。

b. 我觉得我当时没发现有人在仓库里。

c. 我不觉得我当时发现有人在仓库里。

他认为,否定强度是 a>b>c(">"表示强于),也就是"说话人对一个命题的否定判断越是没有把握,就越倾向于把否定词移到较远的位置"。我们的调查则得出与沈先生不同的结论,除了个别在语法上向英语靠拢痕迹太过明显的人之外,大多数被调查者认为,否定强度数 c 最大,因为它只用于否定辩驳的语境。

本文的结论是,如果排除外语(主要是英语)的影响,汉语母语者之所以会在主句上使用否定词的根本原因,是基于语用的,即当强烈否认预先存在的一个预期性的认识时,使用主句否定来加强语句的辩驳语气。这一否认针对的对象可以是对方或他人的观念,也可以是某种外在的事理立场或正常状态。

下面来看具体的例句:例(13)之所以用主句否定,是因为这种事通常被认为是犯罪,但"他"却根本不这样认为,而且此时有语气副词如"根本"等一类修饰语,所以才在"认为"上加否定词的。与例(13)不同,例(14)直接讲"他"对打牌的看法,并无什么预期,故不用主句否定。例(15)这句话也很特殊,它是在告诉我们,通常人们是应该会认为奇怪的,至少会有人认为奇怪的,但真实的情况与这一预期不符,"都不认为奇怪",所以使用主句否定。

　　我们对汉语若干有可能产生否定提升现象的词语的调查,更反映了这一规律。在表3中,除前面4个外,它们都应该归于"中项等级范围的词"。但语义相似的动词,语用表现却很不同。其中最突出的,是表示主体的认识的词语,有"发觉、觉得、觉着、感觉",以及"认为、以为",还有"想[以为义]、相信、猜"等,但容易主动使用否定提升形式的,只有"觉着、认为、相信",还可以加上一个"觉得",而其他的可能性都很低。"认为"前已述,这里让我们看看"觉着、相信"的例子:

(18) a. 是否物有所值,感到莫大幸福? 我好奇地问过。孩子们撇嘴说,不,没觉着谁爱我们。我大惊,循循善诱道,你看,妈妈工作那么忙,……(1998年《人民日报》)

　　 b. 原本我真没觉着"语录歌"这东西有多伟大,请教专家,是作曲家和音乐史学者告诉我:"可别小看那玩意儿,空前绝后。"(《读书》第152卷)

　　 c. 他的身子一半在水里一半在岸上。除了手腕痛得揪心,别的地方倒没觉着怎么样。(《读者(合订本)》)

　　 d. 这是……以来国家队最好的成绩。回来能有个交代了。可大伙儿没觉着痛快。冠军是沙特,沙特原来跟我们踢一场输一场,这回是冠军,回来总结,大伙儿心里就是这么一种矛盾状态。(《读者(合订本)》)

　　上述例句表明,"没觉着"几乎成了"反预期"或"反常理"的标记,或者用于对比。

(19) a. 墨子认为,"儒之道,足以丧天下者四焉":(1)儒者不相信天鬼存在,"天鬼不悦"。(2)儒者坚持厚葬,父母死后实行三年之丧,因此把人民的财富和精力都浪费了。(《当代》CWAC\APB0050,据CCL语料库标引,下同)

　　 b. 儒家强调丧礼和祭礼,可是并不相信鬼神存在,同样也好像是矛盾的。墨家在谈到儒家的时候,自己也十分分明快地指出过这种矛盾。(《当代》CWAC\APB0050)

　　 c. 他对我有一个帮助,那时候我不相信我二十岁还能上学,他说你上吧,完全可以,一边儿上啊,就,哦,上上二年级时候儿

啊,……(《1982 年北京话调查资料》)

　　d. 然而,狡猾的毒贩已然心有戒备,<u>他们不相信那辆跟踪的车真的放弃了</u>,一辆车放弃了,会不会还有第二辆?(胡玥、李宪辉《女记者与大毒枭刘招华面对面》)

　　例(19a)是从墨家看儒家,所以儒家是出乎意料者。其他例句或有表示反预期性质的"并、真的"等,或与常理不一致。

　　另一组突出的例子,是有"实现意愿"的词语中,"打算、赞成、主张、喜欢、要、希望"等都容易使用主句否定,只有"想〔意愿〕、想要、渴望、愿意"等几个使用的可能性较小。这些词语都反映了主体(主语)的某种主观意愿。我们发现,当它们采用主句否定时,也是用于主观辩驳与否定的语气中:

　　(20) a. 所以,这东西写得不那么正规和严谨,请不要把它当成任何形式的正式培训材料或官方意见。要是有人这么做了,就好像有书生读了聊斋后打算遇着个美貌狐仙一样,<u>柳泉居士或者我是不打算对此负责的</u>。(《当代》CWAC\CAB0120)

　　　　b. 每一个人……既<u>不打算促进公共的利益</u>,也不知道自己是在什么程度上促进那种利益……他所盘算的也只是他自己的利益。(《当代》CWAC\CET0149)

　　　　c. 我们<u>并不赞成与社会利益、社会秩序背道而驰,为所欲为</u>。(《当代》CWAC\AEM0016)

　　　　d. 学者们认识到,心理语言学研究不能局限于验证某一语法模式是否正确,而应建立自己的独立体系,于是出现了第三代心理语言学家。<u>他们不赞成对言语过程做抽象的分析</u>,而强调在语言环境中进行实验,借以探测思维和交际的过程。(《当代》CWAC\ALE0037)

　　　　e. 其实,记者们也何尝不在自己的新闻报道中冒出一些英汉夹杂的东西。我们在《广州日报》里就常常见到<u>有些记者不喜欢用汉语现成的"对"而爱用英语的 versus,以"vs"来表示</u>;<u>不喜欢说"不",而爱用英语的 NO</u>。(《当代》CWAC\ALJ0042)

　　　　f. 汉语在吸收外来成分的时候<u>不喜欢借音</u>,喜欢用自己的语素

来构词。在这一点上,汉语和英语、日语等有很大不同,而接近于德语。(《当代》CWAC\ALT0049)

至于那些不大使用主句否定的词语,也分为两种情况,一是该词语本身一般不能否定,如"不渴望、没渴望、不想要"都不大通;二是可以使用主句否定,只不过很少用,在程度上较低罢了,而一旦使用,也符合反预期的语用原则。例如:

(21) a. 个别学校都不愿意招生,居然每两年就招一届六七个孩子。(《当代》CWAC\AEJ0009)

　　 b. 当前,在部分青少年学生中滋长着一种好逸恶劳的不良风气:……在职业选择上,追求实惠,缺乏艰苦创业精神,特别是不愿意做体力劳动者。(《当代》CWAC\AEM0016)

　　 c. 他们并不想掩饰他们背离社会规范的行为,而违规者则努力避开公众的注意。(《当代》CWAC\AEJ0007)

　　 d. 可是道家也不是普通的隐者,只图"避世"而"欲洁其身",不想在理论上为自己的退隐行为辩护。道家是这样的人,他们退隐了,还要提出一个思想体系,赋予他们的行为以意义。(《当代》CWAC\APB0050)

最后,这一语用性条件,也有力地说明了陈振宇(2012)发现的与量有关的现象,即这些表量成分本身,都具有很大的主观性,因此适用于否认辩驳语气,少数是强化否定(如"一点儿也/都不");大多数则用于弱化否定(如"不怎么、不很、不……十分"),能使否认辩驳显得稍微礼貌一些,这正说明否认辩驳本身是强语气。为什么汉语主句否定时有一些量化现象,而英语中罕见,正是因为二者的根源机制不同。

在英语中"I don't think he has come"可以有两种意思,一种是"I think he has not come",另一种理解是"It is not the case that I think he has come"(R. Lakoff 1969)。实际上,汉语当中也是如此。但我们的调查发现,汉语有标记与无标记的关系与英语正好相反,例如,"我不认为他已经来了"更常见的一种意思是对"我认为他已经来了"的否定,用于反驳、否认;而用来表达"我认为他还没来"的委婉性命题意义反而罕见。由于英语已经是委婉性的语用功能,故不再使用量化否定来表示礼貌。

3.3 英语对汉语的影响

我们在 3.2 节所做的解释是暂时排除外语(主要是英语)的影响,但是统计数据显示,对于汉语否定提升的研究,必须考虑语言接触因素。以下我们具体分析。

我们的调查数据表明,各地方言对于否定提升现象的影响并不太强,总体而言北方方言比南方方言更少接受否定提升。但也不尽然,北京、上海、广州和香港对于否定提升的接受度最高,在上文指出的"相信、认为、赞成、主张、打算、应该"中,这四个地区对于语义一致性全部给到了超过98%的认同,也更加主动地使用否定提升,尤其是香港人,对于语义一致性的认同达到了 100%。

在所有受调查的 154 人中,年龄分布大约为:18~35 岁为 79 人,36~60 岁为 63 人,61~80 岁为 12 人。在 18~35 岁年龄段,其受教育程度普遍为本科到研究生;36~60 岁为中专到大专;61 岁以上则参差不齐,但普遍没有超过高中文化水平。统计数据显示,在 18~35 岁年龄段的受调查者对于否定提升的接受度要远远高于 36~60 岁的受调查者,而 61~80 岁的受调查者很少能接受否定提升。

我们认为,原因之一为普通话因素。18~35 岁的年轻人是 80 后、90 后,他们在校学习期间几乎都接受了普通话教育,除了家人、亲人之外,他们的日常交流基本都是普通话,受普通话的影响十分强烈,所以对于语法上的变化认识相对统一,受方言影响也就大为降低。

其二则是因为 18~35 岁年龄段的受调查者的英语水平较高,在所收集的该年龄段样本中,绝大多数都已通过大学英语六级考试,语法上向英语靠拢痕迹较为明显。我们从上海地区的 50 个样本的职业分析中可以明显看出来。本次调查所采集的上海地区的 50 个样本,调查方式为面对面,与其他城市的网络调查不同,故此 50 个样本的精准度很高。其中有一名高中英语老师,其对于汉语否定提升的接受度高于上海的平均水平。上海的 50 个样本中,36~60 岁在金融、进出口行业工作或在外企工作的受调查者,对于否定提升的接受度也相对较高,超出同年龄段水平。

香港的情况更为典型。众所周知,香港在 1997 年回归祖国之前被英国殖民统治达 150 多年,这期间香港的官方语言一直是英语。从口语来说,香港地区处于主导地位的是粤语(邵敬敏、石定栩 2006)。根据苏金智(1997)的看法,在香港地区,"就使用频率而言,实际上正式场合是英语第一,粤语第二,普通话第三;非正式场合是粤语第一,英语第二,普通话第三"。这就是我们经常说的"两文三语":"两文"指书面语,即中文和英文;"三语"指口语,即英语、普通话和粤语。香港人说的普通话可称为"港式普通话",汉语书面语则是"港式中文"。从语言接触的角度看,无论是港式普通话还是港式中文,在语音、词汇和语法方面都受到了英语、粤语甚至文言的巨大影响(此类研究成果很多,例如:苏金智 1997,曾子凡 2000,石定栩、苏金智、朱志瑜 2001,石定栩、王灿龙、朱志瑜 2002,邵敬敏、石定栩 2006,等等)。邵敬敏、石定栩(2006)总结的是:影响港式中文的因素中,"标准中文是最根本的影响;粤语是全面的影响;英语是深刻的影响;文言是局部的影响"。

我们认为,港式普通话中的否定提升受到了英语的深刻影响,可能是英语用法直接借入港式普通话的结果。所以本次调查中香港人对于"相信、认为、赞成、主张、打算、应该"等词的语义一致性认同达到了 100%,高于北京、上海和广州三地,也更加主动使用否定提升。在港式普通话中,"我不认为"之类的用法已经成为日常用语,不再具有汉语的一般意义。根据我们的统计和分析,北京、上海、广州和香港四地的否定提升问题都需要考虑语言接触的影响,具体而言就是英语对汉语的影响。北京、上海和广州是一线城市,经济极为发达,国际交流频繁,"80 后"和"90 后"大多受过高等教育,他们的英语水平普遍较高,而香港则是双语制。这些都为英语影响汉语提供了条件和基础。

对比北京、上海、广州和香港与其他地区的统计结果,以及上面对这四个地区特点的分析,我们认为这四个地区的否定提升特点应该是受英语否定提升的影响而形成的,是英语语义迁移的结果。具体来说,就是由于英语和汉语之间的长期接触,英语的否定提升语义结构进入了汉语的否定提升中,汉语的否定提升获得了英语的否定提升所表达的语义关系。这就可以解释上面我们提到的一个一个观察结果:北京、上海、广州和香港对于否定提升的接受度最高,对于语义一致性的认同度最高,也更加主动地使用否定提升。

在汉语否定提升方面,英语对汉语的影响大致形成了一个连续统:香港＞北上广＞其他地区("＞"表示"英语对汉语的影响度强于")。也就是说在英语对汉语的影响上,香港强于北京、上海和广州,这四个地区又都强于其他地区。当然,这个连续统仅仅是针对我们所调查的地区而言,所调查地区之外的情形还需要进一步考察。

4. 结语

本文在梳理前人时贤对否定提升研究的基础上,以问卷形式对汉语否定提升现象进行了调研,我们的结论是:汉语的确有本土自发产生的主句否定倾向,但它的语用功能是为了强化否认辩驳语气,而不是出于礼貌。因此,汉语中常用的否定提升动词有自己的特点,主要使用的是"打算、觉着、认为、相信、赞成、主张、喜欢、应该、要、希望、觉得"等。由于受英语的影响,在我们所调查的范围内,北京、上海、广州和香港对于否定提升的接受度最高,对于语义一致性的认同度最高,也更加主动地使用否定提升。

关于否定提升还有诸多问题亟待解决,例如,汉语否定提升的产生机制,每个否定提升词的句法语义演变,其情态语义的演变,及在此基础上需要加强各种语言中否定提升问题的比较研究。此外,否定提升受语言接触因素的影响,也需要进一步深入研究。

附 注

[1] 有关观点详见沈家煊(1989、1999:133—145)的介绍。

[2] 据我们的观察,"计划"好像也是意态词语,但沈家煊并没有把"计划"一词包括进去,例如:"据了解,由于上海动物园暂时没有合适的空间容纳这只奇怪的动物,因此园方暂不计划将它带回做进一步研究。"(CCL 语料库)

[3] 事实上,"不很可能"不经常说,CCL 语料库仅有个别例子,而更经常用到的是"不太可能"。

[4]《语言科学》匿名审稿专家也提出"不"与"没(有)"的区别,认为"我没有认为他是天才",仅仅是说"我认为他是天才"这件事没有发生,而与"我认为他不是天才"

是否发生毫不相干。谨致谢意。

[5] 北方方言中,这种用法一般用单音节"没",而不用双音节"没有"。当然不同方言的情况仍有所不同。

[6] "没猜"是动态的事件,"不猜"则带有意愿意义,相当于"不愿意猜"。由于后者具有未来意义,所以更不适于调查。这里用"没猜"仅仅是为了对比。

[7] 在叙事时一般没有"不断定"的用法,"没断定"也很少见,所以这里用了一个权宜的"没法断定"。

[8] 下面的"没显得、没发觉、没觉着、没感觉"之所以用"没",一是因为这些动词一般不与"不"搭配,二是这里的"没"很可能是主观否认用法。

参考文献

陈振宇 2012 论否定范畴与汉语否定范畴(闭幕式总结发言),2012 年语言的描写与解释学术研讨会,复旦大学。

范轶赟 2014 《也论汉语中的"否定转移"》,复旦大学学士学位论文。

方 立 2002 《"I don't think …"和"I think … not …"的句式分析》,《外语教学与研究》第 6 期。

陆谷孙主编 2007 《英汉大词典(第 2 版)》,上海译文出版社。

吕叔湘 1986 《关于否定的否定》,《中国语文》第 1 期。

邵敬敏 石定栩 2006 《"港式中文"与语言变体》,《华东师范大学学报》(哲学社会科学版)第 2 期。

沈家煊 1989 《"判断语词"的语义强度》,《中国语文》第 1 期。

沈家煊 1999 《不对称和标记论》,江西教育出版社。

石定栩 苏金智 朱志瑜 2001 《香港书面语的句法特点》,《中国语文》第 6 期。

石定栩 王灿龙 朱志瑜 2002 《香港书面汉语句法变异:粤语的移用、文言的保留及其他》,《语言文字应用》第 3 期。

苏金智 1997 《英语对香港语言使用的影响》,《中国语文》第 3 期。

尉春艳 何青霞 2013 《"认为"的词汇化过程探析》,《河北民族师范学院学报》第 3 期。

熊学亮 1988 《试论英语中的否定转移》,《现代外语》第 4 期。

尹洪波 2012 否定词移动的句法语义后果,2012 年语言的描写与解释学术研讨会,复旦大学。

曾子凡 2000 《"港式普通话"剖析》,《方言》第 3 期。

张爱民 1992 《单一否定词移位问题探讨》,《徐州师范学院学报》(哲学社会科学版)第 4 期。

朱万麟 1982 《英语否定转移的研究》,《现代外语》第 1 期。

Bartsch, R. 1973 "Negative transportation" gibt es nicht, *Linguistische Berichte* 27: 1—7.

Fillmore, J. 1963 The position of embedding transformations in a grammar, *Word* 19: 208—231.

Fischer, O. 1998 On Negative Raising in the history of English. In Ingrid Tieken-Boon van Ostade, Gunnel Tottie, and Wim van der Wurff (eds.), *Negation in the History of English*, 55—100. Berlin: Walter de Gruyter.

Horn, Laurence R. 1972 *On the Semantic Properties of Logical Operators in English*, Ph. D. Dissertation, University of California, Los Angeles.

Horn, Laurence R. 1975 Neg-raising predicates: towards an explanation, In Robin E. Grossman, L. James San, and Timothy J. Vance(eds.), *Papers from the Eleventh Regional Meeting of the Chicago Linguistic Society*, 279—294. Chicago: University of Chicago, Chicago Linguistic Society.

Horn, Laurence R. 1978a Remarks on neg-raising. In Peter Cole (ed.), *Syntax and Semantics*, Vol. 9: *Pragmatics*, 129—220. New York: Academic Press.

Horn, Laurence R. 1978b Some aspects of negation. In J. Greeberg (ed.), *Universals of Human Languages*, Vol. 4: *Syntax*, 127—210. Stanford: Stanford University Press.

Horn, Laurence R. & Samuel Bayer. 1984 Short-circuited implicature: a negative contribution, *Linguistics and Philosophy* 7: 397—414.

Horn, Laurence R. [1898]2001 *A Natural History of Negation*. Chicago: University of Chicago Press.

Horn, Laurence R. 2014 Classical NEG Raising: The First 900 Years [Foreword]. In Collins, C. & Postal, P. M., Classical NEG Raising: An Essay on the Syntax of Negation, ix—xvii. Cambridge: The MIT Press.

Jespersen O. 1917 *Negation in English and Other Languages*. Copenhagen: A. F. Høst.

Kiparsky, P. & Kiparsky, C. 1970 Fact. In M. Bierwisch and K.E. Heidolph (eds.), *Progress in Linguistics*, 143—173. The Hague: Mouton.

Lindholm, J. M.　1969　Negative-raising and sentence pronominalization. In Robert I. Binnick, Alice Davison and Georgia M. Green, et al.(eds.) *Papers from the Fifth Regional Meeting of the Chicago Linguistic Society*, 148—158. Chicago: University of Chicago, Chicago Linguistic Society.

Lakoff, R.　1969　A syntactic Argument for Negative Transportation. In Robert I. Binnick, Alice Davison and Georgia M. Green, et al.(eds.) *Papers from the Fifth Regional Meeting of the Chicago Linguistic Society*, 140—147. Chicago: University of Chicago, Chicago Linguistic Society.

Poutsma, H.　1928　*A Grammar of Late Modern English*. Groningen: P. Noordhoff.

Richard Xiao & Tony MaEnery　2008　Negation in Chinese: a corpus-based study, *Journal of Chinese Linguistics* 36 (2): 274—321.

Vizetelly, H.　1910　*A Desk-Book of Errors in English*. New York: Funk & Wagnalls.

李双剑：kunhaolee@126.com；

陈振宇：chenzhenyu@fudan.edu.cn；

范轶赟：10300110023@fudan.edu.cn。

原载《语言科学》2017 第 3 期，本书收录时略有改动。

汉语否定词移动的句法语义效应及其解释[*]

尹洪波

提　要　现代汉语否定词移动所带来的句法、语义后果主要有三：a.句法合格，语义不变；b.句法合格，语义改变；c.句法不合格。通过对上述三种情况的细致考察，本文得出以下结论：a.否定词的移动大都会导致句法、语义的变化，能够自由移动（句法合格、语义不变）的情况十分有限；b."质否定"结构（即 NegVP）通常不会引起辖域歧义，而"量否定"结构（即 NegXVP）则反之。c.否定词内嵌越深，移动阻力越大。按照否定词移动阻力的大小，我们似乎可以建立如下几个等级（符号">"表示大于）：A.成分>子句>母句；B.量否定>质否定；C.孤岛>非孤岛。

关键词　否定词　移动　句法　语义

0. 引言

　　从语言类型学的角度看，人类语言用以表达否定意义的语法手段主要有二：一是形态（morphological）手段，也叫综合性（synthetic）手段，例如土耳其语，对动词否定的标准形式是在动词词干上加后缀-me 或-ma；二是句法（syntactical）手段，也叫分析性（analytic）手段[1]。例如英语用否定词（negator）not 或 no，汉语用"不、没（有）或别"。在一个句法结构

　　*　本研究得到国家社科基金一般项目（编号：15BYY132）和北京外国语大学基本科研业务费的资助。本文曾在"语言的描写与解释学术研讨会"（2012 年 12 月 22～23 日，复旦大学，上海）、"第七届现代汉语语法国际研讨会"（2013 年 12 月 20～24 日，南洋理工大学，新加坡）等大会上宣读，感谢与会专家张谊生、陈振宇以及匿名审稿专家等提出的宝贵建议，文中疏漏皆归笔者。

中，否定词位置的改变通常会涉及否定的范围（scope）、预设（presupposition）、焦点（focus）、量化（quantification）等问题。否定词在句子中的位置问题有趣而复杂。在有些结构中，否定词的移动对句法、语义似乎没有什么影响。例如：

(1) a. I don't think she is brave.

　　 b. I think she is not brave.

生成语法把例(1b)到例(1a)这种现象叫作否定词提升（neg-raising），本文把这种现象朴素地称作否定词的移动。汉语里也存在否定词的移动现象。例如：

(2) a. 我不认为她勇敢。

　　 b. 我认为她不勇敢。

沈家煊(1989)和张爱民(1992)对这类单一否定词移位做了深刻的讨论，前者运用语义"强度等级"（strength scale）理论，归纳了适用于否定词移位的条件及支配原则。但是，在例(1)和例(2)这类例子中，否定词否定的谓词都是光杆的，属于"质的否定"（戴耀晶 2000：49—56）。沈家煊(1989)和张爱民(1992)对否定词否定非光杆谓词的情况——即"量的否定"（戴耀晶 2000：49—56）——没有讨论。本文试图在两位先生的基础上，把"量的否定"也纳入考察范围，探讨否定词移动所带来的句法、语义后果，并尝试做出解释。否定词移动所带来的句法、语义后果主要有三：a.句法上合格，且语义基本不变；b.句法上合格，但语义改变；c.句法上不合格。下面依次讨论之。

1. 句法合格且语义基本不变

上文例(1)、例(2)中的否定词移动，对句法、语义都没有产生什么影响，为什么呢？这得从它们母句的"think、认为"这类判断语词的判断强度说起。先看下面 A、B、C 三类判断词：

A	B	C
{可能/能/会—认为/觉得/显得—肯定/知道/承认}		
[弱项]	[中项]	[强项]

显然，A、B、C 在判断强度上构成由弱到强的等级，"认为"类在判断

强度上处于中间状态。如果分别对 A、B、C 予以否定,会得到一个在判断强度上由强到弱的等级,但是"认为"类词语的判断强度仍然处于中项位置。霍恩(Horn 1978)和沈家煊(1989)认为这类句子中的否定词之所以能够移位,是因为"认为"在情态强度上处于中项,弱项 A 组和强项 B 组的词语都不适合移位。例如:

（3）a. 不可能他在家。

　　　b. ！可能他不在家。（符号"！"表示语义发生变化,下同）

（4）a. 不知道他在家。

　　　b. ！知道他不在家。

（5）a. 不认为他在家。

　　　b. 认为他不在家。

显然例(3)、例(4)的 a 和 b 意思很不一样。那么我们想进一步追问:为什么只有判断强度处于中项的词语才允许否定词移位呢? 实质上,这与句子的预设、衍推有关。由例(3a)可以衍推出"他不在家",由例(3b)不能衍推出"他不在家";例(4a)能衍推出"他在家",例(4b)能衍推出"他不在家";可是例(5a)和例(5b)都不能衍推出"他在家"或者"他不在家",即二者对命题"他在家"或者"他不在家"而言,都是中性的。这就是表示情态(modality)或者意态(modulation)的词语,只有在语义强度等级上处于中间状态的才适用于否定词移位的原因。

综合沈家煊(1989)和张爱民(1992)的研究成果,可以看出:这类移动对母句的动词有较为严格的选择限制,能够满足这类移动的动词数量十分有限,主要是一些表示心理活动的动词,即"认为、以为、相信、觉得、想、要、打算、希望、愿意、喜欢、赞成、主张",还有几个表示义务情态(deontic modality)的词"该、应该、应当",以及表示认识情态(epistemic modality)的词"像、显得"。

是不是只要是判断强度处于中项位置的词语都允许否定词自由移动呢? 如果真的如此,那将消除语言学家的好多烦恼! 遗憾的是,自然语言远非如此简单。上面这些否定词移动的例子都是最简单的标准结构:Neg＋光杆谓词。如果我们在光杆谓词之前添加修饰成分,情况马上就复杂起来。例如:

(6) a. 我不怎么认为她勇敢。

　　b. ＊我怎么认为她不勇敢。

(7) a. ＊我不曾经认为他诚实。

　　b. 我曾经认为他不诚实。

(8) a. 不可能知道他在家。

　　b.！可能知道他不在家。

例(6a)和例(7a)，否定词移动后都变得不合格；例(8a)和例(8b)则语义变得大为不同。可见，如果不是"Neg＋光杆谓词"标准结构，判断强度处于中项位置的词语也未必都允许否定词自由移动。实际上，否定词移动后，能保持句法合格、语义不变的情况并不多见，大多数都会导致句法、语义的变化，这也是下面要重点讨论的。

2. 句法合格但语义有改变

　　一个句法结构，否定词位置改变后，句法上仍然合格，但是语义会发生很大改变，这种情况大量存在，而且异常复杂。本文主要梳理出以下几种情况：

2.1　含有弱项和强项判断词语的结构

　　前面已经说过，表示判断的词语，只有判断强度处于中项的才适用于否定词移位，弱项和强项词语都不适用。例如，在"可能—觉得—后悔"这个判断等级中，弱项的"可能"和强项的"后悔"都不适用于否定词移动：

(9) a. 北京房价不可能降低。

　　b.！北京房价可能不降低。

(10) a. 她没后悔报考公务员。

　　b.！她后悔没报考公务员。

　　例(9)中的弱项词语"可能"，其肯定式和否定式所蕴含的命题真值是不一样的。比如"北京房价可能下降"和"房价不可能下降"，前者衍推不出"北京房价下降"，后者则不能够衍推出"北京房价下降"。像例(10)中的"后悔"这类词，就是所谓的叙实词（factives），即：其肯定式和否定式所带的补语小句所表达的命题都为真的词。例如，"她后悔报考公务员"和"她没后悔报考公务员"都可以衍推出"她报考过公务员"这一命题为真。

这也是可以从例(10a)衍推出来的,而从例(10b)衍推出的是"她没报考公务员"。因此例(10a)和例(10b)意思差别很大。常见的叙实词还有"知道、奇怪、忘记、难过、悔恨、责怪、笑话、讥笑、讽刺、埋怨、震惊、讨厌、惊异",等等。

　　强项词语中除了"后悔"类"叙实词"外,还有一类所谓的"半叙实词",也不允许否定词自由移动。所谓"半叙实词"是指只有其肯定式所带的补语小句所表达的命题都为真的词语。例如:

　　(11) a. 莫言承认[生活不幸福]。

　　　　　b. 莫言不承认[生活不幸福]。

　　例(11a)可以衍推出命题"莫言生活不幸福"为真,但是例(11b)则不能衍推出"莫言生活不幸福"为真。正因为如此,如果我们把例(12a)的"不"从子句移动到主句得出例(12b),则意义发生了明显的变化:

　　(12) a. 莫言承认[生活不幸福]。

　　　　　b.！莫言不承认[生活幸福]。

　　除了"承认"外,常见的"半叙实词"还有"说明、查明、证明、证实、发现、看见、听见、肯定、断定、相信"等。

　　总之,在判断等级上不管是弱项词语还是强项词语,也不管是"叙实词"还是"半叙实词",它们即使是在"质否定"的前提下,否定词的移动也会导致语义改变,改变的根源在于它们的肯定式和否定式所蕴涵的命题真值存在差异。

2.2　孤岛(island)结构

看下面的例子:

　　(13) a. 她喜欢[$_{NP}$一个[没买房子]的人]]。

　　　　　b.！她没喜欢[$_{NP}$一个[买房子]的人]]。

　　(14) a. 她讨厌[$_{NP}$那个[不讲卫生]的男人]]。

　　　　　b.！她不讨厌[$_{NP}$那个[讲卫生]的男人]]。

　　虽然例(13a)和例(14a)都含有否定词,但都不是否定句,因为它们的否定词都不是对整个句子谓语的否定,而是被包裹在句子成分之中。二者的否定词都位于充当句子宾语的 NP 之内,更具体点说,否定词都位于修饰宾语中心语的关系小句(定语从句)之中。例(13a)和例(14a)的否定词移动后,语义都发生了变化。

上面举的是宾语的关系小句中的否定词不准移出的例子。同样,主语的关系小句中的否定词也不准移出。例如:

(15) a. [_{NP}[_{IP}不买房子]的男人]喜欢这种女孩。

　　　b.!　[_{NP}[_{IP}买房子]的男人]不喜欢这种女孩。

这类带有关系小句的复杂的名词短语,在生成语法中叫作孤岛。孤岛里面的东西只能在内部移动,禁止移出。所以,例(15a)中,NP 里面的否定词移出后,整个结构的语义发生变化。上面几例中,a 和 b 的意义差别是很明显的,在此不赘。

2.3 "Neg + Adv + VP"结构

这里的 Adv 本文指的是状语,不仅包括某些副词,还包括形容词状语、介词短语等。这类结构属于量否定结构,否定词移动后,会改变否定辖域,从而导致整个结构语义发生变化。例如:

(16) a. 不都/全是狗娘养的。

　　　b.!　都/全不是狗娘养的。

(17) a. 不适当地灌溉施肥。

　　　b. ?!　适当地不灌溉施肥。

(18) a. 不在家里看书。

　　　b.!　在家里不看书。

例(16a)中的否定词位于范围副词之前,否定辖域为宽域,在语义上是部分否定;例(16b)中的否定词位于范围副词之后,否定辖域为窄域,在语义上是全否定,意义差别很明显。例(17a)和例(18a)的否定辖域都为宽域,例(17b)和例(18b)的否定辖域都变为窄域,意义也都发生了明显的变化。

最麻烦的是例(18)。饶长溶(1988)指出例(18a)为歧义结构,有三种解读。笔者认为或有五种,即:

A. 不[在家里看书],在学校打球。

B. 不[在家里]看书,在学校看书。

C. 不在家里[看书],在家洗衣服。

D. 不在家里看[书],在家看电视。

E. ［不］在家里看书,好累! 什么也不做,要休息。

例(18b)由于否定词移动到介词短语"在家里"之后,其辖域变窄,"不"的否定对象只有 C、D、E 三种可能。例(18a)与例(18b)意义解读上的差异,显然是由否定词位置不同导致否定的辖域不同而造成的。有时没有具体的语境,"不"否定的对象很难确定。

2.4 "Neg＋VP1＋VP2"结构

先看下面的例子:

(19) 不穿短裤出门。

　　A 出门,(但是)不穿短裤。

　　B * 不出门,(但是)不穿短裤。

(20) 不关着门开会。

　　A 开会,(但是)不关门。

　　B * 不开会,(但是)不关门。

在这类连动结构(serial verb constructions)中,从语义上看 VP1＋VP2 是个偏正结构,VP1 是 VP2 的方式或方法,是一种伴随性的动作或状态,类似于英文中作状语的分词短语。这从例(20)中的形式标志"着"字可以证明。虽然例(19)没带"着",但是都可以添加上"着"字。这时,"Neg＋VP1＋VP2"结构只有一种解读:否定的辖域是(VP1＋VP2),但是否定的焦点是 VP1。

以上两例所表达的意思都是相应的 A 而不是 B。下面我们来观察例(19)和例(20)中的否定词降落到 VP1 和 VP2 之间以后,它们在句法、语义等方面的变化:

(21) 穿短裤不出门。→穿短裤,(所以)不出门。

(22) 关着门不开会。→关着门,(但是)不开会。

显然,例(21)、例(22)与否定词移动前的例(19)、例(20)相比,变化有三:第一,它们的辖域都变窄了,由原来(VP1＋VP2)变为 VP2;第二,辖域变窄之后,整个结构变得松散了,整个结构内部原来不能有语音停顿,现在都可以有;第三,语义变得与原来很不相同。

上面例子中连动式的 VP1 和 VP2 之间关系明确,是偏正关系,相对简单。可是下面这些例子则常常令人纠结困惑,VP1 和 VP2 之间的关系既可以分析为偏正关系，也可以分析为并列关系：

　　（23）不上山采药。

　　　　　A　不上山，不采药。（并列关系）

　　　　　B　采药，（但是）不上山。（偏正关系）

　　（24）不花钱看电影。

　　　　　A　不花钱，不看电影。（并列关系）

　　　　　B　看电影，（但是）不花钱。（偏正关系）

　　下面把例（23）、例（24）中的否定词移动到 VP1 和 VP2 之间，看看它们在结构、语义等方面的变化：

　　（25）上山不采药。→上山，（但是）不采药。

　　（26）花钱不看电影。→花钱，（但是）不看电影。

　　例（25）、例（26）式与例（23）、例（24）相比有三点变化：第一，否定的辖域都变窄了，由原来（VP1＋VP2）变为 VP2；第二，辖域变窄之后，整个结构变得松散了，VP1 与 Neg＋VP2 都可以有语音停顿；第三，语义变得单一了。可见，否定辖域宽的结构比窄的结构更容易产生歧义。

2.5　述补结构

　　在许多述补结构中，补语位置上的否定词如果移动到述语之前，语义会产生很大的变化。例如：

　　（27）a. 吃不饱。　　　　　　　b. 不吃饱（没有劲）。

　　（28）a. 说不清楚。　　　　　　b. 不说清楚（你别想走）。

　　以上两例中的 a 虽然也合法，但是与相应的 b 意义很不相同，前者的补语所标示的结果通常是客观情况所致，后者则是主观故意的。

　　此外，张爱民（1992）还指出了一些"有"字开头的短语，其中的否定词位置发生改变，导致两个直接成分之间语义关系发生改变的情况。例如：

　　（29）a. 有病没去开会。　　　　b. 没有病去开会。

　　例（29a）里"有病"和"没来开会"之间是因果关系，例（29b）里"没有病"和"去开会"之间是假设或条件关系。

　　以上所讨论的种种因否定词移动所引起的句法、语义变化的情况，表面上看来错综复杂，实际上都可以归结为一点：即否定辖域不同导致了句法、语义的不同。这也印证袁毓林（2000：99）的论断："否定在表层结构上是一种线性语法范畴,否定有独立的辖域和焦点,否定词的位置有特定的语序效应。"

3. 句法不合格

许多结构否定词根本就不能移动,一旦移动,整个结构将变得不合语法。这类结构主要有以下几种:

3.1 "语气副词＋Neg＋VP"结构

现代汉语里,常见的语气副词有"大概、竟、竟然、实在、也许、反正、果然、倒、反而、确实、幸亏、一点、丝毫、高低、横竖、压根、万万",等等。它们与否定词组合时,只允许"语气副词＋否定词"语序。如果其中的否定词提升到语气副词之前,整个结构将变得不合格。例如:

(30) a.竟然没发现。

　　 b. ＊没竟然发现。

(31) a. 实在不想吃什么。

　　 b. ＊不实在想吃什么。

为什么以上两例中的 b 例不合格? 这不难理解。根据袁毓林(2002:313—339)提出的制约多项副词共现的三条语序原则中的"范围原则","语气副词往往表示说话人对句子所表达的基本命题的总体性态度或评价"。"从逻辑上看,否定算子的最大辖域是基本命题 P,基本命题 P 加上否定算子(即经过否定操作)后构成复合命题负 P。语气副词是凌驾于基本命题之上的模态成分,是高阶逻辑谓词,自然不受否定词管辖。"否定词提升到语气副词之前,违反了"范围原则",因而导致句子句法上不合格。

3.2 "时间副词＋Neg＋VP"结构

时间副词与否定词共现时的语序比较复杂[2]。根据尹洪波(2011:34—77)的研究,表示完成体、持续体、偶然体、恒常体、将然体的时间副词,只能位于否定词之前。如果否定词提升到它们前面,整个结构将变得不合格。例如:

(32) a. 已经不抽烟了。

　　 b. ＊不已经抽烟了。

（33）a. 仍然不明白。

　　　b. ＊不仍然明白。

（34）a. 偶尔不回家吃饭。

　　　b. ＊不偶尔回家吃饭。

（35）a. 向来不守规矩。

　　　b. ＊不向来守规矩。

（36）a. 马上不哭了。

　　　b. ＊不马上哭了。

　　为什么例（32）至例（36）中的 a 例能说而 b 例不能说？袁毓林（2002：324）解释了 a 例为什么能说：绝大多数时间副词是无选择性的算子，可以约束已经受约束的变量（bound variable），所以通常居于否定词之前。但是，这并没有解释为什么 b 例不能说。如果用有界和无界理论，比较容易解释为什么例（32b）、例（34b）和例（36b）不合格："不"在量性特征上为连续量，是无界的，而它们辖域内的成分都是离散量，是有界的。因此，二者不能匹配。不过仍然无法解释例（33b）和例（35b）为何不能说。本文认为可以从否定词与动词的关系上加以解释。叶斯柏森（Jespersen 1917：5）曾经指出否定词位置的一个普遍倾向："为了表意的清晰，否定词要居于句首，或者总要将尽早出现，极为常见的是直接居于某个特定的被否定的词之前（通常为动词……）。"达尔（Dahl 1979：89）把叶斯柏森的观点概括为以下两个原则：（i）否定词在句中倾向于尽早出现；（ii）否定词倾向于直接居于动词之前。德赖尔（Dryer 1988：115）考察了 345 种语言，得出了一个与达尔的原则（ii）相同的结论。可见，否定词确实具有尽量与动词邻接的强烈倾向。这不难理解。刘丹青（2005：1—22）指出："动词（尤其是带有定式谓语屈折成分的动词）是小句结构的核心，更是谓语 VP 的核心，否定词加在谓语的核心上，以否定核心来否定全句是非常合理的，是语言的一种擒贼擒王的策略。"上面各例中的 b 不合格，是因为违反了否定词尽量直接居于动词前这一语序原则。运用此原则，还可以解释例（30b）和例（31b）为什么不能说。

3.3　"Neg＋方式副词＋VP"结构

　　否定词与方式副词在 VP 前共现时，只能位于方式副词之前，否则就不合乎语法。例如：

(37) a. 她不认真听讲。　　　　　b. ＊她认真不听讲。

(38) a. 他们两口子不一起出门。　　b. ＊他们两口子一起不出门。

如果在 3.2 中提到的原则(ii)正确,应该预测以上两例的 b 能说,a 不能说。然而事实恰恰相反。这又如何解释呢? 袁毓林(2002:313—339)运用形式语义学的理论予以解释:方式副词是有选择性的约束成分(selective binder),它必须约束事件变量(event variable);否则就会违反禁止空约束规定(prohibition against vacuous binding):一个算子或者一个量词(quantifier)必须约束一个变量。

本文认为也可以用"语义靠近原则"解释。方式副词是一种比较独特的副词,从语义关系上看,它与动词关系十分密切,其作用对象是动词,这是因为:方式当然是动作行为的方式,方式中隐含着动作。这从《现代汉语词典》对一些方式副词的解释可以得到证明。例如对"悄悄"的解释:(行动)不让人知道;又如对"偷偷"的解释:表示行动不使人觉察。然而,否定是针对某个命题的一种态度,其作用范围是整个句子,这是因为:否定也是一种情态(沈家煊 1999:105)。显然,方式副词与动词之间的语义关系要比否定词密切。例(37b)和例(38b)中的"方式副词＋Neg＋VP"组合违反了语义靠近原则,因而不合格。

然而,上面两种理论都无法解释下面的例子:

(39) 客人给的小费他偷偷不交(Ernst 1995:675)

(40) 张三故意不把所有的烂苹果都扔了,为了惹你生气。

笔者认为,上面的这两个例句,虽然也能够接受,但是并不是非常合格的句子。我们先撇开这一层,姑且承认它们是非常合格的句子,也不违反前面的解释。例(39)是个非常特殊的句子,此句预设按照某规约"通常小费要上交",这是一种常态。如果有人不交,那么"不交"就成了一种积极主动的事件,而不是"非事件"。因此,方式副词"偷偷"当然可以修饰"不交"这种行为。例(40)能够成立是同样的道理。

此外,否定词移动导致句法上不合格的情况还有:某些述补结构中的否定词不能移动。例如:

(41) a. 说得不清楚　　　b. ＊不说得清楚

（42）a. 没考虑好   b. ＊考虑没好
（43）a. 没喝三杯酒   b. ＊喝没三杯酒
（44）a. 没住三天   b. ＊住没三天

补语（complement）属于内嵌较深的成分，前面已经讨论过补语中的否定词移出后，句法合格、语义改变的情况。而上述这些例子中补语位置上的否定词一旦被移出，整个结构连合法性也受到了影响。某些范围副词与否定词共现时，禁止否定词移动。范围副词通常区分为两类，一是总括副词，例如：都、全、一概、一律、通通；一是限止副词[3]，例如：仅、仅仅、只、光、单、单单。根据袁毓林（2002：313—339）和尹洪波（2011：82—98）的考察，表示总括的范围副词（"全、都"等除外）通常不允许否定词移动到它们前面。例如：

（45）a. 老百姓的死活一概不问。
　　　 b. ＊老百姓的死活不一概问。
（46）a. 别的通通不知道。
　　　 b. ＊别的不通通知道。

否定词与限止副词的情况比较复杂，限于篇幅，本文暂不讨论。

4. 结语

通过上面对语言事实的调查，我们对现代汉语否定词移动所引起的句法、语义后果的整体面貌有了一个较为全面的了解，并且可以得出以下结论：

（一）否定词自由移动（句法合格、语义不变）的情况十分有限。即使最常见的否定词在可以自由移动的那些结构中，如果嵌套次数增多，也有可能使得否定词难以自由移动。例如：

（47）a. [CP我认为[CP你应该告诉她[CP你不喜欢她]]]。
　　　 b. ！[CP我认为[CP你不应该告诉她[CP你喜欢她]]]。
　　　 c. ！[CP我不认为[CP你应该告诉她[CP你喜欢她]]]。

（二）"质否定"结构（即 NegVP）通常不会引起辖域歧义，而"量否定"结构（即 NegXVP）则反之。这从前面的"不在家里看书"这个例子中可见一斑。如果离开了具体的语境，我们很难判断这个结构的焦点之所在。

在这个结构中,否定词一旦移动,就会涉及辖域、焦点等问题。因而,否定词很难自由移动;如果移动,至少会导致语义的改变。

（三）否定词内嵌越深,移动阻力越大。按照否定词移动阻力的大小,似乎可以建立如下几个等级(符号"＞"表示大于)：A. 成分＞子句＞母句；B. 量否定＞质否定；C. 孤岛＞非孤岛。

袁毓林(2012：109)指出："否定对于语言表达式的语义理解的作用十分重大；有无否定词或隐性否定算子、否定或隐性否定算子落在什么地方(结构位置)、否定的作用范围(辖域)和具体对象(焦点)是什么,会直接影响到语句意义的表达。"在一个否定结构中,否定词位置的改变,往往会涉及否定辖域、焦点、量化等诸多因素。如果否定词移动后还能够保持句法合格,而且语义不变,这无疑会给话语的产出和理解造成过重的负担。然而,由于语用上的某种需求,语言系统可能会允许这种移动的少量存在,但是很难容忍这种情况的大量存在。因此,否定词的移动,大都会导致句法、语义的变化。

附 注

[1] 据网络版 The World Atlas of Language Structures(简称 WALS, 2012-12-21)的统计数据,在 1 159 种语言中,使用否定词的语言数量最多,有 502 种；其次是使用否定附缀的语言,有 396 种。

[2] 详见：袁毓林(2002：323—324)；尹洪波(2011：34—77)。

[3] 本文的"限止副词"即通常所说的"限定副词"。笔者认为"限定"一词失之宽泛,因为除了关联副词具有连接功能外,其余的副词都具有修饰限定功能。

参考文献

戴耀晶　2000　《试论现代汉语否定范畴》,《语言教学与研究》第 3 期。

刘丹青　2005　《汉语否定词形态句法类型的方言比较》,《中国语学》第 252 号。

饶长溶　1988　《"不"偏指前项的现象》,《中国语文》杂志社编《语法研究与探索》(四),北京大学出版社。

沈家煊　1989　《"判断语词"的语义强度》,《中国语文》第 1 期。

沈家煊   1999   《不对称和标记论》,江西教育出版社。

尹洪波   2011   《否定词与副词共现的句法语义研究》,外语教学与研究出版社。

袁毓林   2000   《论否定句的预设、焦点和辖域歧义》,《中国语文》第 2 期。

袁毓林   2002   《多项副词共现的语序原则及其认知解释》,北京大学汉语语言学研究中心《语言学论丛》编委会编《语言学论丛》(第二十六辑),商务印书馆。

袁毓林   2012   《动词内隐性否定的语义层次和溢出条件》,《中国语文》第 2 期。

张爱民   1992   《单一否定副词的移位问题》,《徐州师范学院学报》第 4 期。

Dahl, Osten   1979   Typology of sentence negation, *Linguistics* 17：79—106.

Dryer, Matthew S.   1988   Universals of Negative Pisition. In Hammond, Micheal, Edith Moravicsik & Jesssica Wirth (eds), *Studies in Syntactic Typology*. Amsterdsm：John Benjamins.

Dryer, Matthew S. & Haspelmath, Martin (eds.)   2011   *The World Atlas of Language Structures Online*. Munich：Max Planck Digital Library. Available online at http：//wals.info/. Accessed on 2012-12-14.

Horn, L. R.   1978   Some aspects of negation. In J.H. Greenberg (ed.), *Universals of Human Language*, Vol. 4 *Syntax*. Stanford：Stanford University Press.

Jespersen, Otto   1917   Negation in English and other languages. In *Selected Writings of Otto Jespersen*. London：George Allen & Unwin Ltd. pp：3—151.

尹洪波：hongboyin@126.com

原载于《汉语学报》2015 年第四期,本书收录时略有删改。

儒道释经典中否定方式差异性
比较及其文化意蕴

霍四通

提　要　本文从否定范畴入手,从否定词的使用、否定的语言层面、否定的功能和否定的逻辑等多种角度比较了儒道释经典著作《论语》《老子》和《金刚经》的语言特征,并对特征背后所隐含的文化和哲学意蕴作了一定的挖掘和揭示。

关键词　否定　儒道释　《论语》　《老子》　《金刚经》

否定是语言中的一个重要范畴。吕叔湘(1990:234)说:"一句话,从形式上说,不是肯定,就是否定。"本文就拟从否定范畴的角度,比较儒道释经典中的语言特征,并试图揭示不同的特征背后所隐含的文化和哲学意蕴。

由于研究的规模所限,我们分别选择《论语》《老子》和《金刚经》来作为儒道释三家经典的样本。《论语》《老子》毋庸赘言;选择《金刚经》,主要因为它在汉译佛典中影响力最大。《金刚经》译本有十种,其中最通行的是鸠摩罗什(Kumārajīva)译本。和其他译本相比,鸠摩罗什的译本最为自然,符合当时汉语的使用习惯,可以作为汉语史研究的参考语料。

三本经典,风格很相近,篇幅都不长,易于比较。《论语》记载的是孔子与学生的交谈记录,而《金刚经》则是如来世尊在世时和弟子须菩提等人对话的记录。从字数上看,《论语》一万多字,《老子》和《金刚经》均为五千多字。比较宗教学研究中,三者常被并提。过去人们就经常拿《道德经》来与《金刚经》作比,称后者为"佛家之五千文"。

本文引文的目次、句读等均以张燕婴、陈秋平、饶尚宽译注的《论语·金刚经·道德经》(2009,中华书局"儒释道典汇"本)为准。

虽然历史上出现过不少强调儒佛会通、三教合流的思想和实践,但三教的对立和差异还是明显的。本文的立场主要是基于这种差异性的探究。

1.《论语》中的否定

《论语》共有 11 705 字。其中"不"字出现 562 次(包括"不亦……乎"11 次,"不有"3 次),仅次于"曰"和"之"。所以过去有人说,孔子是一个很善于说"不"的人。现将《论语》主要否定词及出现次数列表如下(杨伯峻 1980;徐同林 2008:91):

不	无	未	非	莫	勿	寡	毋
562	128	57	33	18	13	10	8
鲜	末	弗[1]	没	少	否	空	微
6	5	5	5	5	1	1	1

所有否定标记出现次数合计 858。根据八亿古籍汉字字频的统计,"不"字每万字出现次数为 123.419 3,"无"为 40.265 9,"非"为 16.929 6,《论语》的否定词字频都远远高于这个均值,几乎接近一倍(北京书同文数字化技术有限公司 2008:28)。如果将这些否定词的平均字频理解为戴耀晶(2013)提出的"否定常数",那么《论语》的否定句肯定高于这个常数,因此其总体态度是"消极"的,可以说是"否定"的哲学。

1.1　禁止否定

周生亚(1998,1999,2004)将上古汉语否定副词的用法基本概括为六种:陈述否定、判断否定、描写否定、选择否定、正反否定和禁止否定。其中陈述否定又可分为未然和已然两种。据周生亚(1999)统计,《论语》中"不"字用于已然否定有 3 例,未然否定则有 478 例。未然否定句中,动词带宾语的有 173 例,不带宾语的有 305 例。"不"字用于描写否定 65 例,都是否定形容词的。

其中,禁止否定相当于现代汉语四个最常用的否定词"不""别""没"

"没(有)"中的"别"(Li & Thompson 1981：415)。这在《论语》中的用法极多。《论语》中常用"不可"：

 (1) 子曰："不仁者,不可以久处约,不可以长处乐。仁者安仁,知者利仁。"(4.2)

 (2) 曾子曰："士不可以不弘毅,任重而道远。仁以为己任,不亦重乎? 死而后已,不亦远乎?"(8.7)

很多否定句是和肯定句相对照使用的：

 (3) 子曰："中人以上,可以语上也;中人以下,不可以语上也。"(6.21)

 (4) 君子可逝也,不可陷也;可欺也,不可罔也。(6.26)

 (5) 子曰："三军可夺帅也,匹夫不可夺志也。"(9.26)

 (6) 子曰："君子成人之美,不成人之恶。"(12.16)

其他还有"勿""毋"：

 (7) 子曰："非礼勿视,非礼勿听,非礼勿言,非礼勿动。"(12.1)

 (8) 子曰："出门如见大宾,使民如承大祭。己所不欲,勿施于人。"(12.2)

 (9) 子曰："主忠信,毋友不如己者,过则勿惮改。"(9.25)

很多单用的"不""无"也应理解作"不要"：

 (10) 食不厌精,脍不厌细。(10.8)

 (11) 子曰："君子之于天下也,无适也,无莫也,义之与比。"(4.10)

 (12) 在邦无怨,在家无怨。(12.2)

 (13) 子夏曰："日知其所亡,月无忘其所能,可谓好学也已矣。"(19.5)

例(10)意为"饭食不要贪图精粹,鱼肉不贪吃细美"(高尚榘 2011：545)。例(11)有人释作"君子与人无有偏颇厚薄",有人释作"不自专,与民不隔膜"(高尚榘 2011：159—160)。例(12)是"在工作岗位上不对工作有怨恨,就是不在工作岗位上也没有怨恨",都有禁止的意思(杨伯峻 1980：124)。

1.2　概念辨析式否定

 "必也正名乎。"(子路第十三章)这句话反映了孔子对春秋时期礼崩乐坏局面的深恶痛绝。孔子希望通过"正名"来实现他的政治理想,体现在语言运用上,就是极为注重概念间异同的辨析。《论语》中一种凝固的

格式"A 而不 B"就体现了这种功能:

(14) 子曰:"君子周而不比,小人比而不周。"(2.14)

(15) 子曰:"《关雎》乐而不淫,哀而不伤。"(3.20)

(16) 子曰:"狂而不直,侗而不愿,悾悾而不信,吾不知之矣。"(8.16)

(17) 子曰:"晋文公谲而不正,齐桓公正而不谲。"(14.15)

(18) 子曰:"君子惠而不费,劳而不怨,欲而不贪,泰而不骄,威而不猛。"(20.2)

A 与 B 两者表面上是相近似甚至是相同的,但本质上恰好相反相对,不能混同。以上"A 而不 B"的单用、连用("A 而不 B,C 而不 D")和倒用("A 而不 B,B 而不 A"),无不体现了孔子的"名正则言顺,言顺则事成"的理念。

1.3　否定强度

《论语》文学性很强,善于调控否定的强度。首先表现在双重否定句的使用上:

(19) 子曰:"父母之年,不可不知也;一则以喜,一则以惧。"(4.21)

(20) 子曰:"非礼勿视,非礼勿听,非礼勿言,非礼勿动。"(12.1)

(21) 孔子曰:"不知命,无以为君子也。不知礼,无以立也。"(20.3)

大量使用的否定性反问句,在强度上等同于双重否定句:

(22) 子曰:"学而时习之,不亦说乎? 有朋自远方来,不亦乐乎?"(1.1)

(23) 曾子曰:孔子谓季氏:"八佾舞于庭,是可忍也,孰不可忍也?"(3.1)

(24) "仁以为己任,不亦重乎? 死而后已,不亦远乎?"(8.7)

(25) 子曰:"爱之,能勿劳乎? 忠焉,能勿诲乎?"(14.7)

还通过否定句的连用来加强气势:

(26) 子曰:"居上不宽,为礼不敬,临丧不哀,吾何以观之哉?"(3.26)

(27) 子曰:"德之不修,学之不讲,闻义不能徙,不善不能改,是吾忧也。"(7.3)

(28) 子曰:"恭而无礼则劳,慎而无礼则葸,勇而无礼则乱,直而无礼则绞。"(8.2)

（29）子绝四：毋意，毋必，毋固，毋我。（9.4）

（30）好仁不好学，其蔽也愚；好知不好学，其蔽也荡；好信不好学，其蔽也贼。（17.8）

包括否定反问句的连用：

（31）曾子曰："吾日三省吾身：为人谋而不忠乎？与朋友交而不信乎？传不习乎？"（1.4）

（32）子曰："因民之所利而利之，斯不亦惠而不费乎？……斯不亦泰而不骄乎？……斯不亦威而不猛乎？"（20.2）

否定连用，构成排比和对偶的形式，大大增强了否定力度，也使语言齐整富有美感。

《论语》还非常注重通过否定和肯定的对比，调整否定词的辖域，以突显肯定分句及其中的否定结构：

（33）子曰："不患人之不己知，患不知人也。"（1.16）

（34）丘也闻有国有家者，不患寡而患不均，不患贫而患不安。（16.1）

译成现代汉语，则需要添加"是"（担心的是不知道别人，担心的是不公平）或"而是"（而是担心不知道别人，而是担心不公平）以示强调。

当然，也有通过否定削弱语气，使表达委婉、含蓄的用例：

（35）子曰："非其鬼而祭之，谄也。见义不为，无勇也。"（2.24）

（36）孔子对曰："俎豆之事，则尝闻之矣；军旅之事，未之学也。"明日遂行。（15.1）

（37）子曰："士志于道，而耻恶衣恶食者，未足与议也。"（4.9）

（38）子谓颜渊，曰："惜乎！吾见其进也，未见其止也。"（9.21）

例（35）中否定式的"无勇"较之直白的"怯懦"，要委婉客气得多。例（36）中否定式"未之学也"也委婉表达了对卫灵公要求的拒绝。例（37）中说"不值得与他共谋大事"，也是一种委婉的训诫。这在当代修辞学中一般被看成为"负辞"辞格（汪国胜等 1993：202）。

2.《老子》中的否定

《老子》共有 5 635 字。主要否定词的出现次数依次为：不（242），无（100），未（7），非（10），莫（20），勿（4），寡（5），末（1），没（2），少（1），合计 392[2]。

据程实、丁赟(2013)比较,《老子》中否定词"不"和"无"的累计字频远高于春秋战国时期的其他作品,并由此说高频率地使用否定词"不"和"无"形成了老子言语风格的一大特点。由于《论语》使用"不"的绝对数量要多,所以我们把"无"的高频率使用看作《老子》语言的一个区别性特征。当然,以下讨论的否定也包括"不"等其他否定词。

2.1 词语否定

否定性概念构成了老子思想体系中的主要部分。其中最重要的是"无"。第一章就说:"无,名天地之始;有,名万物之母。"全书中含有"无"的组合有"无名、无为、无私、无尤、无离、无知、无之、无身、无状、无物、无忧、无所归、无功⋯⋯"等。(程实、丁赟 2013)这些组合,大多是作为词语使用的,因此是在词语层面的否定(戴耀晶 2013)。如:

(39)是以圣人处无为之事,行不言之教。(第二章)

(40)化而欲作,吾将镇之以无名之朴。(第三十七章)

(41)无有入无间,吾是以知无为之有益。(第四十三章)

(42)有德司契,无德司彻。(第七十九章)

(43)是谓不争之德,是谓用人之力,是谓配天古之极。(第六十八章)

其中最主要的是"无为",出现了 13 次。在老子看来,无为即自然。老子反对实践,叫人不要有所作为(冯契 1993:123),但他笃信"无为"有很大的威力,所谓"道常无为而无不为"(第三十七章),"不行而知,不见而名,不为而成"(第四十七章)。此外还有"无名",出现了 5 次,也是个很重要的否定性概念。

2.2 倡导性否定

和《论语》中的禁止性否定不一样,《老子》中否定句的一个特色功能是对否定的褒扬。因此,常见的否定格式是"善×者不⋯⋯":

(44)善行,无辙迹;善言,无瑕谪;善数,不用筹策;善闭,无关键不可开;善结,无绳约而不可解。(第二十七章)

(45)盖闻善摄生者,陆行不遇虎兕,入军不被甲兵。(第五十章)

(46)善建者不拔,善抱者不脱,子孙以祭祀不辍。(第五十四章)

其他还有"圣人不⋯⋯""有道者不⋯⋯"等:

（47）是以圣人为腹不为目。故去彼取此。（第十二章）

（48）是以圣人为而不恃，功成而不处。其不欲见贤。（第七十七章）

（49）其在道也，曰："余食赘行，物或恶之。"故有道者不处。（第二十四章）

最后，倡导性否定还表现在因果关系中否定结构指向积极的结果，如"不自见，故明；不自是，故彰；不自伐，故有功；不自矜，故长"（第二十二章）。鼓励不表现自我、不自以为是、不夸耀、不自矜的行为。

2.3　否定的层次性

老子思想的核心是"道"，为天地万物存在的本原。但"道可道，非常道"。实际上蕴含着"道不可道"这么一个否定性命题。对"道"的基本特征的描述是"无名"这类否定性的概念。这种概念统率了其他的否定表达，构成了其所有否定表达的基础。

老子把"道"说成是看不见、听不到、摸不着的。"道"是个浑然一体的实体，不是感觉经验和理性思维所能把握的。所以在此基础上形成了很多对能力的结果性否定：

（50）视之不见，名曰"夷"；听之不闻，名曰"希"；搏之不得，名曰"微"。此三者不可致诘，故混而为一。其上不缴，其下不昧，绳绳兮不可名，复归于无物。（第十四章）

（51）古之善为道者，微妙玄通，深不可识。（第十五章）

（52）希言自然。飘风不终朝，骤雨不终日。（第二十三章）

（53）企者不立，跨者不行。自见者，不明，自是者，不彰。（第二十四章）

（54）道之出口，淡乎其无味，视之不足见，听之不足闻，用之不足既。（第三十五章）

"道"是普遍存在的，所以由此形成了诸多"莫"的表达：

（55）夫惟不争，故天下莫能与之争。（第二十二章）

（56）是以万物莫不尊道而贵德。（第五十一章）

（57）吾言甚易知，甚易行。天下莫能知，莫能行。（第七十章）

"道"实际上是对自然的回归，所以在实践上老子主张"无为"，由此也形成了很多否定表达，诸如"不行而知，不见而名，不为而成"（第四十七章)等。

2.4　正言若反

否定机制是老子思想中的一个重要特色。老子曾总结"道"的运动的总规律及其基本特征就是"反",即"反者道之动"(第四十章),这是老子的一个基本命题(朱晓鹏 1999:178)。

这表现在他对矛盾对立统一关系的认识上。第二章"有无相生、难易相成"一段,说的就是对立双方互为条件、互相依存的关系。老子认识到,矛盾是普遍存在的,"万物负阴而抱阳"(第四十二章),有无、难易、长短、高下、先后、善恶、美丑、智愚、损益、荣辱等多种矛盾中的两面都是相互依赖的:

(58) 有无相生,难易相成,长短相形,高下相倾,音声相和,前后相随。(第二章)

(59) 知其白,守其黑,为天下式。(第二十八章)

在此基础上,老子认为,事物发展到某种程度后,就会"物极必反",原本对立的双方也会出现相互转化:

(60) 天下皆知美之为美,斯恶已;皆知善之为善,斯不善已。(第二章)

(61) 甚爱必大费,多藏必厚亡。(第四十四章)

(62) 祸兮,福之所倚;福兮,祸之所伏。(第五十八章)

以上诸例还都还只是体现于深层语义上的矛盾。以下则表现为表层的否定表达:

(63) 以其不自生,故能长生。……以其无私,故能成其私。(第七章)

(64) 是谓无状之状,无物之象,是谓惚恍。(第十四章)

(65) 以其终不自为大,故能成其大。(第三十四章)

(66) 上德不德,是以有德;下德不失德,是以无德。上德无为而无以为;下德无为而有以为。(第三十八章)

钱锺书的《管锥编》(1979:463)指出:

夫"正言若反",乃老子立言之方,《五千言》中触处弥望,即修辞所谓"翻案语"(paradox)与"冤亲词"(oxymoron),固神秘家言之句势语式耳。

有的是两个相近的概念在"翻案语中则同者异而合者背矣",如"大音希声,大象无形。"(第四十一章);有的是将两个相仇相克的概念通过"冤亲词乃和解而无间焉",如"上德不德"(第三十八章)。总而言之,"若抉髓而究其理,则否定之否定尔"。

3.《金刚经》中的否定

《金刚经》计 5 175 字。其中主要否定词的出现次数依次为:不(117),无(77),未(3),非(46),莫(5),勿(2),末(2),少(1),空(3),合计 256。117 个"不"中,包括 46 例正反选择问的用法,应该写作"否"。这样,"不"的频次就基本接近古籍中的均值(每万字 123.419 3)。"无"是平均值的三四倍,而"非"更是平均值的 6 倍左右。因此可以把"非"的高频率使用看作《金刚经》否定的一个特征。

3.1 "A 非 A"式判断否定句

《金刚经》最大的一个语言特征也与否定句相关。经书中这样的句式在第十品出现,在第十三四品开始密集出现:

(67) 庄严佛土者则非庄严,是名庄严。(第十品)

(68) 诸微尘,如来说非微尘,是名微尘。(第十三品)

(69) 如来说世界非世界,是名世界。(第十三品)

(70) 如来说三十二相即是非相,是名三十二相。(第十三品)

(71) 如来说第一波罗蜜,即非第一波罗蜜,是名第一波罗蜜。(第十四品)

(72) 忍辱波罗蜜,如来说非忍辱波罗蜜,是名忍辱波罗蜜。(第十四品)

一玄(1979:40)将《金刚经》的这一格式作为佛教般若学的一个重要特征,称之为"般若学的三句话",并将其概括为"现象,非本体,只是假名"。日本学者铃木大拙(1988)等称此论证格式为"即非"论理学,并给以极高评价,认为远非其他论理辩证者可比。在佛教界,有人将此称为斩绝一切相的"金刚宝剑"(李利安 2002:161)。谈锡永等(2007:24)将其称为《金刚经》的"三句义"。海云继梦法师(2009:139)说"这是鸠摩罗什在《金刚经》里用得最多的语言模式"。

除了以上 6 句外,这种否定格式的例子还有:

(73) 如来说人身长大则为非大身,是名大身。(第十七品)

(74) 如来说庄严佛土者,即非庄严,是名庄严。(第十七品)

(75) 如来说诸心皆为非心,是名为心。(第十八品)

(76) 如来说具足色身,即非具足色身,是名具足色身。(第二十品)

(77) 如来说诸相具足即非具足,是名诸相具足。(第二十品)

(78) 说法者无法可说,是名说法。(第二十一品)

(79) 众生者,如来说非众生,是名众生。(第二十一品)

(80) 所言善法者,如来说即非善法,是名善法。(第二十三品)

(81) 须菩提! 凡夫者,如来说即非凡夫,是名凡夫。(第二十五品)

(82) 佛说微尘众即非微尘众,是名微尘众。(第三十品)

(83) 如来所说三千大千世界,即非世界,是名世界。(第三十品)

(84) 如来说一合相,即非一合相,是名一合相。(第三十品)

(85) 世尊说我见、人见、众生见、寿者见,即非我见、人见、众生见、寿者见,是名我见、人见、众生见、寿者见。(第三十一品)

(86) 须菩提,所言法相者,如来说即非法相,是名法相。(第三十一品)

以上句式都是"所谓……,即(则)……,是名……",即"肯定＋否定＋肯定"的结构形式。释昌莲(2011:56)称其为"三段转文"公式句。这种句式还有省略的形式,即"二段转文"公式句,形式为"所谓……,即(则)非……",即"肯定＋否定"的结构形式:

(87) 如来所说身相即非身相。(第五品)

(88) 一切诸相即是非相,又说一切众生即非众生。(第十四品)

(89) 说有我者,即非有我,而凡夫之人以为有我。(第二十五品)

(90) 是福德即非福德性,是故如来说福德多。(第八品)

还有一些隐性的。如第九品中:

(91) 须陀洹名为入流,而无所入,不入色声香味触法,是名须陀洹。(第九品)

(92) 斯陀含名一往来,而实无往来,是名斯陀含。(第九品)

(93) 阿那含名为不来,而实无不来,是故名阿那含。(第九品)

有的在鸠摩罗什的译本中为两段式,在别的译本中却也是三段句法。如:

(94) 佛说般若波罗蜜,则非般若波罗蜜。(第十三品)

据谈锡永等(2007:81):玄奘译,本段有"三句义"的句法:"如是般若波罗蜜多,如来说为非般若波罗蜜多,是故如来说名般若波罗蜜多。"所以,关于这种句子的数目说法不一,如李利安(2002:158)说有 28 处,除去重复和简略的也有 20 处。海云继梦法师(2009：139)统计有 34 处。我们的数据接近 28 处。

如何解释这种明显矛盾的句子? 佛教哲学体系里,一般都将其和后世"缘起性空"(包括"自性无""假名有"两个方面)的中论思想联系起来。李利安(1997)称此格式为"即非—是名"的"双遣否定法",即视为同于龙树(Nāgārjuna)《中论》中的句法:"不生亦不灭,不常亦不断。不一亦不异,不来亦不出。"这种形式上似乎自相矛盾的特殊表达方式,实际上都是对不可思议境界(即"阿耨多罗三藐三菩提",大彻大悟)的思议,对不可言说境界的言说(戈国龙 2012：56)。句中的"是名"可用《中论》中的"假名"来解释。"众因缘生法,我说即是空,亦为是假名,亦是中道义。"(《中论·观四谛品》)"亦为是假名"是指空的概念亦要空,但因为引导众生,所以安立假名说,目的是希望众生离开有、无二边的执着,故名为"中道"。例(71)中"即非第一波罗蜜"是从本体上来立论,因本体空故说为"非"。"是名",即是"假名",姑且叫它做什么。在叫的时候,宛然真实,可是这真实却必以性空作为条件,即是在性空的见地上,为诸法姑且立名(罗时宪 2009：24—26)。

如果按照普通的知识体系,这个句式将否定和肯定并列,明显自相矛盾、违反逻辑。所以有学者主张要摆脱亚里士多德式逻辑(铃木大拙 1988)。长友繁法(Nagatomo 2000)主张只有跳出二元、自我中心的立场(dualistic, either-or egological stance)、采用整体的视角(holistic perspective),才能看到这些句子并非自相矛盾、不知所云。陈坚(2010：193—194)将这种句式看作一种特定的逻辑定式,并符号化为"A,非 A,是名 A"。它所表达的意思是:一个事物(A),只有当我们不执着于它的时候(非 A),才能被称为这个事物(是名 A)。其核心是"不执着"和"超越",如例(67)、例(74),意思是一样的,说的都是要超越"庄严佛土"(亦即佛教净土),即庄严佛土,只有当我们不执着于它的时候,它才能被称为庄严佛土,否则,若心生执着,庄严佛土也就将不是庄严佛土了,这就要求我们以不执着之心去超越庄严佛土。超越除了"超佛"外,还包括"超凡",如例(79)、例(81)等。

　　以上各种解释,一个共同的缺点就是忽视了佛教和古代印度哲学的联系,没有在整个古印度哲学的背景下解释这句话的含义。我们知道,原始佛教是在批判和继承古代印度哲学主要是数论派(Sāmkhya)、婆罗门教等各派思想的基础之上产生的。古《奥义书》中已经萌芽的轮回、解脱等,都是后来佛教的中心思想(高杨、荆三隆 2001:182)。我们通过联系古印度哲学中的一些基本命题和方法,提出对"A,非 A,是名 A"的一个解释方案:其中的否定不是普通的名物性否定,而是对语言符号的能指和所指的分裂,否定其间的联系。可以形式化为"A_1,非 A_2,是名 A_3"。其中 A_1 是词语(符号),A_2 是所指,A_3 是能指(索绪尔 1980)。意思是"佛说词语 A,并无实指 A,只是一个符号 A 而已。"

　　在原始佛教时期,以下四个主要因素导致此种句式的生成:

　　1)语言是所有知识的来源。古印度哲学十分注重般若和语言的关系。《考史多启奥义书》第三章说:"语言为(由般若)析出之一分;名者,其相应之外境也。"又:"盖未有离乎般若而语言或使任何名为可知也。"《唱赞奥义书》最为集中地探讨了语言的本质及其存有论意义,吠陀崇拜之发展的结果,是导致对传布吠陀之语言的崇拜,到后来认为语言与吠陀实际上是同一的,从吠陀崇拜很自然地导向了一种以语词作为世界之本体的观念(吴学国 2003:126)。在释迦牟尼时代已经形成的弥曼差派(Pūrvamīmamsa)的"声常住论"主要论证吠陀以至一般人的语言背后有着永恒不变的存在(梁漱溟 2005)。

　　2)空的概念。如《唱赞奥义书》第九章:问曰:"此世界何自而出耶?"曰:"空也。维此世间万事万物,皆起于空,亦归于空。空先于此一切,亦为最极源头。"

　　3)否定机制。《唱赞奥义书》中,"梵"是宇宙的本原,生命的根本,所有事物存在的原因。但"梵"常常用"遮诠法"("遮其所非"),即用否定达到肯定的方法。他们宣称,梵在本性或本体的意义上既不具有任何属性,也不表现为任何形式,它超越于人类感觉经验,不能用逻辑概念来理解或用言语来表述。对于梵只能意味"不是这个,不是这个"(转引自黄心川

1989：56）。例如《广森林奥义》说："这就是婆罗门所称不灭者（akśara）。它非粗、非细、非长、非短、非红（火），非湿（水），无影、无暗、非风、非空、无黏着、无味、无嗅、无眼、无耳、无语、无感觉、无热力、无气息或口、无量度、无内、无外。它不食何物，也不为何者所食。"

4）约定论。印度语言学家从各种不同的观点出发，讨论了同理解词和句子的意义本质有关的许多问题。他们讨论了"意义"在多大程度上可以看作是词语的自然属性，或拟声在多大程度上可以作为描写词语和事物间关系的模式。如同西方关于本质与约定的论争（nature-convention argument）一样，人们不久就认识到，自然属性的因素在语言中只起很小的作用，而形式和意义之间任意建立的约定关系在语言中更具有典型性（Brough 1951，Kunjunni 1963，Robins 1997：172）。

原始佛教继承了婆罗门教的"空"的思想。但什么是真正的"空"呢？因为语言是所有知识的来源，所以，原始佛教将其声音和意义的关系割裂，从而达到否定语言最终实现"空"的目的。后来的龙树曾以"壶"为例，说壶一词语及作为其对象的壶，其间并无所谓同一的关系，亦无所谓别异的关系。因此，梶山雄一（1978：77）在"中观者对言语之否定"一节中指出"言语与其对象间并无一定的联结"。

可见，在一定程度上，这个句式也是"糅合"和"截搭"的产物（沈家煊 2006）。而且联系"行知言"的区分（沈家煊 2012），《金刚经》中的这种否定实际上是话语层面的否定。"A，非 A，是名 A"形式化并不完整，应该是"如来/佛说 A，非 A，是名 A"。其中的 A 都是佛教话语体系的基本术语，因此否定从表层看是对如来所说的话语的否定，而从深层看，更是对佛教所谓"外道"基本观点的全面否定，表达了"一切皆空"的思想，是文化的否定。这和儒家对"行"的否定和道家在本体论层面对范畴本身存在性的"知"的否定是不同的。

3.2 正反选择问句用法

《金刚经》中"不"字很多，其中一个重要原因是大量出现在"VPNeg"式正反选择问句中，加上否定性回答，计有 46 例。这基本上体现了唐五代时期汉语演变的规律，可以看作"否"（周生亚 2004；蒋绍愚等 2005：466），如：

(95)"须菩提,于意云何？东方虚空,可思量不？""不也,世尊。""须菩提,南西北方、四维、上下虚空,可思量不？""不也,世尊。"(第四品)

(96)"须菩提,于意云何？如来有肉眼不？""如是,世尊,如来有肉眼。"(第十八品)

较强的程式化符合佛陀和弟子之间的"启请"交谈模式(类似于现在的谈话节目,现场除了主持人和特邀嘉宾,还有一群听众),和《论语》的"侍坐"交谈风格不同(陈坚 2010)。

4. 结语

通过对《论语》《老子》和《金刚经》否定词用法的统计,我们可以初步认为,《论语》是"不"字型否定,《老子》是"无"字型否定,而《金刚经》是"非"字型否定。从否定的语言层面看,《论语》主要是句子层面,《老子》是在词语层面,而《金刚经》则是在符号层面对音义关系的否定,从这个角度来看,佛教的思辨色彩最浓,教义最为精微和艰深。从功能来看,《论语》多禁止否定用法,这和儒家重视社会行为规范有关,而《老子》多倡导否定用法,这和道家以"道"为核心概念有关,而《金刚经》的否定实际上是"话语"否定,是文化积淀的产物。另外,《论语》的否定表达符合日常逻辑,而《老子》的"正言若反"不太符合直觉,但还是没有违反排中律。而《金刚经》的否定表达则完全是反逻辑的。现列表总结如下:

	高频否定词	否定层面	否定类型	特色句型	逻辑性	现实关联性
《论语》	不	句子	行的否定	A 而不 B	强	强
《老子》	无	词语	知的否定	正言若反	弱	中
《金刚经》	非	符号	言的否定	A 非 A	反	弱

最后,"不"仍是今天最常用的否定词,而"无""非"都较少使用。可见,三部经典中,只有《论语》和今天的现实关联较强。在一定程度上,可能它对语言发展的影响也最大。

附　注

[1] 据张玉金(2012),定州汉简《论语》"弗"字出现 25 次,今本中大多数被改为"不"。

[2] 其中"弗"字不见,而据张玉金(2012),楚简本《老子》中"弗"字出现 20 次,今本中多被改为"不"。

参考文献

北京书同文数字化技术有限公司编　2008　《古籍汉字字频统计》,商务印书馆。

陈　坚　2010　《无分别的分别:比较宗教学视野下的佛教》,山东大学出版社。

程　实　丁　赞　2013　《〈老子〉中高频使用否定词"不"和"无"的原因》,《辽宁工业大学学报》第 4 期。

戴耀晶　2013　《否定表达与否定常数》,《语言研究集刊》第 11 辑,上海辞书出版社。

冯　契　1993　《中国古代哲学的逻辑发展》上册,上海人民出版社。

高尚榘主编　2011　《论语歧解辑录》,中华书局。

高　杨　荆三隆　2001　《印度哲学与佛学》,太白文艺出版社。

戈国龙　2012　《佛学管窥》,中央编译出版社。

海云继梦　2009　《非常金刚经》,海南出版社。

黄心川　1989　《印度哲学史》,商务印书馆。

蒋绍愚　曹广顺主编　2005　《近代汉语语法史研究综述》,商务印书馆。

李利安　1997　《金刚经》双遣否定法赏析,《华夏文化》。

李利安注译　2002　《白话金刚经》,三秦出版社。

梁漱溟　2005　《印度哲学概论》,上海人民出版社。

铃木大拙　1988　《禅学入门》,谢思炜译,三联书店。

罗时宪导读　2009　《金刚经·心经》,中国书店。

吕叔湘　1990　《吕叔湘文集》第一卷,商务印书馆。

钱锺书　1979　《管锥编》(第二册),中华书局。

沈家煊　2006　《"糅合"和"截搭"》,《世界汉语教学》第 4 期。

沈家煊　2012　《语法六讲》,商务印书馆。

释昌莲　2011　《〈金刚经〉导读:发菩提心》,上海古籍出版社。

索绪尔　1980　《普通语言教程》，高名凯译，商务印书馆。

谈锡永主编　2007　《传统文化典籍导读 10:〈金刚经〉〈心经〉导读》，中国书店。

汪国胜　吴振国　李宇明　1993　《汉语辞格大全》，广西教育出版社。

梶山雄一　1978　《佛教中观哲学》，吴汝钧译，佛光出版社。

吴学国　2003　《境界与言诠:唯识的存有论向语言层面的转化》，上海人民出版社。

徐同林　2008　《论语的语文》，齐鲁书社。

杨伯峻　1980　《论语译注》，中华书局。

一　玄　1979　《佛教般若学讲话》，载《般若思想研究》，台北市大乘文化出版社。

张燕婴　陈秋平　饶尚宽　译注　2009　《论语·金刚经·道德经》，中华书局。

张玉金　2012　《从出土文献看〈老子〉〈论语〉中被替换的"弗"》，《文献》第 2 期。

周生亚　1998　《否定副词"非"及其否定的结构形式》，载郭锡良主编《古汉语语法论集》，语文出版社。

周生亚　1999　《论否定副词"不""弗"用法的分合问题》，载《语言论集》第四辑，中央民族大学出版社。

周生亚　2004　《说"否"》，《中国语文》第 2 期。

朱晓鹏　1999　《智者的沉思:老子哲学思想研究》，杭州大学出版社。

Brough，J.　1951　Theories of General Linguistics in the Sanskrit Grammarians，*Transactions of the Philological Society*.

Kunjunni Raja，K.　1963　*Indian Theories of Meaning*. Madras.

Li，C.N. & Thompson，S.A.　1981　Mandarin Chinese: A Functional Reference Grammar，University of California Press.

Nagatomo Shigenori(长友繁法)(2000)The Logic of the Diamond Sutra: A is not A，Therefore it is A，*Journal of Asian Philosophy*，10，213—244.

Robins，R. H.(1997)*A Short History of Linguistics*，Longman.

霍四通：sthuo@fudan.edu.cn

原载《语言研究集刊》第十二辑，本书收录时略有修改。

从否定小句到话语标记[*]
——否定功能元语化与羡余化的动因探讨

张谊生

提 要 否定性固化小句标记的构造及其呈现形式有完整固化句式、扩展添加句式、语气词附加式、小句省略式四种。标记的话语协调功能可以分为申辩与解释、规劝与奉告、提醒与点拨、赞同与迎合四类。标记的人际情态功能体现在立场情感的直接体现、主观评注的多样表达、情感态度的自然流露、协调气氛的手段辅助四个方面。标记的篇章衔接功能有铺垫性衔接、确认性衔接、转折性衔接和追加性衔接四种。

关键词 标记 否定 小句 情态 功能 衔接

1. 前言

现当代汉语中,活跃着相当一些含有"不、没、别"的否定式小句话语标记。例如:

(1) 加入义工联后,我的潜能被发掘出来了,我的口才和组织能力得到了了很好的锻炼。**你不知道**,当我成功地组织完一次义工活动之后,我的心里真是又激动又骄傲,我被别人重视,也被别人尊重了。(1996 年 7 月《人民日报》)

* 本文是教育部规范基金项目(13YJA740079)"介词演化的规律、机制及其句法后果研究"和上海市哲学社会科学规划课题(2012BYY002)"当代汉语流行构式研究"的专题性成果之一,并获得上海高校一流学科(B类)建设计划规划项目(118-0501)的资助。对于各项帮助与资助,笔者表示由衷的谢意。

（2）他怎么就这么死心眼呢！<u>你没看见</u>，他以前是多么的风度翩翩，可现在成天蔫头蔫脑的，连我看了都心疼，你能眼睁睁地看着一个人就这样毁掉了吗？（白帆《寂寞的太太们》）

（3）徐伯贤斜眼瞥了老婆一眼。<u>你还别说</u>，人家说得既通情，又达理。买卖不成仁义在，这古训大概也算一条中国特色吧。（陈建功、赵大年《皇城根》）

　　就表达功能来看，上面三句中的"不、没、别"其实并没有对"知道、看见"和"说"进行严格意义上的语义真值否定（semantic truth negation），而且发话人主观上也没有要否定的意愿。从语言表达的实际功效来看，这三个小句都已不再是表示客观命题的基语言，而已是表示主观情态的元语言[1]。也就是说，经过长期的演进，汉语中有相当一些原来的否定小句业已固化并且虚化，成了一系列各具特色的以协调会话功能、体现主观情态、衔接语篇构造为主的小句式话语标记。

　　迄今为止，有关话语标记的研究，学界已经发表了许多研究成果，除出版了多本专著之外，还发表了一系列论文，既有个案的分析，也有整体的探讨。所以，本文准备换一个研究思路，从小句固化与否定功能羡余的角度，对现代汉语中含有各种否定成分的话语标记作一中观性的探讨。具体而言，本文依次从四个角度分析和讨论否定式小句话语标记：首先归纳其句法形式，其次分析其话语功用，再次揭示其人际功能，最后探讨其衔接功能。本文用例主要引自北大语料库以及网络和报刊上的各种报道，所有的例句全部注明出处。

2. 标记的呈现形式

　　本节从构造形式的角度考察、分析否定性固化小句标记的构造及其使用形式。根据调查与归纳，否定性固化小句大致可以分为四种形式：完整式、扩展式、附加式、省略式。

2.1　完整固化句式

　　句法结构齐全的小句固化为标记的，主要有"话不能/要这么/样说""你不知道/没看见"等一系列与"说、话""看见、知道"等相关的句式。例如：

(4) "话不能这么说,刘主席接见老时,是因为老时干出了成绩,这是老时和我们全家的光荣,'文化大革命'不就是坏人逞能,好人受气嘛……"(张兴廉《甘苦与共两夫人》)

(5) "甭提,甭提! 你没看见,我给那小子好脸儿了吗!"杨妈打开了水龙头,清水"哗哗"地冲刷到一个一个碗上。(陈建功、赵大年《皇城根》)

此外,"你别/不要说"和"我不骗/坑/怪你"等话语标记,也是相对完整的小句。例如:

(6) 清晨,我在新泽西家附近散步,经过邻家门口时,看见一位白发如银的老太太安详地坐在藤椅里晒太阳。她看我走近,频频向我点头,嘴里喃喃地不知在说什么。在她身旁的小桌子上,有许多贱卖货。你别说,这些琳琅满目的小玩意还怪吸引人的。我向她道了早安,就慢慢欣赏起各种小摆设来。(《读者》合订本)

(7) 华辉猜知了她的心意,语转温和,说道:"李姑娘,你只需助我拔出毒针,我要给你许许多多金银珠宝。我不骗你,真的是许许多多金银珠宝。"李文秀道:"我不要金银珠宝,也不用你谢。只要你身上不痛,那就好了。"(金庸《白马啸西风》)

前加"不是"的"不是我说/夸/怪/责备你",也可以认为是结构相对完整的小句。例如:

(8) 书记说:"小卢呀小卢,不是我说你,你这么吵也没有用,关键是上面不同意你上。"(1993 年《作家文摘》)

(9) 这样的男人一点责任心都没有,你趁早离开他吧,你们在一起以后也不会幸福的,当断不断,必留后患。不过,不是我怪你,你也是不会过日子的姑娘,平时花钱你也要有算计的呀,无论以后是不是和他一起,自己要学会花钱。("搜搜问问"2013-10-12)

至于文言句式"君不见/知/闻""君没见",则是一种结构上接近于独立的格式。例如:

(10) 君不见,就在许多省市冒出贵族学校、每一年学费高达万元之际,声势浩大的"希望工程"仍在艰难地募集资金,努力为全国1 500 万名不能捧读书本的失学儿童一助薄力。(1994 年《报刊

精选》)

(11) 君不闻,日本东芝公司只因卖给苏联两台高档多轴数控铣床,就掀起了一场轩然大波。(1994 年《报刊精选》)

2.2　扩展添加句式

主要是有些小句还可以添加评注成分。比如"你别说""不好意思"等,可以添加"还"或"真(的)、确实"等,甚至同时添加两个评注性成分。例如:

(12) 你还别说,限时服务还真有赔偿的,南京邮政储汇局的报表显示:10 月份赔储户 260 元,11 月份赔 222 元。目前,赔款从业务费中开支,试行一段后,将由营业员自己掏腰包。(1995 年 1 月《人民日报》)

(13) 你还真别说,如今开火锅店的都快赶上卖地的了。单单是那个物美价廉就足以让无数人为之倾倒。试想一下,无论是寒冬抑或是酷暑,邀三五好友,到火锅店一聚,海吃海喝,岂不快哉!(《学习火锅,不止为工作》2012-1-2"新东方烹调教育")

(14) 大家商量了一下,金秀留在这儿照料着,大立开车送金一趟和张全义回去,再把配好了的药带回来。这个主意不错,只是辛苦了大立。金一趟拍着他的肩:"难得你这么热心!真不好意思,特别是刚才……"(陈建功、赵大年《皇城根》)

再比如,有些"你"和"我",有时也可以说成"你们"和"我们"。例如:

(15) 这正是我当时了解到这个医保制度后担心的,你们还别说,我很有点佩服自己,我发现在找制度漏洞方面,我还真有一套,有时比外国人还更了解他们自己。(《全民医保会不会让我们"国破人亡"?》,2009-4-17,腾讯博客)

(16) 凭什么知识分子能一个好汉三个帮,一只兔子三个窝,我就得吃饱干活混天黑,一棵树上吊死,一块破地旱死?不是我说你们,总是不能理直气壮当主子,自个先觉得不如人矮了三分。(王朔《永失我爱》)

(17) 不是我责怪你们,兄弟们,这家伙并没犯谋杀之类的重大罪行呀。他就是个一文不值的敲诈鬼。(《猪宝费雷迪系列》,2004-

7-5,新浪少儿)

比较而言,添加评注成分的,主观情态更强;而使用复数形式的,标记化程度还比较低。

2.3 语气词附加式

有相当一些话语标记在使用中,还可以附加各种语气词。例如:

(18) 唐棣华事后一想,可不是吗? 全师上下都穿着灰蓬蓬的军装,独自己的女儿穿着花衣服,这怎么行呢!(乔林生《黄克诚夫妇的"约法三章"》)

(19) 心捡了回来,陡增了生活的勇气,甚至觉得自己简直是当了皇帝! 这不是嘛,衣来伸手,饭来张嘴。(陆文夫《人之窝》)

语气词"嘛"也可以用"么"。其他语气词如"呢、吗、啊"等,也都可以附加[2]。例如:

(20) 谁说不是呢? 慈安这时见到这个情形,发了善心,上前向皇上求情:"她正身怀有孕,先别发落了,就暂时让她在外吧。如果生下皇子,将功折罪。如果生下公主来,该怎么着,就怎么着……"咸丰看在慈安的面子上,应承了下来。(贾英华《夜叙宫廷秘闻》)

(21) 不好意思啊,因为上班,一直没有来得及评价,我昨天下午才装上,效果不错,导航速度也快,宝贝很好,使用中!(《导航仪商品评价》,2013-7-18,京东网)

2.4 小句省略形式

所谓小句省略形式,就是否定小句在标记化的过程中,相关的句法成分逐渐脱落,只留下谓语等部分。比如"不/未(曾)想(料想)、没想/料到"等。例如:

(22) "都说重阳节要登高,可我活了82岁才有机会登上这么高的楼。"站在中国第一高楼金茂大厦的88层观光厅,满头白发的周吉兰老人兴奋地揉了揉眼睛,"真没想到,原来上海这么漂亮!"(新华社2004年新闻稿)

(23) 不曾想,一"卧底"就是好几年。他几次进出工厂和农民工子弟学校,当过组装工、装卸工,看过仓库,当过"猪倌"。"你是农民工吗?"他说刚开始"卧底"时,别人常直截了当地问他,因为他的

书生气与干活手势,看着十有八九是个假民工。(《2012 年感动
中国十大人物颁奖晚会纪实》,2013-2-21,新华网)

而省略形式"可不是、这不是"还可以再省略"是",只保留"可不、这不"。
例如:

(24) 刚进来的主管大夫刘硕然见我愕然,忙插话道:"<u>可不</u>,侯大爷非
要回家,这怎么行? 局矿领导都劝不住,恰巧赶上市长来探望
他,听说后,才下了道不许出院的命令。"(1994 年《报刊精选》)

(25) 张君秋的夫人谢虹雯女士对记者说:"繁荣京剧事业是张先生的
最大心愿。无论多烦多累,只要一看到戏迷,他就愿意接触。
<u>这不</u>,明天还要到南开大学东方艺术系去与博士生们座谈呢!"
(1995 年 11 月《人民日报》)

其他如表申辩的"不料"与表假设的"要不",也都是缩略型的否定式话语
标记。例如:

(26) 民警拍打车窗及车前盖,命令车主马上停车。<u>不料</u>,那辆宝马车
速不减反增,司机反而脚踩油门,车子紧贴着民警强行冲关。
(新华社 2004 年新闻稿)

(27) "<u>要不</u>,我们自己当司机吧。"我和老头商量,"把他俩送餐馆后,
我们就在唐人街看一场武侠片消磨时间。"(《读者》合订本)

　　总之,现代汉语中,尤其各种接近口语体的当代文艺作品、新闻报道
中,正活跃着一大批结构尚未完全定型、功能尚未彻底虚化的小句标记,
包括各种扩展、附加和省略的形式。

3. 话语的协调功能

　　本节从表达功用的角度探讨否定式固化小句标记在话语表达过程中
的基本作用。

3.1　申辩与解释

　　发话人在表达观点时,有时需要略加申辩以说明理由、增强理据、缓
和气氛,就可以或需要使用这类话语标记,比如"不是我说/夸/怪/责备
你"等。例如:

(28) 陈万利没法,只得缓和下来说:"二姐夫,<u>不是我说你</u>,你不能冷

手拣个热'煎堆',混了一个便宜媳妇就算的。"(欧阳山《三家巷》)

(29) 景灿轻叹一声:"妈,<u>不是我怪你</u>,这事儿里面有很多门门道道,龙家不是一般的家庭,一旦出了什么问题,爷爷和父亲都会受到影响,以后再遇到这样的事情,先跟我确认一下行不行?"(蓝缪《闪婚试爱》)

再比如,"我(真的)不骗/坑/怪你"一类小句,也经常用来表示申辩或解释。例如:

(30) 科尔夫人现在似乎很享受她手中的松子酒和眼前这位非常渴望听她的故事的听众,"我记得她对我说,希望他长得像他爸爸。<u>我不骗你</u>,她这么希望是对的,因为她没什么美感——然后她告诉我,他将被叫作汤姆,为了他父亲马沃罗,为了他的父亲——是的,我知道,有意思的名字,不是吗?"(J.K.罗琳著、马爱农译《哈利·波特与混血王子》)

(31) 蛋贩热情地推荐自己的土鸡蛋,"我们这些蛋都是农民自己家中养的,没有添加饲料。"记者仔细一看,这些鸡蛋分红白两种颜色,价格在5元到7元不等。"这个便宜,饲料喂养的,<u>我不坑你</u>。"商贩指着一种颜色泛红的鸡蛋说。(《鸡蛋内含三聚氰胺不怪母鸡怪饲料》,2008-10-29,《天府早报》)

此外,"(真的)不好意思、殊不知、不料/想"等,也有类似的话语功用。例如:

(32) "还要添点什么小菜吗?""<u>不好意思</u>,我们只想吃火锅,小菜就不要了。"(1996年《人民日报》)

(33) 人或云古籍整理工作枯燥琐碎,索然寡味,但以此安身立命的学者却说,不要把我们的事业写得那么寂寞那么单调,殊不知,删重辨伪后,索引钩沉中,那种种乐趣,非身体力行者难解其味。(1994年第四季度《人民日报》)

3.2　规劝与奉告

发话人不赞同对方观点,或者要提出相反、相对的看法时,就会使用此类否定性的小句话语标记,比如"话不能/要这么/样说"等。例如:

（34）诶，小李子，话不能这么说，咱们哪能给人出这种馊招啊！宁拆
十座庙，不破一桩婚。咱们这工作只能是成人之美，万万不能给
人使坏。（电视剧《编辑部的故事》台词）

（35）你有这样的想法也是情有可原的，而且，不让座也是你的权利，
不过，话不要这样说嘛，你也会老，如果你到了那个时候，看你还
是不是和现在一样的想法。（《当公交车上有不正之风，司机能
不站出来吗》，2008-3-3，巴士网）

至于"你别说、你不要说"等，表面上是奉劝对方，主要还是提出自己的不
同看法。例如：

（36）晚上，我也凑到一堆"盲流"跟前去聊天。你别说，出门人都有义
侠心肠，在外面跑的"盲流"尽管自己经了三灾八难，对别人的事
却都挺热心。大伙儿听了我的情况，把毕业证书传来传去看了
看，七嘴八舌地给我出了好多主意。（张贤亮《肖尔布拉克》）

（37）你不要说，安徽毛豆腐还是蛮好吃啊。看上去不怎样，吃起来还
是挺有味的。（《分享生活快乐点点滴滴》，2007-4-6，宽带山）

3.3　提醒与点拨

当发话人想要强调某个观点、突出某个现象、提醒对方时，通常就会
使用这一类否定式话语标记。比如"你不知道"和"你没看见"。例如：

（38）胡春满心欢喜地说："表哥，咋样，我没给你丢丑，没出什么纰漏
吧？你不知道，我真害怕万一领导问我是哪个村的人，姓什么叫
什么，那我可就没辙啦。"张大水边"嘿嘿"笑边摇摇头："这种热
闹的场合，领导怎么可能问你这么具体的问题，他问得过来吗？"
（2005年《故事会》）

（39）说得轻巧，回去？哪个单位会接收？你拿了博士、博士后，年轻力
壮，兴许是个香饽饽，成了废物，谁可怜你，你没看见，深圳广州组
团招收留学生的章程吗？净要三十五岁以下的，连我们这号四十
出头，好胳膊好腿的都不香呢？（白帆《那方方的博士帽》）

至于"君不见、君不闻、君不知、君没见"等文言标记，当然也具有表提醒的
功能。例如：

（40）26岁应该不算老，39岁的瑞典"常青树"瓦尔德内尔4年前还不

是给"小球终结者"孔令辉的最后夺冠制造了大麻烦？但 26 岁在人才济济的中国乒乓球队已经是"高龄"了，<u>君不见</u>，28 岁的刘国梁早早挂拍做了教练，<u>君不见</u>，29 岁的孔令辉拼出最佳状态也只得到一张双打的雅典门票。（新华社 2004 年新闻稿）

(41) 高寒在心里叽咕，我下次才不来你家了呢！剪头发？休想！上电视都不肯剪，为了来你家剪头发？我又不是你的孙子，即使我是，我也不剪！<u>君不知</u>，今日男儿，头发比生命还重要呢！（琼瑶《聚散两依依》）

3.4　赞同与迎合

当发话人对对方的观点、想法、做法，表示同意、认可的时候，常常会使用这一类否定性话语标记。比如"可不是、这不是""可不、这不"等。例如：

(42) 我向这邻居打听那条狗，他不知道，说他也不认识金凯德。我就给动物收容所打电话，<u>可不是</u>，"大路"就在那儿，我到那儿去把它领出来给了我的侄子。我最后一次看见它，它正跟那孩子亲热呢，我心里觉得挺舒坦。（资中筠译《廊桥遗梦》）

(43) 丁九那小子，非拉着我上艺术馆去不可；他赢了五块，我干进去十二；心里一懊，又喝了八毛；三十枚的烟，<u>这不是</u>，还剩不折不扣的二十枚！（老舍《浴奴》）

至于"谁说不是，谁不知道""不瞒你说"等，主要还是在于迎合对方的论点。例如：

(44) 再这样下去，恐怕饿不死也得折腾死！<u>谁说不是</u>？连从前主张支应敌人的地主富农们，如今也都烧香磕头地盼望着八路军快点回来，把敌人赶跑。（刘流《烈火金刚》）

(45) 老鸨子拍手笑道："啊呀呀，我的好小哥哥，你可真是眼力不凡。<u>不瞒你说</u>，仙鹤是园中数一数二的姐儿，客人急抢不到手，可不是让你挑着啦。"（尤凤伟《金龟》）

总之，从表达的基本作用来看，否定式固化小句标记的表达功能都已不再是对客观事物、现象、命题的真值否定。这些固化或省略的小句，最主要的作用就在于，在不同的语言环境中，根据具体的情况或对方的态度,充当各种随机应变的话语辅助与调节手段。

4. 人际的情态功能

本节主要从人际功能的角度探讨否定性固化小句标记各种表达功用。毫无疑问,话语标记都不会对命题的真值语义产生直接的影响,基本上都不再具有概念意义,主要在于点明说话人发话人对相关事件与情况的立场与态度,表达对相关情景与命题的情感与情绪。

4.1 立场情感的直接体现

大多数否定式小句标记的人际功能与作用,就在于体现发话人对相关现象的一种肯定或否定的立场,透露出发话人明确或隐蔽的主观情感。例如:

(46) 不待廖冲回答,宫笠已平静地说道:"你真是脑袋里不生几条纹路,凌濮,你也不想想,除了堪与廖兄匹敌的那几个活煞星以外,他对谁会这般郑重其事?"呆了呆,凌濮道:"头儿,你是说",宫笠缓缓地道来:"不错,这一位乃是'双邪'之一,与廖兄齐名的'四九辫子'刁长盛!"(柳残阳《七海飞龙记》)

(47) 黑燕仔在冯家的门口开骂,老的是狐狸精,小的当然好不到哪儿去,想勾引我的儿子? 瞎了你的狗眼,你也不看看,自己是什么东西,是哪儿冒出来的野种? ……告诉你,别发梦,我就是亲手送儿子去和尚庙,也不会让他迎娶你……(张欣《今生有约》)

当发话人认为对方的言行不对、不妥时,就可以使用"你也不想想/看看"这两个固化小句标记。这两个小句标记的作用在于:体现了发话人对受话人的言行及其导致的相关后果强烈的不认可、不赞同,至于对方到底想了没有,看了没有,其实并不重要。请比较:

(48) 万里见他濒临疯狂状态,不得不拼死劲把他按住,大声喝道:"柯起轩,你给我冷静下来! 你也不想想,人家对女儿都不惜死谏,若是见到你,那还有不拼命的吗? 人家恨不得抽你的筋、剥你的皮、喝你的血……"(琼瑶《鬼丈夫》)

(49) 世人只知道意大利的威尼斯有一个马可·波罗,公认他是古代西域以外最早到过中国的外国人。殊不知,就在马可·波罗去世的那一年,有一位阿拉伯人也曾经沿着几乎同样的路线,进行了一次游历"文明世界"、直到中国北京的旅行。他就是摩洛哥古代著名的旅行家和地理学家伊本·巴杜塔。(1995年《人民日报》)

虽然都是对相关现象表示不赞同、不同意,但"你也不想想"一类标记都是直接否定对方,态度明确而直接,而"殊不知"则是委婉纠正某一种看法,态度相对平和而含蓄。

4.2　主观评注的多样表达

有相当一些否定式小句标记的主观人际功能,主要在于显示发话人对相关现象、命题的主观认识,表达出发话人多样性的主观性评注。例如:

(50)　"话不要这么说,现在是在讨论解决问题的方法。"倪律师忙制止他那种藐视法律的态度,转过头,赔着笑对我们说:"我想这个条件是可以接受的。"(《正道亦难行　天理人情》,2001-3-30,潇湘书院)

(51)　话不能这么说,我也是为您好。您在咱们胡同一向还是有威信的。办个手续不费事么。办了咱们不就全踏实了? 这不是我管您闲事,爸爸。您瞧您现在,变得我们认不出了,喝酒戴金丝眼镜……背后都有人管您叫花花公子了。(王朔《我是你爸爸》)

"话不能/要这么/样说"本来是表示发话人认为对方的言论和观点不妥当、不合适,随着标记化程度提高,即使对方并没有说话,也可以用来表示发话人主观上的不赞同。再比如:

(52)　"我们能谈谈吗? 听说你也交了入党申请书了,这很好。放心吧,我会尽力而为的。我了解你,就像……了解……我自己,你不知道,我是多么……"(海波《母亲与遗像》)

(53)　你知道我在区市文工团待过几年。你还别说,那会儿成天强调下基层、劳动锻炼、改造世界观……苦是真苦,可看到老百姓比自己还苦,也就心甘情愿拼命干了。现在想想还真不赖,反正比成天教唆年轻人吃喝玩乐强……(1996年2月《人民日报》)

同样都是发话人表达自己的一种认识,"你不知道"的主观申辩性情态要显得略强些,而"你还别说"的主观申述性评注要相对更弱些,当然,使用的语境和场合也不完全一样。

4.3　情感态度的自然流露

还有一部分否定式小句标记的人际功能主要在于,显示发话人对相关现象、命题的主观情感态度,是发话人的各种主观态度的不自觉流露。例如:

> (54) 太容易了,不管什么人,随便编一个理由就可以申请,准保成功,后来渐渐地难了。有人打听出 18 岁以下的小孩申报还能成功,结果申报者都瞒了自己的年龄,瞎编一个岁数上报。你不知道,那时候简直是一团糟,二十五六岁的人填表都填十五六岁,甚至连三十几岁的人都硬说自己十几岁。(新华社 2004 年新闻稿)

> (55) 你没看见,他那股神气呢,眼睛都长到头顶上去了,走起路来一摇二摆,把谁也不放在眼里!(周而复《上海的早晨》)

"你不知道、你没看见"虽然好像在责怪对方,其实,这两个标记主要就在于表示发话人想要提出一种认识与看法,并且希望引起对方的注意,所以,情态委婉,语气舒缓。再比如:

> (56) 说实话,如果孙中山没有英年早逝,这江山鹿死谁手,还真不好说,以前我总是不明白为啥国民党前面一定要加上个"反动派",在幼小无知的我的心里,国民党就是一个彻头彻尾的坏党,后来我才恍然大悟:国民党原本绝没有历史上后来的如此不堪,孙中山时期的国民党完全是个极其优秀的政党!(《如果不是孙中山英年早逝》,2013-11-23,铁血社区)

> (57) 也真不凑巧,等我们一切联系妥当,正赶上 1989 年底成行。当时我爱人已是北京市局级干部,年纪也不小了,处在特殊时期,因此这次出国面临着不小的阻力,大有一番争论,甚至有人怀疑去美国学习是投靠西方势力,是否会成为美帝国主义和平演变的对象。(王晓民《时光流逝　怀念我的婆婆边涛》)

"(还)真不好说、(也)真不凑巧"本来表示对客观现象的主观评判,随着元语言功能逐渐增强,作为话语标记,其作用就在于体现了发话人对某种现象的一种主观意识的自然流露。

4.4　协调气氛的手段辅助

　　另有一部分否定式小句标记的人际功能，一定程度上都是发话人为了在特定的交际场合和对话过程中营造一种氛围、协调某种气氛而用的。例如：

（58）休息7天，上7天。搞得人节奏都乱了，<u>真不知怎么搞的</u>，节假日就是节假日，跟周末扯上干什么？（《全国假日办向社会广泛征集"关于法定节假日放假安排公众意见"》2013-10-10，强国论坛）

（59）3到4个月了，心情很烦，有时候心还痛，皮肤起痘痘，有时候头上起个痘痘，把痘痘弄没了过后，别的地方又起了，<u>不知道怎么回事</u>，我的手指发凉，是冰凉那种感觉，以前我能和别人说话，<u>不知道怎么搞的</u>，现在说不了一会儿就烦而且心情很激动，激动的时候，出气也不顺。（《咨询病情》，2010-3-10，金春兰大夫个人网站）

"（真）不知怎么搞/弄的、不知（道）怎么回事"，本来只是表示一种探究或疑问，在标记化过程中，逐渐演化成发话人表述自己观点时调节会话气氛的一种手段了。再比如：

（60）常有人在工作过程中，因为耐不了辛苦而想放弃，<u>殊不知</u>，这正是快要到达巅峰的征兆，只要忍受这种压力，再往前跨一步，就可攀上顶峰，海阔天空了！（罗锐韧主编《哈佛经理手册》）

（61）<u>谁不知道</u>，镇长是我们舍儿的干爹，镇长出了事，我们撇还撇不清呢！辛亏老三参加了工作，在上面维持着，要不，谁知道会出什么事？（戴厚英《流泪的淮河》）

"殊不知"和"谁不知道"一旦标记化了之后，既可以表达发话人的一种主观性的肯定与确认，用在特定的和话语和语篇中，同时也是协调会话和语篇氛围的一种辅助性手段。

　　总之，话语标记是话语序列上划分出来的言语单位依附成分，不再具有概念意义，不对命题的真值意义发生影响，其基本功能，可以说就是表明或者体现了发话人对相关情形或信息的主观评价与态度。本文所分析的这些列含有否定语素的小句话语标记，虽然标记化程度参差不齐，但从基本的表达功能来看，大多数都已转向语用情态方面，都是元语化用法。

5. 篇章的衔接功能

本节主要从篇章功能的角度分析与探讨否定小句标记的不同的衔接功能。话语标记作为语言单位之间的连接纽带，指示前后话语之间的语义关系。这些话语标记不但能够标志发话人与话语单位之间的序列关系，并且还能阐明话语单位与交际情景的连贯关系[3]。

5.1　铺垫性衔接功能

一部分话语标记用在语篇的开头，进而引出发话人的主观认识与态度，主要起到启下的铺垫功能。比如"君不见/知"都可以起到引出话题的作用。例如：

(62) 君不见，某些记者泄露党和国家机密以换取金钱；某些记者为经济诈骗犯摇旗呐喊，以换取优厚报酬；仔细查查根源，几乎最初都是从有偿新闻打开缺口，一步一步跌入深渊的。(1994年《报刊精选》)

(63) 君不知，今日被推上"打假台"的"罪犯"说不定昨天还是传媒里红得发紫的"明星"哩！因管理混乱，执法不严，也使广告与交通、环境乃至国家的尊严等发生强烈碰撞，有的还污染了社会环境和社会风气。(1994年《市场报》)

当然，有些标记就后面论述看可以分析为启下，但从更广泛的语篇来看，又具有承接性。请比较：

(64) 还真别说，父亲这招挺管用，没半个月时间，镇长就给父亲打电话说："叫我干儿子快来报到吧！"我乐得一蹦三尺高，父亲也喜滋滋地搓着两只大手掌说："总算这钱没白给啊！"(2005年《故事会》)

(65) 我插队的那会儿，没干过农活。公社把我当成知识分子，让我挑头改造破旧不堪的电镀厂，我不知深浅地答应了下来，我买了大量的书籍，连吃饭时间都在钻研。你别说，我的第一笔电镀生意是在40天内完成的。靠着这个电镀厂，大队的产值半年就提高了30％。(1994年《报刊精选》)

"还真别说"自然是启下的,而"你别说"却应是承上启下的,关键在于观察的角度与基点。

5.2 确认性衔接功能

所谓确认命题,就是话语标记在对相关命题主观确认的基础上,进而提出进一步的论述。比如"这不(是)""可不(是)"就具有这样的衔接功能。例如:

(66) 然而,租赁毕竟从表面上解决了没有钱买不起车这样的难题,所以,这股风似乎还得继续刮下去,这不,美国汽车制造商正在酝酿更诱人的租赁业务计划:租赁期为12年;每2年给顾客换辆新车;最后一辆车归承租人所有。(1994年《报刊精选》)

(67) 百万分之一的误差刚好落在我的头上? 你想想看,个人的得失和党和国家的利益、世界革命的光辉前途比起来,算啥? 微不足道嘛! 可不,……我是一个小青工,我的命运比起党和国家的利益,世界革命的光辉前途,算啥! 屁都不算。(白桦《淡出》)

"这不"与"可不"都是从反问句演变虚化省略而来的,作为话语标记,在表示确认的同时,自然还能引出更进一步的论述,起到兼表确定的承上启下衔接作用。再比如:

(68)(宋巩):"你……随我差不多有三十来年了吧?"(老家院):"谁说不是呢! 那年老奴差点饿死冻死在雪地里,要不是遇上老爷老奴还不早去见了阎王? 这一说已经整整三十二年啦。"(《大宋提刑官》台词)

(69) 太太,我这条命原是你搭救的,没有你我就只能冻死在雪地里。那不用说了,我应当尽心侍候太太,讨你的喜欢,才是道理,否则我真是个不识好歹的家伙了。(方平、王科一译《十日谈》)

"谁说不是"源于反问,"那(是)不用说"源于陈述,两者都可以表示确认性的衔接功能。

5.3 转折性衔接功能

话语标记表转折功能,大多与出乎主观意料的反预期有关。例如:

(70) 1972年,全国工资普调,许多人都同意给他加两级,不料,一位领导却当着他和他的爱人面说:他是右派,不能加工资(事实上

他已在 1960 年"摘帽")。(《读书》第 32 卷)

(71) 老伴死得早,三姑娘从小就没有享受过母亲的那份情、那份爱。那岁月谁知道是什么鬼使神差,非得要个带棒的小东西。<u>没想到</u>,老三还是个扎小辫的,结果赔了夫人折了兵,老三活了,孩子她娘却早早地走完了人生的旅程,抛下老头走了。(1994 年《市场报》)

"不料、没想到"不仅表示出乎意料,在一定的篇章中,作为话语标记自然还可以引出另一种相对、相反的情况,所以能起到一种出乎意料的转折衔接作用。再比如:

(72) 最后记者又让张家玉把他们带到张店凤家,要采访一下这位村支书。不过,当时书记不在家,便决定采访书记老婆陈云侠。<u>不曾想</u>,陈云侠的态度十分恶劣,先是将记者拒之门外,然后,把门一锁,管自扛着锄头扬长而去。(陈桂棣《中国农民调查》)

(73) 乌南幼儿园副院长高一敏说:"目前社会对幼教改革、幼教研究还缺乏足够重视,许多家长的目光也只盯着重点小学、重点中学。<u>殊不知</u>,'三岁看一生',孩子的人格培养、智力开发和体格锻炼,还须从幼儿园抓起。"(1993 年 9 月《人民日报》)

"不曾想"与"殊不知"尽管来源义不同,但都有"没想到、不知道"的语义基础,所以,也都可以表示一种出乎意料的转折性衔接功能,尽管没有"不料、没想到"那么直接。

5.4   追加性衔接功能

所谓追加,就是在相关命题的基础上,再进一步提出相关的情况,或者是用来说明,或者是用来补充。比如"你别说、可不是"都可以这样用。例如:

(74) 喝酒以后,这女子就醉了,醉了以后就撒娇,撒娇怎么撒法呢?"绣床斜凭娇无那",斜靠在绣床上。"娇无那"的"无那"就是无奈、没办法,百般娇态,拿她没办法。这个时候,<u>你别说</u>,你要什么君王的威风,她不听,我就是这样,或者说你表达你这个才子的才气,起来我们再唱首歌,也不理你。(李敬一《李后主和他的词》)

(75) 我从小就在这儿长大的啊,就这院儿里,<u>可不是么</u>,一直就没挪过窝儿,我们家跟他们北屋这家儿,他们一直就这院里住着,其他老街坊都搬走了,就我们两家儿。(沙超群《1982年北京话调查资料》)

至于"谁说不是、毫无疑问"一类表确定的标记,有时也可以用来表示追补性衔接。例如:

(76) 啊,又快到夏天了!把去年的光景又想起来;也许是盼望快放暑假吧。快放暑假吧!把这个整个的校园,还交给蜂蝶与我吧!太自私了,谁说不是!可是我能念着树影,给诸位作一首不十分好,也还说得过去的诗呢。(老舍《一些印象》)

(77) 这些年,广大农民对国家实行粮食低价定购制早就表现出强烈不满,探索解决农民负担治本之策的税制改革,理所应当地要把取消这样的定购制作为改革的一项重要举措。毫无疑问,这样的改革试验,它在从根本上解决了农民长期所承担的"隐性负担"的同时,也截断了粮食系统牟取部门利益的一条主要途径。(陈桂棣《中国农民调查》)

总之,作为不再表示概念意义的话语标记,包括这些小句固化的否定性话语标记,几乎都具有双重的语用功能:一方面,当人际功能突显时,主要表示各种带有不同程度主观性的情态功能,另一方面,当篇章功能突显时,都可以在篇章中表示不同关系的衔接功能。另外还需要指出的是,上述衔接功能,都还只是尚未语法化的语用功能,与复句关系的关联功能完全不同。正因为尚未定型,所以,同一类的标记,常常可以具有多种相关的衔接功能。

6. 结语与余论

综上所述,可以归纳如下:一是,就这些否定性固化小句标记的构造及其呈现形式来看,主要有完整固化句式、扩展添加句式、语气词附加式、小句省略形式四种情况。二是,就这些比较的话语协调功能看,可以分为申辩与解释、规劝与奉告、提醒与点拨、赞同与迎合四个大类。三是,就标记的人际情态功能看,基本上可以体现在立场情感的直接体现、主观评注的多样表达、情感态度的自然流露、协调气氛的手段辅助等四个方面。四是,就标记的篇章衔接功能来看,大致有铺垫性衔接、确认性衔接、转折性衔接和追加性衔接四种功能。

通过上面的分析,还可以得到如下的启示:首先,汉语否定词用在各种小句和短语中,一开始基本上都是对命题真值加以语义否定的,但是在长期使用过程中,随着句子的习用化、进而凝固化,其中的一部分会转化为主要表语用功能的话语标记,同时,否定副词或否定语素的否定功能也就会从基功能转向元功能[4],其否定效果也就逐渐羡余化了。其次,与其他话语标记一样,小句从固化到基本虚化,成为一系列地道的话语标记,都是一个历时与共时相对应的连续统,否定式话语标记的功能,从真值否定的逐渐弱化、部分丧失到彻底羡余乃至完全无效也是一个连续统。就此而言,本文分析的这些小句中的否定成分,其实并不是匀质的,其中有些还保留着一定的真值否定功能,比如"话不能这样说""我不骗你",有些则已没有否定义了,比如"这不、可不"。最后,汉语固化小句标记中的各种否定成分,虽然大都已不能再表示各种语义真值否定了,但是这些否定成分的语义积淀,对这些话语标记的形成,对这些话语标记各种情态功能的体现、各种衔接功能的表达,都具有决定性的作用。

附 注

[1]"你不知道、你没看见、你还别说"这三个话语标记,都是正在形成中的标记,各个方面都不够典型。尤其是现代汉语中,还有大量的非标记化的表示基语言的"你不知道、你没看见、你还别说"小句。

[2] 否定小句标记后附各种语气词,在该小句尚未彻底标记化时可以认为是附加,当小句标记化之后则可以认为是并用。

[3] 严格地讲,话语标记表达情态功能与衔接功能是同时并存的,两种功能是兼表的。本文只是为了行文方便,分开论述。当然,在具体使用中,这些小句标记在表达人际功能与篇章功能时,还是会有所侧重的。

[4] 所谓否定副词和否定语素之分,当此类小句还是基语言中的自由组配式时,其中的"不、没、别"自然还是否定副词,但是一旦这些小句开始逐渐固化了,那么,这些副词也就黏着为副词性语素了。

参考文献

陈振宇　朴珉秀　2006　《话语标记"你看""我看"与现实情态》,《语言科学》第 3 期。

曹秀玲　辛　慧　2011　《话语标记的多源性与非排他性——以汉语超预期话语标记为例》,《语言科学》第 3 期。

戴耀晶　2000　《试论现代汉语的否定范畴》,《语言教学与研究》第 3 期。

董秀芳　2007　《词汇化和话语标记的形成》,《世界汉语教学》第 1 期。

高增霞　2004　《自然口语中的话语标记"完了"》,《语文研究》第 4 期。

胡德明　2011　《话语标记"谁知"的共时与历时考察》,《语言教学与研究》第 3 期。

惠秀梅　2010　《否定意义的主观性》,《外语学刊》第 6 期。

江蓝生　2008　《概念叠加与构式整合——肯定否定不对称的解释》,《中国语文》第 6 期。

李治平　2011　《"瞧(看)你说的"话语标记分析》,《汉语学习》第 6 期。

李宗江　2009　《"看你"类话语标记分析》,《语言科学》第 3 期。

刘丹青　2008　《重新分析的无标化解释》,《世界汉语教学》第 1 期。

刘　平　2008　《现代汉语"不料"复句考察》,《武汉大学学报》第 6 期。

刘红艳　2011　《话语标记"不瞒你说"的语用分析》,《语文学刊》第 11 期。

吕叔湘　1986　《关于否定的否定》,《中国语文》第 1 期。

温素平　2011　《"不是我说你"类话语标记试说》,《信阳师院学报》第 6 期。

肖治野　2003　《"不料"与"竟(然)"辨——兼谈两词的教学》,《语言与翻译》第 4 期。

殷树林　2012　《现代汉语话语标记研究》,中国社会科学出版社。

乐　耀　2011　《从"不是我说你"类话语标记的形成看你会话中主观性范畴与语用原则的互动》,《世界汉语教学》第 1 期。

张富翠　2009　《"谁知道"的现状及其历史来源初探》,《四川师范大学学报》第 6 期。

张谊生　2005　《羡余否定的类别、成因与功用》,北京大学中国语言学研究中心《语言学论丛》编委会编《语言学论丛》第 31 辑,商务印书馆。

张谊生　2006　《试论主观量标记"没、不、好"》,《中国语文》第 2 期。

张谊生　2010　《语法化现象在不同层面中的句法表现》,《语文研究》第 6 期。

Brinton, L. J.　1996　*Pragmatic Marker in English：Grammaticalization and*

Discourse Functions. Berlin: Mouton de Gruyter.

Haiman. John 1985 *Iconicity in Syntax* TSL6. Amsterdam: John Benjamins.

Lakoff, G. 1973 Hedges: a study in meaning criteria and the logic of fuzzy concepts, *Journal of Philosophical Logic*, 2, 458—508.

Schiffrin, Deborah 1987 *Discourse Markers*. New York: Cambridge University Press.

Traugott, E. C. 1995 Subjectification in Grammaticalization. In Stein, D. & S. Wright (eds.), *Subjectivity and Subjectivisation*, 31—54. Cambridge: Cambridge University Press.

Traugott, E. & Dasher, R. 2002 *Regularity in Semantic Change*. Cambridge: Cambridge University Press.

张谊生:yingshen@shnu.edu.cn
原载《语言研究集刊》第十二辑,本书收录时略有改动。

中国手语否定标记的类型学特征 *

倪 兰

提 要 在跨语言的考察中,我们发现人类语言通常使用形态变化或结构位置表示否定,即通过否定副词、否定助词以及否定词缀来实现。手语是使用空间信息表达意义的语言符号,是一种与有声语言既有共性又有差异性的视觉语言符号系统。手语中的否定标记既包含否定副词、否定助词、否定词缀,还包括非线性的否定标记,也称作非手控否定标记(non-manual markers of negation),这类标记可以附着在词或句子之上,有时也可以单独承担否定的功能,它的位置、范围和功能在不同的语言中会受到各自语言的特殊限制。本文以中国手语(CSL)为例,讨论手语中否定标记的类型、线性和非线性位置及辖域、分裂否定的表现形式,以及有声语言与视觉语言在类型学上的异同。

关键词 手语 否定标记 类型学 非手控标记 分裂否定

1. 引言

否定是世界语言中普遍存在的现象之一,是用以表达否认一个事件或其中某部分真实性的语法范畴,同时否定表达的是对命题的一种态度,是各语言中普遍存在的对事件、性状、动作等的主观判断,也可看作语句的表述功能性范畴。表达否定意义的形式可以分为:词汇否定、句法否定和篇章否定。手语是借助手势和表情体态来表达意义的视觉语言符号系

---

* 本文曾在 2018 年 5 月 3～7 日 University of Wisconsin-Madison 举办的 IACL-26 & ICCLC-20 年会上宣读。本研究受到国家社科基金项目(20BYY177)资助。

统。手语中的否定标记既包含否定手势、否定词缀,又有类似于有声语言声调的表情体态,被称之为非手控标记(non-manual markers),包括摇头、皱眉、眯眼、瘪嘴、仰头等,附着在词或句子之上,但有时也可以单独承担否定的功能。手语否定的类型学研究主要是从非手控标记、否定标记的位置、否定的形态变化等方面进行探讨。

手语否定句中往往同时包含有多个否定标记,在句法上常表现为分裂否定(split negation)或者称否定和谐(negation concord)。这些多重否定标记并不表示肯定,而是表示否定程度的加强。如德国手语(DGS)中否定词结合了否定后缀,而这种后缀还会引发韵律改变,正如有声语言的声调改变(Pfau 2008);中国香港手语(HKSL)中也存在这种双重否定(double negation)(Tang 2006)。

手语否定句中否定手势可以在谓语前,也可以占据谓语后的位置,而大多数情况下这个位置是句末的位置。不同手语中否定手势的主要位置也不同,如美国手语中是 S-Neg-V-O,而在德国手语中是 S-O-V-Neg(Pfau 2008);中国香港手语用于句式否定的否定标记均为自由语素,也都在句末位置(李然辉 2011)。从跨语言的角度看,否定词位于句末位置是人类语言中非常普遍的现象。

手语中的一些动词会有一些特殊的否定形式,这些形式可以看作是构词(word formation),也有人认为是屈折变化(inflextion)。如 NOT-KNOW、NOT-HAVE、CAN'T 等,在澳大利亚手语(Auslan)、英国手语(BSL)、美国手语(ASL)等手语中都有类似的否定形式。

尽管手语语料和文献有限,但手语语言学者还是对不同手语的否定标记进行了跨语言比较,如泽善(Zeshan 2006)对 37 个不同地区的手语进行调查,得到 8 个类别的否定词,其中 4 种是最常见的种类。此外,语言学者还比较了一些手语和有声语言中否定标记的差异,如普奥(Pfau 2008)比较了德语、南非荷兰语、苏丹语等有声语言和手语的否定表达,并得到一些初步的结论,如:有声语言中大多数的否定标记为黏着语素,而手语中的否定标记则多为自由语素;有声语言的否定标记多位于动词之前,而手语中的否定标记多位于动词之后;双重否定在有声语言中多表示肯定,但在手语中多为否定的强调。

2. 中国手语的否定标记

2.1 中国手语否定研究现状

对中国手语(CSL)否定的研究文献较少,最早对中国手语否定问题有所涉及的是赵锡安(1999),他在聋人手语常见句式中提到:在聋人手语中,涉及肯定、否定和疑问的句式有特定的规律,即表示肯定、否定、疑问的词必然放在句末。他注意到中国手语的否定手势出现的句法位置不同于汉语,但他并未对中国手语否定形式进一步的描写,也没有从语言学的角度对否定范畴进行分析和论述。第一次对中国手语的否定问题进行语言学分析的是杨军辉和费舍尔(Yang & Fischer 2002),她们认为中国手语(CSL)有多种否定表达,即否定表情、摇头、否定体态(耸肩摊手)、否定手势,包括否定手形(Ng 手形)、摆手(handwave)运动和融合否定手势词(fusion of negative signs)。她们认为中国手语的否定表情和摇头是可以分离的,与英国手语(BSL)一样,摇头具有和否定手势词相同的功能。摇头不能伴随其他肯定的手势同时出现,只能出现在肯定手势之后,但可以与其他的否定手势同时出现。她们对否定成分的描写比较详细,但没有区分否定成分的性质和层次,没有对手语否定成分的位置及否定的辖域进行分析。吴晓波(2013)将上海手语的否定词分为基本否定词和其他否定词两种,基本否定词为"不"和"没有",其他否定词有复合否定词、Ng 手形否定词、否定词缀否定词和不规则否定词四类,并将上海手语中的"不"和"没有"与汉语及其他手语中的否定手势进行了比较。她还认为上海手语中的摇头通常伴随否定词一起出现,较少充当独立的否定标记,但可以对话题或问题进行否定。她在上海手语语料调查的基础上对否定成分进行了分类和描写,并注意到汉语对手语否定表达的影响,但将否定词缀和不规则变化的否定形式等都归入其他否定词的分类方法缺乏理论依据,另外没有区分词汇否定、句法否定和语篇否定的界限。

中国手语已有的否定研究都涉及了手势词、手势的形态变化和非手控成分,但没有明确指出这些手语否定标记的不同性质及在语法上的不同层次,以及这些否定标记之间的关系、强制性否定标记的特征,对否定手势出现的位置和否定的范围也没有进行深入探讨。

2.2　中国手语否定标记的类型

　　我们认为在中国手语中的否定与其他手语的共性在于同样使用否定手势、表情、摇头等表示对某个手势词或整个句子的否定,同时也有自己独特的语法特征。在中国手语中主要有四种否定标记:a 否定手势词;b 表情;c 摇头、耸肩、摊手等体态;d 肯定手势的否定变化形式。

　　表情、摇头、耸肩、摊手等表情体态被称为非手控标记,手语的一个句子中往往不止一个否定标记,而是同时包含有多个否定标记,这些多重否定标记并不表示肯定,而是表示否定程度的加强。中国手语中四种否定标记有多种可能的组合方式,但实际只有以下几种方式,即:a+b、b+c、b+d、a+b+c、b+c+d、a+b+d。这些组合方式的类型不同,有时同时出现,如表情和其他否定标记的共现,摇头与否定手势词或摇头与肯定手势的否定变化形式也会同时出现;也有以线性方式先后出现的,如否定手势词之间,否定手势词和肯定手势的否定变化形式等可以先后出现。四种组合中都包含否定表情,即皱眉、闭眼、皱鼻、瘪嘴等。如图 1 所示:

否定手势"不"+表情	否定手势"没有"+摇头+表情

图 1

　　从图 1 中我们看到典型的否定表情是闭眼、皱鼻、瘪嘴,同时伴随否定手势"不""没有"。我们推断表情可能是中国手语中一种强制性的否定表达手段。

3. 中国手语否定手势词的句法功能

　　我们认为中国手语中的否定标记可以分为词法层面和句法层面,否定手势词是在句法层面的否定标记,是对全句的否定,也是最为显性的否定标记。

3.1 否定手势词的分布

正如英语中有否定副词,如 no、not、never 等,汉语中有否定词"不""没""没有""未"等,中国手语中也有多个手势表示否定,其中基本否定手势为"不"和"没有"。"不"为 手形左右摆动,"没有₁"为拇指与其余四指相搓,然后摊开手掌,"没有₂"为食指和大拇指相捏,其余手指弯曲,手腕左右摆动的 手形,还有一种变体为所有手指弯曲的 手形的左右摆动,"没有₃"为双手 手形摊开,"没有"的三种表达都有单手和双手的变化形式,见图 2:

| 不 | 没有₁ | 没有₂ | 没有₃ |

图 2

"没有"的三种表达"没有₁""没有₂""没有₃",都是单语素手势,"没有₁""没有₂"和"没有₃"都可以在名词之后或之前,作为动词,表示不存在,但"没有₂"和"没有₃"还可以表示对动词的否定,即"没有₂"和"没有₃"可以是存现动词,也可以是一个否定副词,放在动词之后或之前,而"没有₁"则只是一个动词[1]。如:

$$\text{nfe[2]} \qquad\qquad\qquad \text{nfe}$$

(1) 快/打开门/找,**没有₁**/人,奶奶/孩子/女/**没有₁**。
　　(猎人)很快打开门找,没有人,奶奶、孩子都没有。

$$\text{nfe-tilt}$$

(2) 主要/缺少/教育/知识/**没有₂**＋＋。
　　(这些人)主要是缺少教育,没有知识。

$$\text{nfe}$$

(3) 爸爸/妈妈/为了/工作/挣钱/**没有₃**,乘火车/到/贵州/找/工作++。

父母因为工作没有挣到钱,乘火车到贵州找工作。

<u>nfe</u>

(4)(他们)回家/看望/**没有**₂(双手)/一年/两年。

他们一两年都没有回家看望(孩子)。

作为否定副词的"不"和"没有"在中国手语中的分布和现代汉语否定词情况相似,即"不"可以否定动词和形容词,而"没有"只能否定动词。如表1:

表 1　"不""没有"在 CSL 中的分布

否定词	形容词	动词
不	+	+
没有	−	+

否定副词的"不"否定形容词时,可以放在形容词之后或之前。如:

<u>nfe</u>

(5)指₃/吃的/东西/**不**/健康。

这个食物不健康。

否定动词时,状态动词、心理动词、情态动词之后一般用"不"来否定,动作动词之后两者都可以用,但存在不同的分布。"不"表示对意愿和时间上的现在和将来的否定,"没有"则没有对意愿的否定,只对动作完成和过去时间进行否定。如:

<u>nfe</u>

(6)现在/情况/变化,年轻/人/多/再/**不**/买/房子/最/好/谦虚/外—人/₁租₃++/住/房子。

现在情况变化了,很多年轻人不再买房子,而是租住别人的房子。

<u>nfe-tilt</u>　　<u>nfe</u>

(7)今天/指₁/云南/₁介绍₃。大家/去/**没有**₂,大家/**没有**₂/比较。

今天我给大家介绍云南。大家没有去过云南,没有比较。

中国手语中还有表示情态的否定助词,常用的否定手势是🤚手形,自上而下运动表示"不能/不行/不可以";此外还有中指伸出,其余四指弯

曲,朝向被拒绝者表示"不行"。如图3所示:

| 不好/不能/不行/不可以 | 不行(不礼貌的拒绝) |

图3

🐭手形朝向空间所指,可以作为形容词表示"不好",做谓语,如例(8);自上而下运动则作为否定助词表示"不行""不能"等,一般放在动词之后或句末,如例(9):

(8) 小—豆/衣服/漂亮/各种各样/好/衣服,长相/**不好**。

　　　小豆鼠穿着各种各样漂亮的好衣服,但却不好看。

nfe

(9) 奶奶/知道/自己/身体/不好,起床/走/**不能**,指₃/自己/开门。

　　　奶奶知道自己身体不好,不能下床走路,让她自己开门。

3.2　否定手势词的句法模式

否定标记的位置因其语法性质的不同,会处于不同的句法位置上。"原则与参数类型学"的基本观点认为,X阶标理论可以用来解释跨语言的否定语序特征。否定词作为 Neg P 的中心词,各种语言都遵循着Neg+VP 的原则,但参数的设定各不相同。X阶标理论规定所有语类都是"向心结构",所有语法结构都是该类核心结构的投射。否定语序的差异是中心词 Neg 的参数是否设定为[+中心词居首]的问题。根据德赖尔(Dryer 2003)的统计,世界上大部分语言的否定语序,其参数都会设定为[+中心词居首]。(熊学亮,刘东虹 2006)

莱曼(Lehmann 1978)认为在 VO 型语言中,统辖成分居左,被统辖成分居右,否定语序呈"否定词(neg)+动词(V)"的语序,即否定词为统辖成分,动词为被统辖成分。如现代汉语的否定词一般在动词前,英语的否定词 not 在动词前。在 OV 型语言中否定语序相反,否定词趋向置于动词之后,即否定语序呈"动词(V)＋否定词(neg)"的语序,否定词为统辖成分,动词为被统辖成分,如日语中否定词在句末,德语否定词 nicht 一般出现在动词之后,而法语否定词"ne...pas"分别在动词前后(熊学亮、刘东虹 2006)。

中国手语中两种否定语序同时存在,中国手语的否定手势"不"和"没有₂""没有₃"否定动词时,一般放在动词之后,如例(3)、例(4)、例(7),但也可以出现在动词之前,如例(6)、例(7)。"不"否定形容词时,可以放在形容词之后或之前,如例(5)。当手势词作为否定助词时,通常出现在句末,表示情态或祈使含义,如例(10)、例(11):

nfe

(10) 打手语/**不要**,专心/看。

　　　不要打手语,专心看。

nfe-tilt

(11) 指₃/手语/清楚,指₂(弧形)/看/误解/**不**,指₂(弧形)/一样/平等。

　　　他的手语很清楚,你们看他不会误解,大家都是一样平等的。

中国手语中的否定手势词还可以同时出现在被否定成分前后位置,有时否定手势词与肯定手势词的否定变化形式先后出现,而不是否定手势的简单复制,这两种情况都可以称为分裂否定,或者否定和谐,表示否定的加强。否定表情作为一种强制性否定标记,它总是与其他否定标记同时出现,但也会延伸至被否定的肯定手势,甚至整个句子,尤其是在否定手势词出现在被否定成分的前后时,这种否定表情会从第一个否定词延续到第二个否定词,但这种否定表情的延续不是强制性的。如:

　　　　　　　nfe　　　　　　　　　　　　　nfe-tilt

(12) 以后/指₁/想/**不**₁/租₃/麻烦/租₃＋＋/**不**。

　　　以后我不想给别人租了,租房子很麻烦。

　　　　　　　　　　　　　　　　　nfe

(13) 指示₃/睡觉/醒来,狗/醒,₁看₃/**没有**₃/青蛙/**没有**₃。

　　　他睡醒后,狗也醒了,没有看到青蛙。

Neg V 和 V Neg 两种语序在同一种有声语言中有时也会同时存在，如朝鲜语的否定结构中 Neg V 和 V Neg 两种语序并存，前者的 Neg 是位于动词之前的否定副词，后者的 Neg 是位于动词之后的否定助动词。从历史角度看，朝鲜语的否定经历了从动词前到动词后的演变。从朝鲜语否定类型的历史演变，学者认为否定词从修饰动词的副词"升级"成为主要述语的组成部分，是 OV 语言的趋势。蒙古语等阿尔泰语言的否定都经历了同样的历史演变（白莲花 2012）。我们认为中国手语也属于 OV 语言，因此 V Neg 语序是主要的语序类型，两种语序的并存可能是历史演变的过程，也可能是现代汉语书面语、口语与中国手语的接触导致中国手语中的 Neg V 语序。

我们也试图用功能类型学来解释中国手语中否定语序的并存情况，功能类型学寻找语言共性的外部动因（extemal motivation）时会使用"象似性"原则。所谓"象似性"是指语言结构反映相应的概念结构，语法单位反映概念单位，语法关系反映语义关系，等等。海曼（Haiman 1985）概括了象似性的三条主要原则：（1）在话语中旧信息先出现，新信息后出现；（2）与密切相关的思想相对应的语法单位在句法上往往也成毗邻；（3）说话者先表达当前脑海里最重要的思想。就否定句而言，讲话人否定的是听话人和讲话人心里所认为或期望的肯定命题（Thompson 1979），相对而言，肯定命题即为旧信息，否定意义为新信息，也是说话者当前脑海里的重要信息。原则（1）和原则（3）是一对相互矛盾的竞争动因，因此我们认为，中国手语否定结构中同时存在 Neg V 和 V Neg 两种语序，可能是两种动因相互竞争的结果，而原则（1）在竞争中常常占上风，因此中国手语的否定语序多呈现出 V Neg 语序，新旧信息原则在手语这种视觉语言的语法表达中起到关键性作用。

4. 中国手语非手控否定标记的句法功能

手语否定句中都会出现非手控标记，包括摇头、仰头、皱眉、眯眼、瘪嘴等表情体态，但研究者对手语否定的非手控标记研究主要讨论头动（head movement），认为表情成分作为语法手段进行讨论时往往具有不确定性，但我们认为强制性表情在否定表达中起到重要作用。

4.1　头动

尽管不同手语都会使用头动表示否定,但语法功能和限制有所不同。根据不同手语中否定头动的特征,世界上的手语可以分为两类:一类是非手控标记主导否定的手语(non-manual dominant systems of negation),即在小句中,头动在否定句中是强制性的,并且可以仅仅有头动就可以达到否定功能,头动范围可以在小句中自由扩展,如美国手语、德国手语、澳大利亚手语,另一类是手势主导否定的手语(manual dominant systems of negation),这类手语中头动不是强制性的,小句不能只依靠头动表示否定,头动范围仅限于否定手势或与否定手势紧密相连的部分,如英国手语、香港手语,这两种特征有时也会在一种手语中混合出现(Zeshan 2006)。

中国手语中一般来说有两种表示否定的头动。一种是90度的转头,头转向一侧面的位置,这种转头通常被看作是否定某个手势或者某些手势,而不是对整个句子的否定;另一种是反复的摇头(headshake),这种摇头可以贯穿整个句子,或者附加在句末否定手势之上,或者在句末直接加上摇头,而不需要与其他否定手势共现,这种摇头可以否定一个手势词或整个句子;此外还有向后仰头(backward head tilt),通常与皱鼻、瘪嘴或嘴唇卷起等表情同时出现。见图4:

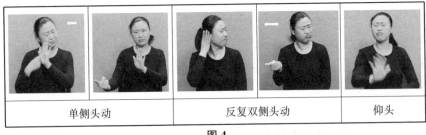

| 单侧头动 | | 反复双侧头动 | | 仰头 |

图4

　　　　　　　　　　　　nfe hs
(14) 指$_3$/东西,指$_{1/3}$拿$_1$/**没有**$_2$。
　　　我没有拿那个东西。

$$\overline{\text{nfe-tilt}}$$

（15）上午/11 点/早一饭/**没有**$_2$。

　　　上午 11 点没有早饭了。

　　中国手语中的摇头可以单独表示否定,但是与其他非手控标记主导否定的手语不同之处在于,摇头不可以直接伴随在其他肯定的手势之上,而是出现在肯定句之后[3],如例(16),与否定手势出现在句末的情况一致,它的句法功能与句末否定手势词相同,但偶尔也伴随肯定动词出现,如例(17)[4]:

$$\overline{\text{nfe hs}}$$

（16）我/身体/不好,工作/$\varnothing$。

　　　我身体不好,不能工作。

$$\overline{\text{nfe hs}}$$

（17）指$_3$/事情,我/听/$\varnothing$。

　　　我没有听说那件事。

　　当然在中国手语中更为普遍存在的是否定手势或整个句子与摇头同现（co-occurs)的情况,如:

$$\overline{\text{q}^{[5]}}\qquad\overline{\text{nfe hs}}$$

（18）指$_3$/事情/真? 我/**不知道**$_1$++。

　　　这件事是真的吗? 我不知道。

$$\overline{\text{nfe hs}}$$

（19）我/**不喜欢**++/指$_3$/吃/**不喜欢**++。

　　　我不喜欢吃这个。

　　根据否定句摇头的分布情况,我们似乎可以将中国手语归为非手控标记主导否定的手语,因为中国手语中的摇头可以单独作为否定标记,出现在句末,但伴随肯定手势出现的情况极少,不同于美国手语中摇头可以伴随肯定手势同时出现表示否定。

　　耸肩和摊手也可以出现在句末表否定,和摇头出现的位置一致,但大部分的情况下摇头与其他否定标记,如否定手势词、否定形态变化、表情等同现,耸肩和摊手则只与否定表情同现。

4.2　表情

　　中国手语中单独的表情不能否定一个句子,一般来说,否定的表情总

是伴随着摇头、否定手势词或否定的形态变化。正如有声语言中也不用
语气表示否定，除非是讽刺或不信任。否定的表情不止一种，它的作用是
表明否定的程度，表情会随否定程度的不同而发生变化，不同的表情表示
不同的否定程度，中度的否定可以是嘴唇突出一点，眼睛微闭，而程度更
重的否定是眼睛几乎闭起来，皱鼻、瘪嘴或嘴唇卷起。表情还包含不同的
口动，没有口动的表情也是不完整的。如图5中的表情从1至4，否定的
程度不断加强。

图 5

4.3　非手控标记的辖域(scope of non-manual marker)

在手语的类型学研究中，非手控标记是一种非常重要的参数。所谓
非手控标记是指用除手以外的身体部分表示语法功能，包括表情、头动、
身体姿势(body posture)及眼光的注视(eye gaze)等。这种非手控标记是
一种可以伴随手势同时出现的成分，类似有声语言的超音段成分，如汉语
的声调，非手控标记在手语的句子结构中，尤其是区分不同句子类型时可
以起到很重要的作用。非手控标记的覆盖范围是指手语表达时手势与非
手控标记同时出现的范围，最小范围可能是一个单独的手势，最大范围可
能是整个句子。非手控标记是不同手语之间进行比较时的重要参数(Ze-
shan 2006)。

中国手语中的摇头大部分情况下不能与肯定手势同时出现从而否定
单独的手势或整个句子，但可以在句末出现，否定整个句子。更加普遍的
情况是与其他否定标记同现，覆盖范围可以是单独的否定手势或肯定手
势的否定变化形式，也可以覆盖到否定手势词前后的句子成分，乃至整个
句子；中国手语中的否定表情不能单独使用，总是与其他否定标记同现，

或附着在某个句子成分或整个句子上。如例(20)、例(21)、例(22)：

              neg
(20) 指₁/领导/**不**＋＋。

     我不是领导。

             neg
(21) 指₁/**不**/说＋＋/保密。

     我不会说,(一定)保密。

        neg
(22) 指₁/办法/**没有**₃。

     我没有办法。

  有声语言的否定研究中,有学者认为否定有否定事件(对核心动词的否定)和对事件的否定(针对整个句子的否定)的区别(金立鑫 2007)。对事件的否定中,否定标记一般出现在句子的外围,形成一个完整的事件命题和一个态度构成的表述,而否定事件是将否定标记嫁接于核心动词之上,这样逻辑上就会倾向于形成否定事件。在客观现实世界中,对事件的否定要比否定事件更为常见,否定标记多出现在命题事件的外围是合理的。从非手控标记的覆盖范围,我们发现中国手语中的否定事件与对事件的否定似乎可以从超音段的非手控标记共现的范围得到形式上的验证,但这还需要得到更多手语语料的支持。

5. 中国手语的否定形态变化

  中国手语中有一些手势的肯定形式和否定形式没有对应关系,如:"有"和"没有"这一对手势,这两个手势并没有形成对称的构词形式,即肯定手势和否定手势没有共同词根,类似于有声语言的不规则变化,或称为异干替换(suppletion),这种不规则变化手势在很多手语中都存在,但数量都不多,见图 6。

  有一些肯定手势可以附加一个否定成分,成为这些手势的否定变化形式,这种否定变化可以看作一种构词,也可以看作是一种构形。我们先看构词的情况,由一个肯定手势与一个否定手势融合而成,这与有声语言使用否定后缀(suffixes)或附加成分(clitics)表示否定意义类似。如"知道₁—不知

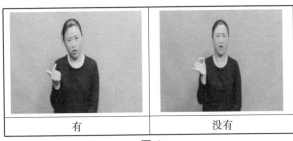

| 有 | 没有 |

图 6

道₂"[6]，"不知道₂"这个手势由"知道₁"和"不能"两个手势融合而成，但融合后的手势又不同于两个手势的合成，成为同时出现的两个手势，见图 7：

| 知道₁ | 不能 | 不知道₂ |

图 7

即使两个手势依次出现，他们构成的复合词形式，也不同于两个手势的简单相加，如"不会"，由"会"和"不"复合而成，"会"的结束位置在头部，而"不会"的结束位置则下移至胸前，与"不"手势的位置保持一致，且变静止的🖐手形为摆动的🖐手形，两个手势的时间都被压缩，节奏更加紧凑，见图 8：

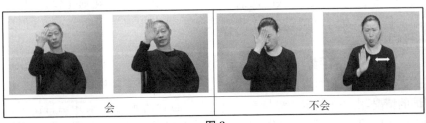

| 会 | | 不会 | |

图 8

　　否定构形的情况是指通过肯定手势某个参数的改变,如手形或运动来表示否定,可以看作为手势的否定屈折变化,如"相信—不相信""负责—不负责""一样—不一样"等,如下图所示:

| 相信 | 不相信 |

图 9

| 负责 | 不负责 |

图 10

| 一样 | 不一样 |

图 11

　　从图 9、10、11 这种肯定—否定的对称形式,我们发现否定形式是在肯定形式上的动作参数变化,即打手势者用离开身体的动作或手形的解除表示否定,如"一样"的手势是双手手形在胸前并拢,"不一样"则是在"一样"手势的基础上,双手向两侧分离。这类手势还有"喜欢—不喜欢""吃得消—吃不消""有关系—没关系",等等。

这种参数的改变还可以是手形参数的变化,如"是"和"不是₁"是运动的改变,从上下运动变为左右的摆动,而"是"和"不是₂"则是手形的变化,"是"是单手手势,手形,指尖向前,在身体一侧向下晃动,"不是₂"也是单手手势,手形,在与打手势者垂直的平面上上下摆动,即手形变为手形,这两个手势只有手形发生了变化,见图 12:

| 是 | 不是₁ | 不是₂ |

图 12

中国手语中"不知道₃"是肯定手势"知道₂"的手形发生改变,即从手形变为表否定的手形,从而成为否定手势,见图 13:

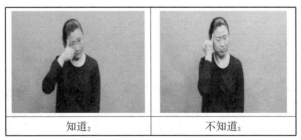

| 知道₂ | 不知道₃ |

图 13

中国手语的构词中存在肯定—否定对称形式,也存在不对称的形式。其中同时性的形态变化是中国手语中否定形态变化的突出特点,不同于有声语言的前缀、中缀、后缀或附着成分的序列性形态变化,是手语作为视觉语言不同于有声语言的特点之一。

6. 结语

　　否定范畴的句法功能主要是对某个句子成分或全句的否定,中国手语与其他手语的否定标记同样可以放在人类语言否定范畴的框架下予以考察。中国手语否定手势词从功能上可以分为四种类型:基本句子否定词(basic clause negator)、存现否定词(negative existential)、情态否定词(negative modal)及祈使否定词(negative imerative),但四者之间不是绝对的界限分明,表情差异使同一个手势既可以是基本句子否定词或情态否定词,也可以是祈使否定词。

　　非手控标记是中国手语否定表达中重要的语法手段,是不同于有声语言线性结构的语法表达方式。这种表情体态经过语法化(grammaticized)后在手语中成为重要的否定标记,但中国手语的表情不能单独使用,与其他否定标记互相依存;摇头可以单独使用,也可以与其他否定标记同时出现,这种否定标记的叠加是手语这种视觉语言否定表达的重要特征之一,根据摇头在否定句中的特征和功能,我们认为中国手语属于非手控标记主导否定的手语,但中国手语不同于其他手语之处在于,不使用摇头与肯定手势的同现表示否定,在中国手语中摇头单独使用时,其作用相当于一个否定手势词,可以在肯定手势或肯定小句之后。

　　视觉语言与有声语言在否定表达上既有差异性,也有语言共性。从世界语言的否定表达来看,句首、谓首、句末是否定标记常出现的位置,手语中也是同样,但句末否定是中国手语更为常见的否定手势位置。重复否定标记表示否定的强调,是一种否定和谐形式,这在世界语言中也不罕见。由于语言模式不同,中国手语的否定标记又具有独特的语法特征,如同时性的否定形态变化作为主要的否定形态变化形式,表情与头动可以附着在句子成分或整个句子之上表示否定事件或者对事件的否定。

附　注

[1] 吴晓波(2013)认为"没有₁"和"没有₂"在上海手语中没有明显的区别。

[2] 在手语否定例句中,使用上标 neg＿＿＿ 表示否定表情和摇头等非手控标记与否定手势或否定形态变化同现,使用上标 nfe＿＿＿ 表示否定表情与否定手势或否定形态变化同现,使用上标 nfe-tilt 表示否定表情和仰头与否定手势或否定形态变化同现,使用上标 hs＿＿＿ 表示摇头与否定手势或否定形态变化同现。

[3] 我们用∅表示加在句末的单独头动,即不与其他肯定或否定手势同现。

[4] 这种情况时句末的肯定动词会在空中停止保持不动,也可以理解为头动出现在句末位置。

[5] 在手语例句中,使用上标 q＿＿＿ 表示疑问表情。

[6] 在中国手语中"不知道"有多种表达方式,这里我们只讨论通过构词方式形成的"不知道$_2$"。

参考文献

白莲花　2012　《从 Neg・V 优势到 V・Neg 优势——朝鲜语两种否定标记竞争导致的语法现象分析》,《民族语文》第 4 期。

胡建华　2007　《否定、焦点与辖域》,《中国语文》第 2 期。

金立鑫　2007　《语言研究方法导论》,上海外语教育出版社。

马宏程　2009　《与全句功能范畴相关的语法标记的类型学考察:以全句否定标记为例》,华中师范大学博士论文。

马宏程　熊雯　2014　《否定标记线性位置的演变趋势》,《语言研究》第 34 卷第 4 期。

李然辉　2011　《香港手语的否定式》,《当代语言学》第 2 期。

吴晓波　2013　《上海手语否定形式调查报告》,复旦大学硕士论文。

熊学亮　刘东虹　2006　《否定语序的类型学分析》,《外语学刊》第 4 期。

赵锡安　1999　《中国手语研究》,华夏出版社。

Bergman B.　1994　Manual and nonmanual expression of negation in Swedish Sign Language. In H. Bos & T. Schermer (eds.), *Sign Language Research*, 85—103.

Coerts J.　1992　Nonmanual grammatical markers: ananalysis of interrogatives, negations, and topicalizations in Sign Language of the Netherlands. Doctoral dissertation, University of Amsterdan.

Dryer M. S.　2003　Significant and non-significant implicational universals. *Linguistic Typology* 7.

Gladys Tang 2006 Questions and negation in Hong Kong Sign Language In: Zeshan, Ulrike (ed.). *Interrogative and negative constructions in sign languages*. Nijmegen: Ishara Press, 198—224.

Haiman, John 1985 *Natural Syntax*. Cambridge: Cambridge University Press.

Jun Hui Yang & Susan D. Fischer 2002 Expressing Negation in Chinese Sign Language. *Sign Language & Linguistics* 5:2, 167—202.

Lehmann W.P. 1978 The great underlying-plans. In W. Lehmarm(ed.) *Syntactic Typology*. Austin:University of Texas Press.

Meir, Irit 2004 Question and Negation in Israeli Sign Language. *Sign Language & Linguistics* 7: 2.

Pfau, R. 2001 A typological perspective on German Sign Language negation. Paper presented at the 34th Meeting of the Societas Linguistica Europaea, Leuven, Belgium.

Pfau, R. 2008 The Grammar of Headshake: A Typological Perspective on German Sign Language Negation.*Linguistics in Amsterdam* 1: 37—74.

Sandler, Wendy & Diane Lillo-Martin 2006 *Sign language and linguistic universals*. Cambridge: Cambridge University Press.

Sutton-Spence, Bencie Woll 1999 *The linguistics of British Sign Language: An introduction*. Cambridge: Cambridge University Press, 129—151.

Veinberg, Silvana C 1993 Nonmanual Negation & Assertion in Argentine Sign Language. *Sign Language Studies* 79.

Webb, R. & T. Supalla 1994 Negation in international sign. In I. Ahlgren, B. Bergman & M. Brennan(eds.),*Perspectives on sign language structure*, 173—185. Durham, UK: International Sign Language Linguistic Association.

Zeshan, Ulrike 2006 Negative and interrogative constructions in sign languages: A case study in sign language typology. In: Zeshan, Ulrike (ed.). *Interrogative and negative constructions in sign languages*. Nijmegen: Ishara Press, 28—68.

倪兰:nilan2002@126.com
原载《语言研究集刊》第二十六辑,本书收录时略有修改。

图书在版编目（CIP）数据

　　显性否定 / 陈振宇，李双剑主编. — 上海：上海
教育出版社，2021.9
　　（"汉语句法语义理论研究"丛书 / 陈振宇主编）
　　ISBN 978-7-5720-1015-6

　　Ⅰ.①显… Ⅱ.①陈… ②李… Ⅲ.①现代汉语 -
否定(语法) - 句法 - 研究 Ⅳ.①H146.3

　　中国版本图书馆CIP数据核字(2021)第189780号

责任编辑　廖宏艳
封面设计　周　吉

"汉语句法语义理论研究"丛书
陈振宇　主编
显性否定
陈振宇　李双剑　主编

出版发行　**上海教育出版社有限公司**
官　　网　www.seph.com.cn
地　　址　上海市永福路123号
邮　　编　200031
印　　刷　上海叶大印务发展有限公司
开　　本　890×1240　1/32　印张 12.5
字　　数　372 千字
版　　次　2021年10月第1版
印　　次　2021年10月第1次印刷
书　　号　ISBN 978-7-5720-1015-6/H·0033
定　　价　92.00 元

如发现质量问题，读者可向本社调换　　电话：021-64377165